COMMUNAUTÉS ET FONCIER À L'ÉPREUVE DU CAPITAL AU XXIe SIÈCLE

Dynamiques émergentes en Afrique noire

Collection « Études africaines »

Forte de plus de mille titres publiés à ce jour, la collection « Études africaines » fait peau neuve. Elle présentera toujours les essais généraux qui ont fait son succès, mais se déclinera désormais également par séries thématiques : droit, économie, politique, sociologie, etc.

Dernières parutions

Coumba CISSÉ, *Vivre à l'ombre du barrage de Manantali, Les représentations sociales des impacts*, 2025.
Sidi Tiémoko TOURÉ, *L'histoire oubliée de Mori Touré le Conquérant. De l'Empire songhaï à Marabadjassa (1492-1960)*, 2025.
Mamadi KABA, *Renaissance du Sahel, L'Alliance des États du Sahel*, 2025.
Amadou MBEYAP KUTNJEM, *La justice sportive au Cameroun. Genèse et dynamiques du processus de règlement des litiges sportifs*, 2025.
Trésor LUMFUANKENDA BUNGIENA, *Architecture du care en République démocratique du Congo, Repenser l'infrastructure hospitalière*, 2025.
François KODENA (dir.), *Jean-Marc Ela ou l'audace de géo-penser. Message à la jeunesse panafrikaine*, 2025.
Riman VAN, *Les défis contemporains de la démocratie et des droits de l'homme en Afrique. Étude à l'aune du droit international et du droit régional*, 2025.
Salomé SOLOUM, *Mode vestimentaire, accessoires et parures corporels dans le sud-Bénin du XVIIe au XIXe siècle*, 2025.
Salomon MAMPETA WABASA, *Gouvernance du parc national de la Salonga en RD Congo, Protectionnisme écologique et résistances locales*, 2025.
Ibrahim HAROUNA OUSMANE, Enjeux sécuritaires et mobilisation des jeunes dans les groupes extrémistes violents, Une analyse par l'exemple d'Abala au Niger, 2025.
Sous la direction de Saouré KOUAME, Philanthropie et développement de l'Afrique, 2025.

Sous la direction de
Hugues Morell MELIKI
et Ferdinand MBEN LISSOUCK

COMMUNAUTÉS ET FONCIER À L'ÉPREUVE DU CAPITAL AU XXIe SIÈCLE

Dynamiques émergentes en Afrique noire

L'Harmattan

5-7, rue de l'École-Polytechnique – 75005 Paris

www.editions-harmattan.fr

ISBN : 978-2-336-54195-2
EAN : 9782336541952

Sommaire

Liste des contributeurs 9

Introduction. Le foncier en Afrique noire : enjeux de terrains et enjeux de descriptifs empiriques ....

Hugues Morell MELIKI 11

Dynamiques transactionnelles et conflictuelles autour des terres en dispute : l'agriculture de seconde génération en question au Cameroun

Hugues Morell MELIKI 23

Mobilisation des femmes et violence foncière du capital dans le Noun à l'Ouest-Cameroun ....

Moussa NJOYA NDAM 58

Contester l'hégémonisme foncier du capitalisme minier : la contrebande minière comme discours autochtone dans l'Est du Cameroun ....

Hugues Morell MELIKI et Hermann NJAMPOU 87

Institutions coutumières et dynamiques d'exclusions foncières au début du XXIe : une approche comparée entre Bénin et Nouvelle-Calédonie..

Thikandé SERO 114

Quand la ville rachète le village : dynamiques foncières et tectonique des espaces dans la commune de Garoua-Boulaï ....

Ferdinand MBEN LISSOUCK 141

Espace minier et registres fonciers conflictuels : entre conventionnalisme et pratiques socio-économiques non codifiées d'accès à la terre Bétaré-Oya ....

Valentin NGOUYAMSA et Guylaine FOPA FODO 169

Conflits fonciers entre Bamoun et Mbororo dans l'arrondissement de Koutaba (Ouest-Cameroun) : typologie et stratégies de résolution sur fond de rivalités intercommunautaires..

Vivien MÉLI MÉLI et Alain Dreyfuss NCHARE NJUH.................. 190

La part de « ceux qui sont partis » : Afrique centrale, dynamiques urbaines, paysannat et enjeux fonciers transnationaux…………………..

Ferdinand MBEN LISSOUCK.. 219

Conflictualité et tractations de résolution autour de la dépossession foncière...

Joël Arthur KAMDEM TCHINDA... 249

Agro-capitalisme et marginalité foncière des femmes : aperçu à partir du département de l'Océan au Cameroun..

Edith NDJAH ETOLO.. 270

Résister à l'accaparement des terres par les armes : une expérience paysanne au Sud-Kivu en RDC..

François M'MUNGA ASSUMANI.. 294

Enjeux et stratégies transactionnelles autour de l'accaparement des terres à Massiwol : un mouvement d'enclosure sous les tropiques..........

Edmond VII MBALLA ELANGA et Sadia FATIMATOU................ 317

Conclusion. Aborder les questions foncières en milieu rural d'un point de vue émique

Ferdinand MBEN LISSOUCK.. 347

Liste des contributeurs

Hugues Morell MELIKI est Chargé de Cours à l'Université de Yaoundé I et chercheur au Laboratoire Camerounais d'Études et de Recherches sur les Sociétés Contemporaines (CERESC).

Ferdinand MBEN LISSOUCK est Chargé de Cours à l'Université de Yaoundé I et chercheur au Laboratoire Camerounais d'Études et de Recherches sur les Sociétés Contemporaines (CERESC).

Edith NDJAH ETOLO est Chargée de Cours à l'Université de Yaoundé I et Coordinatrice du Groupe de Recherche et d'Etudes en Genre et Developpement (GREGED).

Edmond VII MBALLA ELANGA est Maître de Conférences à l'Université de Douala et chercheur au Laboratoire des sciences de l'Homme et de la Société, ainsi qu'au CERESC et au CRASSH.

Valentin NGOUYAMSA est Maître de Conférences, chercheur et responsable de l'Unité de Recherche de Philosophie et Sciences Sociales Appliquées (URPHISSA) à la Dschang School or Arts and Social Sciences de l'Université de Dschang.

Vivien MÉLI MÉLI est Maître de Conférences à l'Université de Dschang et Secrétaire de l'Unité de Recherche de Philosophie et Sciences Sociales Appliquées (URPHISSA).

Thikandé SERO est Docteur en Histoire du droit, collaborateur juridique du sénat de la Nouvelle-Calédonie et chercheur associé au Centre d'Études comparatives historiques de l'Université d'Abomey-Calavi au Bénin.

François M'MUNGA ASSUMANI est Docteur et enseignant à l'Université évangélique en Afrique de Bukavu en République démocratique du Congo.

Fatimatou SADIA est doctorante en sociologie à l'Université de Douala et chercheuse au Laboratoire des sciences de l'Homme et de la Société, ainsi qu'au CRASSH.

Hermann NJAMPOU est doctorant en sociologie à l'Université de Yaoundé 1.

Alain Dreyfuss NCHARE NJUH est doctorant en sociologie à l'Université de Dschang.

Guylaine FOPA FODO est Doctorante en sociologie à l'Université de Dschang.

Moussa NJOYA NDAM est Doctorant en sociologie à l'Université de Yaoundé 1.

Joël Arthur KAMDEM TCHINDA est doctorant en histoire à l'Université de Dschang.

Introduction

Le foncier en Afrique noire : enjeux de terrains et enjeux de descriptifs empiriques

Hugues Morell MELIKI

Le capitalisme agraire, marqueur essentiel du 21e siècle, est indissociable de l'accaparement de terres. Ce dernier concept, d'origine militante (Grajales, 2018), ne fait pas consensus lorsqu'il faut décrire la nature de la transaction qui débouche sur un transfert provisoire ou définitif des droits fonciers en situation d'inégalités d'acteurs. Pour neutraliser sa portée idéologique, il est souvent remplacé par les concepts d'appropriation foncière à grande échelle (Richards, 2013), transaction foncière (Borras et Franco, 2010) et investissement foncier de grande ampleur (Amsallem, 2015). Toutefois, ce concept d'accaparement de terres s'impose dans cet ouvrage, tant il souligne la violence contre les droits fonciers des communautés et les effets nocifs d'une capture des ressources disponibles sur les surfaces acquises (Feodoroff, 2013).

Temps long et généalogie d'un phénomène

Réfléchir à l'accaparement de terres, c'est alors d'abord s'affilier à un régime de sens qui en fait un contrôle, à titre privé, de surfaces qui ne sont pas proportionnelles aux possessions moyennes de la région, pour la production agricole à usage commercial/industriel. L'accaparement de terres y apparaît, de ce fait, comme une entorse à toute gouvernance foncière locale, en tant que celle-ci garantirait une meilleure répartition des terres communautaires entre individus (Faye, 2001). Certes, ce phénomène a longtemps existé sous le couvert de plusieurs pratiques. Mais, dès 2008, le capital multinational en quête de terres arables en relance la dynamique avec une ampleur décuplée (Meliki, 2021). Il faut y voir, dans cette nouvelle ruée vers l'Afrique (Pakenham, 1990), d'une part, la portée de la crise financière internationale et la volatilité des cours des produits alimentaires de 2008. D'autre part, la généalogie du phénomène ne peut éviter le caractère prescriptif des directives européennes de 2009, lesquelles instruisent l'atteinte, en 2020, d'un seuil de 10 % en énergies renouvelables dans les transports pour des fins de ralentissement de la pollution (Oxfam, 2011). La conjonction des effets de ces facteurs génère une envolée des investissements agro-industriels pour des besoins alimentaires et en biocarburants dont le cadre permissif n'est rien d'autre que l'acquisition de terres agricoles (Amsallem, 2015).

En effet, des statistiques, même partielles, soulignent l'étendue du capital foncier qui échappe aux communautés locales. En ce sens, pour la Banque Mondiale, 463 projets impliquant des transactions foncières dont le cumul des surfaces est estimé à près de 47 millions d'hectares sont initiés entre octobre 2008 et juin 2009, pour la seule Afrique subsaharienne (Grain, 2012). Ces chiffres sont d'ailleurs en deçà des 71 millions d'hectares comptabilisés par une autre étude, pour la même période, laquelle révèle que 78 % de cette surface est affectée à la production agricole pour biocarburants (Anseeuw et coll., 2012). Au Cameroun, par exemple, cette prise d'assaut des terres villageoises par des capitaux internationaux se justifierait aussi, à l'échelle locale, par quelques chiffres. Le pays compte 9,2 millions d'hectares de terres agricoles. Pourtant, jusqu'ici, seuls 1,8 million d'hectares sont exploités au sens économique strict. Ainsi, seuls 4 % en valeur absolue des 47 millions d'hectares physiques du territoire national sont mis en valeur (GCN 2010). Au Sénégal, au Bénin, au Gabon ou en République Démocratique du Congo, etc., plusieurs registres justificatifs rentrent dans ces allusions de vastes terres arables non rentabilisées. Dès lors, les rhétoriques officielles subséquentes dans ces pays, quoique formulées différemment, classent dans la notion incitative d'agriculture de seconde génération, d'agriculture industrielle ou d'agriculture mécanisée, les exploitations consubstantielles à l'accaparement de terres. Agriculture de seconde génération, agriculture industrielle ou modernisée, en tant que concepts structurants, renvoient à un même fond : « *le développement des moyennes et grandes exploitations agricoles* […] *la modernisation de l'appareil de production* […] *une utilisation plus accrue des facteurs modernes de production comme les engrais, les pesticides, le matériel végétal amélioré, les machines agricoles* » (Minader 2009). Une telle définition programmatique rejoint inéluctablement les caractéristiques de l'agro-industrie. Si les multinationales donnent corps à cette politique, il faut rappeler que l'élite urbaine du continent s'inscrit elle aussi dans le même registre d'action. La puissance des moyens financiers et matériels de cette classe conduit aussi à la mise sur pied d'exploitations agricoles modernes, individuelles, qui deviennent le témoignage de ces usages privatifs de vastes étendues de terres communautaires. Ministres, députés, directeurs généraux, magistrats, hommes d'affaires et industriels se constituent en une nouvelle classe d'entrepreneurs agricoles (Meliki, 2020).

Temps conceptuel versus temps empirique d'une problématique très investie

L'expansion de ces figures de l'accaparement de terres en Afrique subsaharienne est documentée. S'il existe divers travaux individuels et recherches de certains laboratoires dont la grande part des financements provient d'organismes européens, il reste que la problématique est davantage investie conceptuellement et ses contours empiriques souvent sacrifiés. Très exactement, il faut dire que les financeurs savent ce qu'ils recherchent. Aussi, si l'espace africain d'expression anglaise fournit des travaux à forte charge de données primaires, la zone francophone accuse encore un déficit d'études empiriques minutieuses. En effet, il y a un vide, en matière d'étude de cas, sur plusieurs articulations de ce phénomène. Très souvent, on se satisfait ici d'une poignée de données pour se concentrer davantage sur la conceptualisation et l'analyse. Cette posture, expressive de la part résiduelle du terrain pratiqué, produit des insuffisances. Tout d'abord, aucune intelligibilité satisfaisante du phénomène d'accaparement des terres n'est possible sans une taxonomie des terres accaparées. Se poser la question du statut et de la nature des terres mises en cause, c'est être à même de prescrire, à partir du terrain, des loupes individualistes ou communautaires de décryptage comme matrice de restitution des mécanismes qui concourent à la production de tout phénomène conséquent. Ensuite, formuler la question sur les acteurs en présence et les logiques transactionnelles différenciées qu'ils initient permet d'examiner les variations dans le déploiement sur le terrain des entités productrices de l'accaparement de terres selon leurs identités de multinationales, d'élites urbaines ou d'industriels locaux. Plus en aval, dans une approche wébérienne, faire de l'identité des protagonistes l'élément structurant de l'analyse, implique tout aussi bien de savoir à qui appartiennent les terres accaparées. Une telle préoccupation mettrait en orbite l'identité des dépossédés — individuels, collectifs — qui permettrait de dresser et tirer un parti analytique du profil de vulnérabilité face à la dépossession foncière. Les différents auteurs ont une posture de terrain qui rassemble avec force détail les faits sur ces mécanismes et stratégies différenciés mis en œuvre par les personnes physiques et morales qui aspirent à contrôler une part du patrimoine des terres rurales pour leurs exploitations. Ces travaux mettent aussi un accent sur la saisie des identités, des objectifs professés, ainsi que des narratifs porteurs des justifications que les acteurs qui accèdent aux terres communautaires ou les « cèdent » articulent. L'accent sur leurs identités permet d'établir ici, dans une perspective distinctive, la démarche des acteurs en fonction de leur typologie d'affiliation.

C'est en prolongeant ce constat d'une faiblesse des approches empiriques que l'un des paris de cet ouvrage s'est structuré autour d'une description des mouvements paysans et communautaires face à l'accaparement de terres dans nombre de pays d'Afrique noire. Certes, paysans et ruraux étaient acculés à la figure de *cul du monde*, réplique de la notion de cadet social (Bayart, 1985). Aussi, savait-on que le principe structurant de la subalternité que cette figure implique indiquait qu'ils n'étaient donc pas envisagés comme capables d'infléchir ou de reconfigurer des pratiques sociétales et officielles. Englué dans ce tableau, on évoluait à partir du prisme tacite d'une impossibilité des villageois à réformer les politiques du pouvoir et de l'élite urbaine. Ce prisme qui fait des paysans et communautés rurales des groupes apathiques et inaptes à toute mobilisation a été discuté et relativisé par des travaux qui en font désormais un imaginaire éculé (Ela, 1990 ; Scott, 2008). En effet, il faut remarquer que la littérature sur les mobilisations locales fait florès. Pour la colonisation, on s'est attardé sur les modes d'expression souverainistes des partis politiques et syndicats face au système administratif des puissances tutélaires (Mbembe 1989 ; Joseph, 1986). Dès les années 1960, la lutte contre la perversion du sens de l'indépendance par une élite politique cooptée par la métropole est documentée (Agondjo-Okawe, 1985). De même, avec l'avènement de la démocratie en 1990, on rend compte des luttes contre la démocratie de transit (Eboussi Boulaga, 1997), la démocratie de seule forme administrative et procédurale (Mbembe, 1993) ou la décompression autoritaire (Bayart, 1986) ; tandis que la nouvelle structuration des luttes de la société civile, au sens large, en vue d'une libéralisation effective de la parole et de la vie politique est revisitée (Manga et Mbassi, 2017). De ce fait, la mobilisation est vue comme une réalité banale, c'est-à-dire répandue en Afrique noire (Kadya Tall et Pommerolle, 2015). Dans cette littérature bourgeonnante, les catégories sociales paysannes et communautaires rurales sont mises en scène pour diverses causes. Cependant, pour peu que l'on s'intéresse au champ de l'accaparement de terres, les technologies de mobilisation de l'univers paysan et, globalement, celles des communautés rurales demeurent encore quelque peu sommaires à cause de descriptifs hâtifs.

Subséquemment, dans un contexte où la plupart des transactions n'aboutissent guère à un terrain d'entente consensuel, le conflit est ainsi acté comme objet central dont le traitement par les communautés attire l'attention. En fait, les transactions qui mènent à l'appropriation de vastes surfaces de terres communautaires ou individuelles au profit d'une entité physique ou juridique prospèrent grâce à des vulnérabilités multiformes chez les ruraux. Dès lors, les travaux mettent un point d'honneur sur la restitution de l'affrontement d'intérêts contradictoires des acteurs, lesquels procèdent de diverses rationalités inconciliables, faisant ainsi du milieu communautaire un « *ordre social* [...] *fondé sur des conflits résolus ou ritualisés.* [Tout conflit] *révèle* [ici] *la contradiction d'intérêts qui se situent dans des rationalités différentes. Le conflit résulte de l'échec des procédures coutumières de conciliation et cristallise deux positions et deux adversaires* » (Mendras, 2001 : 227). La conjoncture conflictuelle qui environne ainsi le village n'est donc pas d'abord ni toujours un affrontement physique. Aussi, cette perspective de la conflictualisation des rapports qui naissent autour des cessions de terres à grande échelle est-elle documentée à partir de la parole des protagonistes et des différents faits qui en composent la trame matérielle. Dès lors, alors qu'antérieurement les formes du politique par le bas (Bayart et coll., 1992) et des figures de bricolages à visée de rejet des instances de domination ont constitué le répertoire d'une riposte rurale (Ela, 1990), les auteurs revisitent ces figures d'un point de vue opératoire, organisationnel et d'expertise de mobilisation, avec pour point nodal une description processuelle des dynamiques protestataires. Ils essaient de restituer, au détail, les scénographies des ripostes paysannes face au phénomène actuel du *land grabbing*.

Par ailleurs, mettre en œuvre une telle posture permissive d'un éloignement des grilles d'une passivité putative des communautés rurales, c'est aussi accepter prendre congé des perspectives d'analyse victimaires naguère mises en vedette sur le monde rural. Le mérite des contributions est alors de rappeler le sempiternel truisme d'un désengagement de l'État dont le corollaire a été la fragilisation de la structure classique de l'économie paysanne, notamment l'agriculture rentière d'exportation comme source majeure de revenus substantiels (Meliki, 2017). En fait, l'effondrement des cours et leur extrême versatilité au sein de ces filières ayant provoqué une diversité d'initiatives économiques parallèles ou alternatives, la commercialisation des terres périurbaines et rurales suggère la formation d'une économie de rente pour des ruraux. Cette projection exige ici de relativiser la grille victimaire dans le champ de l'accaparement de terres en analysant la participation des paysans à leur propre dépossession foncière en zone rurale et périurbaine. Il est alors capital, comme le font les réflexions, de saisir et d'étudier les logiques en cours à partir d'un prisme de la co-responsabilité des acteurs ruraux, afin de rendre compte des logiques à partir desquelles ils investissent les dynamiques de leur propre dépossession. À ce titre, le pari empirique des auteurs consiste donc aussi à dépeindre, parallèlement, depuis leurs lieux d'expression, les règles des canaux conventionnels et les logiques officieuses qui s'émancipent de toute exigence du cadre légal et réglementaire (Meliki, 2020 ; Chouquer, 2009), en tant que complexe de pratiques et de sens qui gouverne un marché foncier qui fait des communautés rurales des acteurs. Cette dichotomie alimente la forte croissance du cadre urbain bâti qui ne cesse d'évoluer selon une dynamique annexionniste et de prédation des terres périurbaines et rurales (Ndock Ndock, 2020). La promotion immobilière privée est au centre de ce phénomène, pour le périurbain. L'élite politico-administrative et la bourgeoisie d'affaires sont en première ligne dans l'appropriation de ces terres (semi) rurales (Franqueville, 1984 ; Ela, 1983). De ce fait, mettre en avant la part d'actions personnelles du paysan et des communautés rurales devenait un impératif sociologique catégorique.

Bibliographie

Agondjo-Okawe P-L., « L'État africain : un État hybride, néocolonial », *L'État moderne, horizon 2000 : aspects internes et externes*, 1985, p. 23 — 45

Amsallem I., « Jatropha et accaparement des terres », Réseau JatroREF, 2015

Anseeuw W. et coll., « Land Rights and the Rush for Land: Findings of the Global Commercial Pressures on Land Research Project », 2012, ILC, Rome

Bayart J-F., Mbembe A. et Toulabor Comi, *Le politique par le bas en Afrique noire. Contribution à une problématique de la démocratie*, 1992, Paris, Karthala

Borras S. et Franco J., « From threat to opportunity? Problems with the idea of a Code of Conduct for land-grabbing », *Human Rights and development law journal*, 2010, Vol. 13, n⁰ 2, p. 507-523

Chauveau J-P., « Transferts fonciers et relation de tutorat en Afrique de l'Ouest. Évolutions et enjeux actuels d'une institution agraire coutumière ». *Le journal des sciences sociales*, 2007, Vol. 4, p.7-32

Chouquer G., « Enjeux fonciers. Première partie : Afrique et Madagascar », *Études rurales*, 2009, Vol. 184, p. 251-272

Eboussi Boulaga F., *La démocratie de transit au Cameroun*, 1997, Paris, L'Harmattan

Ela J-M., *La ville en Afrique noire*, 1983, Paris, Karthala

Ela J-M., *Quand l'État pénètre en brousse. Les ripostes paysannes à la crise*, 1990, Paris, L'Harmattan

Faye A., « Pouvoir local et coopération au développement à Ross-Béthio : gestion sélective de l'offre de services fonciers et exclusion », in *Gouvernance foncière au quotidienen Afrique*, Bulletin de l'APAD, 2001, n° 22

Feodoroff T., « Quelques clés de lecture pour comprendre et analyser l'accaparement de terres », *Possibles,* 2013, p. 12-22

Franqueville A., *Yaoundé. Construire une capitale*, 1984, Paris, Orstom.

Grain, « Hold-up sur l'alimentation. Comment les sociétés transnationales contrôlent
l'alimentation du monde, font main basse sur les terres et détraquent le climat », Genève, automne 2012, Centre Europe — Tiers Monde, 162.

Grajales J., « L'agro-business au village. La notion d'accaparement de terres à l'épreuve du cas ivoirien », *Politique africaine*, 2018, Vol. 3, n⁰ 151, p. 155-177.

Lombard J., « Une autre "fin des paysans" : ceux d'Afrique noire », *Tiers-Monde*, 1981, Tome 22, n⁰ 85, p.33-59

Manga J.-M. et Mbassi A., « De la fin des manifestations à la faim de manifester : revendications publiques, rémanence autoritaire et procès de la démocratie au Cameroun », *Politique Africaine*, 2017, Vol. 2, n⁰ 146.

Mbembe A., *De la postcolonie. Essai sur l'imagination politique dans l'Afrique contemporaine*, 2000, Paris, Karthala

Mbembe A., « Épilogue. Crise de légitimité, restauration autoritaire et déliquescence de l'État », dans Peter Geschiere, Piet Konings. *Itinéraires d'accumulation au Cameroun*, 1993, Paris, Karthala, p. 345 — 374

Meliki H. M., « Dynamiques et innovations sociales en milieu rural Sud-Camerounais en contexte post-désengagement de l'État », Thèse de doctorat en sociologie, 2017, Université de Yaoundé I

Meliki H. M., « Socio-political use of large-scale agriculture: the strategic paradigm and the new entrepreneur farmers in Cameroon », *Transylvanyan Review*, 2018, Vol. 27, n⁰1

Meliki H. M., « Ethnosociologie d'un paradigme de développement local en essor au Cameroun : les paradoxes de l'agriculture de seconde génération en milieu rural », in Soumahoro M. (dir.), *Agriculture, pêche et développement local en Afrique Subsaharienne,* 2021, Paris, L'Harmattan, pp.151-173

Meliki Hugues Morell, « L'agriculture urbaine au Cameroun : multifonctionnalité et perspective stratégique chez les acteurs », *Territoire en Mouvement Revue de géographie et aménagement,* 2020, *URL : http://journals.openedition.org/tem/6411*

Mendras H., *Éléments de sociologie*, 2001, Paris, Armand Colin

Minader, 2009. « Note d'information sur le MINADER », Cameroun

Ndock Ndock G., « Cultiver d'abord et habiter après : l'agriculture périurbaine comme stratégie d'appropriation foncière dans l'arrière-pays de Yaoundé », *Territoire en mouvement Revue de géographie et aménagement,* 2020, Vol. 44-45

Pakenham T., *The Scramble for Africa. Random House*, 1990, England.

Richards M., 2013, *Impacts sociaux et environnementaux des acquisitions de terres à grande échelle destinées à l'agriculture en Afrique, en particulier en Afrique occidentale et centrale*. Washington, DC : L'Initiative des Droits et Ressources

PREMIÈRE PARTIE

Acteurs et processus transactionnels autour de l'accaparement de terres

Dynamiques transactionnelles et conflictuelles autour des terres en dispute : l'agriculture de seconde génération en question au Cameroun

Hugues Morell MELIKI

Résumé

À partir des investissements agricoles à grande échelle des multinationales et de l'élite locale, cette réflexion rend compte des dynamiques subséquentes qui travaillent l'espace rural. Elle procède d'une socioanthropologie irriguée, à titre principal, par des données qualitatives. Quatre principaux faits sont scrutés. Tout d'abord, le travail investit les arrangements marchands, ainsi que les transactions socialement ancrées qui président au transfert des propriétés foncières d'une entité à une autre. Puis, l'identité et le statut même des terres ainsi cédées au sein des communautés rurales sont scrutés pour en dégager des typologies qui permettent de saisir quelques implications analytiques. Ensuite, s'appuyant sur la notion de village-ressources, descriptive d'une multiplicité de petites opportunités économiques et d'emplois salariés liés aux investissements verts, la mobilité et la cosmopolitisation au sein des espaces ruraux en question, résultat de l'effet d'attraction exercée sur des acteurs d'origines socioculturelles diverses, sont articulées. Enfin, la contraction des aires de prélèvement des ressources vitales, expressive de l'usage privatif des terres communautaires pour cette agriculture industrielle, la conjoncture de rareté subséquente qui mène à une compétition accrue pour les ressources et nouvelles terres agricoles, ainsi que les récriminations post-transaction foncière de ruraux qui s'estiment dupés amènent à analyser le conflictualisme en cours sur les sites scrutés.

Mots-clés : Agriculture moderne, conflits, mobilités, transactions foncières, rareté.

Introduction

Trois hypothèses majeures structurent les études sur le phénomène d'accaparement de terres consubstantiel à l'agriculture de seconde génération, prise comme « le développement des moyennes et grandes exploitations agricoles [qui prônent] la modernisation de l'appareil de production : une utilisation plus accrue des facteurs modernes de production comme les engrais, les pesticides, le matériel végétal amélioré, les machines agricoles » (MINADER, 2009 : 1). Il s'agit de la violence foncière contre les communautés locales, la menace d'une disparition de la classe paysanne et l'agriculture de seconde génération comme un outil stimulant pour le décollage du village. L'hypothèse de la violence foncière articule l'accaparement de terres lié à ce modèle d'agriculture comme la prise de possession ou le contrôle des surfaces terrestres, qui ne soit pas proportionnel aux possessions moyennes de la région, pour la production agricole à usage commercial/industriel. Ce phénomène est constitutif d'une violence contre la logique d'une gouvernance foncière locale, entendue comme « l'égalité des individus en matière foncière et une meilleure répartition des terres disponibles » (Faye, 2001 : 3).

L'hypothèse de la menace de disparition du paysannat, quant à elle, stipule que les transactions foncières à logique privative entre l'État et le capital international questionnent la survie des unités d'exploitation familiales et leur capacité à supporter la rivalité des méga-investissements agricoles. On assiste alors progressivement à la marginalisation de la paysannerie à cause de son impécuniosité qui l'empêche de s'arrimer à la nouvelle donne, ce qui provoque, à terme, son absorption par le salariat agricole (Zambo Belinga et coll., 2011 : 35 ; Ela, 1990).

La dernière hypothèse assume que l'agriculture industrielle constitue un catalyseur du développement du village. Elle constitue un outil de politique structurelle capable de générer des effets positifs sur les capacités productives des villageois et sur la qualité de leurs conditions de vie. Revenus additionnels, effets innovants, exemplarité des exploitations agricoles modernes deviennent ainsi le moteur d'une mutation méliorative du cadre de vie villageois (Mimche et coll., 2006 : 109 ; Obam et Elong, 2011 : 212).

Toutefois, focaliser l'attention sur ces seuls prismes d'analyse crée « un effet de fermeture prématuré » sur l'objet (Bourdieu, 1968 : 28). En fait, on ne peut ignorer les niches de revenus additionnels dans le secteur agricole, pour l'élite locale, et la possibilité d'une accumulation rapide du capital qu'il offre, pour les capitaux internationaux, ce qui occasionne une ruée humaine vers les zones rurales. Cette ruée engage aussi les « gens d'en-bas », les exclus des bidonvilles à l'affut de nouveaux pôles d'emplois. Le milieu rural devient, d'un côté, un lieu de concentration de vastes terres sous-utilisées (Coquery-Vidrovitch, 1982 : 71) que les détenteurs urbains de capitaux peuvent mobiliser et de l'autre, un espace d'emplois pour les désœuvrés. Dès lors, l'agriculture de seconde génération devient une question de circulation de flux humains. Ainsi, le village, pour répulsif qu'il soit à cause du manque de commodités nécessaires à l'épanouissement social et économique des personnes tel qu'il a souvent été présenté (Ela, 1982 ; Berthod-Wurmser et coll., 2009), exerce désormais un attrait pour certaines classes sociales urbaines et rurales qui viennent, pour certaines, y investir et, pour d'autres, s'y installer pour avoir un emploi rémunéré ou faire affaire. Aussi, cette étude interroge-t-elle l'impact des formes de mobilité qu'engendre l'agriculture de seconde génération sur le tissu villageois. L'hypothèse est que, l'agriculture industrielle provoque un pluralisme socioculturel au sein des villages, tout en instaurant une forte compétition pour de multiples ressources ce qui aboutit aussi à un processus de conflictualisation du lien social.

1. QUESTIONS DE MÉTHODOLOGIE

Le travail s'appuie sur une socioanthropologie qui repose sur l'empirisme et les logiques d'action comme outil de compréhension des faits (Dubar, 2006 :5). La réflexion est irriguée par des données issues d'une enquête qualitative réalisée dans trois circonscriptions rurales situées dans les provinces du Centre et de l'Est du Cameroun.

Le commun profil des zones choisies est la présence d'une unité d'exploitation agricole moderne. Il s'agit de Nanga-Eboko, dans le Centre. Les terres sont confisquées — grâce à un bail négocié avec l'État — par le capital chinois, Iko, qui, à 10 km de la ville, y entretient des exploitations de riz, de manioc et de cultures maraîchères. Le second site, Abong-Mbang, à l'Est du pays, expérimente l'accaparement de terre dû à l'élite urbaine dont la figure représentative, pour cette étude, est le directeur général adjoint du cabinet civil de la présidence de la république. Il est détenteur de « Bagofit plantation » dont les principales cultures sont le cacaoyer hybride, le plantain et le maïs. Le dernier site, Diang, dans le département du Lom et Djerem, région de l'Est-Cameroun, des terres sont accaparées à Abéssé encore dit Mbang II par des repreneurs qui, par une transaction avec les ayants droit de l'ex-Société Nationale d'Exploitation industrielle des Tabacs et Allumettes (SEITA), ont acquis son patrimoine foncier et procèdent à la culture de maïs.

Entretiens et observations ont constitué les principales techniques d'investigation. L'interview semi-directive a été menée auprès de trente acteurs, soit dix par sites. La moitié des entretiens a été réalisée avec les autochtones et l'autre avec des immigrants. À partir de la technique dite boule de neige (Combessie, 1996), les interviewées ont été choisies dans l'optique de reproduire les identités sociales (autochtones, immigrés) et professionnelles (travailleurs dans les plantations, commerçants ou non) liées à la question de la recomposition humaine : l'« échantillonnage » par contraste a donc été mis en œuvre (Pires, 1997).

Par ailleurs, des observations directes sur seize semaines au sein des trois communautés rurales listées ont conduit à mesurer l'hétérogénéité des tribus, la portée des terres confisquées, la pression démographique sur les ressources foncières, fauniques, floristiques et halieutiques existantes à travers l'inflation des prix des principales denrées alimentaires.

Afin de saisir les effets des mobilités multiformes générés par l'agriculture industrielle sur les espaces ruraux, il convient d'abord d'analyser les facteurs qui stimulent cette agriculture moderne.

2. LES CATALYSEURS DE L'AGRICULTURE DE SECONDE GÉNÉRATION AU CAMEROUN

Historiquement, le secteur agricole est un catalyseur de la croissance économique, de l'industrialisation, de la réduction de la pauvreté et, partant, du développement (Xinshen et coll., 2005 ; Mellor, 1998). C'est fort de cette connaissance, et dans un contexte de difficulté de trésorerie, que les politiques publiques mettent un accent sur ce secteur vital.

2.1 Le rôle des politiques publiques

La crise financière de 2008 a mis en avant le problème du « bien manger » à suffisance. Toutefois, la jeunesse qui constituait la composante majoritaire du mouvement irrédentiste des « émeutes de la faim » a davantage permis de comprendre la gravité de la question de l'emploi qui, en marge de la contestation de la révision constitutionnelle, expliquait son ire.

2.1.1 Les investissements agricoles contre la crise de l'emploi

Le marché de l'emploi se caractérise par une faible capacité d'absorption (Lachaud, 1994 ; Kobou, 1999). En 2005, avec un taux de sous-emploi de 76 pour cent et un taux de chômage de l'ordre de 29 pour cent et 36 pour cent, respectivement chez les hommes et chez les femmes (njike Njikam et al., 2005), les jeunes constituent, quel que soit l'angle d'analyse, la figure du chômeur. La situation n'est guère reluisante en 2010. Pour le Bureau international du Travail (BIT), on dénombre 7 personnes actives sur 10, soit (69 pour cent). Le taux d'activité est de 74,1 pour cent chez les hommes, soit 9,9 points d'écart par rapport à celui des femmes qui se chiffre à 64,2 pour cent (INS, 2011 :39) et l'âge moyen des chômeurs est de 27,2 ans (INS, 2011 :63-69).

Les secteurs public et privé étant dans l'incapacité d'employer cette masse de chômeurs, les investissements agricoles apparaissent comme une réponse. À partir d'expériences en œuvre dans d'autres pays où, depuis 1970, les recherches établissent que l'agriculture est un multiplicateur d'emplois et une politique sectorielle bénéfique pour les classes lésées (Timmer, 2002 ; Christiaensen et Demeny, 2007), l'État camerounais a encouragé l'agriculture moderne.

Dès ce moment des dispositifs juridiques (lois foncières), financiers (création de banques agricoles) et matériels (banques de semences, unités de montage et de location de tracteurs) furent mis sur pied. Le refrain alors scandé par le gouvernement pour sortir les jeunes du chômage a articulé les mérites d'une agriculture de type *business* :

> Je demande aux populations du Cameroun, du Nord au Sud, de l'Est à l'Ouest de faire passer l'agriculture d'une activité de subsistance à un business, c'est-à-dire celle qui permet à la famille de changer ses conditions de vie. L'on devrait aujourd'hui faire de l'agriculture pour gagner sa vie[1].

[1] Allocution du ministre de l'agriculture et du développement rural, lors de l'ouverture de la campagne agricole 2012 à Lagdo. http://www.leseptentrion.net/2012/06/revolution-agricole-au-cameroun-lappel-dessimi-menye-a-lagdo/

L'incapacité de l'État à absorber une masse croissante de diplômés a activé ce discours sur l'agriculture moderne. La crise de l'emploi et la volonté gouvernementale de libérer le facteur travail font le lit à un investissement agricole massif.

2.1.2 Libération du facteur travail et libéralités foncières

L'étendue des surfaces agraires investies et les techniques d'exploitation agricole demeurent dérisoires face au potentiel des terres cultivables. Le Cameroun compte 47 millions d'hectares de terres physiques, dont 9,2 millions d'hectares de terres agricoles. Les terres arables cumulent 7,2 millions d'hectares. Pourtant, seuls 1,8 million d'hectares sont exploités, soit 26 pour cent de la surface cultivable. En valeur absolue, uniquement 4 pour cent de la superficie nationale est actuellement exploitée (GCN, 2010 : 11).

Les terres agricoles souffrent donc d'une sous-utilisation chronique. Dès lors, seule une libération poussée du facteur travail, élément permissif de la maximalisation de l'exploitation du potentiel des terres agricoles, apparaît comme la solution idoine pour le pouvoir (Rey, 1973). Des mesures sectorielles incitatives sont prises pour favoriser l'agriculture de seconde génération. Car, une activité agricole de cette facture est constitutive d'un substitut à une agriculture familiale « improductive » (Konings 1986). En fait,

> Au regard des réserves en terre encore énormes, la promotion de l'agriculture de seconde génération [a pour but] de renforcer la production nationale à travers le développement des moyennes et grandes exploitations agricoles, instruments de la révolution agricole tant souhaitée dans notre pays (MINADER, 2009 : 2).

C'est ainsi que des réformes foncières sont mises en œuvre afin de procurer à bon compte des étendues de terres à ceux qui peuvent s'arrimer à cette politique agricole. Aussi, toutes les terres non mises en valeur ou exemptes de titre de propriété privée, basculaient-elles dans les avoirs de l'État. Telle est la base juridique permissive d'une politique structurelle de libéralités foncières en faveur ceux à même de déployer des moyens financiers conséquents pour soutenir l'agriculture moderne.

3. ACTEURS ET PROCÉDURES TRANSACTIONNELLES DU MARCHÉ DES TERRES

Une transaction foncière marchande est prise ici en termes de transfert des droits attachés à un capital foncier pour exploitation sur la base d'un prix ou de tout autre système d'équivalence matérielle (Polanyi, 1957). Les récriminations des populations face aux accapareurs fonciers soulignent un manque de consensus durant les transactions.

3.1 Des transactions foncières à logique exclusive

L'agriculture de seconde génération, et son corollaire le marché des terres en milieu rural, apparaît comme un processus où les populations subissent le diktat du « pouvoir » de l'acquéreur. Deux modèles de démarche apparaissent comme dominants sur le terrain : une négociation avec l'État et une négociation avec la chefferie locale, lesquelles mettent en appendice les villageois.

3.1.1 Les transactions d'État à entités agro-industrielles

Les populations des régions aux terres accaparées par les multinationales ne sont guère consultées durant les négociations qui transfèrent les droits fonciers aux capitaux étrangers, ce qui mène à des revendications et conflits analysés plus bas. À Diang, pour les repreneurs du domaine de la SEITA, et à Nanga-Eboko, pour Iko, tout comme à Nkoteng et Mbandjock pour SOSUCAM, filiale de la SOMDIAA, les populations décrient leur mise en rebut des négociations. Le chef de village de 3e degré, KlaverAkono, à Nanga-Eboko, déclare à ce sujet que, « c'est l'État qui gérait tous les problèmes fonciers. Les Chinois négociaient directement avec eux. Personne ne pouvait s'opposer à la décision de l'État. On se pliait seulement, ce d'autant plus que la terre n'avait pas encore une grande valeur ».

Ainsi, les multinationales qui investissent leurs fonds dans le secteur agricole recourent principalement à l'État. Les populations ne sont en aucun moment associées aux transactions (Cotula, 2011). Certes, les autorités locales sont approchées par l'État et les représentants des multinationales. Mais elles n'ont de rôle que celui de divulguer la décision étatique au sein de la population pour la facilitation du processus d'exploitation. Seules les études d'impact environnemental, désormais exigées par le gouvernement, permettent aux populations de se prononcer sur l'emprise foncière d'une unité agro-industrielle. Cette méconnaissance des communautés par les multinationales tient de leur vulnérabilité foncière.

La faible pénétration des titres fonciers en zones rurales, favorisée par des « lois ou pratiques en vigueur [qui] ne simplifient pas la tâche des propriétaires fonciers coutumiers qui souhaitent enregistrer leur propriété et protéger leur bien [à cause d'un] processus d'enregistrement [...] obscur, complexe et coûteux » (Liz-Alden 2011:11), d'une part, et dans un milieu où les dispositions législatives foncières font prévaloir le droit positif sur le droit coutumier (Haeringer, 1982 :86), l'État devient le seul vrai propriétaire avec qui entrent en tractation, les trusts internationaux qui désirent investir sur des domaines qui, jusqu'alors, constituaient les réserves foncières des communautés. En ce sens, « la majeure partie des terres de la population camerounaise [devient] particulièrement vulnérable à une appropriation et une redistribution en faveur de concessionnaires, d'acheteurs ou autres, selon le choix du gouvernement » (Liz-Alden, 2011:12). Quelle que soit l'identité de l'entrepreneur agricole, les populations apparaissent donc comme un appendice durant les tractations.

3.1.2 Les démarches entre élites et chefferies locales

L'élite urbaine se distingue par la volonté de concentration des meilleures terres villageoises. Son mode opératoire transactionnel est distinctif de la démarche des multinationales. Un chef de village de Bagofit à l'Est-Cameroun, Olinga Martin Mpazambe, souligne :

> Une partie du terrain appartient au père du ministre. Mais pour arriver à ce qu'il a aujourd'hui, il a dû négocier et acheter la terre aux frères et aux voisins. Quand il veut agrandir ses champs et qu'il y a des terres à côté, il vient causer avec le chef. On fait une descente pour voir les terres et retrouver le propriétaire. Après on appelle le propriétaire pour lui dire que le ministre veut les terres. La personne dit ce qu'elle demande et le ministre vient régler.

L'élite a donc recours aux chefferies locales pour accéder aux terres, car l'autorité traditionnelle jouit encore de pouvoir. L'interlocuteur primordial n'est donc pas les individus qui possèdent la terre ciblée, mais l'autorité traditionnelle. Car, c'est à celle-ci que s'adresse l'élite ; c'est à elle qu'est exprimé le désir d'accès à une terre, et c'est elle qui initie les négociations avec le propriétaire terrien. Au chef traditionnel s'adjoint l'autorité administrative de la circonscription villageoise. Toutefois, le propriétaire putatif des terres est celui qui perçoit la contrepartie substantielle de l'indemnité.

Le pouvoir et la rapacité de l'élite urbaine face aux terres sont ainsi mis à nu. À Bagofit, « Tout le monde désigne monsieur le ministre sous le nom de mpack, parce qu'il prend toutes les terres qu'il trouve sur son chemin », selon Élie Ezoame Olinga, président des jeunes et délégué du groupement d'initiative commune (GIC) de l'union des Cœurs de Bagofit (UCB). Cette « voracité » foncière est traduite par ce surnom donné au ministre, *mpack*. Du dialecte local Maka, *mpack* désigne l'aigle royal ; un oiseau rapace qui se nourrit de toute proie trouvée sur son itinéraire. C'est pourquoi une autre tactique d'acquisition du terrain de l'élite consiste à effectuer des intrusions inopinées, par le biais de travaux agricoles massifs, dans les propriétés foncières contiguës à ses exploitations pour, à postériori, amener les propriétaires à céder les parcelles ciblées. Le président des jeunes rappelle que, « s'agissant du ministre, il est entré une fois dans notre terrain, mais rencontrant notre résistance il a proposé de l'argent ». Les conflits et réclamations pour empiètement sont donc courants, selon le notable Vincent Mpouot : « il y a des jeunes qui lui réclament des parcelles. Car, ayant des titres fonciers, ils se rendent compte que leurs parcelles ont été empiétées ». Cette voracité foncière trouve donc son principal appui sur les unités de commandement traditionnel.

3.2 Un statut pluriel des terres accaparées

Les terres qui font l'objet d'un processus de transaction marchande présentent plusieurs caractéristiques. Les sites étudiés permettent de dégager trois types de capital foncier convoité.

3.2.1 Les réserves foncières communautaires non viabilisées

La première typologie des terres qui entre dans les transactions marchandes entre État et multinationales, à titre principal, est constituée des réserves foncières non viabilisées. Il existe une corrélation explicite entre nouvelle politique agricole, législation foncière et annexion des réserves foncières rurales. La libération du facteur travail dont parlent les textes gouvernementaux exige que la terre revienne à ceux qui la viabilisent. Il faut donc rappeler que les dispositions juridiques foncières considèrent comme propriété privée toutes les terres immatriculées ou celles qui justifient d'une mise en valeur. Par mise en valeur, ces dispositions pointent des terres qui justifient de l'occupation effective de l'homme à travers la présence d'habitats, de cultures ou de pacages (Liz Alden, 2011 : 62). De ce point de vue, les espaces fonciers non viabilisés et sans trace de mise en valeur antérieure, qui, en milieu rural, ne peuvent prétendre facilement à une immatriculation conforme au droit moderne, gage d'inviolabilité, passent *ipso facto* dans le domaine de l'État.

Ainsi, avec les nouvelles dispositions juridiques liées au foncier, la terre villageoise est déclassée de son caractère traditionnel de réserve communautaire, quand celle-ci n'est pas immatriculée, ce qui est le cas dans la plupart des communautés, pour être rangée comme domaine de l'État, lequel peut alors en jouir et en transférer les droits y relatifs à tout acteur ou pour toute cause opportune. En effet,

> La loi stipule [...] que l'État [...] peut revendiquer toute partie des terres domaniales comme sa propriété privée. Une fois ces terres devenues propriété privée de l'État, le Gouvernement a la possibilité d'attribuer toute partie de cette terre en jouissance ou en propriété à toute personne ou organe (Liz Alden, 2011 : 68).

C'est au regard de ces dispositions que l'État s'est présenté comme le propriétaire des terres attribuées aux multinationales comme Iko à Nanga-Eboko, Ndjoré et Santchou ; à la CAMSUCO à Nkoteng et Mbandjock et à Herackle farms qui bénéficie de plus de 73 000 hectares dans le Sud-Ouest. Les populations assimilent partiellement ce discours comme le montrent ces propos du villageois Célestin Kanda de Nanga-Eboko : « toute terre non titrée appartient à l'État. Les terres là avaient d'abord été données aux Français en 1949. C'est le site de l'État qui a remis ça aux Chinois ». Ainsi donc, les dispositions juridiques qui dépossèdent *à priori* les communautés de toute terre non viabilisée sont rentrées dans l'univers cognitif des ruraux.

Ainsi, à la lueur du cadre juridique, les communautés rurales comprennent que « les droits fonciers d'origine coutumière et le rôle des institutions locales sont [...] insuffisamment reconnus par les États qui sont, pour la plupart, définis comme propriétaire des terres non titrées » (Burnod, 2010 : 4).

3.2.2 Les espaces fonciers litigieux entre communautés

La seconde typologie de terres qui fait l'objet des transactions marchandes rassemble des espaces fonciers litigieux qui mettent aux prises plusieurs communautés qui veulent y faire valoir des droits. L'impossibilité d'un consensus entre les communautés sur l'identité du propriétaire, en fait un espace foncier vulnérable à l'accaparement par l'État. Car, celui-ci n'y rencontre aucune opposition ou revendication structurée.

Telle est la situation de la concession foncière dont bénéficie la firme chinoise Iko à Nanga-Eboko. Ayant d'abord constitué des réserves foncières communautaires, ce capital foncier est revendiqué par plusieurs communautés riveraines. La nébuleuse autour de l'identité du propriétaire que donnent à voir les revendications de groupes à propos a facilité l'action de l'État par l'absence d'une opposition cohérente contre l'expropriation foncière. En donnant du crédit à l'entretien passé avec Sabel, ouvrier de la firme, trois communautés revendiquent la propriété : les Ido, les Yebekanga et les Yekaba. Chacun de ces groupes fait valoir son statut de propriétaire des terres à partir du droit du premier occupant que consacre le référent ancestral (Le Bris et coll., 1982 ; Sauter, 1970). Sur le terrain, la logique discursive des groupes montre que leurs ancêtres respectifs furent les premiers à occuper ces terres qui longent le fleuve Sanaga.

3.2.3 Des propriétés foncières d'individus « vulnérables »

La dernière catégorie de terres qui entrent dans les transactions foncières marchandes est celle des propriétés foncières individuelles. Il s'agit ici de parcelles sur lesquels un individu ou une unité domestique revendique avec succès des droits de propriété, soit à travers des mises en valeur tangibles, soit à travers un titre de propriété privée consacré par l'administration foncière et du cadastre.

La plupart des propriétaires fonciers individuels ayant transféré leurs droits au bénéfice d'un entrepreneur agricole brillent par des caractéristiques communes qui permettent de dresser trois types de profils dont la particularité est une forme de vulnérabilité. La vulnérabilité désigne un facteur qui expose les individus à la cession de leurs droits fonciers devant toute offre. L'examen des terres accaparées par le DGA de la présidence à Bagofit ou à Andom, près de Diang, par un homme politique qui occupe aussi une fonction de proviseur d'un lycée prestigieux de Bertoua, capitale régionale de l'Est-Cameroun, met en relief trois profils :

l'extrême précarité financière, le dénuement matériel et un niveau d'instruction élémentaire. La précarité financière et le dénuement matériel qui s'inféodent tous au champ lexical de la pauvreté sont des adjuvants de la dynamique d'expropriation foncière. Car, les individus sont inaptes à juger — à l'immédiat — de la valeur réelle du terrain et à la comparer avec ce qui leur est proposé. Ghislaine Mekoussou, à Bagofit, affirme que, « il [le ministre] leur donnait du pétrole, du savon et de la nourriture » ; de même, certains ont transféré leur terre contre un matériel courant de faible valeur selon Elvis Christian Evina, employé de la plantation à Bagofit : « il a donné des feuilles de tôles contre une parcelle de terre ». Ainsi, la précarité des conditions de vie expose à toute sorte de transactions iniques. Cependant, si cette précarité apparaît comme un élément majeur qui explique aussi le transfert de ses droits fonciers, le niveau d'instruction des individus amplifie une telle exposition. Le faible niveau d'instruction de ces individus — la plupart n'a pas présenté le certificat d'étude primaire et élémentaire — justifie de ce qu'ils ne perçoivent pas les enjeux liés au dessaisissement volontaire ou non de leurs droits sur une parcelle de terre au profit d'autrui. Ce qui compte ce sont les seules ressources qu'ils entrevoient à l'immédiat.

4. INVESTISSEMENTS AGRICOLES ET « VILLAGE RESSOURCE »

En contexte d'agriculture de seconde génération, l'espace rural devient un espace-ressources, c'est-à-dire, d'une part, le lieu de convergence des entrepreneurs agricoles qui veulent accéder au capital terre. D'autre part, c'est un eldorado pour une certaine composante de la population qui sollicite un emploi rémunéré ponctuel (tâcheron), à moyenne durée, permanent (ouvriers et employés) ou un espace pour affaires.

4.1 Les opportunités économiques

Le village brille généralement par l'absence d'emplois salariés. Quelles que soient les régions, le temps social est rythmé par la seule vente d'un produit de rente (cacao, café), des cultures vivrières ou l'envoi d'argent par un émigré. L'observation actuelle sur les zones qui abritent les exploitations agricoles modernes est l'existence d'opportunités de revenus additionnels.

4.1.1 Le salariat agricole

L'un des changements notoires introduits par l'agriculture de seconde génération est la possibilité d'un emploi salarié. Le notable de Bagofit, Vincent Mpouot, déclare que, « depuis que le ministre a commencé ses champs, nous avons de petits travaux en permanence là-bas. On nous paie à la tâche entre 15 000 et 20 000 FCFA ». C'est le même constat d'une disponibilité de tâches payées à Nanga-Eboko et Diang où, Jean Mekinda, ancien employé d'Iko affirme que, « les gars se débrouillent là-bas dans les champs des Chinois. C'est vrai qu'on n'est pas fier du salaire, mais n'ayant rien à faire, on est obligé de forcer comme ça ». Ainsi, les villages qui reçoivent les exploitations agricoles expérimentent la formation d'un secteur alternatif d'emplois rémunérés. Ces investissements génèrent des tâches qui occupent en permanence ou temporairement les populations. Pour évoquer les catégories d'emplois, la plupart des réponses s'identifient à celle de l'ancien Chef de la ferme de multiplication végétale d'Iko de Nanga-Eboko, Joseph Abanda : « il y avait plusieurs équipes dans le champ. Certains étaient recrutés par jour, d'autres par saisons, mais nous on était permanents. Donc on avait les permanents et les temporaires ».

Les exploitations agricoles proposent donc trois formules d'emplois : des tâches quotidiennes, saisonnières et permanentes. Le premier type d'emplois est appelé par les villageois *job*, c'est-à-dire une tâche ponctuelle dont la contrepartie salariale est touchée à la fin de l'exécution du travail en fin de journée. Cette catégorie rassemble des tâcherons. La seconde variante d'emplois met en jeu une série de tâches précises qui durent tout le temps d'un cycle de production ou une partie substantielle du temps d'un cycle de production. Les personnes recrutées pour ces travaux perçoivent un salaire régulier versé sur une base mensuelle. La dernière catégorie d'emplois rassemble des personnes recrutées sur une base pérenne. Leurs fonctions et travaux sont liés au temps d'existence des exploitations agricoles. Ces employés ne connaissent aucune interruption saisonnière, hors vacance, de leurs activités. Le salaire est élevé et perçu sur une base mensuelle. Ainsi, loin de ne fournir du travail qu'aux seuls ruraux, le village possède une relative capacité d'absorption de la main-d'œuvre excédante des zones urbaines, c'est aussi un pôle d'occupation des inemployés saisonniers en temps de dépression du flux d'activités urbaines. C'est dans cette veine de village-ressource qu'il faut considérer les compensations liées aux transactions et expropriations foncières.

4.1.2 Les compensations financières et matérielles des expropriations foncières

Les propriétaires fonciers reçoivent de certains entrepreneurs agricoles une indemnité financière et/ou matérielle. Le temps d'implantation d'une exploitation agricole est suivi, selon le statut de la terre et la personnalité de son propriétaire, d'opérations d'indemnisation.

En ce sens, les terres non viabilisées et dépourvues de tout titre foncier sont directement négociées avec l'État qui constitue le propriétaire de tous les domaines qui ne sont ni mis en valeur ni sécurisés (Liz Alden 2011 : 58). Tel est le statut des terres chinoises Iko de Nanga-Eboko ; Rachelle Eponebok, propriétaire d'un point de restauration à la lisière de l'exploitation agricole, affirme que « les Chinois traitaient directement avec les autorités là-bas devant et celles-ci venaient une fois délimiter les étendues sans l'avis des gens du village ». Par contre, les terres viabilisées ou jouissant d'un titre foncier, mais parfois aussi non viabilisées et dépourvues de titre de propriété privée donnent cours à des compensations.

Plusieurs formules d'indemnisation sont repérées, à savoir des compensations financières, matérielles et en victuailles. La première forme renvoie au versement d'une certaine somme d'argent au(x) propriétaire(s) putatifs ou de fait. La seconde renvoie au versement de fournitures ou d'équipements spécifiques. La dernière est constituée de victuailles massivement offertes aux populations locales. À Bagofit, certains villageois ont demandé à se faire construire une maison en dur avec toit de tôles ondulées : c'est l'indemnisation matérielle. À ce sujet, Elvis Christian Evina, employé de la plantation de Bagofit, fait valoir qu'« il [le ministre] a négocié avec un vieux du village à qui il a donné des feuilles de tôles contre une parcelle de terre ». Certaines terres ont été cédées contre quelques produits de première nécessité ; Ghislaine Mekoussou rappelle que, « ceux qui n'étaient pas de la famille, il [le ministre] leur donnait du pétrole, du savon et de la nourriture. Il leur disait que c'est pour le bien du village et que nous étions entre nous ». La compensation financière, quant à elle, a été rencontrée à Diang où, durant une recherche (Meliki 2015), l'ancien chef de village du site de Diang, Antoine, sans décliner les montants, soulignait qu'« on ne prend pas la terre n'importe comment ! Quand la SEITA s'installait, elle avait versé un peu d'argent et de la nourriture aux parents », dans un contexte où, continuait-il, « on compte au bout des doigts les gens qui ont borné leur terrain ici ». Toutefois, quelle que soit la modalité prise par l'indemnisation, les villageois estiment dérisoires ces contreparties, comme indiqué par Derrick, tâcheron à l'exploitation agricole : « ce que les gens reçoivent pour leurs terres ne vaut absolument rien ; c'est l'argent des beignets ». Au-delà des appréciations contradictoires qui apparaissent lorsqu'il faut apprécier les indemnisations, il est avéré que l'implantation d'une unité agro-industrielle insuffle une dynamique aux affaires dans la zone.

4.1.3 Le développement des affaires autour de la plantation

L'agriculture de seconde génération exerce une attraction sur les populations urbaines et rurales. L'agrégation de ces personnes sur des sites spécifiques contigus aux exploitations favorise la création des niches pour affaires que d'anciens désœuvrés investissent pour capter une part des revenus issus des plantations. Les villages contigus à la plantation deviennent progressivement de mini centres commerciaux où, assure l'informateur Aloys Mang-Mang, accosté à Bagofit, « le petit commerce se développe à merveille et chacun y trouve son compte » ; on assiste, selon Rachelle Eponebok, à l'émergence d'une nouvelle génération de petits entrepreneurs et artisans :

> Je suis revenue au village quand les Chinois ont commencé les champs. Je ne faisais rien de stable en ville et jc voulais travailler. Je suis arrivée, j'ai commencé par la vente de nourriture. Ça marchait. Petit à petit, je me suis installé, j'ai construit et voilà, aujourd'hui j'ai mon petit circuit.

Cette logique explique l'assaut de ces localités par des marchands originaires de la partie septentrionale du Cameroun et que les villageois nomment *Maguida*. Ils affluent vers ces localités aux opportunités économiques, avec pour but de capter une part des revenus en pourvoyant aux besoins de la masse de personnes drainées par les exploitations. En plus de la création de circuits et de petites alimentations, il y a irruption de jeunes transporteurs par moto, l'installation d'artisans qui dépannent ces motos et autres petits véhicules et il y a création spontanée de marchés locaux de produits vivriers et de chasse. Dans un contexte de rareté matérielle extrême (Kobou 1999 ; Mbembe 1999 : 107) où, d'après les résultats de la récente enquête sur l'emploi, plus de 90 pour cent des nationaux actifs se « débrouillent » dans le secteur informel (INS 2005), la présence de niches à même de générer une occupation stable crée une effervescence dans les localités des unités agro-industrielles.

4.2 Les opportunités sociales

L'agriculture industrielle provoque des mutations sur le tissu social villageois. Les tentatives de prises en charge de certains aspects de la vie des populations rurales drainent davantage les masses humaines.

4.2.1 Création d'équipements collectifs

L'observation des localités qui accueillent des exploitations agricoles à large échelle révèle la construction, l'entretien ou l'amélioration de certains équipements collectifs. L'exploitation agro-industrielle va de pair avec quelques investissements d'ordre social et économique consentis par les propriétaires des plantations au bénéfice des communautés.

Dans la région de Bagofit, les populations brandissent les réalisations du ministre. Les différents ouvrages collectifs mis sur pied montrent qu'il se positionne en stimulateur essentiel du développement local de la contrée. Certes, une telle situation ne peut être comprise sans restituer son identité de natif du village. Le président des jeunes et délégué du groupement d'initiative commune (GIC) de l'union des Cœurs de Bagofit (UCB) se confie :

> Il nous a amené l'énergie électrique au village ; il a construit une école publique, un centre de santé intégré, un CETIC [Collège d'Enseignement Technique, Industriel et Commercial], un poste de pesage, une route en forêt pour pouvoir aller dans nos champs en moto ou avec des véhicules ; il y a aussi les antennes relais de MTN et orange qui nous favorisent en termes de communication.

La plantation favorise donc une amélioration du tissu social. Toutefois, le degré de prise en charge de cette dynamique de transformation méliorative varie avec l'identité de l'entrepreneur agricole. Les multinationales et les élites urbaines étrangères au milieu d'implantation de leur unité agro-industrielle maintiennent au minima leurs investissements sociaux.

Sur le site d'Iko, les populations indexent le manque de volonté de la firme chinoise à investir sur le social. Le chef de village, Klaver Akono, indique : « *ces gens-là ? En dehors de l'université d'agronomie qu'ils ont bâtie, ils ne font rien pour le village. Ils vivent à leur propre compte ; tout pour eux et rien pour les autres* ». Toutefois, au-delà de ces revendications à demi-mots, il existe une dynamique, à intensité différentielle, de construction d'équipements collectifs constatée par tous. À Bagofit, l'élite urbaine propose aussi une formule de stage de vacances pour élève et étudiants afin, d'une part, d'attirer massivement les jeunes au village et, d'autre part, d'assurer le financement de leurs études. Le village, naguère appréhendé comme répulsif, tend progressivement à exercer un attrait sur les masses.

4.2.2 L'accès aux infrastructures et techniques agricoles de l'exploitation

Les communautés peuvent jouir des équipements des unités agro-industrielles, ainsi que de leurs savoirs et techniques agricoles. Les entrepreneurs agricoles essaient d'arrimer les cultures et techniques agraires villageoises à leurs productions et savoirs. Il s'agit de transformer la localité en un bassin de production spécialisé dans certaines cultures, mais aussi de générer des productions additionnelles pour suppléer à la production de la plantation. C'est pourquoi sur les sites, on trouve des plantations pilotes où les ruraux apprennent gratuitement des techniques agricoles de haut rendement. Ils peuvent bénéficier d'un monitoring agricole des ingénieurs agricoles et autres spécialistes affectés aux plantations. À Diang, notamment, on peut bénéficier des conseils et appuis de la part des plantations. Et à Nanga-Eboko, Samuel Bessiga, ancien ouvrier d'Iko, souligne que « les Chinois ont construit un village pilote où les gens allaient habiter pour apprendre l'agriculture. Chacun choisissait sa spécialisation, soit le riz, soit le chou, soit la tomate ». Ces actions entrent dans une dynamique globale de modification de la carte agricole locale. C'est pourquoi il y a toujours distribution des semences à haut rendement et du matériel agricole. Une parution du quotidien gouvernemental, *Cameroon Tribune,* rapportait ce fait lié à l'exploitation Bagofit Plantation :

> La production est estimée à plus de cent milles cabosses de première qualité [et] pour rester dans l'esprit de la tradition

> Maka, voire de la pratique en cours dans la région de l'Est, le ministre Joseph LE a distribué gratuitement toute cette production à la communauté de Bagofit et de tous les villages environnants (Cameroon Tribune, 11 novembre 2011 : 15).

Ces cabosses sont distribuées aux populations afin que celles-ci procèdent au processus de germination des fèves dans l'optique d'avoir, à leur tour, des cacaoyères hybrides à haut rendement. Il s'agit là d'un ensemble d'opportunités qui amènent les populations à converger vers ces sites ruraux, d'où la mobilité comme phénomène prégnant généré par l'agriculture industrielle.

5. LA MOBILITÉ COMME FAIT CENTRAL DES VILLAGES SOUS L'EMPRISE DES PLANTATIONS

Une théorie générale de la migration structure les flux migratoires contemporains autour des départs du village pour la ville dans un contexte où le village en Afrique noire est répulsif (Barbichon, 1975 ; Mendras, 1976 ; Ela 1982). Mais, la notion de village-ressource est la matrice d'un phénomène migratoire paradoxal au sens où le village exerce désormais un attrait sur plusieurs composantes sociales.

5.1 Des reflux migratoires au détriment des centres urbains

La modernisation agricole enclenchée force une lecture à contre-courant des théories démographique, économique et néoclassique de la migration où la ville est toujours le point de chute des flux migratoires et le village, dans les migrations de retour, un point de repos professionnel et biologique des natifs de la localité (Arango, 2000 : 331 ; Gérard et Pichet, 1995 : 395). En contexte d'importants investissements agricoles, le village est un eldorado pour des désœuvrés urbains : c'est donc un lieu de convergence des masses humaines. Les investigations dans les villages en question mettent à jour une proportion importante de migrants, parmi lesquels la composante majeure est issue des centres urbains.

Samuel Bessiga, ancien ouvrier d'Iko, indique que « les gens viennent de partout pour travailler. Ils sont nombreux à venir de la ville. Moi-même je suis parti de mon village pour ici ». Il en est de même pour les espaces convoités par l'élite politico-administrative où, pour le cas de Bagofit, le notable Vincent Mpouot, montre que, si les principaux « dirigeants [techniciens d'agriculture] et employés permanents [de la plantation] viennent de Yaoundé », les autres travailleurs eux viennent des villes comme Abong-Mbang, Ayos et même de Bertoua, souligne l'ouvrier Daniel Tekou.

Ce constat est majeur, tant certaines zones de villages qui expérimentent cette agro-industrie présentent une structure démographique où les populations étrangères deviennent statistiquement supérieures à la population locale. Tel est le cas d'un bloc d'habitats à Bagofit décrit par une résidente, Edwige Abouo. Elle souligne que « les étrangers sont plus nombreux ici que les autochtones. Parce que nous sommes de temps en temps appelés à s'occuper [sic] de nos propres plantations, donc il est obligé de chercher les étrangers libres pour faire ses travaux ». Cette situation — le texte y revient — matérialise la dynamique de cosmopolitisation d'un milieu qui a naguère été défini comme un lieu d'interconnaissance dont la particularité est l'univocité socioculturelle en lieu et place de la pluralité qui définit les zones urbaines.

5.2 Des navettes quotidiennes

L'attraction des masses par les ressources des villages s'exprime aussi à travers une composante d'individus qui s'adonnent à une navette quotidienne. Il s'agit de travailleurs qui prennent part aux activités salariées de la plantation tout en conservant leur unité résidentielle dans la communauté d'origine. Ils circulent, au quotidien, entre leur site de résidence et l'exploitation agricole. C'est ce qu'indique, à Diang, le tâcheron Richard Mouri : « il y a des gars qui partent du chez eux le matin, travaillent, et rentrent dans leurs domiciles le soir quand ils ont fini leurs tâches journalières ».

Les travailleurs qui s'adonnent à cette pratique présentent un profil singulier. Tout d'abord, ces individus résident dans des zones où la distance qui les sépare de la plantation peut être couverte à pied, à moto voire en taxi de brousse et donc à peu de frais. Ensuite, ils sont essentiellement des tâcherons et des employés saisonniers. Ainsi, le caractère contigu des sites géographiques de l'unité agro-industrielle et des villages respectifs de ces travailleurs, tout comme le caractère précaire et ponctuel des tâches exercées, milite-t-il pour l'adoption d'un tel schème de mobilité quotidienne. La navette concerne donc des individus issus des alentours du site de la plantation et dont les emplois ne sont guère des tâches permanentes bien rémunérées pour supporter les coûts additionnels auxquels donne lieu une migration *stricto sensu.*

5.3 Les migrations interrurales

Globalement, hors écoulement des cultures vivrières, la vie économique au village est rythmée par les seules ventes annuelles des cultures de rente : cacao et café pour la partie sud-forestière. Il n'existe pas de rentrées financières substantielles en dehors de la saison du cacao-café (Ela 1983, 1990). Cette situation devient l'adjuvant du phénomène migratoire au bénéfice des localités qui proposent, hors saison de vente du cacao-café, des sources de revenus alternatives. Ainsi, le site de Diang compte des personnes qui proviennent des villages environnants (Dimako, Kombé, Kanda) ; il en est de même pour le site chinois à Nanga-Eboko où des personnes sont issues des villages Bifogo, Nseng-Etô, Nkôl-Akpa, etc. Et, Bagofit s'inscrit dans la même dynamique de zone qui se peuple de migrants ruraux. Cette dynamique renseigne sur une mobilité complexe. D'abord interrégionale comme pour Bagofit où des populations rurales du Centre migrent vers ce village de l'Est, et Nanga-Eboko où des personnes issues de l'Est migrent pour ces plantations chinoises du Centre. Ensuite, intrarégionale pour le cas de Diang.

Les emplois salariés des plantations exercent donc un attrait sur des ruraux qui viennent s'installer dans les villages qui hébergent ces grandes exploitations. On assiste donc à un transfert de population d'une contrée rurale pour une autre, même si ces flux migratoires ne sauraient être impressionnants comme ceux qui se dirigent vers les villes (Sancebe et Lepicier, 2007 ; Gilbert, 2010). Mais, ils permettent au moins d'entrevoir que le village, par ses unités agro-industrielles, se pose progressivement en une destination de migration à cause de ces emplois rémunérés.

5.4 La multilocalité

Il existe une masse humaine « flottante » à Diang et Bagofit contrairement à Nanga-Eboko. Il s'agit de personnes en situation de mobilité qui ne sont guère installées définitivement sur les sites qui hébergent les exploitations agricoles. Encore moins, ne font pas de navettes quotidiennes ou hebdomadaires entre ces sites et leur lieu de résidence traditionnelle. Mais, elles résident, de façon intermittente, entre ce dernier et le lieu traditionnel. La situation résidentielle d'Assoumou Norbert, 44 ans, l'un des responsables de la cacaoyère du ministre à Bagofit rend compte de cette pratique résidentielle : « je suis ici depuis plus de sept ans. Ma famille est à Abong-Mbang. Chaque deuxième mois je me rends là-bas pour deux semaines. Ici, je vis dans une maison du camp du ministre ».

Ainsi, des individus habitent à la fois le lieu de « travail » et le lieu de résidence ancestrale ou une ville située dans la même aire régionale. Il ne s'agit pas ici du navétanat étudié dans les bassins arachidiers du Sénégal (Collomb et Ayats, 1962) ou d'une migration stricto sensu. Car, il n'y a ni circularité pendulaire ni changement de résidence définitive pour ces individus. C'est une masse flottante qui se caractérise par la double résidence, une variante des pratiques résidentielles multilocales qui met en œuvre une vie dans un entre-deux d'une même région (Duchênne–Lacroix, 2013 :51 ; Dureau 2002 ; Ember 1972).

La multilocalité se structure principalement autour de trois points : « Primo, les déplacements qui définissent la multilocalité résidentielle sont ceux qui changent de lieux de séjour. [...]. Secundo, les déplacements sont circulaires entre au moins deux lieux de résidence. [...]. Tertio, les déplacements doivent s'effectuer avec une certaine habitude vers des lieux habituels » (Duchênne–Lacroix, 2013 :36). Les enquêtés impliqués dans cette pratique résidentielle mènent à repérer deux variantes : la multilocalité de résilience et la multilocalité comme stratégie économique analysée plus bas.

6. DYNAMIQUE DE COSMOPOLITISATION DU VILLAGE

Les opportunités des investissements agricoles qui provoquent une ruée humaine au village drainent des populations d'horizons socioculturels divers, construisant ainsi un tissu social composite. Certains faits stimulent et inscrivent plus ou moins durablement cette dynamique de cosmopolitisation sur le tissu rural.

6.1 Logeurs ruraux et recomposition socioculturelle de l'unité domestique

Hors cabanes construites au sein des exploitations pour les vigiles, quelques solutions pratiques de logement se présentent aux néoruraux. L'une des pratiques plébiscitées consiste à recourir aux offres de logeurs ruraux qui adoptent des comportements opportunistes pour capter une partie des gains des travailleurs ;

> On n'héberge plus les travailleurs gratuitement. Puisqu'il y a les paies qui circulent, les gens préfèrent leur faire louer

> des chambres dans les maisons familiales pour se faire aussi un peu d'argent à la fin du mois. Chacun calcule. Moi-même, je loge deux musulmans. Le prix varie entre deux et cinq mille francs CFA.

Tel est le digest qu'Hubert Ndinga, un informateur de Diang, faisait du phénomène de logeur. C'est un comportement opportuniste qui consiste, pour les ruraux, à créer une rente stable en proposant aux demandeurs une solution alternative de logement qui consiste à leur faire louer, dans la case familiale principale, une chambre.

Dans un contexte architectural traditionnel où très peu de concessions ont des structures dites « dépendances », le migrant devient une figure de la maison. Il utilise le même espace de séjour, prend part aux repas de la famille, selon l'occasion, et participe occasionnellement aux travaux de l'unité domestique. En réalité, « on les considère comme des gens de la maison. Même quand il y a réunion, ils y sont invités », clarifie Vincent Mpouot.

Dans le cas d'Hubert Ndinga, l'opportunisme débouche sur la fusion entre une famille d'obédience protestante et des néoruraux musulmans. En rappelant le contexte d'une singularité religieuse de la localité où la population est chrétienne, on perçoit l'univers inédit issu de cette cohabitation de particularismes religieux distinctifs. On assiste dès lors, sous un même toit, au-delà des réajustements de circonstance qu'exigent les interactions mettant aux prises des entités de cultures différentes pour une meilleure cohabitation et communication, à une atmosphère familiale qui se décline sous un tableau du pluralisme religieux et socioculturel qui s'appréhende à travers un marquage différencié de l'interaction quotidienne.

6.2 Camps d'étrangers et spatialisation culturelle comme marque du brassage

En tant qu'une structuration socioculturelle affinitaire du tissu territorial du village, la spatialisation culturelle découle à postériori, d'une part, du souci, chez les entrepreneurs agricoles, d'apporter une réponse à la question du logement des travailleurs en leur construisant des camps et, d'autre part, aux initiatives personnelles des travailleurs qui bâtissent eux-mêmes leurs cases.

La solution à laquelle élite et multinationales adhèrent consiste en la construction d'habitats modestes et sommairement équipés où réside, gratuitement, une catégorie de leurs travailleurs, notamment le personnel dirigeant. Daniel Tekou, employé de Bagofit plantation, affirme que « le ministre a un camp où seuls les étrangers qui travaillent pour lui logent et sans rien payer. On a aussi l'eau et le courant qu'il se charge de payer à ses propres frais ». Dans les provinces du Centre, à Nanga-Eboko, et de l'Est, à Bagofit, des travailleurs peuvent résider dans des concessions aménagées à cet effet. Cette massification d'étrangers à un niveau précis du village aboutit à un phénomène de distinction spatiale villageoise qui s'appuie sur un champ lexical d'inspiration culturelle. Telle est la situation à Nanga-Eboko et à Bagofit où le lexique local a intégré certaines expressions comme « chez les Chintok », « le quartier des Whites », pour désigner, d'une part, `le bloc d'habitats du personnel vivant dans le camp à dominance chinoise et, d'autre part, « le secteur des étrangers », « le camp des Wadjo », pour indexer une occupation spatiale locale où les néoruraux sont légion. Ces appellations soulignent l'incrustation au sein de l'espace rural des identités du Nord-Cameroun (les Wadjo), de l'Ouest-Cameroun (les Bamiléké), des expatriés (les Whites) : c'est le processus de cosmopolitisation qui prend un versant plus tangible lorsque l'on scrute la manière d'habiter de ces néoruraux.

Cette structuration socioculturelle affinitaire du village est aussi matériellement traduite par une autre formule de logement, à savoir la construction, par les immigrés, de leurs propres cases. Globalement, les néoruraux peuvent bénéficier, sur demande, d'un lopin de terre au sein du hameau pour se construire une habitation. Cette formule est davantage choisie par des travailleurs qui désirent effectuer un regroupement familial ou contracter un mariage sur le site d'accueil.

La venue des migrants et leur accès à la terre pour construire des cases modifient le paysage architectural. Les populations locales, chrétiennes et ancrées dans un mode de vie à habitat ouvert, font face à des groupes sociaux du Nord-Cameroun qui y transposent un mode d'habitat et de vie fermé à l'extérieur par des enclos de fortune. Cette inscription de la différence socioculturelle est patente de la description d'André, accosté à Nanga-Eboko : « ils ne prient pas comme nous. Il y a une différence sur les heures de prières. Eux, ils prient plusieurs fois, presque toute la journée.

Ils ont leur mosquée où l'un d'eux donne le signal». Appel du muezzin, mosquée, regroupements intermittents, tels sont, pour une seule catégorie de néoruraux, les éléments traducteurs de la cosmopolitisation en cours. Ces particularismes, mis ensemble avec ceux des autres composantes immigrées, dépeignent le village sous le jour d'une mosaïque inédite.

6.3 Multilocalité comme stratégie économique et brassage des identités

Les pratiques résidentielles multilocales accélèrent le brassage des identités socioculturelles distinctes. Le comportement résidentiel multilocal présente deux variantes, la multilocalité économique et la multilocalité de résilience. La première forme est imagée par Jean Essono, pour le site d'Iko :

> Ça fait 6 ans que je suis là. Je me bats pour ma famille en faisant des jobs chez les Chinois. J'envoie l'argent à ma femme et à mes enfants. Ils sont à Bindanang. Mais, j'arrive là-bas tous les trois mois pour passer deux à trois semaines, selon la permission. Ici, je loue une case où je peux poser la tête le soir, manger quelque chose et dormir sans problème.

Ici, la multilocalité comme stratégie économique est une mobilité où des personnes habitant la même circonscription régionale que les campagnes de domiciliation des exploitations agricoles désirent capitaliser leurs opportunités d'emplois et d'affaires sans migrer *stricto sensu*. Ainsi, le site traditionnel de résidence constitue une zone aux opportunités économiques réduites, tandis que les sites d'implantation ont plus d'emplois salariés et de niches pour les affaires (Meliki, 2015). Cette forme de mobilité qui implique donc une circularité entre deux points d'ancrage résidentiel au sein de la même région (Duchênne–Lacroix, 2013 :35) favorise une circulation rapide, au sein du village, des composantes socioculturelles d'ailleurs. Le village tend ainsi à se caractériser par une densité morale, une multiplicité des référentiels sociaux et donc une mosaïque socioculturelle proche à celle de la ville (Grafmeyer, 1994). En ce sens, le tableau de synthèse ci-après illustre le degré de recomposition du tissu socioculturel des sites.

Sites observés	Tribus autochtones	Groupes d'appartenance des néoruraux
Bagofit	**Maka**	- Haoussa - Ewondo - Anglophone - Boulou
Nanga-Eboko	**Nanga**	- Eton - Haoussa - Mbamois - Bamiléké - Bassa - Ewondo - *Centrafricains*
Diang (Abéssé)	**Bamvélé**	- Bobilis - Ewondo - Maka - Haoussa

Ainsi, ces sites ont d'abord été peuplés d'une seule tribu, outre quelques étrangers. Toutefois, les opportunités économiques des grandes exploitations agricoles stimulent ce profil de mosaïque socioculturelle, ce d'autant plus que l'ampleur statistique des étrangers atteint des seuils importants sur certains sites : « est difficile d'estimer le nombre des étrangers au camp et au village. Mais je peux dire qu'on était plus de 300 venants de partout », déclare l'ouvrier d'Iko, Tamba Léonard. Ce processus paradoxal de cosmopolitisation chemine avec une conflictualisation sociale.

7. LE CONFLICTUALISME COMME CONJONCTURE PRÉGNANTE

Il y a une logique de compétition et de luttes larvées ou explicites qui s'articulent autour des réclamations post-transaction, de l'accès à la terre et aux ressources, eu égard au contexte de contraction des superficies à exploiter et à son corollaire la conjoncture de rareté. Prise en termes de processus, la conflictualisation souligne la cristallisation et l'affrontement d'intérêts contradictoires des acteurs ruraux qui procèdent de rationalités différentes inconciliables pour accéder à des ressources (Mendras, 2001 : 227).

7.1 Les tensions nées des abus des transactions foncières

L'extrême précarité des conditions de vie des villageois — sur 9 314 928 ruraux (3e RGPH 2010 :8), 5,3 millions vivent en dessous du seuil de pauvreté qui est égal à 232 547 FCFA par adulte et par an, soit 637 FCFA par jour (INS, 2002 :3) — doublée de son analphabétisme (Ela 1983), constituent les bases d'une vulnérabilité que les acteurs de l'accaparement de terres instrumentent. Toutefois, à court terme, les ruraux tendent à prendre conscience du caractère inique des transactions foncières opérées d'où des affrontements où le conflit de lexique sur la transaction constitue un indicateur.

7.1.1 Achat versus duperie : un conflit de lexiques révélateur d'affrontements

Des lexiques structurés autour d'une logique oppositionnelle révèlent des conflits post-transactionnels entre les parties. Le conflit est à envisager, ici, non pas dans l'affrontement physique, mais dans une perspective larvée faite de menace, d'actes chargés de violence symbolique, de vandalisme mineur, d'invectives, etc. (Chauveau et Mathieu, 1998 : 243).

La plupart des transactions mettent en rebut les propriétaires. Il faut prendre la mesure de la situation, dans un milieu de sacralisation du chef où, pour l'enquêté Jaurès Aman, « personne n'avait à redire ou à réclamer parce que c'est le chef qui donne les terres. Le chef était comme un président. Et on ne bronchait pas quand il avait arrangé », mais aussi faut-il mesurer la crainte d'un pouvoir au monopole de la violence, que relève l'ancien ouvrier d'Iko, Samuel Bessiga, en affirmant qu'« on avait peur de l'État, personne ne pouvait regimber. Sinon tu passais dans les griffes des autorités ». D'emblée, les transactions foncières s'effectuent sur une base asymétrique que ne peuvent généralement rejeter, sur le champ, les ruraux (Cotula, 2011). Aussi, les arrangements qui conduisent au transfert de droits d'usage d'une terre tendent-ils à être reniés plus tard, une fois que les acteurs prennent conscience de la valeur réelle de leur terre, pour les transactions mettant en scène l'élite, ou se découvrent une légitimité à parler comme propriétaire du capital foncier accaparé, lorsqu'il s'agit de domaines réquisitionnés par les multinationales. En ce sens, l'affrontement d'un lexique différencié chez les communautés et chez les acquéreurs souligne des conflits en cours.

En s'intéressant aux plantations de l'élite urbaine, une dichotomie dans la caractérisation de l'acte de transfert des droits apparaît. Les enquêtés aux cases attenantes à la concession du DGA de Bagofit et dont on peut figurer une grande proximité de liens de filiation entre leurs réseaux de parentèle, parlent d'arrangements consensuels ; « les terres du ministre appartenaient aux voisins, à certains membres du village et quelques personnes décédées, à qui il a versé tout ce qu'ils avaient demandé », rassurait Armand. De tels témoignages contrastent avec la perception des interviewés aux unités domestiques éloignées du domaine du ministre. Ils relèvent des abus et des discordes : « personne n'a été dédommagé. Il ne s'agissait pas vraiment de vente et aucun papier n'a été signé », clarifie Ghislaine Mekoussou qui ajoute qu'"il leur donnait du pétrole, du savon et de la nourriture [contre leurs terres]". Des transactions foncières qui s'appuient sur des produits de première nécessité résument cette duperie. C'est pourquoi, si le premier réflexe a été, pour "les gens qui ont perdu leurs terres [d'aller] créer de nouveaux champs ailleurs, pour éviter d'être punis par le chef", il reste que, dans le cas qui concerne les multinationales, la réplique actuelle consiste en des contestations permanentes, dans la mesure où, selon Jean Essono rencontré à Nanga-Eboko, « ce terrain, ils n'ont pas négocié. Les gens ont posé des doléances que les Chinois n'ont pas prises en compte », ce qui a amené les représentants locaux à demander « la constitution d'une liste des gens qui avaient leurs terres là-bas et qui n'ont pas été pris en compte pour qu'on revoie la situation », indiquera Sabel, ouvrier d'Ikoqui souligne l'élan contestataire contre les arrangements.

7.1.2 La colère des propriétaires fonciers vulnérables marginalisés

Les conflits viennent aussi des abus de pouvoir qu'expriment des intrusions sporadiques dans les propriétés foncières de villageois afin d'engendrer, au forceps, une transaction. Certaines terres sont réquisitionnées et mises en friche sans accord préalable avec le propriétaire. Cette attitude, qui est celle de l'élite, procède d'une pleine assurance que lui procurent aisance financière et influence de haut fonctionnaire que ne peuvent ébranler des indigents. Les négociations sont ainsi opérées uniquement avec la découverte, par le propriétaire vulnérable, de l'intrusion des travaux menés par l'entrepreneur agricole sur son espace. Le natif Armand rapporte l'abus dont est victime ce « vieux père qui a constaté que les travaux de plantation du ministre ont largement pénétré ses terres et est allé le voir en furie. Et, ce dernier lui a demandé ce qu'il voulait comme réparation ».

Ainsi, les personnes vulnérables sont abusées par les entrepreneurs agricoles qui les amènent, au forceps, à céder leurs espaces fonciers. Les réparations surviennent, dans ce cas, après des accès de colère où l'intéressé, comme l'indique Armand, « était arrivé avec une machette affûtée et avait demandé aux employés d'arrêter et de dégager s'ils ne voulaient pas de mort ». Dans un tel contexte, il s'agit plus d'arrangement que de transaction, lequel se passe devant le chef, immédiatement, et sans support écrit.

Ces abus qui apparaissent à travers des transactions sans support écrit conduisent à des conflits ouverts : « avant, il y avait des réclamations partout. Mais le ministre a vite borné le terrain ! », relève le président des jeunes. L'empressement à s'établir un titre de propriété privée vient de la crainte de l'élite de voir les propriétaires vulnérables récuser la transaction à cause du caractère dérisoire des compensations.

Les emprises foncières des multinationales permettent aussi de recenser des cas d'abus de personnes vulnérables dont les terres, parfois viabilisées, ont été accaparées sans qu'elles n'aient été approchées. André, un héritier, affirme que:

> On a pris mes terres sans me demander et on a dévasté les caféiers que mes parents avaient là, tout comme la case qui servait de magasin du champ pour leur matériel. J'avais procédé par une requête avec ampliation au sous-préfet et au commandant, même si je sais que rien ne va bouger.

Cette dynamique conflictualiste devient s'amplifie lorsqu'on considère la quête de terres nouvelles par les villageois.

7.2 Les conflits liés aux stratégies palliatives contre la raréfaction des ressources

Les terres accaparées sont généralement des réserves villageoises mobilisables en cas de dépassement du seuil critique d'exploitation de l'aire antérieure (Allan, 1949:1). Cette situation entraîne deux stratégies qui visent soit pallier à la rareté des ressources, soit à la contraction des surfaces mobilisables pour les activités agricoles.

7.2.1 Prédation et annexion des terres voisines

L'accaparement de terres entraîne une contraction du capital foncier communautaire. Cette situation produit diverses conséquences comme l'insuffisance de terres cultivables pour maintenir le rythme de production agricole, d'où la menace spectrale de la famine. Celle-ci pousse à mettre sur pied des stratégies palliatives d'extraction des ressources nécessaires. Deux formes de stratégies s'élaborent : la première est de logique prédatrice et annexionniste des terres et ressources du voisinage direct ; et, la seconde procède d'une forme de mobilité multilocale. Elles ont toutes pour effet de générer un climat de compétition et de conflits.

En effet, la pression de la demande alimentaire sur les stocks existants et la faible productivité du sol épargné conduisent à une dilatation de l'espace de prélèvement des ressources (Gilbert, 2010 : 140). Ainsi, « un changement, c'est aussi les champs. Les gens sont obligés d'aller très loin pour avoir les terres neuves et cultiver », confie Sabel. Ces propos évoquent une dynamique d'extension des limites foncières ancestrales en tant que stratégie visant soit à faire face au déficit en terre, soit à remédier à la faible productivité des terres épargnées surexploitées.

Certains utilisent les alliances matrimoniales comme tremplin de négociation de nouvelles terres. La femme étant un moyen par lequel deux communautés, en contexte d'exogamie, créent une alliance, l'épouse est instrumentalisée par le mari dans la quête d'espaces nouveaux au sein de la belle-famille. D'autres demandent à occuper une parcelle de terre, le temps d'un cycle de production. Certains s'encombrent moins de ces protocoles et ne respectent simplement pas les limites de leur terre. C'est ce qui justifie les cas d'arbitrage, par la chefferie de troisième degré d'Abéssé[2], par exemple, des conflits entre membres de la communauté, d'une part, et entre des personnes de la communauté de Mbang I, communauté ayant en partage les mêmes terres limitrophes de la zone nommée Akonli, et celles d'Abéssé, d'autre part. ABagofit, Jean Jaurès Aman affirme qu'« on assiste à des bagarres entre nous pour quelques mètres de terre. Mais le plus souvent, on va se plaindre chez le chef avant

[2]Une chefferie traditionnelle supplée les autorités dans leur fonction de commandement. On en distingue trois types : premier degré, deuxième degré et troisième degré. Celle de troisième degré a une aire de compétence modeste comparativement aux deux autres. Elle exerce son pouvoir sur un village, un quartier rural ou un quartier urbain.

d'aller jusqu'en justice». En effet, dans un contexte où l'excessive contraction du capital foncier communautaire a entraîné, selon Armand, une « reconnaissance de la valeur de la terre par les gens [qui] s'attachent désormais à leur terre et la défendent au prix de leur vie », on assiste, « constamment à des disputes entre les gens et les villages voisins », ajoute le chef de la ferme de multiplication végétale de la firme Iko, Joseph Abanda. Ces conflits s'accentuent une fois que la prédation a aussi pour objectif l'accès aux ressources.

7.2.2 Multilocalité de résilience et rivalités pour les ressources vitales

L'exiguïté du capital foncier entraîne des conséquences sur la chasse, la pêche et la cueillette. Comme toute communauté rurale intégrée dans les formations forestières tropicales, les communautés ponctionnent dans le milieu naturel pour leurs multiples besoins. Pourtant, à Diang, selon les dires du villageois Doudoumi,

> quelques années seulement après l'installation de la SEITA, la joie est tombée. On ne pouvait plus cultiver comme avant par manque de terres, la rivière Abéssé est devenue tellement pauvre ; le gibier pareil. C'était la famine qui commençait. Pour les gens mariés, c'était plus grave. Il fallait batailler pour régler les problèmes alimentaires du ménage. Il ne restait qu'une solution, allez voir ailleurs pour remplacer ce qui manque désormais ici au village.

Ainsi, les villages qui hébergent les plantations connaissent une réduction des surfaces foncières antérieurement exploitable pour amasser les ressources vitales par la chasse, la pêche et la cueillette. La raréfaction des produits carnés et halieutiques, couplée à la faible productivité des terres surexploitées entraine un risque alimentaire, c'est-à-dire des « difficultés à s'approvisionner, en temps opportun et à moindre coût, selon des critères de quantité et de qualité établis, dans le respect des spécificités locales » (Janin, 2006 :356). Ce risque alimentaire encouru apparaît à travers les paroles de Martine : « on vit des moments très difficiles depuis. La forêt est vide. À force de travailler sur les mêmes parcelles chaque fois, la terre est devenue ingrate. Le gibier et le poisson c'est une autre affaire. Il faut aller loin du village pour nourrir la famille ». Cette raréfaction des ressources entraîne une seconde stratégie palliative, productrice de rivalités intercommunautaires, à savoir la multilocalité de résilience.

La multilocalité de résilience formalise une réponse face aux effets de l'accaparement de terre sur la disponibilité en ressources fauniques, halieutiques et des produits de cueillette. Il s'agit d'établir une seconde unité résidentielle au sein d'un site avoisinant qui se caractérise par un environnement généreux pour des fins d'extraction des ressources diverses en raréfaction sur le site traditionnel de résidence. Le temps de résidence au sein du site généreux correspond au temps libre du calendrier agricole.

La conjoncture de rareté provoque donc un déferlement de personnes vers les sites d'accueil jugés giboyeux et poissonneux. L'effet émergent de ces stratégies individuelles au sein des sites ciblés est une situation artificielle de croît démographique ayant à court terme des répercussions sur la disponibilité en ressources du milieu (Meliki, 2015). Dès lors, ces sites d'accueil se transforment en un nouvel espace d'affrontement ayant pour objet l'extraction maximale de ressources convoitées. Aussi, à Diang,

> plusieurs bagarres arrivent où les gens partent pour les pièges et la pêche à Dimako et Yelan. Les habitants de ces villages détruisent parfois les pièges et les hameçons qu'ils trouvent dans leurs forêts et leurs fleuves, en disant qu'on pille tout et que le gibier et le poisson sont en train de diminuer rapidement.

Ces propos d'Hubert Ndinga soulignent qu'il existe désormais une compétition et des rivalités nées de la surexploitation des ressources fauniques et halieutiques. Une conjoncture conflictuelle s'instaure entre les natifs des zones d'accueil et les personnes en situation de multilocalité de résilience. Il s'agit, pour les uns, d'accéder et d'amasser au maximum les ressources nécessaires durant leur séjour et, pour les autres, d'exprimer leur inquiétude face à l'exploitation accrue du milieu et leur besoin de préservation des ressources en question.

Conclusion

L'agriculture de seconde génération mobilise des étendues de terres dont les modèles d'acquisition et leurs effets interrogent. Les arrangements marchands, ainsi que les transactions socialement ancrées permissives du transfert des propriétés foncières d'une entité à un exploitant agricole —

national ou étranger — se définissent par la violence. La matérialité de cette violence prend au moins deux figures. Premièrement, le fait de transférer un capital foncier à une entreprise par les seuls soins de l'État. Ce fait implique la marginalisation totale des populations locales, pourtant propriétaires traditionnelles et de fait de ces terres faites réserves foncières communautaires. Deuxièmement, lorsqu'il y a tractation socialement ancrée ou transaction marchande associant les communautés rurales, les compensations de diverses natures sont loin de refléter la valeur des terres requises. Ces configurations deviennent la matrice de ressentiments qu'amplifient l'identité et le statut même des terres ainsi réquisitionnées. Dans ce travail, la typologie des terres mobilisées au sein des communautés rurales relève, comme dénominateur commun, leur extrême vulnérabilité face à tout acte de prédation. En effet, les terminologies de réserves foncières communautaires non viabilisées, espaces communautaires disputés et terres individuelles de villageois précarisés mettent en vedette la fragilité de ces espaces face aux volontés de captation foncière du capital. Subséquemment, ces faits restructurent le milieu rural. Quel qu'en soit le point d'énonciation, ils expriment tout d'abord aussi une réduction drastique des aires communautaires de prélèvement des ressources vitales. Cette contraction des aires exploitables entraîne une forte compétition pour les ressources dont la disponibilité en quantité et en qualité n'est plus assurée par l'environnement des sites en question. La compétition qui s'instaure et les stratégies palliatives ayant pour objectif de trouver des sources substitutives d'extraction des denrées convoitées sont alors productrices de conflits qui s'ajoutent aux affrontements provoqués par des transactions foncières effectuées sans consensus.

Bibliographie

3e RGPH, « La population du Cameroun 2010 », République du Cameroun, 2010.

Allan, W., 'Studies in African land usage in Northern Rhodesia', Rhodes-Livingstone Papers, n0 15, 1949, Oxford University Press, Cape Town, London, New York.

Barbichon, G., « Espace villageois, espace urbain dans l'imagerie enfantine : Analyse de dessins d'enfants », *Revue française de sociologie*, 1975, Vol. 16, n⁰ 4, pp. 539-560.

Burnod, P. et coll., « Appropriations foncières dans les pays du Sud : bilan et perspectives », in *Centre d'Études et de Prospective*, 2010, Analyse, n° 16.

Cameroon Tribune, 2011, n⁰ 9967/6168, 11 novembre.

Chauveau, J.-P. et. Bobo, S. K, « Crise foncière, crise de la ruralité et relations entre autochtones et migrants sahéliens en Côte d'Ivoire forestière ». *Outre Terre. Revue française de géopolitique*, 2005, Vol. 11.

Christiaensen, L. et Demery L., *Down to Earth: Agriculture and Poverty Reduction in Africa, Directions in Development*, 2007, Washington, DC: The World Bank.

Collomb, H. et Ayats, H., « Les migrations au Sénégal : étude psycho-pathologique », in *Cahiers d'études africaines*, 1962, Vol. 2, n° 8, pp. 570-597.

Cotula, L., *Acquisitions foncières en Afrique : que disent les contrats ?*, 2011, IIED, Londres, Royaume-Uni.

Dubar, C., « Le pluralisme en sociologie : fondements, limites, enjeux », Socio-logos. *Revue de l'association française de sociologie*, 2006, http://socio-logos.revues.org/20

Duchênne-Lacroix, C., « Habiter plusieurs logements habituels : éléments conceptuels d'une pratique plurielle », in Philippe Hamman et coll. (dir.), *Questionner les mobilités résidentielles à l'aune de la multilocalité*, Cycle de journées d'étude 2012-2013 du programme « La multilocalité résidentielle dans le Rhin supérieur » du GIS Mondes germaniques, 2013, Université de Strasbourg.

Dureau, F., 2002, « Les systèmes résidentiels : concepts et applications », L'accès à la ville. Les mobilités en question, Collection Habitat et sociétés, L'Harmattan, Paris, pp. 355-382.

Ela, J.-M., *L'Afrique des villages*, 1983, Paris, Karthala.

Ela, J.-M., *Quand l'État pénètre en brousse. Les ripostes paysannes à la crise*, 1990, Paris, L'Harmattan

Ember, M., 'The Conditions Favoring Multilocal Residence', *Southwestern Journal of Anthropology*, 1972, Vol. 28, pp. 382–400.

Gilbert, Y., « Migrations urbaines en milieu rural : diversification sociale et recomposition du politique », *Espaces et sociétés*, 2010, Vol.3, n° 143, Pp. 135-149

Grafmeyer, Y., *Sociologie urbaine*, 1994, Paris, Nathan.

Institut National de la Statistique, « Deuxième enquête camerounaise auprès des ménages : Profil de pauvreté en milieu rural au Cameroun en 2001 », 2002, République du Cameroun.

Institut National de la Statistique, « Deuxième enquête sur l'emploi et le secteur informel au Cameroun (EESI2) », 2011, République du Cameroun.

Janin, P., « La vulnérabilité alimentaire des Sahéliens : concepts, échelles et enseignements d'une recherche de terrain », in *L'Espace géographique*, 2006, Vol.4, Pp. 355-366

Konings, P., « L'État, l'agro-industrie et la paysannerie au Cameroun », *Politique africaine*, 1986, n° 22.

Le Bris, E., Le Roy, E. et Leimdorfer, F., *Enjeux fonciers en Afrique noire*, 1982, Paris, Karthala, ORSTOM.

Liz Alden, W., « À qui appartient cette terre ? Le statut de la propriété foncière coutumière au Cameroun », 2011, Londres, Fenton.

Mbembe, A., « Du gouvernement privé indirect », *Politique Africaine*, 1999, 73, Pp. 103-121.

Mendras, H., *Sociétés paysannes*, 1976, Paris, Armand Colin.

Mimché, H. et al., « Les élites urbaines et le développement local au Cameroun », *GeolNova, Revista do Departamento de Geografia et PlaneamentoRegional*, 2006, Vol. 12

PNUD, « Rapport sur la pauvreté rurale au Cameroun », 2006

Polanyi, K., The Economy as an Instituted Process, in Polanyi, K., Arensberg, C.W. and Pearson, H.W. (eds),*Trade and Markets in the Early Empires*, 1957, Chicago, The Free Press.

Programme Gestion du Capital Naturel pour le Développement en Afrique Sub-saharienne (GCN), « Document de référence GCN-Cameroun. Vision 2035 de Valorisation des Terres Agricoles et Pastorales au Cameroun », 2010, Yaoundé.

Rey, P.-P., 1976, *Les alliances de classes*, 1976, Paris, Maspero

Timmer, C. P., 'Agriculture and Economic Development,' in Gardner, B. and Rausser, G. (eds.), *Handbook of Agricultural Economics*, Vol. 2.Elsevier Science B. V., 2002, Amsterdam, Pp. 1487-1546.

Zambo Belinga, J.-M., « L'activisme agricole des élites urbaines au Cameroun : socioanalyse d'une pratique en plein essor », in ELONG Joseph Gabriel (éd.), *L'élite urbaine dans l'espace agricole africain. Exemples camerounais et sénégalais*, 2004, Paris, L'Harmattan, pp. 23-39

Mobilisation des femmes et violence foncière du capital dans le Noun à l'Ouest-Cameroun

Moussa NJOYA NDAM

Résumé

L'étude se penche sur les rapports de genre et les questions foncières en Afrique, en mettant l'accent sur le contexte spécifique du Cameroun. L'accès équitable et sécurisé à la terre est un enjeu crucial pour les communautés, en particulier pour les femmes. Jusqu'à présent, la littérature locale minorise quelque peu leurs capacités à s'auto-organiser pour réclamer plus de droits fonciers. Contrairement à cette tendance, cette réflexion montre que les femmes rurales sont capables de se mobiliser pour défendre leurs droits fonciers, surtout en situation d'accaparement des terres. Dans un contexte patriarcal et de capitalisme conquérant, en mobilisant les ressources d'une approche qualitative, l'itinéraire réflexif montre comment se déploient, à travers un dispositif organisationnel et des modalités d'actions ancrées dans les spécificités de la topographie locale, cette composante sociale minorée dans son entreprise de contestation de la vague d'accaparement de terres. Les résultats montrent que les femmes dans le département du Noun ont pu transcender les barrières et se sont formées en association avec l'appui des associations telles que l'AFDDF pour la défense de leurs droits fonciers.

Mots-clés : rapports de genre ; questions foncières ; mobilisations des femmes ; accès équitable aux terres ; justice foncière.

Introduction

Le département du Noun, situé dans la région de l'Ouest-Cameroun, est confronté à un problème croissant d'accaparement des terres ancestrales par des acteurs économiques puissants, tels que les sociétés agro-industrielles et les investisseurs étrangers. Cette appropriation massive des terres, souvent réalisée sans le consentement des communautés locales, entraîne des conséquences socio-économiques et environnementales néfastes, en particulier pour les femmes qui dépendent étroitement des ressources naturelles pour leur subsistance et leur bien-être (De Schutter, 2011). Ce concept d'accaparement de terre doit être appréhendé comme l'acquisition ou le contrôle à grande échelle de terres, souvent par des investisseurs étrangers ou des entreprises, qui privent les communautés locales, en particulier les populations vulnérables comme les petits agriculteurs et les éleveurs, de leurs moyens de subsistance traditionnels (Cotula et coll., 2009). La captation des terres du département du Noun à des fins d'agriculture industrielle entraîne sur la déforestation, avec le déboisement des réserves forestières de Foumban, Bangourain, Njimom et Magba, l'expulsion des populations locales, l'expropriation des populations de Njidoun par Foumbot pour l'implantation d'une usine de transformation des patates, la dépossession foncière des populations de Massagam pour l'implantation d'une scierie, la destruction des moyens de subsistance traditionnels et la criminalisation des résistants. (Quan et Kumar 2019).

Dans ce contexte de réduction drastique du capital foncier communautaire, l'accès équitable à la terre apparaît comme un problème central qui transcende les simples questions foncières et soulève des enjeux plus profonds (la sécurité alimentaire et moyens de subsistance ; la marginalisation des groupes vulnérables ; les conflits fonciers et tensions sociales ; la gouvernance et participation des communautés et la durabilité environnementale). Cette situation accentue la marginalisation foncière des femmes qui occupent une position particulière, mais également engage les communautés dans une position de défense. Les femmes sont souvent confrontées à des discriminations et à une invisibilisation dans le cadre des luttes communautaires contre les acquéreurs de terres. La littérature a tendance à sous-estimer la résistance féminine et son rôle potentiellement transformateur de ces luttes (Bose, 2017). Cette invisibilisation des femmes et de leur dynamique de résistance ne permet pas une compréhension plus nuancée des rapports de genre à l'aune des enjeux fonciers.

De nombreux travaux ont en effet mis en lumière la minorisation des femmes dans ces luttes, que ce soit sur le plan politique, économique, culturel ou foncier. Bose P. (2017) souligne que les femmes sont généralement reléguées à un rôle secondaire dans les espaces de prise de décision et d'action collective, leurs contributions étant masquées ou sous-évaluées. Carney et Watts (1990) ont également montré comment les régimes fonciers traditionnels ont longtemps marginalisé les droits fonciers des femmes, les excluant des processus de négociation et de gouvernance des terres. Dans le même sens, Razavi (2003) a mis en évidence la faible visibilité des femmes dans les mouvements de résistance à l'accaparement des terres, leurs actions étant souvent confinées à la sphère domestique. Jacobs (2010) va plus loin en affirmant que les femmes font l'objet d'une « invisibilisation double », étant à la fois exclues des espaces de pouvoir et de prise de décision, et de la reconnaissance de leurs luttes.

Contrairement à cette fresque qui fait de la femme une composante peu active et souvent invisible sur les lignes de défense des différents droits communautaires, les observations empiriques dans le Noun mènent à un constat particulier. Les femmes du Noun s'organisent en associations et coopératives pour défendre leurs droits fonciers et leurs moyens de subsistance face à l'accaparement des terres. Elles mènent des manifestations et des actions de plaidoyer pour exiger une redistribution plus équitable des terres et une participation accrue aux processus de prise de décision. Cette configuration féminine en contexte d'accaparement de terres amène à formuler l'hypothèse selon laquelle, la dynamique de résistance féminine joue un rôle crucial dans la lutte pour un accès équitable et sécurisé à la terre. D'identifier les formes de mobilisation et les stratégies expressives d'une résistance que déploient les femmes pour faire face aux défis liés à l'accès à la terre.

Il s'agit, par le concept de résistance, de documenter les formes d'opposition et de lutte contre les injustices et les pratiques oppressives dans l'arène foncière par les femmes. La mobilisation des femmes du Noun face à l'accaparement des terres revêt plusieurs formes de résistance subalterne. Leurs actions, bien que souvent discrètes et informelles, constituent une réponse stratégique à la domination et à la violence foncière qu'elles subissent. La protestation pacifique, la désobéissance civile, la création de réseaux de solidarité, ainsi que le plaidoyer auprès des autorités locales et nationales, sont autant de moyens par lesquels ces femmes défient les structures de pouvoir et revendiquent leurs droits. Leurs formes de résistance, bien que subtiles, recèlent un potentiel transformateur en ce qu'elles remettent en cause les rapports de force existants et ouvrent la voie à une redistribution plus équitable des terres. En conceptualisant cette mobilisation communautaire en cours sous sa coloration féminine exclusive, la réflexion voudrait ainsi davantage analyser la participation active de ces femmes telle qu'elle s'esquisse, à travers les manifestations, les pétitions, les campagnes de sensibilisation, les actions légales, mais aussi illégales en vue d'une défense des droits fonciers des communautés locales (Dossou, 2017). À partir du terrain, il s'agit de saisir les configurations particulières de chaque type d'action féminine orientée vers le rejet du phénomène d'accaparement de terres.

I. MISE AU POINT MÉTHODOLOGIQUE

Cette étude s'appuie sur une méthodologie qualitative de collecte de données, privilégiant l'observation de terrain et les entretiens approfondis avec les acteurs locaux. L'analyse prend en compte les caractéristiques géographiques et démographiques du département du Noun, afin de mieux comprendre le contexte dans lequel s'inscrivent les dynamiques de résistance des femmes face à l'accaparement des terres.

I.1. Une politique qualitative de collecte de données

Cette étude procède d'une collecte de données qualitative, visant à recueillir des informations approfondies et nuancées sur les expériences des femmes et leur engagement dans les luttes foncières, aussi bien du point de vue individuel que collectif (Smith et Munro, 2018). Cette approche a permis de donner une voix aux femmes, de comprendre leurs perspectives et de saisir les nuances des dynamiques de résistance féminine. À cet effet, des méthodes telles que les entretiens semi-structurés, les groupes de discussion et l'observation participante ont été utilisées. Ces méthodes ont offert l'opportunité d'explorer en profondeur les récits des femmes, leurs expériences vécues, leurs stratégies de résistance et leurs aspirations en matière d'accès à la terre. Par ailleurs, cet arsenal a également permis de saisir les interactions sociales, les relations de pouvoir et les contextes culturels qui influencent les luttes foncières. Elle a permis d'appréhender les dimensions complexes des rapports de genre et de rendre compte des multiples perspectives des acteurs impliqués. À cet effet, des entretiens semi-structurés et des groupes de discussion ont été menés auprès de quatre-vingt-dix-sept (97) femmes, dont quatre-vingt-sept (87) agricultrices et dix (10) engagées dans des organisations de défense droits fonciers, vivant dans les arrondissements de Foumbot, Foumban et Kouoptamo. La combinaison des outils de collecte des données visait aussi à compléter les informations parcellaires, tout en assurant leur triangulation.

I.2. Caractéristiques géographiques et démographiques

Le département du Noun est situé dans la région de l'Ouest-Cameroun. Il couvre une superficie de 7687 km2. Il se caractérise par une topographie faite de plateaux, de collines et de vallées. Le climat est de type équatorial, avec des précipitations abondantes et une saison sèche relativement courte. En ce qui concerne la démographie, le département du Noun compte une population estimée à 434 542 habitants, selon les données du dernier recensement (INS EC-ECAL, 2020). La population est principalement rurale, soit 73 %, avec une forte concentration dans les zones agricoles. Les groupes ethniques dominants dans le département sont les Bamoun et les Bamiléké, lesquels ont une histoire et une culture liées à la terre.

Tableau 1 : localisation du département du Noun

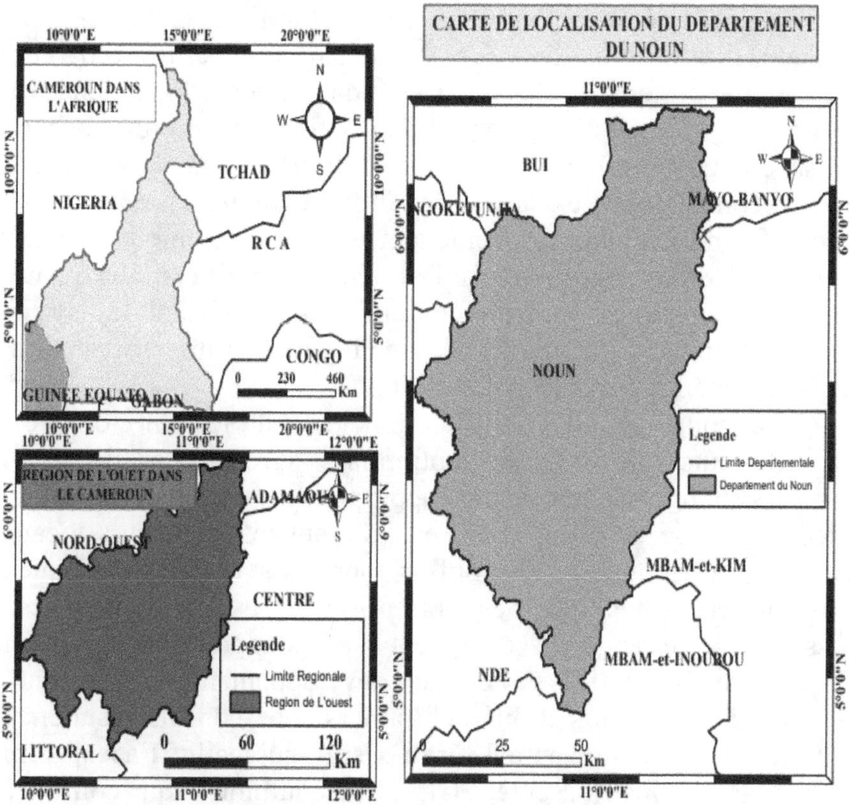

Source : Moussa NJOYA NDAM, enquête de terrain, octobre 2023.

Le système foncier dans le département du Noun repose largement sur des droits fonciers ancestraux. Les terres y sont détenues collectivement par les communautés locales, conformément aux principes de la propriété collective de la terre qui prédominent dans de nombreuses sociétés africaines traditionnelles. Selon les travaux d'Amadou K. (1983) sur les systèmes agraires en Afrique de l'Ouest, la terre est généralement perçue comme un bien commun, appartenant à l'ensemble du groupe et dont l'accès et l'usage sont régulés par des institutions coutumières. De même, Iba D. T. (1980) souligne que la propriété collective de la terre est un fondement essentiel des modes d'organisation sociale et économique en Afrique rurale. Cette logique de gestion communautaire des ressources foncières se retrouve également dans les écrits de Coquery-Vidrovitch

(1991) sur les dynamiques agraires en Afrique subsaharienne. Ces terres sont généralement gérées selon des règles coutumières. Celles-ci incluent des pratiques d'utilisation, d'accès et de transmission des terres basées sur la tradition et le système d'héritage. Cependant, malgré la reconnaissance des droits fonciers ancestraux dans la législation foncière du Cameroun, leur mise en œuvre effective reste un défi. Bien que les législations foncières reconnaissent l'existence des droits coutumiers, en pratique le droit positif tend à s'imposer, remettant en cause les modes de tenure traditionnels (Ndjigba Koffi, 2015). De même, le droit étatique a souvent cherché à se substituer au droit coutumier, déstabilisant les systèmes fonciers traditionnels au profit d'une logique d'immatriculation et d'enregistrement des terres (Snyder 1981).

C'est pour quoi des conflits fonciers surviennent lorsque des acteurs extérieurs, tels que des entreprises agro-industrielles ou des investisseurs étrangers, cherchent à s'approprier les terres communautaires pour des projets de développement en ignorant les détenteurs locaux et leurs droits. C'est pourquoi les conflits fonciers surviennent lorsque des acteurs extérieurs, tels que des entreprises agro-industrielles ou des investissements étrangers, cherchent à s'approprier les terres communautaires pour des projets de développement en ignorant les détenteurs locaux et leurs droits coutumiers. Les conflits résultent très souvent de la confrontation entre le droit positif, qui facilite l'accaparement des terres par des investisseurs, et le droit coutumier, qui confère aux communautés locales des droits d'usage traditionnels (Alden-Willy, 2012).

II. ACTEURS ET FACTEURS DE LA DYNAMIQUE D'ACCAPAREMENT DES TERRES

L'accaparement des terres est un phénomène complexe, impliquant de multiples acteurs et facteurs. Cette partie s'intéresse d'abord aux dynamiques économiques et politiques qui favorisent ce processus. Elle examine ensuite les différents acteurs intervenant dans la gestion des terres et leur rôle dans les logiques d'accaparement.

II.1. Les dynamiques économiques et politiques d'accaparement des terres

Les dynamiques d'accaparement des terres au Cameroun s'inscrivent dans un contexte économique et politique plus large. L'État camerounais promeut activement le développement d'une « agriculture de seconde génération », visant à accroître la production d'agrocarburants pour répondre à la menace de l'insécurité alimentaire et à une demande mondiale en produits agricoles en forte hausse depuis la crise de 2008 (Burnod et coll., 2010). Cette orientation politique, soutenue par des incitations fiscales et foncières, encourage l'arrivée massive d'investisseurs étrangers et nationaux désireux de s'approprier de vastes superficies de terres, souvent au détriment des usages coutumiers (Cotula, 2011).

Ces dynamiques d'accaparement sont ainsi étroitement liées aux stratégies économiques et politiques menées par l'État camerounais, qui cherche à attirer les investissements dans le secteur agricole tout en affirmant vouloir garantir la sécurité alimentaire du pays. Cependant, les populations locales font les frais de cette politique, se voyant progressivement dépossédées de leurs terres ancestrales au profit d'agro-industries et d'investisseurs étrangers. Ce phénomène soulève de nombreuses tensions et conflits fonciers dans les campagnes camerounaises.

II.2. Les acteurs de la gestion des terres

Dans le département du Noun, plusieurs acteurs sont impliqués dans la gestion des terres, chacun avec ses propres intérêts et stratégies. C'est le cas avec les investisseurs nationaux (le groupe SAFACAM, grande entreprise agro-industrielle camerounaise, active dans la production d'huile de palme et de sucre ; la société d'Investissement pour l'Agriculture Rurale (SIAR) ; le consortium d'hommes d'affaires camerounais, groupe informel de riches investisseurs privés) et étrangers qui représentent des entreprises agro-industrielles, des sociétés d'investissement ou des consortiums (la société malaisienne Sime Darby, l'un des plus gros producteurs mondiaux d'huile de palme ; le fonds d'investissement saoudien *Afro-Arab Investment Company* (AAIC) ; le groupe singapourien Olam International, grand conglomérat agro-industriel ; l'entreprise indienne Emami Agrotech, productrice d'huile végétale ; etc.). Ces investisseurs, aux profils très variés, cherchent à s'approprier de vastes étendues de terres dans le département du Noun pour y développer des cultures industrielles destinées à l'exportation, comme le palmier à huile, la canne à sucre ou le soja. Leurs projets, soutenus par les autorités camerounaises, contribuent à l'accaparement progressif des terres au détriment des populations locales.

Leurs stratégies consistent à acquérir de vastes superficies de terres agricoles pour des activités à grande échelle, telles que la production de cultures commerciales (palmiers à huile ou canne à sucre) ou l'élevage intensif (Bauvin et volaille).

Par ailleurs, les élites politiques et administratives (Préfet, Sous-Préfets, Maires, Députés et sénateurs, Cadres du MINADER, Responsables du cadastre et de la conservation foncière, Chefs traditionnels locaux) jouent aussi un rôle important dans cet élan d'accaparement des terres. Leurs stratégies incluent l'utilisation de leur pouvoir et de leurs connexions politiques pour obtenir des concessions foncières lucratives. Elles bénéficient de partenariats avec des investisseurs privés, utilisant ainsi leurs positions pour accéder à des ressources foncières et en tirer des avantages économiques. Dans certaines communautés du Noun, les chefs traditionnels et les autorités coutumières ont une influence considérable sur la gestion des terres. Leurs stratégies impliquent la cession de terres communautaires à des investisseurs en échange de bénéfices personnels, tels que des paiements en espèces ou des promesses de développement local. Cependant, il convient de noter que tous les chefs traditionnels ne sont pas impliqués dans des pratiques d'accaparement des terres, et certains travaillent pour préserver les droits fonciers des communautés locales.

Ces actions conduisent d'une part à une demande croissante de la ressource foncière favorisant l'accaparement des terres communautaires par les autorités coutumières locales (les chefs traditionnels et les conseils des anciens), et d'autre part à la faiblesse de la gouvernance foncière. La gouvernance foncière dans le département du Noun souffre de lacunes, notamment en matière de protection des droits fonciers des communautés locales. Les procédures de consultation et de consentement préalable des populations locales sont insuffisantes, ce qui facilite l'accaparement des terres par des tiers.

III. SE DÉPLOYER À TRAVERS LA PUISSANCE DU CAPITAL OU L'ORDRE DE LA DUPERIE TRANSACTIONNELLE

L'accaparement des terres dans le département du Noun s'opère à travers des mécanismes complexes, mettant en jeu la puissance des capitaux et des élites politico-administratives. Ces dynamiques ont de lourdes conséquences sur les communautés locales, qui se voient dépossédées de leurs moyens de subsistance.

III.1. Mécanismes d'accaparement des terres dans le département du Noun

L'accaparement des terres dans le département du Noun est le résultat de mécanismes complexes (la captation des terres coutumières, l'utilisation de montages juridiques complexes, la captation de l'appareil d'État et la manipulation des communautés locales) impliquant des acteurs économiques puissants (les grandes entreprises agro-industrielles : Sime Darby, Olam, Rubber Estate Cameroun (REC) ; le développement favorable aux investissements étrangers et des lacunes dans la gouvernance foncière (Kengue et coll. 2019). Ces mécanismes complexes, alliant pouvoir économique, politique et social, rendent l'accaparement des terres dans le département du Noun particulièrement difficile à endiguer. Ils sont analysés comme des formes de violence (les hommes d'affaires et investisseurs nationaux : Groupe SOCATOUR ; les sociétés d'État et fonds souverains étrangers : Société Nationale d'Investissement (SNI), Fonds Souverain malaisien (Khazanah) ; Les élites politico-administratives locales), des politiques de captation des terres par les grandes entreprises agro-industrielles ; l'accaparement par les hommes d'affaires et investisseurs nationaux ; Le rôle des élites politico-administratives locales) exercées par le capital captateur sur les communautés locales. C'est en ce sens que des villageois se confient en soulignant que, « Quand la société Sime Darby est arrivée, ils nous ont dit qu'ils allaient nous apporter le développement. Mais en réalité, on a perdu nos champs et nos pâturages. Maintenant, on a du mal à nourrir nos familles »[3] ; « Le Groupe Yves Michel a réussi à obtenir des milliers d'hectares de terres dans notre département. Pourtant, on sait que le patron est très proche du préfet. C'est du pur copinage »[4].

En fait, selon des auteurs comme Bayart (2006) et Geschiere (2009), ces mécanismes complexes d'accaparement des terres s'inscrivent dans une dynamique plus large de « privatisation » du foncier et de captation des ressources par les élites. À l'inverse, Elong (2014) souligne que ces processus peuvent aussi générer des opportunités économiques pour les populations locales, à condition d'être mieux encadrés. L'enjeu est

---

[3] Yusrha NJOYA, Foumban, 28 mai 2024.

[4] Fouhad NDAM, responsable de communication à l'ONG AJP CEDES, Foumban, 30 mai 2024.

donc de trouver un équilibre entre les impératifs de développement économique et la protection des droits fonciers des communautés. Cela nécessite une réforme en profondeur du cadre légal et institutionnel, ainsi qu'une plus grande transparence et redevabilité dans la gestion des terres.

La gestion des terres paysannes étant régie par des pratiques coutumières, les autorités traditionnelles locales, notamment les chefs ou les conseils des villages, sont responsables de la délivrance du certificat d'abandon des droits coutumiers pour l'exploitation des terres comme dans le cadre de l'exploitation du projet Mont-Betpi dans la commune de Koutaba. Elles ont le pouvoir de réglementer l'accès et l'utilisation des terres communautaires, en veillant à ce que les intérêts de la communauté et des individus soient pris en compte (dans le cadre de l'implémentation du projet Mont-Betpi, les riverains ont reçu des indemnités financières à hauteur de 400. 000 francs par ménage, pour un total de 108 ménages qui étaient concernés par le projet ; outre les indemnisations, ils ont reçu des formations pour intégrer et constituer la main-d'œuvre dans l'exécution dudit projet. Les entreprises agro-industrielles et les investisseurs étrangers obtiennent des contrats de concession de terres du gouvernement camerounais. Ces contrats donnent aux entreprises le droit d'utiliser les terres pour des projets agricoles, miniers ou d'infrastructures.[5] Cependant, ils sont conclus sans consultation adéquate des communautés locales et sans leur consentement, ce qui conduit à l'expropriation de leurs terres.

En 2015, le gouvernement a cédé 3 000 hectares de terres appartenant à la communauté Bamiléké de Foumbot à l'entreprise agro-industrielle SOSUCAM pour la culture de la canne à sucre. Cet épisode a été vu comme un diktat par les concernées qui déclarent que :

> On n'a jamais été consultés pour cette cession de nos terres. Un matin, des bulldozers sont arrivés et ont commencé à défricher sans notre accord. Les villageois n'ont reçu aucune compensation, et l'accès à leurs terres de culture et de pâturage leur a été brutalement coupé.[6]

Dans le même sens, en 2018, 2 500 hectares de pâturages appartenant à la communauté peule de Foumban ont été cédés à l'entreprise Hévéa Cameroun pour la plantation d'hévéas. Un enquêté soulignait alors

[5] ONG Les Amis de la Terre International 2018. Disponible sur https://www.foei.org/

[6] Fosso NYA, Foumbot, 4 mai 2024.

à propos que : « on nous a juste dit que ces terres n'étaient plus à nous et qu'on devait partir. On n'a même pas eu le temps de négocier ou de trouver d'autres zones de pâturage »[7]. En outre, en 2016, le gouvernement a cédé 5 000 hectares de terres appartenant à la communauté Bafia de Koutaba à l'entreprise BIOPALM Energy pour la production d'huile de palme. Les frustrations à propos de cet acte sont exprimées ainsi qu'il suit :

> On nous a juste convoqués pour nous dire que ces terres étaient désormais la propriété de l'entreprise. On n'a jamais été consultés ni indemnisés. Les villageois se sont organisés en comité de résistance, mais leurs manifestations pacifiques ont été violemment réprimées par les forces de l'ordre.[8]

Ces différents cas illustrent de manière éloquente les réalités d'exclusion et d'absence de consultation adéquate des communautés locales dans les processus de cession de terres par le gouvernement camerounais au profit d'entreprises agro-industrielles, dans le département du Noun. Les impacts sociaux, économiques et environnementaux de ces accaparements de terres sont significatifs pour ces populations. Ainsi, les communautés locales sont confrontées à des pressions économiques qui les rendent plus vulnérables. Elles affirment que : « Avec le chômage ardent qui habite nos localités, les coûts de vie de plus en plus élevés, nous faisons face aux difficultés de toutes natures. Ce qui ne nous permet pas de garantir la protection de nos droits fonciers »[9]. Le quotidien du villageois est ainsi travaillé par le manque d'opportunités économiques, l'endettement et la précarité foncière. D'ailleurs, « quand l'entreprise est arrivée, on nous a dit que ces terres ne nous appartenaient plus. On s'est alors retrouvés criblés de dettes sans plus aucune terre »[10]. Il convient alors de souligner une absence de mécanismes de compensation adéquats. Face à ces multiples fragilités économiques, les communautés locales du Noun se retrouvent dans une position de faiblesse face aux entreprises agro-industrielles, rendant plus aisée leur dépossession progressive des terres ancestrales.

---

[7] Mohamadou Mousatpha, Foumban, 5 mai 2024.
[8] Simon, Koutaba, 7 mai 2024.
[9] Housseni, Koutaba, 7 mai 2024.
[10] Paola, Foumbot, 8 mai 2024.

L'expansion des cultures commerciales, comme le palmier à huile ou le maïs, est observée sur le terrain. Si de vastes superficies de terres agricoles sont converties en plantations industrielles (plus de 15 000 hectares de terres agricoles), cela exprime la pression économique exercée par les acteurs cherchant à exploiter les ressources naturelles du Noun. La présence de communautés locales déplacées ou affectées par l'accaparement des terres est un signe visible des pressions économiques.

Les populations Bamoun vivant dans les villages de Foumban, Koudoum et Koupa-Matapit étaient installées depuis des générations sur leurs terres ancestrales autour de Foumban, cultivant vivrières et cultures de rente. Après l'arrivée d'une entreprise agro-industrielle, ces populations ont été déplacées de force vers des terres plus arides et moins fertiles à la périphérie de Foumban : « On nous a dit que ces terres ne nous appartenaient plus et qu'on devait partir. On nous a donné quelques sacs de riz et de maïs comme dédommagement, mais c'est tout. Aujourd'hui, on survit difficilement sur ces nouvelles terres »[11]. Ainsi donc, l'entreprise agro-industrielle Agri-Nou, avec la complicité des autorités locales, a accaparé ces terres ancestrales des communautés Bamoun. Les terres confisquées sont désormais utilisées pour des plantations industrielles de palmiers à huile et de cultures d'exportation par l'entreprise Agri-Nou.

Il faut aussi souligner que, les populations Tikar vivant dans les villages de Foumbot, Malentouen et Massagam étaient installées, des lustres, sur des terres fertiles autour de Foumbot, pratiquant l'agriculture vivrière et maraîchère. Suite à l'arrivée d'un projet d'agro-business, ces populations ont été déplacées vers des zones plus éloignées et moins propices à l'agriculture. En fait, témoignent-ils, « on nous a simplement dit que ces terres ne nous appartenaient plus et qu'on devait aller ailleurs. On nous a donné une petite parcelle, mais c'est beaucoup moins fertile que ce qu'on avait avant »[12]. Ainsi, le projet agro-industriel Ferme Avenir, soutenu par le gouvernement, s'est accaparé des terres des communautés Tikar. Les anciennes terres sont désormais exploitées pour la production intensive de cultures d'exportation par l'entreprise Ferme Avenir.

Ces deux autres cas illustrent les mécanismes d'accaparement des terres ancestrales des communautés locales au profit d'entreprises agro-

---

[11] Rahman, Foumban, 12 mai 2024.

[12] Meslin, Foumbot, 8 mai 2024.

industrielles, les déplaçant vers des zones moins propices à leur mode de vie et de subsistance traditionnels. Les populations locales sont alors contraintes de quitter leurs terres en raison de l'expansion des activités agro-industrielles. Elles font face, non seulement aux pressions foncières et confiscation des terres, dans un contexte où elles attestent qu'« Ils sont venus nous dire que ces terres ne nous appartenaient plus et qu'on devait partir. On n'a pas eu le choix, on a dû plier bagage »[13] ; mais aussi, elles affrontent l'absence de compensations justes et équitables comme le dit ce fragment d'entretien : « quand on nous a expropriés, on nous a donné quelques sacs de riz et de maïs, mais c'est tout. C'était totalement insuffisant pour reconstruire nos vies ailleurs »[14]. Cette situation impacte d'autant plus négativement la population qu'il n'y a pas une possibilité de recours à des mécanismes de protection. À propos, un paysan affirme ; « on a essayé de s'opposer, mais les autorités étaient de mèche avec l'entreprise. On n'a eu d'autre choix que de céder et de partir »[15].

Ces différents témoignages illustrent comment les populations locales du département du Noun sont dépossédées de leurs terres ancestrales en raison de l'expansion des activités agro-industrielles. Elles subissent, en conséquence, des déplacements forcés et une dégradation de leurs conditions de vie, sans compensation adéquate ni possibilité de recours. La présence d'acteurs extérieurs, détenteurs de contrats de concession ou d'accords d'exploitation, aboutit à un contrôle exclusif des terres et des ressources naturelles qu'elle renferme au détriment des communautés locales. Une telle configuration est génératrice de conséquences collectives qu'il s'agit de relever.

III.2. Conséquences de l'accaparement des terres sur les communautés locales

L'accaparement des terres a des conséquences notoires sur les communautés locales, en particulier sur les femmes. Car, celles-ci jouent un rôle central dans la sécurité alimentaire et la gestion des ressources naturelles. De ce fait, la dépossession foncière en cours implique donc d'abord une réduction des moyens de subsistance. En effet,

---

[13] Issofa, Kouoptamo, 19 mai 2024.
[14] Nafissatou MFONTE, Foumbot, 8 mai 2024.
[15] Faiza RAYE, Foumbot, 8 mai 2024.

> L'accaparement des terres prive les communautés locales de leurs moyens de subsistance traditionnels, tels que l'agriculture familiale et l'élevage. Cela a un impact direct sur la sécurité alimentaire des communautés et augmente leur dépendance à l'égard d'emplois précaires et mal rémunérés offerts par les entreprises accapareuses.[16]

Ainsi, en perdant l'accès à leurs terres, les communautés voient leurs modes de vie traditionnels perturbés, leur autonomie alimentaire réduite et leur vulnérabilité économique et environnementale accrue. À ce sujet, les narratifs recueillis sur le terrain sont sans équivoque. Une paysanne confiait, à propos d'une menace qui pèse sur l'autonomie alimentaire locale que :

> Avant, nous avions nos propres champs où nous cultivions le maïs, le manioc, les arachides et d'autres aliments de base. Cela nous permettait de bien nous alimenter toute l'année et même de constituer des réserves pour les périodes de soudure. Mais depuis que l'entreprise agro-industrielle est arrivée et a pris ces terres, notre situation alimentaire s'est énormément dégradée. De plus, avec les indemnisations dérisoires qu'on nous a données, on ne peut même pas acheter suffisamment de nourriture sur les marchés. Nos revenus ont chuté de manière drastique.[17]

En effet, la menace d'un déficit pour les stocks alimentaires n'est pas étrangère aux dommages environnementaux générés par la présence du capital multinational et de l'élite locale. Une informatrice tenait à souligner que :

> Les pratiques associées à l'accaparement des terres, telles que la déforestation, l'utilisation intensive de pesticides et l'exploitation minière, entraînent une dégradation de l'environnement. Cela conduit à une diminution des ressources naturelles, une perte de biodiversité et une détérioration des conditions de vie des communautés locales.[18]

---

[16] Ramatou Sakelli, Bangourain, 12 Mai 2024

[17] Colette RAYE, Kourom, 12 juin 2024.

[18] Charlotte NDASSA, Foumban, 7 Mai 2024

Cette dégradation de l'environnement se traduit par une diminution des ressources naturelles, une perte de la biodiversité et une détérioration des conditions de vie des communautés locales. La déforestation inhérente à l'agro-industrie, cadre de ces accaparements fonciers, entraîne la destruction d'habitats naturels, la dégradation des sols et la perturbation des écosystèmes. En fait, en plus du couvert végétal naturel qui est détruit, l'utilisation excessive des pesticides dans les exploitations pollue les sols, l'eau et l'air, affectant ainsi la santé humaine et la diversité biologique. C'est pourquoi on peut entendre : « Depuis que ces entreprises sont présentes sur les lieux, notre petite production ne tourne plus. Pour cause, l'utilisation des pesticides pour l'accroissement de leur production qui débouchent sur des conséquences pour nous les petits producteurs »[19]. De ce fait, cette dynamique fragilise les moyens de subsistance traditionnels, forçant les populations à développer des stratégies de résilience.

Dans le cadre de ces stratégies, on trouve notamment, la multilocalité résidentielle où les familles se répartissent sur plusieurs sites pour diversifier leurs sources alimentaires. Il convient aussi de mettre en orbite les pratiques de sorcellerie utilisées pour protéger l'accès aux ressources des terres restantes. Ces mécanismes complexes permettent aux communautés de s'adapter face à la perte de leurs terres et de leurs ressources, même si souvent ils n'éradiquent pas totalement la vulnérabilité alimentaire locale (Meliki, 2021). Par ailleurs, en plus de ces variables liées à la menace sur la sécurité alimentaire et l'environnement, la structure communautaire en pâtit du fait de sa dislocation spatiale. Par dislocation spatiale de la communauté, il faut ici souligner une réalité spécifique ; l'accaparement des terres par des investisseurs extérieurs, qu'ils soient nationaux ou internationaux, est souvent associé à des phénomènes de dislocation spatiale des populations rurales dans de nombreux contextes africains. Dans le Noun, il se traduit par des déplacements forcés, une fragmentation des espaces de vie et de production traditionnels, ou encore une recomposition des modes d'organisation et d'occupation des territoires au sein des communautés. C'est face à une telle figure qu'une paysanne confiait que : « L'accaparement des terres entraîne une dislocation sociale au sein des communautés locales. Les déplacements forcés et la perte de

[19] Dalia MOFIRO, Foumban, 14 mai 2024.

liens avec la terre et les ressources traditionnelles occasionnent des tensions, des conflits et une détérioration des conditions de vie »[20]. De ce qui est articulé, l'accaparement des terres déstructure la communauté et impacte la cohésion sociale. En fait, les communautés se retrouvent séparées de leurs terres ancestrales, de leurs modes de vie traditionnels et de leurs moyens de subsistance. Toutefois, ces conséquences de l'accaparement de terres pèsent plus sur les femmes. Le capital captateur des terres contribue, en effet, à la reproduction des inégalités de genre dans le département du Noun. Ces inégalités concernent davantage l'accès aux ressources foncières et à leur contrôle. Les femmes du Noun sont confrontées à des discriminations dans l'accès et le contrôle des terres.

Il convient de rappeler aussi que, l'accaparement des terres et les transformations sociospatiales qui en découlent dans ce département créent un climat propice aux conflits et à l'instabilité. Les pratiques de sorcellerie sont ainsi mobilisées par les communautés rurales pour s'approprier ou protéger l'accès aux terres restantes, face à la pression exercée par les grands projets d'investissement. Cela engendre de nombreux conflits et des divisions au sein des villages (Meliki, 2021).

De ce qui est dit, étant donné que les femmes jouent un rôle central dans la gestion des ressources naturelles et la sécurité alimentaire des ménages,[21] la perte d'accès aux diverses ressources réduit drastiquement leurs moyens de subsistance. Elles sont exclues des décisions concernant l'utilisation des terres et des ressources, ce qui renforce leur vulnérabilité économique[22]. En effet, l'accaparement des terres par les multinationales et l'élite locale conduit à une exploitation économique accrue des femmes. Il modifie les rôles et les responsabilités des femmes au sein des communautés. En tant que principales pourvoyeuses de nourriture et gestionnaires des ressources naturelles, elles sont les plus touchées par la perte de terres et de ressources. Lorsque des terres sont accaparées par des

---

[20] Charlotte NDASSA épse MOUNPOU, Foumban 15 mai 2024.

[21] Catherine COQUERY-VIDROVITCH, *Les Africaines. Histoire des femmes d'Afrique noire du XIXe au XXe siècle*, Paris, éd. Desjonquères, 1994.

[22] Rapport d'OXFAM, « L'accaparement des terres en Afrique : Impacts sur les femmes rurales et les solutions », disponible sur https://www.oxfam.org/fr/rapports/laccaparement-des-terres-en-afrique-impacts-sur-les-femmes-rurales-et-les-solutions

multinationales, les compensations et les avantages économiques qui en découlent sont distribués de manière inéquitable, avec des disparités entre les hommes et les femmes. Les femmes ont moins de chances d'accéder à ces compensations et avantages, ce qui renforce les inégalités de genre existantes. C'est en ce sens qu'il faut appréhender les propos suivants :

> Quand l'entreprise internationale est venue acheter nos terres pour y installer une grande plantation, on nous a dit que nous serions indemnisés. Mais en réalité, seuls les chefs de famille, qui sont tous des hommes, ont reçu de l'argent. En tant que femme, je n'ai rien eu malgré le fait que je travaillais ces terres depuis des années.[23]

Sur le terrain, certaines formes de compensation prennent la forme de programmes de formation, des emplois formels ou des opportunités entrepreneuriales. De manière factuelle, des programmes de compensation sont implémentés, parmi lesquels :

- **Le programme de réinstallation avec indemnisation inéquitable**

Lorsque l'entreprise Agro-Internationale a acheté de grandes étendues de terres agricoles dans le département du Noun, elle a dû déplacer plusieurs communautés villageoises. Un programme de réinstallation a été mis en place, avec des indemnisations censées compenser la perte des terres.

> On nous a dit que nous serions tous indemnisés de manière équitable pour nos terres et nos cultures. Mais en réalité, seuls les chefs de famille, qui sont tous des hommes, ont reçu de l'argent. Nous les femmes, qui travaillions pourtant ces terres depuis des générations, n'avons rien eu. Avec cet argent, les hommes ont pu acheter du bétail ou lancer de petits commerces. Mais pour nous, on s'est retrouvées sans terre et sans aucune compensation. C'est très injuste, car on dépendait de cette agriculture vivrière pour nourrir nos familles.[24]

- **Les emplois précaires et mal rémunérés pour les femmes**

Après avoir acquis ces terres, l'entreprise Agro-International a ouvert de vastes plantations de cultures d'exportation. Elle a promis la création de

[23] Fatima, Koutaba, 12 mai 2024
[24] Abiba, Kouoptamo, 13 juillet 2024

nombreux emplois pour les populations locales comme l'indique ce témoignage :

> Quand l'entreprise est arrivée, ils ont dit qu'il y aurait du travail pour tout le monde. Mais en réalité, les meilleurs emplois avec de bons salaires ont été donnés aux hommes. Nous les femmes, on nous a juste proposé des postes de manœuvres agricoles, avec des salaires très bas et des conditions de travail pénible. Pourtant, on connait bien le travail de la terre et on aurait pu avoir d'autres responsabilités. Mais les responsables de l'entreprise préfèrent favoriser les hommes. C'est une situation très frustrante pour nous.[25]

Ces cas de figure illustrent comment les programmes de compensation et les opportunités d'emplois liés à l'accaparement des terres se traduisent par une répartition très inéquitable des bénéfices entre hommes et femmes, renforçant la vulnérabilité économique de ces dernières. Les effectifs des bénéficiaires montrent qu'il y a eu 13 femmes par rapport à 46 hommes. Ainsi, les femmes rurales apparaissent comme des marginales et même des exclues des compensations liées aux dépossessions foncières d'où leur propension à la mobilisation dans un tel contexte.

IV. SCÉNOGRAPHIE DES MOBILISATIONS FÉMININES CONTRE LES ACTEURS DE L'ACCAPAREMENT

Face à l'accaparement des terres par de grands acteurs économiques, les femmes des communautés rurales du département du Noun se sont organisées pour résister et faire entendre leurs voix. Leurs mobilisations prennent diverses formes, allant des manifestations aux actions juridiques, en passant par la création d'alliances stratégiques.

IV.1. Les formes de mobilisation communautaire face à l'accaparement des terres

Face à l'accaparement des terres, les communautés locales, soutenues par des organisations de la société civile, se mobilisent pour défendre leurs droits fonciers et protéger leurs terres ancestrales. En ce sens, on assiste à la formation de collectifs féminins tels que L'Association

[25] Amira MOUNTAPBEME, Kouoptamo, 14 juillet 2024

des Femmes Agricultrices du Noun (AFAN) ; le Collectif des Femmes rurales du Noun (COFER-Noun) ; le Réseau des Productrices Vivrières du Noun (REPROV-Noun) ; L'Union des Femmes Leaders du Noun (UFLN) ; la Coordination des Femmes pour la Gestion Durable des Terres (COFEGDT).

Ces regroupements féminins locaux organisent des manifestations, des protestations pour attirer l'attention sur l'accaparement des terres et exiger des mesures de protection. Les objectifs de ces actions protestataires sont, entre autres, le respect des droits fonciers, la restitution des terres et la participation significative des communautés dans les processus de prise de décision. Cette résistance des femmes contre l'accaparement des terres met en lumière leur leadership à travers une série d'actions pour défendre leurs droits fonciers et protéger leurs communautés. En fait,

> Les femmes assument des rôles de leadership au sein des mouvements de résistance. Elles créent des groupes de femmes spécifiques pour renforcer leur voix et leur influence. Ces groupes offrent un espace sécurisé où les femmes partagent leurs expériences, élaborent des stratégies de résistance et développent des compétences en matière de plaidoyer.[26]

Les femmes regroupées en association constituent de ce fait un atout dans la lutte contre les inégalités de genre dans le domaine du foncier et la protection de leur droit. Par ailleurs, lorsque les mobilisations de coloration pacifistes n'atteignent pas les objectifs escomptés, les données révèlent des modes protestataires recourant à la violence. Cette violence, en contexte de terres accaparées, prend plusieurs formes. Ainsi, les femmes du Collectif des Femmes rurales du Noun (COFER-Noun) ont parfois bloqué l'accès aux champs avec leurs corps, s'enchainant aux grillages pour empêcher l'expulsion de leurs communautés. Lors de manifestations, des affrontements ont éclaté avec les forces de l'ordre, conduisant à des blessures et à des arrestations parmi les militantes.

[26] Balkis MBOUOMANGUORE épouse NJOYA, Foumban, 15 juillet 2024

IV.2. Étude de cas des expériences de mobilisation et de résistance des femmes du Noun

Les femmes ont joué un rôle essentiel dans la mobilisation et la résistance face à l'accaparement des terres dans le département du Noun. Plusieurs expériences de mobilisation et de résistance des femmes dans cette région ont été documentées.

➢ **L'Association des Femmes pour la Défense des Droits Fonciers (AFDDF)**

L'AFDDF a été créée en 2020 à l'initiative d'un groupe de femmes leaders issues de différentes communautés rurales du Noun. Ces femmes, qui étaient déjà engagées dans des luttes contre l'accaparement des terres au niveau local, ont décidé de se rassembler pour unir leurs voix et leurs efforts à l'échelle du département. Ici, le profil des adhérentes est assez varié. On y trouve des productrices agricoles, des commerçantes, des leaders communautaires et des militantes des droits des femmes. Cependant, elles partagent toutes une expérience personnelle ou collective, notamment la perte de terres ancestrales au profit de grands projets agricoles.

Du point de vue de sa structure, le bureau de l'AFDDF est composé d'une présidente, d'une vice-présidente, d'une secrétaire, d'une trésorière et de plusieurs membres. La présidente est une agricultrice de 52 ans, très respectée dans sa communauté pour son engagement de longue date contre l'accaparement. La vice-présidente est, quant à elle, une jeune avocate de 35 ans, spécialisée dans la défense des droits fonciers des populations rurales. Selon le cahier de charges de l'association, les principaux objectifs de l'AFDDF sont :

- Sensibiliser les femmes rurales à leurs droits fonciers et les mobiliser pour les défendre ;
- Mener des actions de plaidoyer auprès des autorités et des entreprises pour s'opposer aux projets d'accaparement ;
- Apporter un soutien juridique et matériel aux communautés victimes de spoliation de leurs terres ;
- Promouvoir une gestion durable et équitable des ressources foncières dans le département.

Ainsi, l'AFDDF se positionne ainsi comme un acteur clé de la résistance des femmes face à l'accaparement des terres dans le Noun. Cette association offre une approche proactive en organisant des réunions communautaires, des formations sur les droits fonciers, des manifestations pacifiques. C'est ainsi qu'en dates du 12 avril 2023, le 16 juillet 2023 et le 03 novembre 2023, devant le siège de la préfecture du département du Noun, dans les rues de Foumban et devant le siège d'une grande entreprise agro-industrielle, elles ont dénoncé l'octroi de concessions foncières à une entreprise sur des terres coutumières, se sont opposées à l'expulsion de plusieurs communautés de leurs terres ancestrales et exigé le respect des droits des femmes à la terre et aux ressources naturelles. Pour se faire, elles se sont rassemblées portant des pancartes et scandant des slogans, bloquant l'accès à certaines parcelles avec leurs corps, occupant symboliquement de bureaux d'entreprises et de la préfecture et marchant silencieusement suivie de prise de parole devant les autorités en scandant : « Nos terres, c'est notre vie ! Laissez-nous cultiver en paix ». C'est dans le même sillage qu'il faut rappeler les campagnes de sensibilisation. En mai, juin, septembre, octobre 2023 et février 2024 dans les villages et hameaux des différentes communautés rurales du département, sur les marchés hebdomadaires des principaux centres urbains, lors de fêtes et rassemblements communautaires, elles ont informé les femmes de leurs droits fonciers coutumiers et légaux, mobilisé ces dernières contre les projets d'accaparement de terres par des entreprises, encouragé les femmes à s'organiser et à revendiquer l'accès et le contrôle des terres. Pour se faire, il y a eu l'organisation de séances d'information et de formation dans les villages, l'animation de débats et d'ateliers participatifs sur les enjeux fonciers, la diffusion de supports pédagogiques (affiches, dépliants, vidéos) et la réalisation d'émissions radiophoniques décentralisées).

➢ **Les femmes de la Commune de Foumban**

Dans le cadre de ses activités, la Commune de Foumban a connu une mobilisation des femmes pour la protection des terres communales. À cet effet, sur le marché hebdomadaire de Foumban, un groupe d'une trentaine de femmes de la commune de Foumban se rassemble en début de matinée. Elles sont vêtues de pagnes rouge et blanc, les couleurs du mouvement. Certaines portent des pancartes aux slogans évocateurs : « Notre terre, notre vie ! » ou « Arrêtez l'accaparement foncier ! ». Globalement, elles forment un cortège et parcourent les allées du marché, s'arrêtant régulièrement pour entonner des chants traditionnels de résistance, accompagnés de tambours et de hochets. Leurs voix portent et attirent rapidement l'attention des autres commerçantes et des clients. Plusieurs femmes se joignent spontanément au groupe, levant le poing en signe de solidarité. Arrivées sur une place centrale, elles prennent tour à tour la parole pour expliquer les enjeux de la lutte pour la défense des terres coutumières.

Elles narrent alors comment leurs communautés ont été dépossédées de leurs parcelles ancestrales au profit d'entreprises agro-industrielles. Elles appellent les autres femmes à se mobiliser et à s'organiser pour faire valoir leurs droits. Certaines femmes versent même quelques larmes en évoquant la perte de leurs moyens de subsistance. Mais la majorité affiche une attitude combative, scandant des slogans et applaudissant à chaque prise de parole incisive. Après le rassemblement, elles se dispersent dans les différents quartiers du marché pour aller à la rencontre des vendeuses sur leurs étals. Elles distribuent des dépliants explicatifs et invitent les femmes à participer aux prochaines réunions d'information organisées dans les villages voisins. C'est ce que confie cette enquêtée en ces termes :

> Nous avons formé des groupes de défense locale pour garantir la préservation de nos terres communales et la participation des femmes dans les processus de prise de décision. Nous sommes pour la plupart des pauvres femmes qui ne demandent qu'à être respectées, car nous travaillons durement pour nous en sortir étant donné que les hommes ne sont plus très responsables.[27]

L'objectif ici est de garantir la préservation des terres communales et d'assurer la participation active des femmes dans les processus de prise de décision et mobiliser la solidarité de la communauté en faveur de la préservation des terres et de la reconnaissance des droits des femmes dans ce contexte. Ces expériences de mobilisation et de résistance des femmes donnent une place importante au renforcement des capacités comme en témoigne ce propos :

> Les femmes ont renforcé leurs connaissances sur les droits fonciers, les mécanismes de protection juridique et les

[27] GIC-Femmes et développement, Koupa-Matapit, 17 juillet 2024

> processus de prise de décision. Des formations ont été organisées pour développer les compétences en plaidoyer, en négociation et en leadership des femmes, leur permettant ainsi d'être plus efficaces dans leur mobilisation.[28]

Ces actions des femmes permettent d'accroître leur efficacité dans la mobilisation, en leur donnant les outils nécessaires pour défendre leurs droits fonciers, influencer les décisions et promouvoir une plus grande égalité et justice dans les questions liées aux terres. En fait,

> Les femmes s'organisent en groupes et en réseaux pour renforcer leur voix et leur influence. Ces structures permettent la coordination des actions, le partage d'informations et d'expériences, ainsi que le soutien mutuel entre les femmes engagées dans la mobilisation et la résistance. Cette solidarité renforce leur capacité à faire face à l'accaparement des terres.[29]

Les principales structures qui rassemblent et mobilisent les femmes du Noun pour la défense de leurs droits fonciers sont entre autres l'Association des Femmes pour la Défense des Droits Fonciers (AFDDF) ; les Unions de Groupements Féminins (UGF) ; le Collectif des Femmes Leaders du Noun (CFLN).

- **Les Unions de Groupements Féminins (UGF)**

Ces unions regroupent des femmes qui posent des actions déterminantes face à certains cas d'expropriation foncière communautaire. Ainsi, lorsque le projet d'installation d'une grande plantation de palmiers à huile a été annoncé dans la zone, les femmes du village, membres de l'UGF locale, se sont immédiatement mobilisées pour réagir. Elles se sont réunies en urgence pour discuter de la situation et élaborer une stratégie de riposte.

En effet, avec le soutien de l'AFDDF, elles ont d'abord mené une campagne d'information et de sensibilisation auprès de toute la communauté. Elles ont expliqué les risques de perdre leurs terres ancestrales et leurs moyens de subsistance. Un consensus s'est alors dégagé pour refuser le projet. Les femmes leaders du village, en lien avec le CFLN, ont ensuite entamé des négociations avec les autorités administratives et

[28] Laurena NGOULOURE, Foumban, 8 mai 2024
[29] Peguy YIMBEKET, Foumban, 8 mai 2024

l'entreprise concernée. Elles ont fait valoir leurs droits coutumiers sur les terres et exigé des compensations foncières et financières équitables en cas d'expropriation. Aussi, face à la détermination et à l'unité de ces femmes, l'emprise foncière du projet a été revue à la baisse. Seule une partie des terres a été cédée avec l'accord des familles concernées et des compensations jugées satisfaisantes. Ce succès a renforcé la confiance des femmes de Koudoum dans leur capacité à agir collectivement pour défendre leur patrimoine foncier. Elles se sentent désormais plus outillées et légitimes pour s'opposer à de futurs projets d'accaparement.

Il apparaît que ces actions facilitent la coordination des actions, le partage d'informations et d'expériences, ainsi que le soutien mutuel entre les femmes engagées dans la mobilisation et la résistance : « Quand nous avons beaucoup souffert de ce problème, les femmes sont venues de Foumban nous expliquer que nous pouvions nous mettre ensemble pour désormais nous défendre ensemble et depuis lors la situation s'est améliorée »[30]. L'expression d'une telle solidarité renforce la capacité collective des femmes et les amène à défier les grands acquéreurs des terres, en renforçant leur résilience et en leur donnant une plateforme d'expression et de défense de leurs droits fonciers.

Ces expériences de mobilisation des femmes dans le Noun ont abouti à quelques résultats positifs qu'il convient de mettre en lumière, ainsi que les leçons générées :

- Le renforcement des droits fonciers : les efforts de mobilisation et de résistance des femmes contribuent à la reconnaissance et à la protection des droits fonciers des communautés locales. Les autorités locales prennent des mesures pour garantir la participation des femmes (l'instauration d'un quota minimal de 30 % de femmes dans les commissions foncières communales : ces commissions, composées d'élus locaux et de représentants coutumiers, sont chargées de la gestion des terres au niveau des communes. Le quota permet d'assurer une représentation significative des femmes dans ces instances. La création de guichets fonciers communaux dédiés aux femmes : des bureaux spécialisés ont été ouverts dans chaque mairie, avec du personnel féminin formé, pour faciliter les

[30] Pasma, Koudoum, 15 juillet 2024

démarches des femmes en matière de sécurisation foncière (immatriculation, titres de propriété, etc.). La mise en place de cellules de médiation et de résolution des conflits fonciers sensibles au genre : ces structures, présentes dans les principales villes du département, intègrent des conseillères juridiques femmes pour mieux prendre en compte les problématiques spécifiques aux femmes dans les litiges fonciers. L'organisation de sessions de formation et de sensibilisation des autorités coutumières sur les droits fonciers des femmes : les chefs traditionnels, détenteurs du pouvoir coutumier sur les terres, ont bénéficié de programmes de renforcement de capacités pour favoriser une meilleure prise en compte des droits des femmes dans la gestion foncière. L'appui financier et logistique aux organisations féminines de défense des droits fonciers : les pouvoirs publics locaux ont alloué des subventions et mis à disposition des moyens matériels pour soutenir les actions de l'AFDDF, des UGF et du CFLN dans leurs activités de plaidoyer et de mobilisation) dans les décisions liées à l'utilisation des terres et à la préservation de l'environnement ;

- Le renforcement du rôle des femmes : la mobilisation des femmes permet de renforcer leur rôle dans les processus de prise de décision au sein des communautés. Les femmes acquièrent une plus grande visibilité et une plus grande voix dans les discussions sur les questions foncières ;

- La sensibilisation accrue : les actions de sensibilisation menées par les femmes permettent auprès des communautés locales, des autorités et d'autres acteurs contribuent à changer les mentalités et à susciter un plus grand soutien en faveur de la résistance à l'accaparement des terres.

Le bilan des observations permet donc de voir que les femmes s'engagent dans des réseaux et des alliances locales, nationales : le Réseau des Organisations Féminines pour la Sécurisation Foncière (ROFS) et la Coalition Nationale pour la Réforme Foncière (CNRF) ; internationales : le Réseau Africain pour le Droit à la Terre (RADT), la Fédération Internationale des Mouvements d'Adultes Ruraux Catholiques (FIMARC). Dans la même veine, les réseaux tels que L'Association des Femmes

Juristes du Noun (AFJN) et la Plateforme des Radios Communautaires du Noun (PRVCN) jouent un rôle crucial dans la lutte contre l'accaparement des terres que mènent ces femmes.

Toutefois, supposées être le sexe faible et des personnes traditionnellement inéligibles à des droits fonciers, dans un contexte de coutumes aux relents machistes, les femmes font face à plusieurs formes de répression dans leurs dynamiques de mobilisation, comme l'attestent ces propos :

> Les femmes engagées dans la mobilisation et la résistance dans le département du Noun font face à des formes de répression et de violence, y compris des menaces, des intimidations et des violences physiques. Ces actes visent à décourager leur participation et à maintenir le statu quo de l'accaparement des terres. La répression entrave la mobilisation et nécessite un soutien solide des communautés et des organisations de défense des droits.[31]

Ainsi, cette répression crée un climat de peur et entrave la mobilisation des femmes pour défendre leurs droits fonciers. Pour faire face à cette situation, il est essentiel de mettre en place un soutien davantage significatif de la part des communautés locales et des organisations de défense des droits, afin de protéger les femmes mobilisées et de promouvoir un environnement sécurisé où elles peuvent exercer leur droit à la participation et à la résistance pacifique.

Conclusion

Le problème de départ de cette étude était de savoir si les femmes peuvent réellement contester et résister à l'accaparement de terres dans une société qui, traditionnellement, les a longtemps exclues de cette arène. À l'issue de l'analyse, il apparaît clairement que les femmes du Noun ont su mobiliser des « technologies féminines » efficaces pour faire entendre leur voix et défendre leurs droits fonciers face aux menaces d'accaparement. En s'organisant au sein d'associations comme l'AFDDF, les femmes ont pu développer des stratégies de plaidoyer, de sensibilisation et de médiation qui ont permis d'interpeler les autorités locales. Elles ont ainsi obtenu des

[31] Jelila Heroudine, Foumban, 10 mai 2024

mesures concrètes visant à garantir leur participation effective dans la gouvernance foncière, à travers des quotas dans les instances décisionnelles, la création de guichets fonciers dédiés, ou encore le soutien aux organisations féminines. De plus, les alliances tissées par ces femmes tant au niveau national que international, leur ont permis de bénéficier d'un appui technique, financier et médiatique crucial pour renforcer leur capacité d'action et de mobilisation. Les réseaux auxquels elles sont affiliées leur ont donné une audience et une légitimité plus larges dans leurs revendications. Ainsi, loin d'être de simples victimes, les femmes du Noun ont su développer des « technologies féminines » de résistance et de contestation qui leur ont permis de s'affirmer comme des actrices incontournables dans la lutte pour la défense de leurs droits fonciers. Cela montre que, même dans un contexte socioculturel historiquement défavorable, les femmes peuvent, avec les bons outils et les bons appuis, parvenir à s'imposer dans des arènes traditionnellement dominées par les hommes.

Bibliographie

Bose, P., (2017), « Droits fonciers des femmes et politique de transformation néolibérale en Inde », in *Économie féministe*, n° 3.

Carney, J. et Watts, M., (1990), « Dissidence manufacturière : travail, genre et politique du sens dans une société paysanne », in *Afrique*, 60 (2), 207-241.

Coquery-Vidrovitch, C., (1991), 'The Process of Urbanization in Africa (From the Origins to the Beginning of Independence)', in *African Studies Review*, vol. 34, n° 1.

De Schutter, O., (2011), « Comment ne pas penser à l'accaparement des terres : trois critiques des investissements à grande échelle dans les terres agricoles », in *La Revue d'études paysannes*, vol. 3, n° 8.

Dossou, F., (2017), « Régime foncier genré et résilience sociale : exploration des liens entre les communautés agricoles au Bénin », in *Politique d'utilisation des terres*, vol. 6, n° 1.

Hugues, M., M., (2021), 'Facing scarcity in a land grab context in Cameroon: residential multilocality and sorcery practices as resilience schemes among rural community', in *Swiss Journal of Ethnology*, Vol. 26.

Jacobs, S., (2010), *Genre et réformes agraires*. Routledge.

Keita, Amadou., (1983), « Systèmes agraires et développement rural en Afrique de l'Ouest », in *Revue Tiers Monde*, vol. 24, n° 6.

Ndjigba, G., (2015), « Régime foncier et développement rural au Cameroun), in *Revue juridique et politique des États francophones*, vol. 7, n° 1.

Quan, J. et Kumar, S., (2019), *Les femmes, la terre et le pouvoir en Asie*, Routledge.

Razavi, S., (2003), « Introduction : Changement agraire, genre et droits fonciers », in *Journal du changement agraire*, n° 3.

Smith, L et Munro, S., (2018), « Explorer les perspectives sexospécifiques sur l'accès et le contrôle des terres : une étude qualitative dans les communautés rurales », *in Politique d'aménagement du territoire*, vol. 7, n° 3.

Snyder, F., (1981), "Colonialism and Legal Form: The Creation of 'Customary Law' in Senegal", in *Journal of Legal Pluralism and Unofficial Law*, vol. 13, no. 19.

Thiam, I. D., (1980), « La propriété de la terre en Afrique noire », in *Présence Africaine*, vol. 2, n° 3.

Contester l'hégémonisme foncier du capitalisme minier : la contrebande minière comme discours autochtone dans l'Est du Cameroun

Hugues Morell MELIKI et Hermann NJAMPOU

Résumé

Cette réflexion questionne le sens des « trous » pratiqués par des orpailleurs locaux dans les emprises des entreprises minières nationales et étrangères agréées. Elle s'ancre dans une démarche ethnographique mise en œuvre sur deux brigades d'exploitation minière à l'Est du Cameroun. Contrairement à une conceptualisation en termes de contrebande minière, expressive d'une activité extractive n'ayant aucune licence d'exploitation et se pratiquant en marge des directives du code minier en vigueur, en plus d'une violation des domaines acquis par des exploitants légaux, le travail examine le fait du point dominant des communautés locales. Trois faits majeurs sont articulés. Tout d'abord, l'adoption, en 2001, d'un code minier dont les dispositifs font de l'État un propriétaire exclusif du sous-sol, lequel se réserve le droit de céder son exploitation aux tiers, ignore le droit coutumier des populations autochtones sur les terres exploitées par les entreprises minières légales. Ensuite, un tel dispositif devient, de fait, une éviction des communautés locales d'un patrimoine ancestral dont elles exploitaient les gisements miniers depuis des générations. Aussi, en dernier point, la contrebande minière procède-t-elle d'une protestation contre la privatisation de ressources foncières communautaires. La violation des emprises minières légales, par la pratique de « trous » d'orpaillage, est alors constitutive d'un rappel de droits communautaires imprescriptibles sur les terres réquisitionnées.

Mots-clés : capital minier, autochtone, foncier, contestation, trous miniers.

Introduction

Réfléchir à la contrebande minière des populations autochtones, c'est d'abord rappeler sa filiation artisanale en la matière. L'artisanat minier, activité d'extraction de ressources minérales (or, diamant, coltan, fer, etc.) procédant d'un matériel précaire (pelle, pioche, barre à mine, tamis, etc.), est répandu au sein des populations locales. Pour la littérature, ce registre artisanal renvoie à des « opérations minières aisément maîtrisées ou maîtrisables technologiquement et financièrement par des populations peu ou faiblement équipées et disposant des moyens réduits, prises à l'échelon individuel, familial, d'association ou de coopératives corporatistes » (Keyta, 2001 :7). Cette activité se développe aussi bien sous un registre administrativement contrôlé que sous une variante illégale, laquelle est, de ce fait, administrativement réprimée. Cette dernière modalité qui est au centre de cette réflexion est le fait d'une composante d'artisans miniers dont l'activité extractive n'a aucune licence d'exploitation. Elle se pratique en marge des directives du code minier en vigueur en plus d'une violation des domaines acquis par des exploitants légaux. Empiriquement, elle se traduit par l'existence de trous de miniers locaux. Ces trous côtoient ou se trouvent dans les emprises d'entreprises multinationales et nationales agréées. Ce phénomène, alors conceptualisé en termes de contrebande minière pour désigner ces orpailleurs propriétaires de trous, met à l'index une catégorie en marge du circuit formel de l'économie minière contrôlée par l'État et ses démembrements.

En effet, cette forme d'activité minière a irrigué un certain nombre de grilles d'intelligibilité. Malgré son caractère criminel, une hypothèse en fait une économie de survie. En situation de pauvreté généralisée, cette hypothèse démontre que, pour 40 % des ménages pauvres, un adulte dépense moins de 22 454 francs CFA (34,23 €) par mois, soit moins de 783 CFA (1,19 €) par jour pour ses besoins[32]. Dans ce contexte de pauvreté où les besoins basiques peinent à être satisfaits, les acteurs des couches précarisées développent des activités minières pour assurer leur subsistance. Les contrebandiers miniers sont donc envisagés comme des individus qui "tentent de résoudre leurs difficultés économiques en

[32] Institut national de la statistique. (2008). Troisième enquête camerounaise auprès des ménages (Ecam III). République du Cameroun.

s'engageant dans l'extraction [artisanale] de l'or" (Gratz, 2004 : 135). L'activité vise alors davantage à faire face aux besoins ponctuels qui tissent la trame de la survie. Sous le sceau de la contrebande minière prend corps une stratégie permissive d'une mobilisation de ressources qui améliorent le quotidien des personnes en question, tout en fournissant à certaines un capital pour se lancer dans de petites affaires (Gratz, 2003). Par ailleurs, au regard d'un marché du travail à faible capacité d'absorption, couplé à une rhétorique étatique de l'auto-emploi, une autre hypothèse articule la contrebande minière sous le jour d'un pôle alternatif d'emplois pour de jeunes chômeurs. Il faut alors rappeler quelques statistiques sur ce phénomène. En effet, si le taux de sous-emploi global demeure élevé, soit 61,4 % en 2021, le chômage, quant à lui, ayant augmenté de l'ordre de 2,1 points entre 2010 et 2021, se situe à 8,7 % (INS : 2022). Aussi, pour cette masse de chômeurs, l'exploitation minière de contrebande est prise comme une éponge à emplois (Lautier, 2002), c'est-à-dire une niche d'occupations alternatives devant un marché de l'emploi formel atrophié (Lachaud, 1994).

Toutefois, ces perspectives juridico-économiques questionnent peu les effets d'un code minier qui pulvérise du champ de ces ressources, toute personne tierce au profit de la seule puissance publique (Likert : 2013). En fait, les dispositifs du code minier dont l'adoption remonte en 2001 font de l'État le propriétaire exclusif du sous-sol (Antang, 2012). À ce titre, il se réserve le droit de céder son exploitation aux seuls tiers qu'il choisit. Les communautés natives des terres ainsi réquisitionnées pour des fins d'exploitation du sous-sol ne sont guère prises en compte. En effet, "ce qui a été privilégié dans les réformes [...] des régimes miniers est une approche qui a tendance à considérer le secteur minier en isolation des autres secteurs, surtout en fonction des besoins des investisseurs" (Campbell, 2008). Ainsi, en débouchant sur l'ignorance du droit coutumier des populations autochtones sur les terres, considérées comme bien légitime dont elles exploitaient les gisements miniers depuis des générations, ce code entraîne l'éviction des villageois de la gestion d'un patrimoine ancestral. La question du code minier en vigueur devient ainsi indissociable d'une dépossession foncière. Car, le sous-sol exploité apparaît d'abord comme un élément du foncier propre aux communautés.

Subséquemment, il convient de saisir, du point de vue des communautés locales riveraines, le registre des frustrations et des réactions inhérentes à l'adoption de ce code minier dont l'objectif est la régulation des activités extractives en vue de réduire les exploitations clandestines et démultiplier les investissements étrangers dans le secteur. Cette préoccupation est centrale, car la conscience d'une dépossession est attestée au sein des communautés dans un contexte où, sous plusieurs formes, les villageois soulignent que :

> Maintenant [...] on ne peut même plus creuser sur nos propres terres, sous prétexte que nous n'avons pas d'autorisation d'exploitation. Pourtant nos parents ont creusé l'or ici pendant des années sans autorisation. Tout ça, c'est simplement parce qu'on veut donner ces richesses aux blancs. Sinon, je ne vois pas pourquoi on doit nous imposer des conditions avant d'exploiter nos terres[33].

Cette conscience qui ramène le code minier et les diverses licences à un instrument qui vise essentiellement à les déposséder de leurs terres et des gisements de minerais, au profit des étrangers[34], exige de saisir le sens que revêt la contrebande minière chez ces acteurs locaux. Il s'agit précisément d'interroger l'acte de faire des trous, dans les emprises minières des entreprises nationales ou multinationales, par les orpailleurs natifs des zones en question. L'hypothèse formulée est que, chez les locaux, la contrebande minière procède d'une protestation contre la privatisation de ressources foncières communautaires sur lesquelles ils tentent, par-là, d'en affirmer des droits imprescriptibles.

Ainsi, l'article entrevoit-il d'analyser cette contestation à partir de la contrebande minière qui matérialise une part du phénomène de l'artisanat minier à l'Est du Cameroun. Plus précisément, nous interrogeons la façon dont les populations locales et les acteurs de la filière artisanale en particulier s'organisent face à l'invasion du capital qui tend à les évincer des gisements, remettant ainsi en cause leur droit aux ressources hébergées par leurs terres ancestrales. Deux brigades minières sont au cœur de cette réflexion : Bétaré-Oya et Batouri. Ces brigades comprennent les sites miniers suivants : Kambélé 1, Kambélé 2 et Bougogo dans le

[33] Entretien avec un jeune orpailleur, Kambélé 1, octobre 2014.

département de la Kadey, avec leurs sites aurifères et diamantifères, et Longa Mali à Bétaré-Oya dans le département du Lom et Djerem avec ses sites à prédominance aurifère.

I. CLARIFICATIONS MÉTHODOLOGIQUES

Ce travail mobilise des données d'une enquête progressive débutée dans le cadre d'une recherche académique dont les résultats ont été discutés à l'Université de Yaoundé1 (Njampou, 2015). Des mises à jour de ces informations ont été faites. Les dernières datent du premier semestre 2024. L'investigation a mobilisé une posture ethnographique basée sur une immersion de terrain prolongée, quoique discontinue, de manière à permettre une description dense du phénomène (Geertz, 1973).

1. Une politique de terrain ethnographique

La posture qualitative a régenté le travail de collecte de données. Trois outils ont été mobilisés, notamment l'observation directe, l'entretien de facture semi-directive et le groupe de discussion. L'entretien semi-directif a été conduit avec une trentaine d'acteurs répartis entre les sites miniers de Kambélé 1, Kambele 2 et Bougogo dans le département de la Kadey, et Longa Mali à Bétaré-Oya, dans le département du Lom et Djerem. Deux procédés complémentaires ont permis d'accéder aux enquêtés : l'échantillonnage accidentel et la technique dite boule de neige (Combessie, 1996). En choisissant les interviewés de manière à reproduire les identités sociales (natifs locaux, immigrés) et professionnelles (miniers contrebandiers natifs, miniers contrebandiers immigrés, miniers légaux), l'« échantillonnage » par contraste a pu être matérialisé (Pires, 1997). De ce qui est dit, les orpailleurs des deux sites ont constitué la principale cible des entretiens, même si d'autres catégories telles que les autorités traditionnelles et des riverains des sites, étrangers aux activités minières, ont été approchées. Ainsi, l'objectif poursuivi par les entretiens, tout comme les groupes de discussion, était de cerner comment les acteurs perçoivent, justifient, vivent et se réapproprient l'exploitation minière des acteurs reconnus juridiquement et leurs propres actes de contrebande minière.

Par ailleurs, des observations directes sur ces sites miniers ont conduit à observer les comportements, écouter les conversations en lien avec l'identité des exploitants légaux et les légitimes propriétaires des espaces exploités. De même, l'usage de cet outil cherchait-il à répondre aux exigences additionnelles de la triangulation, notamment compléter les données et vérifier celles collectées à l'aide d'autres outils (Ferréol, 1995) sur les espaces d'observation présentés par la carte ci-dessus.

Carte 1 : les deux arrondissements aux brigades minières observées

Source : carte adaptée par Muriel MBENGONO

2. Une sociologie des logiques d'actions

La sociologie des logiques d'action permet de décrypter le sens effectif que les villageois donnent à l'acte économique, « illicite » du point de vue juridique, de la contrebande minière. Cette grille d'analyse cerne les significations tantôt esquissées de manière explicite, parfois traduites implicitement et sans en avoir conscience par les villageois, assurant par-là l'accès à une intelligibilité qui se décuple du prisme juridico-économique vedette en la matière. En fait, elle est permissive d'une saisie de la réalité des trous clandestins d'orpaillage, dans des concessions minières acquises par le capital international, comme un acte de revendication d'une citoyenneté communautaire (Chauveau, 2006). Celle-ci y apparaît comme seule à même de conférer un droit à l'exploitation du foncier local et des ressources qu'il y renferme. Appliquée comme telle, la sociologie des logiques d'actions ramène l'analyse davantage autour des motivations et rationalités expressives du projet de revendication d'une autochtonie foncière (Lallement, 2000). Elle prescrit donc, en lien à l'objectif de contestation de la confiscation du sol et de ses ressources par le capital, de se distancer d'une systématisation des trous d'orpaillage sous le seul signe de l'illégalisme et de la recherche de revenus dont rend compte le prisme moniste d'une économie minière de contrebande (Lickert, 2013 ; Grätz, 2004). Car, acculée à ce seul cadre économique illégaliste, l'activité minière, fut-elle légale ou non, est isolée du champ de la question foncière et des luttes contemporaines qui s'y dramatisent. Celles-ci mettent aux prises acteurs locaux et exogènes qui désirent, chacun, s'approprier et contrôler le capital foncier.

II. LA CONCESSION MINIÈRE COMME EXPROPRIATION FONCIÈRE COMMUNAUTAIRE

L'extractivisme minier actuellement en cours dans la région de l'Est donne lieu à des déguerpissements de populations riveraines. Ces déguerpissements entraînent des mécontentements au sein de ces communautés qui dénoncent l'accaparement de leur patrimoine foncier. Pourtant, ces expropriations sont prévues et encadrées par la loi. Il s'agira dans cette section d'analyser les mécanismes d'obtention, d'accès de maintien et de contrôle des ressources minières par le droit.

1. Les fondements juridiques de l'expropriation du patrimoine foncier communautaire

Les expropriations foncières pour cause d'exploitation minière, tirent leurs origines de la loi n° 2016/017 du 14 décembre 2016 portant code minier du Cameroun. C'est cette loi qui organise et régule la mise à disposition des terres aux entreprises minières. En nous appuyant sur des textes juridiques le code minier en l'occurrence, nous mettrons en évidence, la volonté de l'État du Cameroun à formaliser l'exploitation de son sous-sol tout en accordant des avantages aux investisseurs miniers dans l'accès aux ressources d'une part et à la signature des contrats miniers d'autre part.

a) La prévalence du droit minier sur les autres droits liés à l'accès à la terre et à la gestion des ressources naturelles.

Depuis toujours, la terre fait l'objet de plusieurs usages (habitat, agriculture, exploitation des ressources naturelles, etc.) à ces usages multiples correspond une multiplicité de droits régulant l'accès à la terre et à la gestion des ressources. Le droit coutumier pour la gestion coutumière de la terre et des ressources naturelles, le droit foncier pour la gestion administrative de la terre, le droit forestier pour la gestion des ressources forestières, le droit de l'environnement pour la gestion de l'environnement, le droit minier pour la gestion des ressources minières, etc. La majorité de ces droits se superposent souvent sur le même espace (Nguiffo, 2013). À la lecture de ces différents droits et à l'observation des pratiques et des usages sur le terrain, on note la prééminence du droit minier sur ces autres droits en particulier sur le droit foncier coutumier.

En effet, dans le cadre de l'exploitation minière, le code minier du Cameroun est le seul cadre légal, reconnu par le législateur camerounais pour encadrer les activités de prospection, d'extraction et de commercialisation des ressources minières au Cameroun. D'après cette dernière, « les substances minérales contenues dans le sol et le sous-sol du territoire de la République du Cameroun, ses eaux territoriales et son plateau continental sont la propriété de l'État qui y exerce des droits souverains » (article 5). À travers cette disposition, l'État devient l'unique propriétaire du sous-sol camerounais et se réserve le droit de céder son exploitation à un tiers par le truchement d'un titre minier. En faisant de l'État le propriétaire et gestionnaire exclusif du sol et du sous-sol, le législateur n'a pas tenu compte ou a ignoré l'existence du droit que confère la coutume et la tradition aux populations autochtones d'accéder à la terre et de disposer des ressources naturelles que regorge cette terre. C'est dire au regard de l'esprit de cette loi que, le droit minier prédomine sur le droit coutumier qui pourtant est antérieur au code minier. L'État ne reconnait pas d'exploitation se pratiquant en marge du code minier. Par conséquent, toute exploitation minière ne respectant pas les dispositions de cette loi est considérée comme étant illégale et relève de la contrebande. D'ailleurs, à aucun moment, le code minier ne fait mention du droit coutumier des populations à exploiter des gisements sur le territoire qu'elles occupent. Pourtant, l'essentiel de l'or exploité dans la région de l'Est se fait suivant la logique coutumière d'accès à la terre et aux ressources du sol et du sous-sol. Un cadre du ministère des Mines reconnait d'ailleurs à cet effet que, « près de 80 % d'orpailleurs exerçant dans le département de la Kadey ne possèdent pas de cartes d'orpailleur comme l'exige la loi. Ils considèrent l'or comme un héritage qui leur a été légué par leurs ancêtres »[35]. Du fait de cette illégalité, ces acteurs de la filière artisanale doivent régulièrement faire face à la répression des agents de l'État qui multiplient les missions de contrôle dans les chantiers d'orpaillage.

Faute de titre foncier et de titres miniers, les populations qui occupent et exploitent les gisements aurifères dans la région sont régulièrement victime d'expropriation au profit des compagnies minières. Il faut noter que les compagnies minières qui s'installent dans la région sont plus attirées par des parcelles déjà occupées par les artisans locaux. La présence de ces derniers sur ces sites serait un indicateur de l'existence de l'or dans le sous-sol convoité. Plus la présence des orpailleurs sur un site est élevée, plus la demande des autorisations d'exploitation artisanale semi-mécanisée et de permis de recherche en vue d'une exploitation industrielle sur le même site est grande.

Même si le code minier à travers son article 22 reconnait l'existence d'une exploitation artisanale et l'a exclusivement réservée aux nationaux, les conditions de cette exploitation sont encadrées par la loi en toute ignorance des règles coutumières régulant cette activité. Tout se passe comme si les terrains concédés aux entreprises minières en vue d'une

[35] Entretien avec le délégué départemental des mines de la Kadey, Batouri, décembre 2018.

exploitation sont des terrains inoccupés. Pourtant, ces parcelles concédées ne sont pas des « terra nullius » (Rubbers, 2013). Ce sont souvent des terrains occupés et mis en valeur par les populations locales à travers l'agriculture ou l'orpaillage. Comme nous l'avons mentionné plus haut, la terre et les ressources naturelles en zone rurale représentent des biens communs et leur distribution repose sur un ensemble de règles coutumières reconnues et respectées par tous les membres de la communauté. Fort de cette conception coutumière de la gestion des ressources, les populations ont du mal à se conformer à une logique privative des ressources telle que prônée par le droit minier. Malgré les multiples missions de contrôle de conformité et de répression des activités minières illégales effectuées par les agents du ministère en charge des mines dans les sites d'orpaillage, la majorité des orpailleurs de la région de l'Est continuent à exploiter les gisements aurifères en se conformant aux normes coutumières qui régissent cette activité.

La prééminence du droit coutumier sur les traditions et coutumes locales est également perceptible au niveau des indemnisations. L'installation d'une entreprise minière nécessitant une mise à disposition des terres à cette entreprise, le code minier a prévu des dispositions organisant cette mise à disposition.

> Pour les activités minières et de carrières telles que l'exploitation artisanale semi-mécanisée, l'exploitation des carrières artisanales semi-mécanisée et industrielle et l'exploitation des eaux de source, des eaux minérales et des gites géothermiques, il est délivré à l'opérateur en fonction du statut juridique du terrain concerné, soit un bail, soit une concession, soit une autorisation d'occupation temporaire conformément à la réglementation en vigueur (article 114).

Là encore, le droit coutumier des populations autochtones sur le sol et les ressources n'a pas été pris en compte dans la mesure où, les indemnisations des propriétaires fonciers victimes d'expropriation tels que prévu à l'article 116, sont essentiellement réservés aux occupants qui sont en conformité avec la législation foncière.

> Les propriétaires fonciers, les occupants du sol, les ayants droit et les usufruitières victimes d'expropriation pour cause d'utilité publique pour l'exploitation de la petite mine, la

mine industrielle et la carrière d'intérêt public, ont droit à une indemnisation pour les pertes subies et les droits lésés conformément à la législation et la réglementation en vigueur (article 116).

Or, la majorité du territoire de la région n'a pas encore été immatriculé. Le droit coutumier est le principal cadre juridique qui régule la gestion des terres dans les zones rurales de cette région. Les populations locales qui occupent et exploitent ces territoires n'ont presque pas de titres fonciers encore moins de titres miniers comme l'exige la loi. Quand on sait la difficulté qu'il y a à obtenir un titre de propriété au Cameroun, entre complexité des procédures, lourdeurs administratives, corruption des agents publics en charge de la délivrance de ces titres (Transparency International, 2011), ajouté au faible niveau scolaire des populations rurales de cette région, on peut comprendre que ces derniers renoncent à se conformer aux normes minières et foncières en vigueur. Cette illégalité dans laquelle ils vivent les exposes aux expropriations sans compensation ni mesures d'accompagnement pour cause d'utilité publique comme nous le verrons dans la partie suivante.

Ce déni du droit coutumier, dans le code minier, démontre à suffisance la volonté des autorités camerounaises à donner la primeur de l'exploitation de ses ressources aux investisseurs. D'ailleurs, l'article 2 dudit code est suffisamment précis : « la présente loi vise à favoriser, à encourager et à promouvoir les investissements dans le secteur minier susceptible de contribuer au développement économique et social du pays » (article 2). En effet, l'État du Cameroun qui est actuellement à la recherche des capitaux en vue du financement de son développement voit au secteur minier un moyen d'attirer les capitaux privés. Pour les autorités camerounaises, l'arrivée des compagnies minières s'accompagne de nombreux avantages pour le pays sur le plan de la fiscalité, de l'emploi, du transfert des technologies, du développement local à travers la responsabilité sociale des entreprises (RSE), etc. contrairement à l'orpaillage qui s'accompagne de déviances sociales : prostitution, alcoolisme, trafic de stupéfiants, insécurité, développement des MST, etc. Il ressort, au regard de ce qui précède, qu'en dépit des efforts réalisés pour formaliser l'artisanat minier (reconnaissance de l'artisanat minier exclusivement réservé aux nationaux, création du CAPAM[36] puis de la SONAMINE[37]), les dispositions du code minier contribuent faciliter aux ressources aux investisseurs miniers au détriment des artisans locaux.

b) La marginalisation des communautés dans le processus de négociation et de signature des conventions minières.

La convention minière est un acte juridique par lequel l'État cède une partie de son territoire à une personne physique ou morale à des fins d'exploitation minière. D'après la loi la convention minière est signée entre l'État du Cameroun représenté par le ministre des Mines et la compagnie minière. Aucune disposition du code minier ne fait mention de la participation des populations riveraines dans les phases de négociation et de signature des conventions entre l'État et les entreprises minières. En d'autres termes, l'octroi d'un permis minier ne nécessite pas le consentement de l'autorité traditionnelle locale. De même, le code minier n'aborde pas les questions relatives à la transparence et à la publicité des contrats. En effet, il n'existe pas de disposition dans le code minier, qui exige la publication du contenu des conventions minières. Les conventions minières ne font pas l'objet de publicité.

Du fait de ce vide juridique, les conventions minières sont négociées et signées dans la totale opacité. Les populations riveraines des zones minières ignorent les clauses contractuelles qui engagent les entreprises. Pourtant, le code prévoit que les contrats miniers intègrent à travers le « contenu local », la réalisation des projets de développement au profit des communautés riveraines en guise de compensation des terres cédées.

> La mise en valeur des ressources minières et des carrières industrielles doit inclure un volet « contenu local » qui précise les retombés des projets miniers et de carrière

---

[36] Le Cadre d'Appui et de Promotion de l'Artisanat Minier (CAPAM) est un programme gouvernemental créé par arrêté n° 064/PM du 25 juillet 2003, avec pour mission de promouvoir l'artisanat minier. Il a été transformé en SONAMINES par un décret du président de la République le 14 décembre 2020.

[37] Société Nationale des Mines (SONAMINES), est une entreprise de droit camerounais à capitaux publics. Elle est créée le 14 décembre 2020 en remplacement du CAPAM par décret n° 2020/749 du 14 décembre 2020 avec pour mission, le développement et la promotion du secteur minier au Cameroun et la gestion des intérêts de l'État dans le domaine minier.

> retenus notamment sur le développement économique, social, culturel, industriel et technologique du Cameroun (article 164).

Ce silence observé dans le processus de signature des contrats miniers au Cameroun est mainte fois dénoncé par les ONGs de défense des droits des populations autochtones comme le démontre cette affirmation d'un responsable d'une ONG au sujet de la délivrance d'un permis de recherche dénommé « Kobou EST » par le ministre des Mines à l'entreprise chinoise Xin Yuan Mining Sarl à Batouri en juillet 2024[38]. « Comme à l'accoutumée, les populations ici subissent parce qu'il n'y a pas eu de consultation au préalable. La nouvelle nous est parvenue, nous ne connaissons pas la démarche qui a conduit à cette décision venue de Yaoundé portant octroi d'un permis qui empiète par endroit la ville de Batouri »[39]. L'opacité qui entoure la négociation et la signature des conventions minières cause de nombreux préjudices aux populations riveraines. Cette marginalisation des communautés participe à renforcer l'hégémonie du capital dans le secteur de la mine au Cameroun.

2 Les expériences locales de l'expropriation foncière liées aux sociétés minières

L'arrivée massive des capitaux privés miniers dans le paysage de la région a entraîné de multiples conflits fonciers entre compagnies minières et populations locales. Ces conflits ne cessent de se multiplier aboutissant parfois à des affrontements sanglants. À titre d'exemple, le 15 novembre 2017, un incident se produit dans un chantier d'exploitation d'or à Longa Mali, un village de l'arrondissement de Bétaré-Oya, département du Lom et Djerem, entraînant la mort de deux personnes, dont un Camerounais et une autre de nationalité chinoise.

> On vit régulièrement des disputes entre les autochtones et les Chinois qui sont installés ici pour exploiter l'or. Hier, un fils de ce village a essayé de repousser les Chinois qui tentaient d'usurper une partie des terrains des villageois sans indemnisation. Une rixe a déclenché et l'un des Chinois s'est saisi d'une arme à feu pour tuer son vis-à-vis.

---

[38] Arrêté n° 000206/A/MINMIDT/SG/DM/SDCM du 2 juillet 2024 portant institution d'un permis de recherche valable pour l'or et substances connexes.

[39] Entretien accordé à Nadège Christelle Bowa, Le Messager du 12 août 2024.

> Les populations locales révoltées par cet assassinat ont réagi en lynchant à mort le chinois qui a tué l'un des leurs. D'autres Chinois ont été lynchés, ils ont été sauvés grâce à l'intervention des forces de l'ordre.[40]

Le 10 juin 2021, un incident similaire se produit à Kana, un site minier du département de la Kadey. Un responsable d'une entreprise minière dénommée China Mining a tiré sur un artisan minier à qui il reprochait sa présence non autorisée dans le périmètre d'exploitation de cette entreprise. Plus récemment, en mars 2024, les populations du village Bougogo dans l'arrondissement de Batouri ont érigé des barrières empêchant les employés d'une entreprise minière chinoise de se rendre sur leur lieu de travail. « J'ai demandé à mes populations de venir qu'on fixe des barrières pour que personne ne vienne plus borner ici sans la présence du chef ni des populations »,[41] souligne le chef de ce village.

Les manifestations de ce type se multiplient un peu partout dans les localités minières de la région de l'Est. Le dénominateur commun de ces manifestations, c'est la dénonciation de l'accaparement des terres par les entreprises minières au détriment des populations autochtones. Notons que, les localités riches en ressources minières sont aussi des zones rurales. Par conséquent, la survie des populations qui y vivent dépend beaucoup du travail de la terre (agriculture, orpaillage). La cession des parcelles de terre aux entreprises minières prive ces dernières de leurs moyens de survie. Ces conflits traduisent la remise en question de la légitimité des compagnies minières qui exploitent les gisements aurifères à l'Est du Cameroun. À travers ces manifestations, les populations dénoncent la privatisation de leur patrimoine communautaire.

En effet, le boom des investissements miniers observé ces dernières années à l'Est du Cameroun s'accompagne d'un transfert du patrimoine foncier communautaire vers les entreprises minières. « Ils veulent tout prendre, ils ont déjà borné huit hectares et c'est cinq cent mille par hectare. Est-ce que ce sont les beignets qu'on est en train de vendre ? »[42] S'interroge un paysan du village Bougogo. Ces populations vivent régulièrement sous la menace d'une expropriation au profit d'une compagnie minière.

---

[40] Entretien accordé à Atangana, Cameroun-info.net du 16 novembre 2017

[41] Entretien du 24 mars 2024, Batouri

[42] Entretien avec un habitant du village Bougogo, 24 mars 2024.

> Un matin on se réveille on trouve que les engins de l'entreprise chinoise sont déjà dans notre champ. Quand on a voulu savoir ce qui se passe, ils nous répondent qu'ils ont une autorisation d'exploitation et qu'on avait plus le droit de venir travailler sur ce terrain. Ils ont détruit toutes nos cultures. Quand on a voulu se plaindre, on nous a demandé si on a un titre foncier qui justifie que cet espace nous appartient[43].

Ce sont des terres agricoles qui sont cédées exposant les communautés au chômage et à la faim. Les populations locales semblent impuissantes face à ce phénomène. « Vous ne pouvez pas vous opposer, car si vous le faites, votre parcelle est arrachée sans dédommagement »[44]. Elles accusent l'élite administrative et politique locale de complicité avec les compagnies minières, dans la mesure où toutes les plaintes introduites au niveau de l'administration locale par les populations en vue de dénoncer cet accaparement sont restées vaines. Par contre, elles sont victimes d'intimidation. « Les Chinois nous disent qu'ils ont des gens en haut, et nous on n'a personne »[45]. D'après une certaine opinion, les entreprises minières installées dans cette région sont les propriétés de cette élite.

> Derrière chaque entreprise minière se cache une élite. Ce que vous devez savoir c'est que l'industrie minière proprement dite n'est pas encore implantée à l'Est, ce qui se passe avec l'exploitation de l'or c'est encore l'étape de la semi-mécanisation. Donc l'exploitation artisanale semi-mécanisée. D'après la loi, l'exploitation artisanale semi-mécanisée est exclusivement réservée aux nationaux, donc aux Camerounais. Or sur le terrain vous voyez les entreprises étrangères (chinoises, coréennes, etc.). Voici ce qui se passe. Les Camerounais (notamment les élites hein, parce que les populations villageoises de Kambélé n'ont pas les moyens pour le faire) usent de leurs positions et de leurs moyens pour obtenir des titres miniers à travers un prête-nom. Ça peut être un cousin, un neveu ou un ami. Dès lors

---

[43] Entretien avec un paysan, Bétaré-Oya, juin 2023.

[44] Olivier Asselin, jeune Afrique du 21 avril 2018.

[45] Entretien avec un orpailleur, Kambélé 2, le 18 juin 2020.

> qu'il a le titre, il va immédiatement entrer en partenariat avec une entreprise chinoise qui a les moyens et l'expertise nécessaire pour exploiter. Vous comprenez donc pour quoi c'est difficile pour ces populations de s'attaquer à une entreprise chinoise. Car s'attaquer aux Chinois revient à s'attaquer aux intérêts d'une élite[46].

Ces propos sont révélateurs du rôle joué par l'élite dans l'accaparement des terres pour cause d'exploitation minière à l'Est. En fait, certaines multinationales bénéficient de l'appui de ces élites qui veulent se constituer des rentes. Cette complicité entre entreprises minières et élites locales génère un sentiment d'impuissance. C'est cette impuissance que souligne un natif de Kambélé 2 en ces termes :

> On ne sait même plus quoi faire. À tout moment on peut nous chasser d'ici. Les gens ici n'ont même plus envie de faire le champ parce qu'ils ne savent pas s'ils auront le temps de manger les fruits de ce champ. On nous dit que tout Batouri a été cédé à une personne. C'est pourquoi le préfet a interdit l'orpaillage ici. Si on te voit seulement dans un chantier, c'est la gendarmerie qui va te récupérer. Tu imagines ça ? Tout un village appartenir à une seule personne ? En plus ce n'est pas un autochtone on ne le connait pas ici[47].

Dans le souci d'attirer les capitaux miniers en leur accordant des privilèges sur le plan foncier, la législation minière camerounaise a contribué à fragiliser la sécurité foncière des populations autochtones de la région de l'Est déjà menacée par d'autres législations notamment celles domaniales et forestières.

III. LA CONTREBANDE MINIÈRE COMME TECHNOLOGIE LOCALE DE CONTESTATION

Plus précisément, nous interrogeons la façon dont les populations locales et les acteurs de la filière artisanale en particulier s'organisent face à l'invasion du capital multinational, les populations de la région de l'Est, en particulier les orpailleurs, développent des mécanismes endogènes de contestation de leur éviction des territoires. Cette stratégie contestataire s'articule en deux pratiques à savoir, la violation des permis miniers par les

[46] Entretien avec un responsable d'une ONG, Kambélé, mai 2023.

[47] Entretien avec un paysan, Kambélé, mai 2023.

artisans locaux d'une part et le développement des activités pérennes sur des terrains après extraction d'autre part.

1. Violer la concession minière : un acte de pouvoir autochtone

Sur la base des observations de terrain, deux pratiques permettent de mettre en évidence le caractère contestataire des activités minières de contrebande à l'Est-Cameroun. La première pratique consiste en la violation du périmètre d'un titre minier en cours d'exploitation par l'entreprise détentrice du titre minier. Comme il a été évoqué plus haut, lorsqu'une entreprise minière détentrice d'un permis minier s'installe dans une localité précise, elle expulse les précédents occupants du site. Généralement ce sont les orpailleurs qui sont les principales victimes de ces expulsions. Pour manifester contre ces expulsions, ces artisans vont multiplier des actes de pillage des ressources aurifères. Concrètement, ces acteurs prennent d'assaut les installations d'une entreprise minière légalement installée, pillent les ressources aurifères qui s'y trouvent sans autorisation des responsables. « On s'organise, on choisit un jour, on descend dans le chantier d'une entreprise chinoise, on se sert comme on veut »[48]. Ce phénomène de pillage est localement connu sous l'appellation « sassayé ». Ils bénéficient pour cela de l'aide des fils du village employé dans ces entreprises ou des forces de maintien de l'ordre qui assurent la sécurité de ces sites.

> On n'entre pas comme ça. On se renseigne d'abord chez nos frères qui travaillent là-bas. Ce sont eux qui nous disent quel est le moment idéal, le jour où les Chinois vont laver le gravier. On négocie aussi avec les militaires pour qu'ils nous laissent entrer. Dès qu'on est dedans, c'est le *sassayé*. Chacun prend sa part[49].

Le phénomène a pris de l'ampleur dans la région au point d'interpeler les autorités administratives locales qui tentent par divers mécanismes de le réprimer comme illustre ce communiqué de Franck Ebena sous-préfet de l'arrondissement de Batouri.

[48] Entretien avec un artisan minier, Kambélé 1, juin 2020

[49] Entretien avec un artisan minier, Kambélé 1, juin 2020.

> Des informations concordantes dignes de foi, font état de ce que certains individus envisagent d'envahir les sites miniers de Kambele 3 les 26 et 27 février 2023 par la commission d'actes de pillage des ressources minières s'y trouvant. Cette activité abjecte en bande organisée communément appelée « sassayé » ne saurait avoir droit de cité dans notre circonscription. Je demande par conséquent aux honnêtes citoyens de rester en dehors de cette entreprise en refusant d'y prendre part. Les contrevenants à cette instruction feront quant à eux face à la rigueur la plus forte de la loi[50].

Contrairement aux pouvoirs publics qui voient en cette activité un acte de vandalisme et d'incivisme, le phénomène de *sassayé* représente pour les populations autochtones et les orpailleurs en particulier, un acte de contestation de leur mise à l'écart de la gestion de leur patrimoine commun. Consciente de l'inégalité des rapports de force, les artisans manifestent leur mécontentement à travers le *sassayé*. L'analyse du discours de ces acteurs met en évidence quelques arguments justifiant le recours à cette pratique. Le premier argument consiste à souligner la légitimité qu'auraient ces derniers sur les gisements aurifères. Ils se présentent comme étant les premiers occupants des sites et seraient par conséquent légitimes propriétaires des gisements.

> Les Chinois n'ont pas le droit de nous interdire d'exploiter. L'or c'est l'héritage que nos ancêtres nous ont laissé. Nous on les a accueillis ici avec un bon cœur on les a permis d'exploiter nos richesses, maintenant eux ils veulent nous empêcher de profiter de nos propres richesses. Est-ce que c'est normal ? Nous on va seulement continuer à venir là-bas s'ils veulent ils nous tuent tous comme ils sont puissants[51].

Le second argument met en avant l'impact de l'orpaillage sur le développement local, comparativement aux activités des entreprises minières détentrices de titres miniers. D'après eux, l'orpaillage est beaucoup plus utile pour le développement local que l'exploitation effectuée par les compagnies minières. Sur le plan de l'emploi, l'orpaillage

[50] Communiqué radio du sous-préfet de l'arrondissement de Batouri du 24 février 2023.
[51] Entretien avec un artisan minier, Kambélé 1, juin 2020.

mobilise plus de personnes, car l'activité est essentiellement manuelle, contrairement à l'exploitation semi-mécanisée dont l'essentiel du travail est effectué par les machines.

> Contrairement à ce qui est souvent annoncé par les pouvoirs publics, ces entreprises minières contribuent très peu à l'emploi des jeunes de cette localité dans la mesure où le travail se fait avec les machines et la majorité de personnes qui travaillent là-bas n'est pas de la région. Le plus souvent ce sont des expatriés, car les jeunes d'ici ne sont pas formés à l'utilisation de ces engins. Les jeunes de la localité qui sont employés dans ces entreprises occupent les postes subalternes comme gardiens, cuisiniers, ménagères, etc. Ces derniers se plaignent d'ailleurs des faibles conditions de travail et de rémunération[52].

Sur le plan économique, l'impact économique de l'orpaillage est mis en avant pour justifier la violation des concessions minières par les artisans locaux. D'après le discours des acteurs sur le terrain, l'impact économique de l'orpaillage est plus visible que celui des entreprises minières exploitant dans la région comme le démontre ce fragment d'entretien.

> Depuis que ces entreprises sont là, je n'ai jamais vu une école ou une salle de classe qu'elles ont construite pour la communauté. Je n'ai jamais entendu parler d'une remise de don dans un hôpital ou un orphelinat. C'est rare de voir un Chinois faire ses courses au marché ou boire une bière dans un bar de la localité. L'essentiel de ce qu'ils consomment ici est importé. Au contraire, l'activité économique des orpailleurs est bien visible. On les voit dépenser leur argent. Le développement d'une ville comme Bétaré dépend énormément de cette activité. Quand vous faites un tour dans la ville, vous constatez que la ville change. Les maisons poussent comme des champignons se sont les orpailleurs qui les construisent. Certains achètent des motos, d'autres s'occupent de leurs familles grâce à l'argent

[52] Entretien avec un personnel d'une ONG de défense des droits des populations locales, Betaré-oya, juillet 2024.

gagné dans l'orpaillage. Il y en a qui ont ouvert des boutiques, des snack-bars, le soir vous sentez comment la ville est vivante. Tout ça, c'est grâce aux orpailleurs. Avec ce que je viens de décrire là, vous pensez qu'ils vont abandonner l'exploitation de leur territoire aux étrangers ?[53]

La seconde pratique de contestation observée sur le terrain minier de la région de l'Est-Cameroun fait référence à un phénomène relativement nouveau. De plus en plus on voit émerger dans le paysage minier de la région de jeunes entrepreneurs locaux qui s'investissent dans le secteur minier. La principale caractéristique de ces derniers est qu'ils exercent en marge des normes légales régissant l'exploitation minière au Cameroun. Ils ne détiennent aucun titre minier, leurs activités sont par conséquent illégales et clandestines. Ils investissent dans l'achat ou la location d'un petit matériel mécanique d'extraction (pelle chargeur, pelleteuses, motopompe, etc.), s'installent sans autorisation dans le périmètre d'un permis minier. L'objectif étant d'exploiter rapidement les ressources qui s'y trouvent avant que le détenteur légal du titre ne s'installe. Ils se déplacent régulièrement d'un site à un autre pour échapper au contrôle de l'État. Pour ces acteurs, le recours à la mécanisation permet à ces derniers de profiter rapidement des ressources de leur patrimoine avant l'arrivée probable des investisseurs étrangers marquant leur éviction des sites.

> En fait, les populations ici ne veulent plus rester spectatrices de l'exploitation de leur territoire. Elles ont compris qu'exploiter avec la pelle et la pioche comme elles le faisaient avant n'était pas à leur avantage. Maintenant elles ont aussi décidé de se mettre à la mécanisation. Pour ne plus être surprises par ces entreprises qui arrivent et exploitent tout sans rien laisser, mieux les populations d'ici exploitent rapidement avant l'arrivée des Chinois[54].

Les deux pratiques sus-évoquées démontrent le caractère contestataire de l'artisanat minier à l'Est-Cameroun. À travers ces pratiques populations manifestent leur mécontentement vis-à-vis du boom des investissent miniers dans la Région.

---

[53] Entretien avec un personnel d'une ONG de défense des droits des populations locales, Betaré-oya, juillet 2024.

[54] Entretien avec un habitant de Bétaré-Oya, août 2024.

2. L'occupation des sites abandonnés comme mécanisme de contrôle du patrimoine foncier

Au-delà de la contestation, l'exploitation minière artisanale constitue dans la région de l'Est, une stratégie d'accès à un patrimoine foncier pour une catégorie d'acteurs exclu des mécanismes administratifs et coutumier d'accès à la terre. De plus en plus, les orpailleurs sont attirés par des parcelles exploitées et abandonnées par des entreprises minières. Il faut noter que, d'après les dispositions du code minier, les entreprises qui exploitent les ressources minières ont le devoir de remettre le site en État après exploitation.

> La restauration, la réhabilitation et la fermeture des sites miniers et de carrière incombent à chaque opérateur [...] Les anciens sites miniers et de carrières doivent retrouver des conditions stables de sécurité, de productivité agro-sylvo-pastorale et d'aspects visuels proches de leur état d'origine ou propices à tout nouvel aménagement de façon durable, et d'une manière jugée adéquate et acceptable par les administrations chargées des mines, de l'environnement et de toute autre administration concernée (Article 136).

Malheureusement cette exigence faute de contrôle strict de l'administration en charge des mines et celle en charge de l'environnement à qui incombe cette activité, n'est pas toujours effective dans les chantiers miniers de la région de l'Est-Cameroun. Les ONG Réseau de Lutte Contre la Faim (RELUFA)[55] et Foret et Développement Rural (FODER)[56] mettent régulièrement en évidence les conséquences environnementales causées par les activités de ces entreprises. En résumé, les rapports de ces ONG démontrent que, du fait de la non-restauration de l'environnement, les parcelles ayant servi à l'exploitation minière ne sont plus aptes au développement des activités agricoles en raison de la présence d'excavations et de la pollution des sols et des cours d'eau orchestrée par l'utilisation du mercure. De même, ces sites présentent de nombreux risques d'accident tels que les éboulements. On enregistre régulièrement

[55] www.relufa.org
[56] www.forest4dev.org

des accidents de cette nature sur ces sites, abondamment relayés par la presse locale. Malgré les risques, ces sites représentent une aubaine pour certains acteurs qui trouvent là un moyen de continuer l'exploitation, car d'après eux,

> L'or ne finit jamais. Tu ne peux pas exploiter complètement un site. Il y a toujours l'or ici même comme les Chinois ont déjà exploité. On trouve quand même encore un peu. Il suffit de prendre la terre et laver tu vas trouver de l'or même si ce n'est pas en grande quantité[57].

Derrière cette recherche de l'or, se cache chez certains la volonté d'accéder à travers l'orpaillage à un patrimoine foncier. C'est le cas d'Ezékiel, un orpailleur de 55 ans, originaire de la région de l'extrême nord du Cameroun qui s'est installé depuis plus de 6 ans dans un chantier exploité et abandonné par une entreprise chinoise.

> Je suis dans la région de l'Est depuis plus de 20 ans. J'ai travaillé dans plusieurs chantiers. Maintenant je suis vieux je n'ai plus la force de marcher de chantier en chantier, c'est pour ça que je suis venu m'installer ici dans ce chantier que les Chinois ont abandonné. Je lave la terre, je trouve un peu d'or et c'est avec ça que je me nourris[58].

Comme lui, beaucoup d'autres personnes sont attirées par ces chantiers abandonnés pour les mêmes raisons. « J'ai quitté mon village pour éviter les problèmes avec mes frères là-bas. Je compte vraiment m'installer ici définitivement »[59]. Leur stratégie d'accès et de conservation du patrimoine foncier se caractérise par le développement des activités pérennes non extractives telles que l'agriculture, l'élevage, la pisciculture, etc. À la force de leurs bras, ils transforment le paysage pour qu'il devienne propice à l'activité qu'ils souhaitent développer.

> Au début j'ai d'abord construit une petite baraque, après j'ai commencé à trembler les trous et j'ai agrandi ma maison. Ma famille est venue me retrouver. Comme l'or ne donne plus comme avant, j'ai commencé à planter les bananiers entre les trous d'or que les Chinois ont laissés. Comme la

[57] Entretien avec un orpailleur, Kambélé 1, août 2024.

[58] Entretien avec un orpailleur, Kambélé 1, août 2024.

[59] Entretien avec un orpailleur à Batouri, août 2024.

terre ici n'est pas fertile, on prend le fumier, les feuilles mortes et la cendre on met sur les pieds de bananiers comme vous voyez là. Avec ma femme et les enfants, on est en train de refermer les trous petit à petit, après on va mettre le maïs ou les arachides[60].

Comme Ezekiel, d'autres ambitionnent de tirer profit des lacs artificiels qui se sont créés par les trous laissés entrouvert par les entreprises minières de pour développer des activités piscicoles. « Je suis en train de creuser une rigole pour orienter l'eau de ce cours d'eau vers les grands trous que les Chinois ont laissés ça va faire des étangs où je vais élever les poissons »,[61] nous confie un orpailleur reconverti dans l'élevage de poisson. Le développement de ces activités pérennes non extractives témoigne de la volonté de ces acteurs de s'installer définitivement sur les parcelles qu'elles occupent. D'après ces derniers, leur présence sur ces territoires jadis abandonnés fait d'eux de légitimes propriétaires des espaces colonisés. « Je vais encore quitter ici pour aller où ? C'est déjà mon village ici. Quand je suis arrivé ici, c'était la brousse, il n'y avait personne. Je suis le premier à m'installer ici et à aménager l'espace »[62].

Au regard de ce qui précède, l'orpaillage constitue pour certains acteurs un tremplin pour accéder et contrôler un espace foncier. Leur stratégie consiste dans un premier temps à exploiter les ressources, ensuite ils se reconvertissent vers d'autres activités non extractives, enfin s'installent définitivement sur le site exploité, tout en espérant devenir le légitime propriétaire en raison de la mise en valeur du sol occupé.

Conclusion

Le présent article s'intéresse à la contrebande minière dans la région de l'Est-Cameroun. Le constat à l'origine de ce travail de recherche fait état du boom des investissements miniers dans cette région depuis près de deux décennies. Faisant suite aux réformes introduites dans la politique minière du Cameroun en vue d'attirer ces investissements dans son secteur

[60] Entretien avec un orpailleur, Kambélé 1, 17 août 2024.
[61] Entretien avec un orpailleur, 1 Kambélé, 20 août 2024.
[62] Entretien avec un orpailleur, Kambélé 2, 20 août 2024.

minier. Ce boom des investissements s'accompagne de conflits fonciers mettant aux prises les compagnies minières exploitant les gisements aurifères de la région aux populations autochtones. Guidé par la sociologie des logiques d'action et une méthodologie constituée de l'observation directe effectuée sur les chantiers miniers de Longa Mali et Kambélé dans les communes de Betaré-Oya et Batouri, et des entretiens avec les parties prenantes de l'exploitation minière à l'Est-Cameroun, l'article avait pour objectif, d'analyser les stratégies locales de contestation de cette hégémonie du capital minier sur le patrimoine foncier de la région. Au terme de cette recherche, il ressort que la multiplication des investissements dans le secteur minier à l'Est Cameroun, s'accompagne de la marginalisation foncière des communautés locales. Cette marginalisation tire ses fondements de la loi qui encadre les activités minières au Cameroun. La politique minière mise en œuvre depuis le début des années 2000 et dont l'objectif est d'attirer les investissements directs étrangers dans le secteur de la mine en vue de mobiliser les recettes fiscales et douanières, a eu pour conséquence, la mise à l'écart des communautés locales, des terres et des gisements qu'elles considèrent comme étant les leurs. Face à ce qu'elles considèrent comme étant la privatisation de leur patrimoine communautaire, les populations victimes d'expropriation ont entrepris des stratégies de contestations. La contestation s'articule autour de l'artisanat minier de contrebande. Il s'agit du développement des activités minières de contrebande dans les parcelles appartenant aux entreprises minières d'une part, et la réappropriation des espaces abandonnés par ces entreprises d'autre part. Cette recherche nous permet en définitive de constater que, contrairement aux discours officiels qui accompagnent l'installation d'une entreprise minière dans une localité, mettant en avant les retombées sur le développement local, les entreprises minières sont aussi à l'origine de multiples conflits fonciers, sociaux et environnementaux qu'il convient de documenter.

Bibliographie

Antang, Y, « La propriété foncière face aux défis de la REDD au Cameroun méridional forestier : quels nouveaux droits pour les communautés locales ? », *Enjeux*, n° 47-48, 2012.

Arrêté n° 000206/A/MINMIDT/SG/DM/SDCM du 02 juillet 2024 portant institution d'un permis de recherche valable pour l'or et substances connexes.

Atangana, A, conflits entre Camerounais et Chinois dans un chantier d'or à Kambelé, Cameroun-info.net du 16 novembre 2017.

Ayeh, D, « Le droit minier face à l'éthique de l'or », *Revue internationale des études du développement*, 2022, n° 249, PP 35-62, mis en ligne le 02 septembre 2022, URL : http://journals.openedition.org/ried/770 ; DOI : https://doi.org/10.4000/ried.770

Campbell, B, « l'exploitation minière comme moteur du développement en Afrique : quelques enjeux soulevés par la révision des cadres réglementaires miniers », conférence internationale sur l'exploitation minière et le développement durable en Afrique, 09-13 juin, Conakry, 2008.

Capitant, S, « Les "populations" à l'assaut des mines : économie morale de la contestation minière au Burkina Faso » In Leclerc-Olive, M (dir), *Anthropologie des prédations foncières. Entreprises minières et pouvoirs locaux,* 2017, Éditions des Archives contemporaines, PP 29-46.

Chauveau, J.-P, « Les transferts coutumiers de droits entre autochtones et "étrangers" », in J. — P. Chauveau, J.-Ph. Colin, J.-P. Jacob, Ph. Lavigne Delville et P. — Y. Le Meur, *Modes d'accès à la terre, marchés fonciers, gouvernance et politiques foncières en Afrique de l'Ouest*, 2006, Résultats du projet de recherche CLAIMS, Londres, IIED, pp.16-29.

Côte, M., *« De ce que constitue un Droit. Accès contesté à l'or entre libéralisation économique et décentralisation démocratique au Burkina Faso',* LDPI Working Paper n⁰ 25, 2013, LDPI. https://www.iss.nl/sites/corporate/files/LDPI_WP_25_fr.pdf

Desroches, H, *Les religions de contrebande. Essais sur les phénomènes religieux en époques critiques,* 1974, Paris, Mame.

Ferréol, G, *Vocabulaire de la sociologie*, Paris, PUF, collection « que sais-je ? », n° 2943, 1995

Grätz, T, « Les chercheurs d'or et la construction d'identités de migrants en Afrique de l'Ouest », *Politique africaine*, 2003, n° 91/3, p. 155-169.

Grätz, T, « Les frontières de l'orpaillage en Afrique occidentale », *Autrepart*, Vol. 2, n° 30, 2004, p. 135-150.

Himbe, L., « Le code minier camerounais, au cœur des standards de la gouvernance extractive contemporaine », en ligne, https://halshs.archives-ouvertes.fr/halshs-01664344, 2018

Institut National de la Statistique, « Troisième enquête sur l'emploi et le secteur informel au Cameroun (EESI3) », 2022, République du Cameroun, p. 97-103.

Keyta, S, 'Étude sur les mines artisanales et les exploitations minières à petites échelles au Mali', *Mining, minerals and sustainable development*, 2001, n° 80.

Lautier, B, « Les employées domestiques latino-américaines et la sociologie : tentative d'interprétation d'une bévue », *Cahiers du genre*, 2002, n° 1 (32), pp. 137-160.

Lachaud, J. — P., *Pauvreté et marché du travail urbain en Afrique subsaharienne : analyse comparative*, Genève, Institut international d'études sociales. 1994

Lickert, V., « La privatisation de la politique minière au Cameroun : enclaves minières, rapports de pouvoir trans-locaux et captation de la rente », Politique africaine, 2013/3 n° 131, p. 101-119.

Loi n° 2016/017 du 14 décembre 2016 portant code minier du Cameroun.

Makori, T, Bach, J, « Abjects retraités jeunesse piégée : récits du déclin et d'une temporalité multiple parmi les générations de la "COPPERBELT" congolaise », *Politique africaine*, 2013, n° 131, p. 51-73.

Mazalto, M, « La réforme des législations minières en Afrique et le rôle des institutions financières internationales : la République Démocratique du Congo », *l'Afrique des Grands Lacs, annuaire 2004-2005*, p. 263-287.

Mazalto, M, « Gouvernance du secteur minier et enjeux de développement en République démocratique du Congo », Thèse de doctorat en Sociologie, Université du Québec à Montréal, 2013.

Nguiffo, S et Mbianda, F, « Une autre facette de la malédiction des ressources ? Chevauchement entre usages différents de l'espace et conflits au Cameroun », *Politique africaine*, 2013, n° 131, p. 143-162.

Njampou, H, L'Artisanat minier de contrebande chez les ruraux : défaire les monopoles d'exclusion et affirmer un droit aux ressources communautaires, in Motaze Akam et coll., *paysannerie et violence économique aujourd'hui, Revue camerounaise de sociologie*, 2023, Paris, L'Harmattan, p 49-72.

Rubers, B, « Les sociétés africaines face aux investissements miniers », *Politique africaine*, 2013, n° 131, p. 5-25.

Transparency International, la corruption dans le secteur foncier, rapport 2011.

Voundi, E, « Extrativisme minier dans l'Est-Cameroun et controverse socio-environnementale : quelles perspectives pour un développement des communautés locales ? », belgeo, 2021, mis en ligne le 11 juin 2021 URL : http://journals.openedition.org/belgeo/48699 ; DOI : https://doi.org/10.4000/belgeo.48699

Pires, A, « échantillonnage et recherche qualitative : essais théoriques et méthodologiques » in J Poupart (dir), *la recherche qualitative : Enjeux épistémologiques et méthodologiques*, 1997, Montréal, Gaétan Morin, p. 113-169.

Institutions coutumières et dynamiques d'exclusions foncières au début du XXIe : une approche comparée entre Bénin et Nouvelle-Calédonie.

Thikandé SERO

Résumé

Le Bénin et la Nouvelle-Calédonie sont respectueusement situés en Afrique et en Océanie. Ce sont deux territoires sur lesquels il s'exerce une double légitimité foncière. Celle coutumière et celle étatique. Ce pluralisme institutionnel est aussi caractérisé par un pluralisme juridique qui implique l'exercice du droit coutumier et du droit étatique sur les terres. Une place importante est accordée tout autant aux terres coutumières qu'à celles privées et publiques. L'accès aux terres coutumières est régi à la fois par le droit positif et le droit coutumier. L'organisation interne des sociétés reste très patriarcale. Les femmes sont souvent exclues d'accès à la terre. Des formes d'exclusion directe et indirecte sont instituées et juridicisées pour justifier et donner de la légalité à ces pratiques discriminatoires. Cohabitant avec les législations coloniales qui ont survécu au lendemain des indépendances, les textes juridiques postcoloniaux au début des années 2000 maintiennent et renforcent cette tendance autour de l'accès à la terre, malgré les voix dissidentes dénonçant les inégalités. Les régimes de dépossessions masqués sous le couvert d'exclusions foncières sont la conséquence de politiques des sociétés traditionnelles en mutation dans lesquelles les femmes prennent conscience de leur position de marginalisée et s'organisent désormais en coopératives, associations et groupements d'intérêts économiques.

Mots-clés : Bénin, Nouvelle-Calédonie, droit coutumier, exclusion, droit foncier, femme.

Introduction

Les institutions coutumières jouent un rôle essentiel dans la gestion des terres et des ressources naturelles dans de nombreux pays. Au Bénin et en Nouvelle-Calédonie, ces institutions exercent une influence primordiale sur l'accès et la gestion des terres. Ces deux territoires, marqués par des héritages culturels et historiques riches, présentent des systèmes traditionnels de gouvernance foncière qui marquent profondément l'accès à la terre et la répartition des ressources. « [...] parmi les choses sur lesquelles l'homme peut exercer un droit de propriété, il n'y a pas une seule qui au point de vue juridique fasse l'objet d'autant d'attention et de protection que le droit de la terre ». (Crinot, 1986 : 12-13). Au Bénin, pays d'Afrique de l'Ouest, les institutions coutumières telles que les chefferies traditionnelles et les conseils villageois occupent une place prépondérante dans la gestion des terres. De l'autre côté du globe, en Nouvelle-Calédonie, archipel du Pacifique Sud, les dynamiques foncières sont elles aussi fortement influencées par les institutions coutumières. Les traditions autochtones, basées sur une relation étroite avec la terre et des pratiques foncières spécifiques, régissent l'accès à la propriété foncière et la transmission des terres au sein des communautés kanak de la Nouvelle-Calédonie. Ces structures ancestrales sur ces deux territoires reposent sur des normes et des pratiques héritées du passé, régissant les droits fonciers et les usages des terres au sein des communautés.

Cependant, ces mécanismes coutumiers peuvent également entraîner des exclusions, limitant l'accès aux terres pour certaines catégories de personnes et par ricochet nourrir des tensions sociales. Nombres d'auteurs se sont penchés sur la question, notamment Pierre-Yves Le Meur, Georges Gbago, Claire Simonneau, Sarah Bellec, Christine Salomon, John Passa, Patrice Godin, Alban Bensa ou encore Philippe Lavigne Delville. Ces auteurs se sont appuyés sur l'organisation sociale béninoise et kanak, au sein de laquelle on distingue la présence d'un chef de clan (homme), qui est le maître du sol et qui définit la base territoriale de son pouvoir politique ainsi que le partage et l'accès à la terre. Cette recherche se veut être plus une analyse qui montre comment s'efface l'idée d'une exclusion d'accès à la terre, au profit d'une cession des droits d'accès à la terre actée naturellement par la société. Cela donne l'impression à la femme d'exercer un droit d'accès à la terre, mais qu'elle a, en réalité perdu au profit de son mari, par un système contrôlé de délégation naturelle de ses droits à la société patriarcale à laquelle elle appartient. Sur la base de résultats de travaux de terrains s'appuyant sur les deux territoires, l'article met en évidence la conception coutumière de la gestion de la terre qui persiste et survit encore dans ces sociétés plus modernisées, le lien entre le patriarcat et la terre, puis l'exclusion féminine. On procèdera à une présentation des territoires avec une analyse de leur régime foncier ; l'inégal accès au foncier entre l'homme et la femme ; puis les autres facteurs rendant difficile l'accès des femmes à la terre.

1. Présentation des territoires et analyse comparative des régimes fonciers béninois et calédonien

Le choix du Bénin et de la Nouvelle-Calédonie comme terrains d'étude permet de faire le rapprochement entre des pratiques coutumières de gestion foncière, la domination masculine sur la terre et la relégation au rôle de second ou l'exclusion de la femme de l'accès à la terre. Puis enfin, souligner le partage d'une gestion foncière issue de l'héritage colonial.

1.1- Présentation des territoires

1.1.2 — Le Bénin : Le Bénin est un pays d'Afrique de l'Ouest la terre est source de vie et constitue une institution sacrée au regard des populations autochtones. À la suite de la rencontre avec le colonisateur français, les relations des autochtones avec le foncier ont été affectées et redéfinies. Désormais, on rencontre un système institutionnel et juridique dualiste dans la gestion foncière. En 2007, le Bénin a encadré le foncier rural qui dans son entièreté était soumis à une gestion basée sur les spécificités locales. Les droits coutumiers sont formalisés, avec un encadrement des plans fonciers ruraux[63].

[63] Les Plans Fonciers Ruraux (PFR) sont des instruments mis au point dans le cadre de l'aide internationale pour permettre la formalisation des droits fonciers coutumiers en Afrique, conformément aux prescriptions internationales en vigueur depuis les années 1980-90. Il consiste en un levé systématique, parcelle par parcelle, d'un territoire villageois, en couplant une enquête sur les droits (individuels ou collectifs) détenus (composante socio-foncière) et le levé des limites de la parcelle (composante topographique). Il aboutit à une documentation foncière couplant une carte parcellaire et un registre des ayants droit. (Voir Philippe Lavigne Delville, Les « plans fonciers ruraux » au Bénin (1992-2015). La carrière d'un instrument « pilote » au sein de politiques non stabilisées.)

1.1.3 — La Nouvelle-Calédonie : La Nouvelle-Calédonie est un territoire de l'outre-mer sous administration de la France. C'« est un archipel d'Océanie situé dans le Pacifique occidental, à 1 500 kilomètres à l'est de l'Australie, 2 000 kilomètres au nord de la Nouvelle-Zélande et à près de 20 000 kilomètres de la Métropole. » (GNC, 2013 : p.14). Les kanak sont le peuple autochtone avant la colonisation. Les terres étaient régies de manière coutumière. Mais depuis, l'immigration et le brassage des populations y font coexister plusieurs peuples, et différents types de fonciers. « La situation du foncier en Nouvelle-Calédonie est la résultante de son histoire, des différentes cultures et des hommes qui la composent. C'est pourquoi trois statuts fonciers cohabitent » (Province-Sud, 2018 : 20). Le pluralisme juridique né de la colonisation fait coexister des terres coutumières, privées et publiques.

1.2- Analyse comparative des régimes fonciers des deux territoires

Au Bénin et en Nouvelle-Calédonie, les régimes fonciers sont caractérisés par la dualité entre le régime domanial et le régime coutumier. « Le droit traditionnel est un droit ondoyant qui tient compte de la nature changeante de l'homme et par conséquent de celle de la société également » (Sero, 2021 : 82). La coexistence entre le droit coutumier et le droit civil pose des défis en termes de gestion et de régulation des terres. Cette analyse comparative des régimes fonciers du Bénin et de la Nouvelle-Calédonie permettra de mettre en lumière les similitudes et les différences entre ces deux pays en termes de pratiques et de gouvernances foncières en dégageant leurs caractéristiques (1.1.) puis le cadre juridique et institutionnel (1.2.).

1.2.1- Caractéristiques des régimes fonciers

Le Bénin et la Nouvelle-Calédonie présentent des régimes fonciers différents en termes de nature et d'origine. Mais ils partagent des enjeux communs liés à la propriété foncière et à la gestion des terres. Le régime foncier en Nouvelle-Calédonie au début du 21e siècle se caractérise non seulement par sa complexité, mais aussi par son originalité en raison de son histoire coloniale et des particularités de la société calédonienne. La Nouvelle-Calédonie a été une terre de peuplement pendant la colonisation française. Il s'y côtoie depuis, différentes cultures et traditions. Et ceci se reflète dans l'organisation de l'espace foncier calédonien.[64] Le régime foncier calédonien se distingue par la préservation des terres coutumières des peuples autochtones kanak, qui représentent une part importante du territoire. « L'identité de chaque Kanak se définit d'abord en référence à une terre ».[65] Pour les kanak, ces terres revêtent une signification culturelle et identitaire forte. Il faut souligner que le système coutumier, hérité des sociétés traditionnelles kanak, repose sur une vision collective de la propriété foncière. En fait,

> la terre du clan est la propriété commune des groupes familiaux qui le composent. Ces groupes familiaux sont représentés par les Chefs de famille coutumiers qui constituent le Conseil de clan. Le Conseil de clan règle l'usage et la répartition des terres entre les membres du clan ainsi que la constatation, s'il y a lieu, des droits de propriété du clan, selon le droit coutumier[66].

Et en vertu de ce système, les terres sont détenues par les tribus et les clans puis sont gérées collectivement par les chefs coutumiers responsables des tribus et des clans. La transmission des droits fonciers se fait selon des règles coutumières et les membres de la tribu bénéficient d'un droit d'usage et de jouissance sur les terres ancestrales. Dans le cas du Bénin, le régime foncier est marqué par une plus grande hétérogénéité et une plus grande complexité due à la dualité et à l'enchevêtrement des systèmes fonciers présents dans le pays. Le pluralisme qui caractérise le régime foncier béninois est également un héritage colonial. Soulignons qu'avant la colonisation, le territoire béninois était marqué par un localisme juridique multiple, conséquence d'un pluralisme juridique coutumier. Cette situation s'est aussi renforcée avec l'introduction du droit colonial qui désormais coexiste avec l'ensemble des multiples droits coutumiers. Plus tard, au début du 21e siècle, cette situation n'a pas changé. Le Bénin dans cette logique continuait d'être marqué par une grande diversité de

---

64 Voir article 6 de la Loi Organique 99-209 du 19 mars 1999 relative à la Nouvelle-Calédonie

65 Voir le point 1.4. Intitulé « la terre », des Accords de Nouméa conclus et signés le 5 mai 1998 entre la France et la Nouvelle-Calédonie.

66 Voir l'article 5 alinéa 1 et 2 de la Délibération n° 116 du 14 mai 1980, fixant les modalités d'attribution des terres au titre de la réforme foncière en Nouvelle-Calédonie.

situations et de pratiques foncières, entre tradition et modernité, ou encore entre rural et urbain. En fait, le Bénin présente des zones urbaines où s'applique le droit foncier étatique et des zones rurales où les pratiques ancestrales de gestion foncière continuent de prévaloir tout en coexistant avec un droit étatique qui régit que les zones rurales béninoises. Effectivement en milieu rural, le régime foncier reposait principalement sur la coutume et les pratiques traditionnelles puis accessoirement sur le droit étatique. La terre était généralement détenue et exploitée par les familles ou les collectivités familiales, selon des règles d'accès à la terre bien établies par la coutume. La terre était souvent considérée comme un bien commun, dont l'usage était régi par des normes coutumières et des droits d'usage et d'héritage traditionnels. Aussi, le régime foncier indigène en Nouvelle-Calédonie est également régi par le droit civil français, introduit lors de la colonisation. « Cette “propriété territoriale indigène” sera définie comme propriété collective de la tribu, insaisissable, incommutable et inaliénable, par le décret de 1868 » (Le Meur, 2012 : 95-96).[67] La question foncière reste toujours au cœur des débats, notamment en raison de l'Accord de Nouméa de 1998[68] qui prévoyait la mise en place d'un mécanisme de rééquilibrage des statuts des terres à la suite des revendications foncières kanak. Tout comme au Bénin, les terres en Nouvelle-Calédonie peuvent donc être soumises au régime de la propriété privée, avec la possibilité pour les individus de détenir des titres de propriété et de disposer librement de leurs biens.

En définitive, la Nouvelle-Calédonie et le Bénin reconnaissent officiellement trois types de régimes fonciers : le régime de la propriété coutumière, le régime de la propriété publique et le régime de la propriété privée. Cette multiplicité de régimes fonciers engendre un cafouillage et

---

[67] Ces principes qui caractérisent le foncier coutumier des Kanaks sont repris dans la loi organique n° 99-209 du 19 mars 1999, et continuent de régir les terres coutumières en Nouvelle-Calédonie. Toutefois, il y est ajouté un quatrième principe, celui de l'incessibilité des terres coutumières.

[68] Le 5 mai 1998, l'Accord de Nouméa est signé entre l'État français, les indépendantistes calédoniens et les loyalistes calédoniens. Cet accord poursuit la revalorisation de la culture kanake (statut coutumier, terres coutumières, langues kanakes, signes et identités kanakes...), crée de nouvelles institutions et prévoit un processus de transfert progressif et irréversible de compétences à la Nouvelle-Calédonie, dans l'attente d'un référendum d'autodétermination reporté à 2018 au plus tard.

une confusion dans la gestion foncière et surtout dans l'appréciation et la distinction des droits fonciers des individus.

1.2.2- Les cadres juridiques et institutionnels des régimes fonciers

Malgré une certaine similitude dans leur régime foncier, le Bénin et la Nouvelle-Calédonie présentent chacun des cadres juridiques et institutionnels différents. Au Bénin, ce cadre juridique et institutionnel de gestion foncière est complexe et en constante évolution. En Nouvelle-Calédonie en revanche, il repose sur un ensemble de lois et d'institutions spécifiques qui reflètent les particularités de ce territoire français d'outre-mer. En effet, le cadre institutionnel foncier du Bénin est régi par plusieurs institutions qui ont pour objectif de réguler la propriété foncière, d'assurer une gestion équitable et transparente des terres, de garantir les droits des citoyens en matière de propriété foncière et de promouvoir un développement rural durable. Au plan national, cette gestion est assurée par plusieurs organismes publics, notamment le ministère de l'Agriculture, de l'Élevage et de la Pêche, le ministère de l'Économie et des Finances, le ministère de l'Urbanisme et de l'Habitat, ou encore le ministère de la Décentralisation et de la Gouvernance Locale, puis de l'Institut géographique national (IGN)[69]. Au plan décentralisé, d'autres institutions sont chargées de la gestion foncière au niveau local. Il s'agit des commissions foncières communales, des comités villageois de gestion foncière et des comités de veille foncière. Ces institutions sont responsables de la planification et de la gestion des terres, de la régulation des transactions foncières, de la protection des droits des détenteurs de terres, des enquêtes pour reconnaissance de droits sur terres collectives, et de la résolution des conflits fonciers. Cependant en Nouvelle-Calédonie, le cadre institutionnel de gestion foncière est assuré par plusieurs instances spécifiques. Tout d'abord, le gouvernement de la Nouvelle-Calédonie dispose d'une compétence partagée avec l'État français en matière de gestion foncière. Ce gouvernement est notamment chargé de délivrer les titres miniers et de gérer les concessions foncières sur le domaine public et privé. Aussi, le sénat coutumier de la Nouvelle-Calédonie et les conseils coutumiers des tribus kanak quant à eux, jouent un rôle consultatif aboutissant à un accord dans les processus de décision concernant les terres

[69] Organisme en charge de la cartographie et de la délimitation des terres, il est chargé de la gestion des données foncières et de la production de cartes et cadastres fonciers.

coutumières. Ils sont chargés de veiller au respect des usages traditionnels puis des droits coutumiers des clans et des tribus sur ces terres. En outre, la Nouvelle-Calédonie dispose aussi d'autres institutions clés qui interviennent en matière foncière. C'est le cas de la Direction de Gestion et de réglementation des affaires coutumières (DGRAC)[70], ou encore de l'Agence de Développement Rural et d'Aménagement du Foncier (ADRAF)[71].

En ce concerne le cadre juridique du foncier, ces deux territoires présentent également des spécificités. Au Bénin, les différents codes fonciers et domaniaux de 2007, de 2013 puis de 2017 réglementent le foncier. Celui de 2007 prévoit la gestion du foncier rural et des terres coutumières, et celui de 2013 en plus des éléments précédents consacre la création de l'Agence National du Domaine et du Foncier. Cette agence a pour mission de sécuriser et de coordonner la gestion foncière au Bénin. Elle exécute également les politiques et les stratégies de l'État béninois en matière de gestion domaniale et foncière. Il faut dire que ce code a pour objectif de clarifier les règles de propriété foncière, de simplifier les procédures d'acquisition et de gestion des terres, de protéger les droits des détenteurs de terres et de promouvoir l'investissement privé dans le secteur foncier. Il reconnait également les droits fonciers des communautés traditionnelles et prévoit des mécanismes de résolution des conflits fonciers. Par contre en Nouvelle-Calédonie, la gestion foncière est principalement régie par la loi organique n° 99-209 du 19 mars 1999 relative à la Nouvelle-Calédonie.[72] Elle reconnait la spécificité du statut coutumier à se prononcer sur certaines propriétés foncières. Cette loi reconnait aussi la détention collective des terres par les clans autochtones, les tribus, et leur gestion selon des règles coutumières ancestrales. Aux côtés de cette loi organique, il y a le Code civil calédonien adopté en 2013 qui régit également d'autre part la gestion foncière en Nouvelle-Calédonie ; et bien avant celui-ci, le Code civil français et différentes délibérations.

En conclusion, le cadre juridique et institutionnel de la gestion foncière aussi bien au Bénin qu'en Nouvelle-Calédonie repose sur une

[70] Agence territoriale (calédonienne) de gestion foncière sur terres coutumières.

[71] Agence étatique (française) de gestion foncière.

[72] Voir article 18 de la Loi Organique 99-209 du 19 mars 1999 relative à la Nouvelle-Calédonie

reconnaissance du statut coutumier d'une partie du foncier, une gestion partagée entre les autorités coutumières et les institutions publiques, et des règles spécifiques encadrant l'acquisition et l'exploitation des terres.

2. L'inégal accès au foncier

La gestion du foncier au Bénin et en Nouvelle-Calédonie est largement dominée par les hommes, principalement en raison des normes sociales et culturelles traditionnelles qui favorisent la prédominance masculine dans la prise de décision, en matière de terre et de propriété. Les hommes s'appuient sur des mécanismes traditionnels sociaux qui régissent la société depuis l'origine et qui sont favorables aux hommes. Ainsi, l'une des causes de l'inégal accès au foncier dans ces deux territoires est le patriarcalisme qui caractérise le Bénin et la Nouvelle-Calédonie.

2.1. Le patriarcalisme et la primauté masculine d'accès à la terre

Le patriarcalisme est un système de société dans lequel les hommes ont le pouvoir et l'autorité sur les femmes, les enfants et les biens familiaux ou communautaires. Ce système est souvent profondément ancré dans les sociétés traditionnelles et peut avoir des répercussions importantes sur la gestion foncière. Au Bénin comme en Nouvelle-Calédonie, le patriarcat[73] est encore très présent dans de nombreuses communautés attachées à la gestion de leurs terres. Selon Faïzou B., 32 ans, apprenti cuisinier à Parakou au Bénin, dans un entretien en français,

> Je m'interroge sur la disponibilité de terres pour tous, au point de permettre aux femmes d'en acheter. Il y a probablement une raison pour laquelle nos ancêtres les avaient exclues de l'héritage. Aujourd'hui au Bénin, elles sont plus nombreuses que nous, ce qui est inquiétant. Si on le permet à une, toutes les autres vont vouloir acheter ou posséder aussi la terre. Et si nous ne faisons pas attention, elles pourraient devenir les chefs de terre. Une fonction qui est réservée uniquement qu'aux hommes.

En fait, le Bénin et la Nouvelle-Calédonie sont constitués de microcommunautés dans lesquelles la lignée reste patrilinéaire avec un

[73] Type d'organisation sociale où l'autorité domestique et l'autorité politique sont exercés par les hommes chefs de famille. Le rôle assigné à la femme [au temps de Confucius] se borne à la vie domestique, au soin des enfants, à la préparation des repas. Elle doit se subordonner à l'homme.

indéniable attachement à la coutume et ses valeurs. La Charte du peuple kanak dans son article 38 alinéa 1 dispose que « la société Kanak repose sur plusieurs niveaux d'organisation : a) le niveau familial et intraclanique, concerne en général deux à trois générations : le grand-père, le père et le petit fils ».[74] Le patriarcalisme dans la gestion foncière au Bénin et en Nouvelle-Calédonie remonte donc à des siècles d'histoire et de traditions profondément ancrées dans ces sociétés. Judith V., 48 ans, secrétaire dans une administration de la Nouvelle-Calédonie, nous confie dans un entretien en français,

> Les femmes kanak sont généralement dépendantes de l'accès à la terre par le biais de leurs parents ou de leur mari, sans droit foncier personnel. Cela peut conduire à des difficultés pour les femmes dans des situations particulières telles que les filles-mères, les femmes remariées, veuves ou ayant rompu leur mariage coutumièrement, qui peuvent se retrouver contraintes de quitter leur tribu. Il en va de même pour leurs enfants, qui peuvent rencontrer des obstacles pour accéder aux terrains hérités de la lignée maternelle. Néanmoins, il est possible, dans certaines familles et certains clans, que les femmes bénéficient d'un terrain à leur nom.

Dans les cultures et communautés du Bénin et de la Nouvelle-Calédonie, le contrôle et la gestion des terres sont considérés comme des affaires exclusivement masculines, donnant aux hommes des pouvoirs sans limites sur la propriété foncière et sa gestion. Concernant le Bénin, cela se traduit par une répartition inéquitable des rôles entre les sexes. Notre rencontre avec Yèkini S., homme musulman de 51 ans, Tradi thérapeute et vivant à Porto-Novo au Bénin et interviewé en français est édifiante :

> Il n'y a pas de restriction religieuse ou sociale pour l'accès d'une femme musulmane à la terre. Si elle acheter un lopin de terre, c'est sa propriété privée. La femme musulmane doit se soumettre à son mari. Il est recommandé que la femme mariée informe son mari.

[74] Voir article 38 de la Charte du peuple kanak en Nouvelle-Calédonie. C'est une disposition qui fait référence aux hommes en tant qu'élément ultime dans l'organisation sociale du peuple kanak.

Les propos de cet homme montrent la délégation du contrôle et de la gestion de la terre que les femmes doivent accorder aux hommes, en renonçant naturellement à leur droit. Les femmes sont souvent reléguées aux tâches domestiques et à l'éducation des enfants, tandis que les hommes occupent les postes de pouvoir et prennent les décisions importantes, notamment en matière de gestion foncière. Cannelle H., 28 ans, commerçante de divers et résidente à Porto-Novo au Bénin, dans une interview en langue française nous apprend que,

> suite au décès de notre père, nos oncles ont pris possession de tous ses biens, dont les terres et notre maison que notre père avait construite. Ils ont dit chez nous, dans la tradition les filles n'avaient pas droit à la succession. Nous avons été contraints finalement de quitter la maison de notre, car les femmes ne peuvent pas hériter [...].

Ainsi, le patriacalisme observé au Bénin est en grande partie dû à des facteurs culturels, sociaux et économiques qui perpétuent les inégalités entre les hommes et les femmes dans l'accès aux ressources foncières. Dans le même sens que les propos de Cannelle, Marie-Louise K., 76 ans, enseignante à la retraite au Bénin dans la ville de Parakou, affirme que :

> Je reste très attachée aux valeurs que nous ont léguées nos ancêtres. Il est important de respecter et perpétuer les traditions et conseils transmis par nos ancêtres. C'est ce que j'ai appris à mes enfants. J'ai eu cinq filles et deux garçons. C'est ce que je leur ai enseigné. Je suis d'accord pour marcher et suivre leurs traces, préserver ces valeurs, car ceux qui osent les transgresser risquent la colère de nos ancêtres, une réalité immuable et indéniable chez nous les Fons ici.

Quant à la Nouvelle-Calédonie, la gestion foncière est aussi fortement influencée par un patriarcalisme qui accorde un pouvoir et des privilèges aux hommes en tant que chefs de famille, de clan et de tribu, puis propriétaires de terres.

> Dans la société kanak [peuple autochtone], la prise de décision concernant le foyer, la famille (éducation des enfants, intendance, mariage, vie sociale) revient aux femmes tandis que les hommes prennent les décisions qui

concernent les affaires foncières, la gestion des biens collectifs de la famille et du clan et la sécurité de la famille (GNC, 2013 : p.42).

En effet, dans la même perspective, et aux termes de l'article 56 de la Charte du peuple kanak en sa section 2, intitulé « Du cycle de la vie et de la personne », « la société Kanak est une société patriarcale. Son système social fonctionne à partir d'une transmission des droits, des pouvoirs et des responsabilités, basée sur l'homme ».[75] Dans la même logique, l'article 61 de la même section stipule que « l'homme a autorité sur la terre. Un garçon ou un homme a pour symbole la sagaie, le casse-tête, le sapin, l'igname...Il assure la descendance et la perpétuation du nom qu'il porte ainsi que la fonction sociale inhérente. Il est et assume la réputation et l'honneur du clan ».[76] Ce modèle traditionnel persiste encore au 21e siècle malgré les évolutions sociétales et les revendications pour une plus grande égalité entre les sexes. À ce niveau, les femmes béninoises et calédoniennes s'organisent presque de la même manière. En effet, en Nouvelle-Calédonie, il existe des GDPL[77], des associations et des coopératives de femmes, comme c'est le cas au Bénin avec la création des coopératives et des associations de femmes. Elles s'organisent et essaient de répondre à la problématique de leur émancipation. Dans cette logique, selon Thierry Xozame, président de l'association Case juridique kanak en Nouvelle-Calédonie, il y a des possibilités qui sont offertes aujourd'hui aux femmes pour entreprendre et avoir directement de manière commune, accès aux terres coutumières. En effet, plusieurs tribus se sont constituées en GDPL pour développer des activités économiques sur terres coutumières, avec un accès plus facilité des femmes. C'est le cas des tribus de Conception au Mont-Dore, de Baco dans la zone Voh, Koné et Poimbout, puis du GDPL

---

[75] Voir article 56 de la Charte du peuple kanak de la Nouvelle-Calédonie.

[76] Voir article 61 de la Charte du peuple kanak de la Nouvelle-Calédonie

[77] Le GDPL (Groupement de Droit Particulier Local) est une structure originale qui n'existe qu'en Nouvelle-Calédonie. Elle a été introduite dans les années 1980, dans le cadre de la réforme foncière pour concilier les exigences du droit civil et l'organisation coutumière traditionnelle kanak. C'est une structure juridiquement reconnue et dotée de la personnalité morale. Elle regroupe des individus liés par la coutume (au sein d'une famille, d'un clan, d'une tribu). Il est principalement constitué de personnes de statut civil coutumier et il est régi par le droit coutumier.

de la tribu de Wetr à Lifou. On rencontre d'autres formes d'organisations essentiellement féminines en Nouvelle-Calédonie telles que l'association « *Pure Bue Ke Widje* » qui développe sur terres coutumières, de meilleures conditions de vie sociale, culturelle et économique ; l'association « *Cemel* » de Lifou qui a pour but de rechercher des fonds, afin d'aider les femmes en difficulté de la tribu de Chépénéhé dans leurs projets immobiliers ; ou encore la « fédération des femmes de Koumac » en Nouvelle-Calédonie qui entend faire reconnaitre la légitimité des femmes dans la société, travailler pour l'égalité des chances dans tous les domaines, accroître la participation des femmes et leur prise de responsabilité dans tous les secteurs d'activités. Dans le cas du Bénin, la mobilisation des femmes autour de l'accès au foncier est plus évoluée qu'en Calédonie. Les terres collectives autrefois encadrées par la coutume, et souvent à l'origine des discriminations d'accès à la terre ont fait l'objet de réformes pour un encadrement plus strict. Ainsi, depuis environ une dizaine d'années, la fondation « Konrad Adenaeur » et « Wildaf Bénin » se battent pour que le droit à la terre soit une réalité chez toutes les femmes béninoises. Grâce au projet « un seul monde sans faim pour le droit des femmes à la terre », mis en place par la fondation Konrad Adenaeur au Bénin, Wildaf Benin annonce un pourcentage des femmes ayant accédé à la terre par héritage de 27,12 % en 2020 contre 15 % auparavant. Alors que ce pourcentage chez les hommes est de 72,28 %.[78] On note également le poids des associations telles que « Care » qui non seulement informe les populations surtout féminines sur leurs droits, mais aussi traduit et diffuse en langues locales les lois sur la propriété foncière, organise des débats, des émissions de télé et radio pour promouvoir les droits des femmes et sensibiliser plus largement à cette thématique. Elle offre aussi une assistance juridique pour toutes les femmes victimes d'expropriations illégales, propose des formations sur les droits fonciers. Ce patriarcalisme se manifeste à travers la transmission des terres de génération en génération selon les lignées masculines.

Les propos de Robert B., 56 ans, militaire calédonien à la retraite illustrent bien cette situation.

> Selon l'article 75 de la Constitution française et de la loi organique du 4 octobre 1958, le statut civil coutumier kanak

[78] Voir : https://www.voaafrique.com/a/la-fondation-konrad-adenauer-pour-l-accès-des-femmes-au-foncier-au-bénin/5529830.html#

> est un régime de droit civil français qui déroge au Code civil français. Dans la coutume, le foncier appartient à l'homme et à ses enfants, la femme n'est pas propriétaire terrienne sauf exception, par donation ou succession.

Les hommes héritent généralement des terres de leurs ancêtres et ont le pouvoir sans partage de décider de leur utilisation et de leur exploitation. Selon Sarah L., 36 ans fonctionnaire calédonienne,

> La société Kanak est patriarcale. Elle est hiérarchisée avec des règles qui installent l'homme au sommet et la femme en position inférieure. C'est un paramètre qui fait partie des codes culturels que l'on a intégré et qui nous sont chers car ils sont à la fois notre richesse et notre « prison ».

En revanche au Bénin, la culture patriarcale qui prévaut accorde traditionnellement la propriété foncière aux hommes. Les terres sont transmises de père en fils, excluant tout héritage non masculin et la possibilité de posséder ou de gérer des terres par la femme. En dehors de l'homme, chef de famille, les autres membres de la famille sont souvent considérés comme des membres dépendants de la famille, sous l'autorité du chef de famille, et n'ayant pas leur mot à dire sur les décisions relatives à la gestion des terres. Cette norme culturelle renforce l'exclusion dans la gestion foncière et perpétue le patriarcalisme.

Aussi, sous un autre angle, le régime des exceptions d'accès à la terre prend aussi en compte l'exclusion générationnelle. Cette pratique consiste à procéder à une ségrégation générationnelle. Elle consiste aussi à définir l'âge légal coutumier d'accès à la terre pour les adolescents qui sont préparés à leur responsabilité future en tant que maître de la terre. Au Bénin, chez les peuples Otammari, Bessoribè, Bètammaribè et Baatonum, le passage de l'enfance à l'âge adulte est marqué par la circoncision. Alors que chez les kanak en Nouvelle-Calédonie, la majorité selon la coutume est marquée par le mariage. Et chez les Peuls du Bénin, il est marqué par la cérémonie de flagellation. Ainsi chez ces peuples, seul le passage des rites définit le passage à l'âge adulte, et la possibilité pour les nouveaux hommes adultes d'administrer la terre à la suite de leurs pères. Ces sociétés sont établies sur un ordre patriarcal, et la relation avec la terre est toujours masculine.

2.2. L'accès des femmes à la terre par dérogation

Les femmes sont les principales concernées par l'accès dérogatoire à la terre au Bénin et en Nouvelle-Calédonie. En effet, cette situation est minimisée aussi bien au Bénin qu'en Nouvelle-Calédonie par la mise en place des « politiques coutumières de dérogation »[79] visant à garantir l'accès des femmes à la terre. Grâce à ces dérogations, les femmes peuvent désormais cultiver la terre, accéder aux ressources naturelles et participer pleinement à l'activité agricole. Cependant, ces dérogations peuvent être considérées comme des processus d'exclusion et de dépossession foncières. En effet, au Bénin, le régime foncier est marqué par une faible sécurisation des droits fonciers coutumiers des populations, en particulier des femmes et des groupes vulnérables. Les femmes, qui sont souvent exclues de l'accès à la terre en raison des normes socioculturelles et des pratiques discriminatoires, rencontrent des difficultés pour faire valoir leurs droits fonciers. Le rôle de second, donné à la femme par la société en la matière, est la cause de la délégation naturelle à la terre dont elle est la victime. Une étude de *Millenium Challenge Account* au Bénin a révélé que

> le droit coutumier interdit l'héritage de terre par les femmes d'après le principe d'exo-intransmissibilité renforcé par une tradition patrilinéaire et virilocale. Selon ce principe, la terre se parentalise et la parenté se territorialise. Une terre héritée par une femme deviendrait la propriété du lignage de son mari ou d'un lignage tiers selon que c'est son fils ou sa fille qui en hériterait (MCA-Bénin, 2008 : 14).

Dans les zones rurales, le droit coutumier prévaut sur le droit étatique, mettant ainsi en avant les pratiques foncières coutumières au détriment de celles prévues par la loi. En Nouvelle-Calédonie cependant, dans la société kanak, les hommes sont considérés comme les gardiens des connaissances ancestrales et des droits coutumiers sur les terres. La femme comme au Bénin ne peut avoir d'autres droits sur la terre de son clan ou de sa tribu que le droit d'usage à travers son mari. Il faut remarquer que la femme ne peut ni hériter ni posséder la terre sans la tutelle du chef de famille.

---

[79] Ces dérogations permettent aux femmes de contourner les obstacles habituels en matière de propriété foncière et d'accès à la terre puis de bénéficier de droits d'usage de la terre, même en l'absence de propriété formelle

> La femme est considérée comme un bien et relégué au second rang et la terre comme un bien masculin, car elle est le fondement de l'identité du patrilignage et, en tant que telle, elle est inaliénable. L'exclusion des femmes serait aussi un moyen de préserver l'unité, la cohésion du lignage. Elle permet de conserver son caractère patrimonial à la terre (MCA-Bénin, 2008 : 42).

La femme ne peut donc posséder ou accéder à la terre unilatéralement. Elle doit d'abord se référer à son mari et avoir son approbation. Dans le cas de la femme veuve dont le défunt mari possède des terrains, elle ne peut administrer la terre, car celle-ci retourne dans le patrimoine foncier de sa belle-famille. Et elle peut y exercer des droits d'usage qu'à travers sa belle-famille. C'est un droit d'accès par dérogation. Aussi, le mariage de la femme est un évènement qui déclenche la fin de ses droits d'accès à la terre de ses parents. Elle est ainsi indirectement exclue à la suite de l'officialisation de son mariage et de son union avec une autre famille. C'est donc une forme de dépossession ou d'exclusion foncière. « L'exclusion des femmes de l'héritage foncier empêcherait, au moment du mariage, la dissémination des biens fonciers hors de la famille patrilinéaire » (MCA-Bénin, 2008 : 42). On observe également cette situation chez les kanak. Par ailleurs, dans un autre contexte en Nouvelle-Calédonie, les clans accueillis par ceux propriétaires des terres exercent un droit d'usage dérogatoire avec l'approbation des premiers clans établis. Les clans accueillis n'ont donc pas la gestion des terres sur lesquelles ils sont accueillis. Ce sont des clans étrangers auxquels il est offert une hospitalité.

3. Les autres facteurs qui entravent l'accès des femmes à la terre

Malgré les différents efforts mis en œuvre par le Bénin et la Nouvelle-Calédonie pour favoriser l'accès des femmes à la terre, il faut dire qu'il existe encore des freins sur plusieurs plans qui continuent de faire obstacle à l'accès foncier féminin. Dans cette logique, « le droit moderne rivalise avec la tradition dans laquelle les femmes ne peuvent être propriétaires de terre ; elles ne peuvent qu'avoir que de simple droit d'usage. La terre appartient au chef du ménage qui a le droit de l'attribuer et de la retirer selon les circonstances. » (Yelome, 2022 : 65) Nous déterminerons dans cette partie d'autres dispositifs non moins importants en relation avec le renforcement de l'exclusion des femmes dans la gestion foncière.

3.1. Des pratiques sociales

Il faut noter que, « [...] il y a une série de facteurs socio-anthropologiques et culturels qui entravent encore l'exercice et la jouissance de ce droit légal [en matière foncière] » (MCA-Benin, 2008 : 6). En effet, le Bénin et la Nouvelle-Calédonie sont des territoires dont l'histoire précoloniale ne permet pas d'ignorer les règles et normes dites traditionnelles intrinsèques à ces sociétés. Les populations à travers la volonté du législateur, restent encore très attachées à certaines pratiques coutumières qui contribuent à maintenir la femme dans une situation marginale en matière d'accès à la terre. « C'est un droit qui a émergé de la pratique sociale régulière et prolongée, donnant ainsi de la légitimité à certaines actions qui se sont transformées en normes » (Sero, 2021 : 51). Ces questions essentiellement sociologiques sont maintenues afin de ne pas fragiliser les acquis coutumiers de la famille. Il se crée donc un syncrétisme qui caractérise les normes et les institutions de ces deux territoires.

Au début des années 2000, le Bénin était encore régi en partie en matière civile par le coutumier du Dahomey. Recueil des coutumes des différentes communautés vivantes sur le sol béninois, « le Coutumier se caractérise par son caractère discriminatoire en l'endroit des femmes. » (Boko Nadjo, 2004 : 1). Dans son alinéa 1, l'article 15 du Coutumier dispose que « la famille comprend tous les descendants par les mâles d'un ancêtre mâle commun, y compris les femmes non mariées ».[80] Aussi, dans son article 222 alinéa 1, il stipule également que « la propriété familiale est indivise et gérée par le Chef de famille qui doit en consacrer l'usufruit aux besoins de la collectivité ».[81] Ces dispositions nous éclairent sur le caractère discriminatoire et surtout masculin du Coutumier. On observe également cette situation en matière de succession aussi bien de meubles qu'immeubles. Aux termes de l'article 256, « le mode de répartition des biens particuliers varie avec les coutumes ; la règle générale est que seuls héritent les descendants mêmes du défunt (les filles héritent toujours des

---

[80] Cf coutumier du Dahomey.

[81] Cf coutumier du Dahomey.

pagnes, parures et ustensiles de ménage) ».[82] D'un autre côté, il faut reconnaitre que,

> la polygamie étant ancrée dans les mœurs, chaque femme ne peut avoir que l'usage d'une proportion de terre appartenant au chef du ménage en vue de ne pas empiéter sur le droit des autres femmes qui doivent aussi se battre pour la survie de leurs progénitures. Elles ne sont pas copropriétaires des biens du chef de ménage, ce serait un « sacrilège », car la communauté de biens est interdite par le droit coutumier (Yeleome, 2022 : 65).

Dans la même perspective, le Coutumier du Dahomey apporte des illustrations à travers certaines dispositions qui nous en disent plus sur certains groupes socioculturels. Ainsi, « chez les minas, les frères cadets héritent de leur frère aîné en même temps que les enfants de ce dernier et les neveux héritent de l'oncle maternel et vont vivre chez lui ».[83] Aussi, « chez les Peuls, à la mort d'un Chef de famille, les biens familiaux pour l'administration, les biens personnels pour la propriété passent tous à son fils aîné ».[84] De façon générale, les règles coutumières énoncent que « lorsque la coutume admet la succession des femmes (filles ou sœurs), celles-ci ont toujours une part moins importante, sauf si elles héritent de leur mère ».[85] Il faut préciser que la coutume n'admettant pas l'héritage foncière de la femme, ce dernier article cité fait donc référence aux biens meubles des mères en matière de succession de leurs filles. Ce qui exclut toujours leur accès au foncier.

> Cette exclusion est due au système patrilinéaire et virilocal qui régit le mariage en droit coutumier [...] La condition pour qu'une femme puisse hériter serait qu'elle fasse un vœu de célibat ou qu'elle soit stérile. Ainsi, la terre restera au sein de la lignée après le décès de cette dernière (Yelome, 2022 : 36).

Par ailleurs, en Nouvelle-Calédonie, il est reconnu par l'ensemble des kanak que le foncier appartient à l'homme et à ses enfants mâles. En

---

[82] Cf coutumier du Dahomey.
[83] Voir le Coutumier du Dahomey en son article 257 a.
[84] Voir le coutumier du Dahomey en son article 257 b.
[85] Voir le coutumier du Dahomey en son article 270.

effet, en ce qui concerne la femme, elle n'est pas propriétaire terrienne sauf exception, par donation ou succession, ce qui est rare. En 2017, Valentine Holle, membre du « Collectif des femmes en colère », sur la question de l'accès des femmes à la terre affirmait que : « quand on parle du droit foncier, elle [la femme] n'a aucun droit dans le droit foncier. Elle est juste là pour s'occuper du foncier, mais elle n'a pas de droit dessus. Et le jour où il arrive quelque chose à son mari, elle n'a plus rien ».[86] Cette situation qui fait de l'homme le centre de l'organisation sociale kanak est réaffirmée à travers la loi de pays n° 2018-4 du 28 mai 2018 relative aux successions des biens appartenant aux personnes de statut civil coutumier kanak en vigueur en Nouvelle-Calédonie. En effet, aux termes de cette loi de pays, « les personnes qui peuvent demander l'ouverture de la succession visant à établir l'actif et le passif du patrimoine sont : le conjoint, à défaut le concubin survivant… ».[87] Cette disposition continue de faire polémique dans la mesure où les mots « conjoint » et « concubin » renvoient à des hommes et non des femmes pour certains et pour d'autres, ces termes rassemblent les deux sexes. Il faut reconnaitre que la première conception est celle qui est la mieux partagée, à cause du patriarcalisme de la société traditionnelle kanak. Le congrès de la Nouvelle-Calédonie a donc légiféré et donné force de loi au patriarcalisme. Ainsi, « le foncier c'est la terre, les hommes, les institutions kanak. Cette dualité permet la définition à l'établissement de rôles de fonctions, de noms de la personne kanak. » (Monnerie, 2002 : 7). Dans les tribus et les clans kanak, plusieurs dispositions juridiques datant aussi bien de l'époque coloniale ou non régissent les relations à la terre en s'appuyant sur les valeurs des autochtones. « […] le chef de la tribu pourra, par ordre et sous la surveillance de l'autorité [coloniale], répartir les terres entre les individus ou les familles de la tribu […] ».[88] Toujours dans la cadre des discriminations opérées par les textes, la loi de pays n° 2018-4 du 28 mai

[86] Interview réalisé par la chaine de télé « Nouvelle-Calédonie la 1re, en date du 17 août 2017, dans les locaux de la mission à la condition féminine de la Province Sud.

[87] Article 5 alinéa 1 de la loi de pays n° 2018-4 du 28 mai 2018 relative aux successions des biens appartenant aux personnes de statut civil coutumier kanak en vigueur en Nouvelle-Calédonie

[88] Voir article 2, paragraphe 5 de l'Arrêté du Gouverneur du 22 janvier 1868 relatif à la constitution de la propriété territoriale indigène.

2018, précédemment citée écarte la veuve d'une ouverture de succession. En effet, à la suite de l'article 5 de cette même loi, son article 6 stipule qu'après expiration du délai d'ouverture de succession, « la demande d'ouverture de la succession est sollicitée par : le chef de clan du défunt, à défaut ; le chef de sa tribu, à défaut ; son grand chef ou à défaut ; le président du conseil des chefs de clans ».[89] On peut constater dans ces dispositions une traduction juridique des pratiques sociales observées dans la société calédonienne, en particulier chez les kanak. Car, le système coutumier kanak repose sur le concept de la « chefferie », où les hommes occupent une place prépondérante dans la prise de décision en matière de gestion des terres et des ressources.

3.2. Les mesures étatiques

Malgré les avancées législatives et les engagements internationaux visant à garantir l'égalité des droits entre les hommes et les femmes, la réalité sur le terrain reste souvent inégale et discriminatoire en matière d'accès au foncier. Cette situation est traduite juridiquement dans le droit positif au Bénin et de la Nouvelle-Calédonie à travers le Code civil français applicable dans ces territoires depuis la colonisation. En effet, au Bénin comme en Nouvelle-Calédonie, la législation en vigueur en matière civile au début du 21e siècle accorde la préférence aux hommes en matière d'héritage et de transmission de la terre. Dans ce sens, le Code civil français en vigueur dans ces territoires comportait en lui-même des éléments de discrimination à l'égard des femmes. Par exemple, l'article 213 en donne un aperçu. Aux termes de celui-ci, « le mari doit protection à sa femme, et la femme obéissance à son mari ».[90] Dans sa suite, l'article 214 apporte des précisions par rapport à la prérogative masculine du choix du domicile et de la résidence du couple. Selon la loi, « la femme est obligée d'habiter avec le mari, et de le suivre partout où il juge à propos de résider [...] »[91] Cette idée est renforcée par une autre disposition qui fait de la femme une personne majeure sous tutelle de son mari. Il s'agit de l'article 108 qui stipule que « la femme mariée n'a point d'autre domicile que celui de son

[89] Article 6 de la loi de pays n° 2018-4 du 28 mai 2018 relative aux successions des biens appartenant aux personnes de statut civil coutumier kanak en vigueur en Nouvelle-Calédonie.

[90] Voir l'article 213 du Code civil français de 1804.

[91] Voir l'article 214 du Code civil français de 1804.

mari ».[92] Les droits de la femme sont quasi-inexistantes dans plusieurs domaines juridiques, au point de lui interdire son droit d'accès à la justice. Ceci a donc un impact sur une probable revendication en justice de son droit d'accès à la terre. Car le Code civil en fait un droit sous contrôle. L'article 215 le traduit en ces termes : « la femme ne peut ester en jugement sans l'autorisation de son mari [...] ».[93] Même dans le cas du conjoint mineur, ce droit est confisqué à la femme par la législation en vigueur. Dans cette logique, « si le mari est mineur, l'autorisation du juge est nécessaire à la femme, soit pour ester en jugement, soit pour contracter ».[94] Cette situation a donc une incidence de façon générale sur la capacité juridique de la femme. Aussi, il lui est refusé la capacité de contracter toute seule même sur des biens lui appartenant. « La femme, même non commune ou séparée de biens, ne peut donner, aliéner, hypothéquer, acquérir, à titre gratuit ou onéreux, sans le concours du mari dans l'acte, ou son consentement par écrit ».[95] L'article 818 du code donne également pouvoir à l'homme sur une autre catégorie de biens appartenant à la femme. Il dispose que « le mari peut, sans le concours de sa femme, provoquer le partage des objets meubles ou immeubles à elle échus qui tombent dans la communauté [...] »[96] En d'autres termes, dans le cas d'un bien foncier hérité par la femme, le mari peut en disposer sans le consentement de celle-ci, du moment où ce bien entre dans la communauté des biens. Il en est de même de l'acceptation des biens hérités par la femme. En effet, la femme ne peut accepter en héritage un bien sans que son mari ne lui en donne la permission. La base légale de cette situation se trouve dans l'article 776 du Code civil qui dispose que « les femmes mariées ne peuvent pas valablement accepter une succession sans l'autorisation de leur mari [...] conformément aux dispositions du chapitre VI du titre du Mariage ».[97] Il faut rappeler que ces articles du Code civil français en vigueur pendant cette période sur ces territoires régissent à la fois le Bénin et la Nouvelle-Calédonie.

---

[92] Voir l'article 108 du Code civil français de 1804.
[93] Voir l'article 215 du Code civil français de 1804.
[94] Voir l'article 224 du Code civil français de 1804.
[95] Voir l'article 217 du Code civil français de 1804.
[96] Voir l'article 818 du Code civil français de 1804.
[97] Voir l'article 776 du Code civil français de 1804.

D'un autre côté, le Bénin a adopté en 2004 le Code des personnes et de la famille. Il prévoit que les biens fonciers sont transmis de manière privilégiée à la lignée paternelle, excluant ainsi les femmes d'accéder à la terre de leurs ancêtres. En effet, cette loi comporte des éléments discriminatoires pour les femmes. Ainsi, dans la logique du Code civil, le Code des personnes et de la famille donne le pouvoir à l'homme de pouvoir fixer le domicile du couple. L'article 15 stipule dans ce sens que « sont domiciliés les époux, au lieu choisi d'un commun accord par eux. En cas de désaccord, le domicile conjugal est fixé par le mari [...] »[98] Cette disposition nous éclaire une fois de plus sur le pouvoir de l'homme renforcé à travers des lois. C'est une position qui revient au travers d'une autre disposition en de nouveaux termes : « le choix du domicile du ménage incombe aux époux. En cas de désaccord, le domicile conjugal est fixé par le mari. »[99] La deuxième proposition du législateur sur la détermination du domicile conjugal donne à l'époux le pouvoir qui lui était déjà conféré par le Coutumier du Dahomey et le Code civil français rendu applicable au Bénin. Les considérations sociales sont au-dessus de la législation. « Malgré l'égalité instituée par la constitution[100] et reconnue par le CPF ([Code des personnes et de la famille]), les femmes continuent par subir la discrimination en matière d'acquisition de la terre, établie par un droit traditionnel têtu. » (Yelome, 2017 : 65).

En définitive, il faut dire que l'analyse des autres formes de considérations, autres que celles liées directement à la législation foncière, aussi bien au Bénin qu'en Nouvelle-Calédonie réserve des domaines de compétence à la femme, tout en l'excluant d'autres. L'homme dispose des pouvoirs les plus étendus, et les seuls pouvoirs donnés à la femme ne sont souvent qu'optionnels.

Conclusion

Les pratiques foncières autochtones dans ces deux territoires reposent sur des traditions millénaires régissant l'accès à la terre en

---

[98] Article 15 du code des personnes et de la famille du Bénin de 2004.

[99] Article 156 du code des personnes et de la famille du Bénin de 2004.

[100] Article 26 de la Constitution béninoise de 1990.

fonction de critères sociaux et culturels. Les femmes du Bénin et de la Nouvelle-Calédonie démontrent une remarquable résilience et une capacité d'organisation face aux défis persistants liés à l'accès à la terre, souvent dominé par des structures patriarcales. Dans ces deux contextes géographiques et culturels distincts, elles s'unissent pour défendre leurs droits fonciers, affirmant leur rôle indispensable dans la gestion durable des terres et la préservation des droits acquis. Au Bénin, les femmes mettent en place des coopératives et des associations pour sensibiliser et éduquer leurs pairs sur les droits fonciers, tout en engageant des actions de plaidoyer auprès des autorités locales et nationales. En intégrant des initiatives de promotion de la femme, elles renforcent leur autonomie économique, mais aussi leur influence dans les décisions communautaires. De même, en Nouvelle-Calédonie, les femmes Kanak s'organisent au sein de groupements, de collectifs comme le collectif des femmes Kanak en colère, mobilisant leurs communautés et engageant des dialogues avec les autorités pour promouvoir des réformes inclusives et respectueuses de leurs droits de façon générale et de leurs droits fonciers en particulier. Elles combinent différentes stratégies pour sortir de leur statut d'oubliées. Même si, la mise en place de mécanismes juridiques qui assurant l'accès à tous à la terre et valorisant la sécurité juridique au profit des femmes connaissent toujours des difficultés concrètes dans leur application.

Bibliographie

Boko Nadjo, G, *Le code des personnes et de la famille béninois,* Présentation pendant le Forum des ONG à Addis Abeba, Panel sur la promotion des droits des femmes en Afrique : Apprendre de l'expérience des uns et des autres, Éthiopie les 6-7 octobre 2004, 8.p

Code civil français de 1804, Paris, Dalloz, 2670.p

Crinot, L, C, *Maitrise et appropriation du sol en République Populaire du Bénin : Contribution à l'étude du droit de la propriété foncière dans un pays en voie de développement ;* Université d'Orléans, thèse soutenue publiquement le 09 avril 1986 ; 530 p.

Délibération n° 116 du 14 mai 1980, fixant les modalités d'attribution des terres au titre de la réforme foncière en Nouvelle-Calédonie.

Gouvernement de la Nouvelle-Calédonie (GNC), *Rapport 2010 sur la mise en œuvre de la convention sur l'élimination de toutes les formes de discrimination à l'égard des femmes (cedef) en Nouvelle-Calédonie*, 2013, Nouvelle-Calédonie, 14.p

Loi n° 90-32 du 11 décembre 1990 portant Constitution de la République du Bénin, 37.p

Loi organique n° 99-209 du 19 mars 1999 en vigueur en Nouvelle-Calédonie ; 122.p

Millenium Challenge Account (MCA-BENIN), Étude 4 : Elaboration de stratégies pour accroître l'accès des femmes à la terre ; analyses et recommandations, 2008, Bénin, 105.p

Ordonnance n° 82-880 du 15 octobre 1982 relative à l'aménagement foncier, à l'établissement rural et à la reconnaissance des droits coutumiers sur le sol de la Nouvelle-Calédonie et dépendances. Version consolidée au 19 juillet 1986.

Le Meur, P, Y, *Politique et réforme foncière en Nouvelle-Calédonie : entre rééquilibrages et reconnaissance.* In : Faberon J.Y. (dir.), Mennesson T. (dir.). Peuple premier et cohésion sociale en Nouvelle-Calédonie : identités et rééquilibrages. Aix-en-Provence : Presses universitaires d'Aix-Marseille, 2012, p. 91-113.

Province-Sud ; *la ruralité au féminin, mission à la condition féminine*, Nouvelle-Calédonie 2018, 92.p

Séro, T, *De l'unité au pluralisme des normes dans la transformation foncière au Bénin*, thèse de doctorat, 2021 universités d'Aix-Marseille, 588.p

Yelome, F, E, *Pertinence du nouveau système de droit foncier au Bénin* ; tome 1, thèse de doctorat, université de Perpignan via Domitia, 2022, 545p

DEUXIÈME PARTIE

Le foncier comme économie de rente en contexte d'expansionnisme du tissu urbain

Quand la ville rachète le village : dynamiques foncières et tectonique des espaces dans la commune de Garoua-Boulaï

Ferdinand MBEN LISSOUCK

Résumé

La ville en Afrique noire n'est pas une invention de la colonisation. Des travaux divers et variés l'attestent. Cependant, si l'existence des villes africaines précoloniale est un fait, il n'en demeure pas moins vrai que l'Afrique noire est aussi une Afrique des villages dont le processus d'urbanisation a été accéléré par la colonisation. Cette dynamique du dehors a entraîné de nombreux bouleversements dans la vie de millions d'Africains qui vivent désormais entre le village et la ville. Ainsi, dans le prolongement des travaux de Franqueville, qui montre que le déplacement massif des Africains des villages vers les villes n'est pas seulement celui des corps, qu'il correspond aussi à un déplacement social, ce travail fait l'hypothèse que l'urbanisation rapide en Afrique noire produit une tectonique des espaces, qui pousse les villages aux abords des villes à la dérive ; et qui signe, à la périphérie desdites villes, la fin des paysans. Cette contribution, qui a pour site d'observation l'arrondissement de Garoua-Boulaï, dans l'Est du Cameroun, prend en compte l'agentivité des paysans, et tente d'expliquer comment se co-construit la disparition du paysannat aux abords des villes camerounaises.

Mots-clés : Afrique noire, agentivité, enjeux fonciers, paysannat, urbanisation

Introduction

Au mois de juillet 2023, nous accompagnons une de nos informatrices qui s'en allait visiter ses terres nouvellement acquises dans un village situé à 8 kilomètres de la ville de Garoua-Boulaï sur l'axe-nord. La dame est une intervenante humanitaire et âgée de plus d'une trentaine d'années. Ses parents qui vivent à Garoua-Boulaï y ont émigré depuis plus de quarante ans. Elle voudrait profiter de ses congés pour mettre en valeur ses cinq hectares de terrains acquis il y a un an. À notre arrivée sur le site, nous trouvons une autre dame en train d'entasser du bois. Elle a préalablement creusé une fosse. Elle prévoit d'utiliser le bois entassé pour fabriquer du charbon qui se vend facilement dans la zone, le long des trottoirs de la Nationale n o 1. La nouvelle propriétaire est courroucée par cette intrusion dans sa parcelle. La travailleuse est surprise de nous voir arriver. Les échanges entre les deux femmes font savoir que la terre, qui autrefois appartenait au mari de la travailleuse, a été vendue par les frères de celui-ci après sa mort deux ans plus tôt (2022). La dame n'a même pas été mise au courant. Il lui sera demandé d'interrompre sa récolte du bois. Mais surtout, de ne plus remettre les pieds dans cette parcelle devenue propriété privée d'une autre femme.

En août 2023, lors d'une mission humanitaire dans un autre village à environ dix kilomètres de Garoua-Boulaï sur l'axe-sud, le séjour donne d'assister à une palabre coutumière. Un neveu qui est revenu au village après un séjour de cinq ans dans la ville de Douala accuse son oncle d'avoir vendu sa parcelle de terrain qu'il a hérité à la mort de son père. Celui qui a acquis la parcelle l'a immédiatement fait immatriculer. Dans ce cas de figure, selon les pratiques locales, il est souvent demandé à la personne fautive de donner une autre parcelle au plaignant. Mais l'oncle a déjà vendu la plupart des terres en sa possession. Spolié, le jeune héritier n'a ainsi eu droit à aucune compensation.

Ces deux expériences mettent en évidence une réalité souvent négligée de la recherche sur les enjeux fonciers en milieu rural, la spoliation des terres des paysans par les paysans eux-mêmes. En effet, les travaux sur les questions foncières en lien avec la ruralité au niveau local s'ils abondent, accordent néanmoins la part belle à l'accaparement des terres rurales et périurbaines. Globalement, lesdits travaux présentent souvent les paysans comme les victimes d'un système capitaliste prédateur qui les spolie.

Ce système capitaliste peut prendre la figure de « grands types [ces] membres de la bourgeoisie d'affaires nationale et internationale et de l'élite politico-administrative [qui] spéculent seulement dans l'achat et la vente des terrains. » (Franqueville, 1984:160). Ici, les détenteurs de capitaux, ces grands types pratiquent la spéculation foncière. Ils achètent des terrains à bas prix à la périphérie de la ville, constituent des réservent foncières. Ils y construisent des logements qu'ils mettent à louer et/ou revendent ces parcelles pour plus cher lorsque les nouveaux quartiers sont intégrés au périmètre urbain.

La littérature spécialisée donne aussi à voir qu'il peut s'incarner dans ces profiteurs (détenteurs du pouvoir de l'État) qui coalisent avec le capitalisme périphérique pour s'assurer du contrôle de l'espace en Afrique en général et en milieu rural en particulier (Ela, 1990). Les travaux, y afférents montrent que « depuis l'époque coloniale, les communautés rurales sont marginalisées quant à la gestion des ressources du Cameroun. Ceci d'autant plus que l'autorité y a toujours misé sur l'accaparement des terres pour asseoir sa domination sur les populations. Ce rapport de force n'a pas fondamentalement changé depuis l'indépendance. » (Nkankeu, 2008:311). En effet, l'État postcolonial camerounais qui revendique la propriété de toutes les terres s'approprie des parcelles qui rentrent dans le domaine dit privé de l'État, lorsqu'il ne les accapare pas pour les concéder aux opérateurs miniers et agro-industriels. Pour ce qui est par exemple des concessions minières, « L'article 4 de la loi minière de 2001 pose d'emblée le principe de la disponibilité de l'ensemble du territoire national pour les activités minières : sauf dérogation légale, tout terrain, y compris l'eau qui s'étend sur ledit terrain, est disponible pour l'attribution des titres miniers » (Nguiffo et Mbianda, 2013:146). C'est ainsi dans des zones minières comme Bétaré-Oya, « le développement de l'exploitation de l'or s'est notamment opéré au détriment des activités agricoles par le double phénomène d'accaparement des terres et de destruction des récoltes » (Voundi et al. 2019 : 10). L'exemple du Sud-ouest est encore plus expressif. Il permet de voir ce que peut faire l'État aux paysans lorsqu'il pénètre en brousse (Ela, idem). En effet, une étude consacrée montre que ladite région a une superficie de 2 490 156 ha et que plus de 2 005 778,04 ha sont accaparés par l'État, soit 80,40 % de la superficie totale. Des terres qui sont devenues des concessions agricoles, forestières et minières et des réserves ou zones de conservations des écosystèmes (Foyet Gankam, 2019 : 105-108) ; détenues désormais par l'État, les compagnies minières, les grandes firmes agricoles nationales et internationales, les exploitants forestier, etc.

À côté de cet « accaparement institutionnel » prospère un autre type. Il s'agit d'une prédation dont l'œuvre est celle des agro-industriels locaux qui s'approprient de vastes terres dans les villages pour y installer de grandes plantations (Moupou, 2011 ; Essomba Ebella, 2016 ; Meliki, 2020). Un exemple de cette prédation vient des monts Bamboutos dans la région de l'Ouest du Cameroun où

> les élites urbaines [ont réussi], avec la complicité des autorités coutumières (chefferies), à accaparer une part croissante de terres du domaine national officiellement réservées à l'élevage. Elles y parviennent en obtenant des concessions pour des projets de développement, notamment des entreprises agropastorales, expulsant sans ménagement les petits producteurs qui bénéficiaient jusque-là d'un droit d'usage. C'est ainsi que les élites urbaines détiendraient actuellement 75 % du domaine foncier des monts Bamboutos. (Guillermou, 2015:150).

Au demeurant, même si des études plus récentes commencent à mettre en avant les mobilisations paysannes, qui usent des moyens juridiques dans la revendication de la reconnaissance de leur droit d'exploiter les résidus miniers dans les localités comme Bétaré-Oya (Ottou, 2024), ce que donne abondamment à voir la littérature consacrée est que la question foncière en milieu rural camerounais, telle qu'elle est étudiée, est qu'elle tend globalement à inscrire le paysan dans une sorte de « victimité » (Pignol et Villerbu, 2009). Ce dernier serait essentiellement la victime de l'État et des grands capitaux nationaux et étrangers qui pénètrent en brousse pour spolier les paysans.

Même les travaux qui spécifiquement s'intéressent aux transactions foncières périurbaines n'échappent pas à cette logique. S'ils documentent avec une grande minutie les stratégies d'acquisition foncière des citadins issus des couches sociales défavorisées et généralement exclus du marché foncier formel de la ville intra-muros ; ils montrent aussi que ces citadins précarisés (Meliki, 2020) ; profitent de la vulnérabilité des paysans « dont les capacités financières sont souvent [en dessous] de celles des propriétaires fonciers coutumiers » (Ndock Ndock, 2020:17) pour acquérir des parcelles. Ce faisant, ces travaux occultent, de fait, les dynamiques paysannes endogènes qui fondent la tectonique des espaces qui conduit à la phagocytose des villages périurbains par les villes en général et les grandes métropoles en particulier.

À rebours de cette lecture, la présente contribution fait une première hypothèse, celle du caractère pluriel de la figure du paysan, là où la plupart des travaux tendent à mettre en avant sa singularité. Et, parce que la figure du paysan est plurielle, et que des travaux antérieurs ont montré que « les causes externes opèrent par l'intermédiaire des causes internes » (Balandier, ibidem : 6), ce travail fait une seconde hypothèse : la fin du paysannat, notamment à la périphérie des villes est aussi, en partie, l'œuvre des petites mains paysannes qui rêvent, notamment de passer de petits agriculteurs à « grands patrons » par le biais d'investissements issus de la rente foncière.

1- Cadre d'étude et méthodologie

1.1- Commune de Garoua-Boulaï, terre et population

Le site d'étude est la commune de Garoua-Boulaï. Située dans la région de l'Est du Cameroun, entre 5° 32'53 '' et 6°4'47'' de latitude Nord, 14°12'33'' et 14°38'12'' de longitude Est. La commune de Garoua-Boulaï est créée par décret 77/203 du 28 juin 1977. Sa superficie est de 2125 km2. Elle est limitée au Nord par la Commune de Meiganga région de l'Adamaoua. Au Sud par la Commune de Ngoura, au Sud-ouest par la Commune de Bétaré-Oya à l'Est par la Commune de Baboua en République Centrafricaine.

Officiellement, l'arrondissement compte 23 villages situés principalement sur deux axes. L'axe-nord est constitué des villages de : Gandong, Dabolé, Nanamoya, Illa, Mbonga, Komboul, Taparé, Bindiba, Mboussa. Tandis que les villages de l'axe-sud sont les suivants : Nangonda, Nganko, Yokossire, Mbassi, Badan, Gbabio, Zamboi, Gado-Badzéré, Abbo-Boutila, Nandongué, Mombal, Garoua-Bethel, Mborguéné et

Sabbal-Sud. Sur le terrain Dolé 1, Dolé 2 et Gbakoussi se présentent comme des chefferies autonomes.

Pour ce qui est du périmètre urbain, la ville de Garoua-Boulaï est officiellement composée de 13 quartiers : Bindiki, C.E.S, Foulbéré, Frontière, Gbaya, Sabongari-Kadey, Marché central, Sabbal-Ville, Sabongari, Shell, Zoukoundé, Kosa Lycée, Béthanie.

La population de la commune est de 89 023 habitants. La communauté hôte composée des Gbaya et des Foulbés et Mbororo, auxquels s'ajoutent de nombreux allogènes et étrangers ainsi que les commerçants touareg et les missionnaires d'origines diverses, en représente les 63,71 %. Tandis que les réfugiés centrafricains, 50 706 personnes représentent les 36,28 % de la population totale. La densité de la population y est de 66 habitants au km2. Les Gbaya, le principal groupe ethnique de la Commune sont essentiellement agriculteurs ou artisans miniers. Alors que les populations Foulbés et Mbororos sont essentiellement éleveurs et commerçants (Commune de Garoua-Boulaï, 2022:25).

Même si le séjour sur le terrain n'a pas permis d'avoir accès aux différentes cartes géographiques de la commune, des documents de seconde main constitués principalement de rapports ont pu être collectés. La carte ci-dessous montre qu'en dehors du périmètre urbain de Garoua-Boulaï, au moins deux chefferies de l'arrondissement dépassent les 10 000 habitants : Il s'agit de la chefferie de Nagonda et de Gado.

Carte 1 : répartition des populations de Garoua-Boulaï

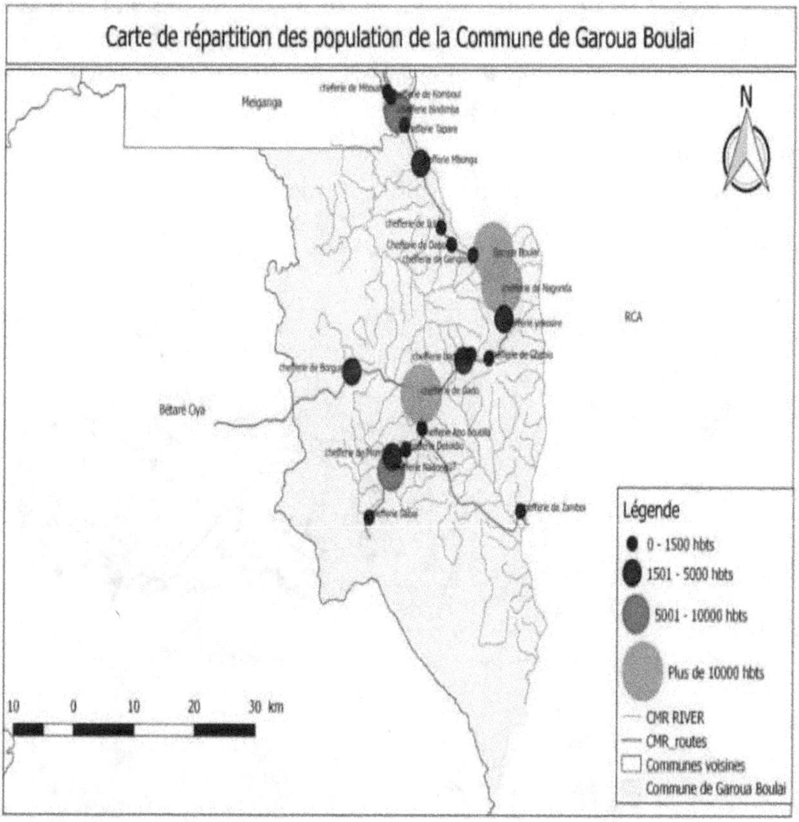

Photo 1 : Carte de répartition spatiale des populations de la commune de Garoua Boulaï

Source : Commune de Garoua-Boulaï, 2022 : 26

1.2- Site d'étude et méthodologie

Le site de cette étude couvre les localités aux alentours de la ville de Garoua-Boulaï, sur un rayon d'environ 30 kms sur les axes Nord et Sud. Le village le plus éloigné sur l'axe nord, est Bindiba situé à 30 kilomètres de Garoua-Boulaï. Tandis que le village le plus éloigné sur l'axe-sud est Gado, situé à 27 kilomètres de la même ville. Un quartier du périmètre urbain est pris en compte par l'étude il s'agit du quartier Zoukoundé qui fait partie des « nouveaux quartiers de Garoua-Boulaï. Les villages concernés dans l'axe-nord sont ceux de : Gandong, Dabolé, Nanamoya,

Illa, Mbonga, Komboul, Taparé, Bindiba (exclu). Parmi ceux de l'axe-sud, il y a : Nangonda, Nganko, Yokossire, Mbassi, Badan, Gbabio, Zamboi, Gado-Badzéré. L'étude concerne donc quinze villages sur les vingt-trois que compte l'arrondissement de Garoua-Boulaï auxquels s'ajoute un quartier de la ville. La zone concernée est représentée sur la carte ci-dessous, hachurée et encerclée en vert sur la gauche de la carte (la droite du point de vue du lecteur) :

Carte : Localisation de la zone zone d'étude (en marron)

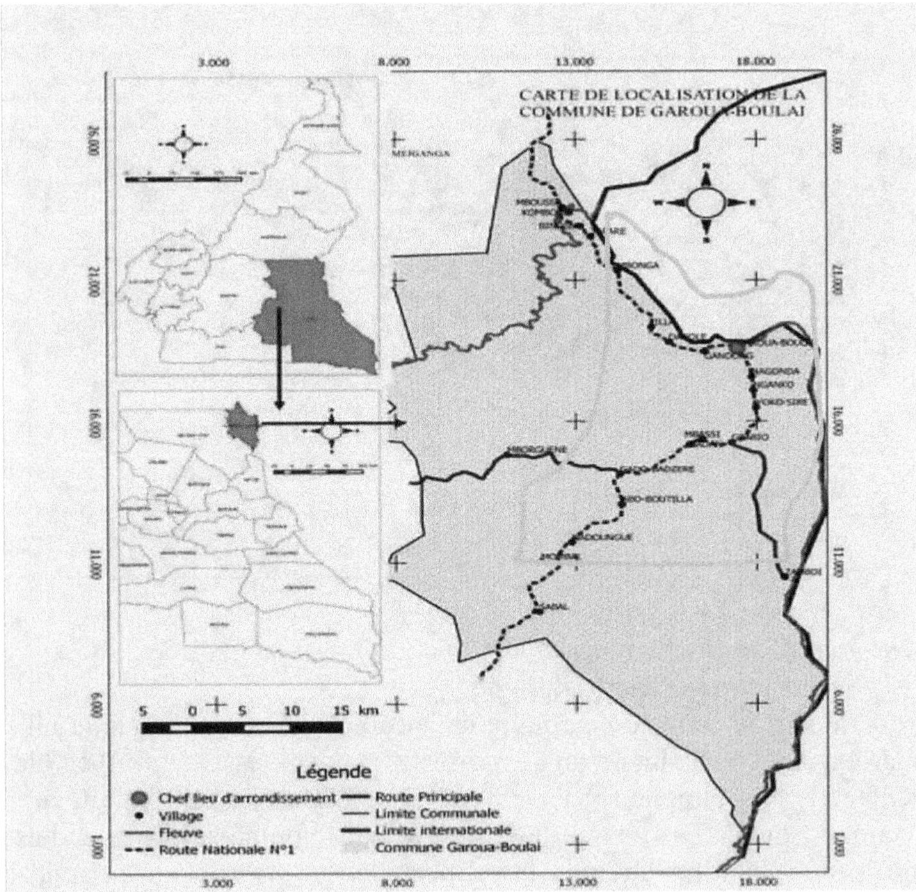

Source :Commune de Garoua-Boulaï, 2022 : 28

Le choix de cette zone d'étude n'est pas anodin. Dans la plupart des communes du Lom et Djérem et même de l'Est en général, de vastes terres ont été prises aux paysans et hébergent d'intenses activités agricoles (Tabac dans la commune de Batouri notamment), minières (Bétaré-Oya, Batouri...), et même des réserves forestières (la réserve du Dja). Les villages de la zone d'étude n'hébergent pas d'activités agro-industrielles ni de réserves forestières. Le seul village qui est concerné par l'extraction de l'or par des entreprises minières étrangères est situé à Bindiba, dans la localité de Yassa. C'est pour cela que Bindiba est exclu de notre échantillon. Cette dernière localité est juste une borne géographique de la zone d'étude.

En effet, les terres dans ces localités, au fil des ans, sont restées majoritairement aux mains des paysans, cet espace constitue de ce fait un terrain d'observation idéal des dynamiques sociales qui travaillent les mondes ruraux dans un contexte d'urbanisation galopante ; et permet de lire un pan de la réalité qui est souvent négligée par la recherche : la domination des paysans par les paysans eux-mêmes.

Les données sur lesquels s'adosse cette réflexion sont de types qualitatifs primaires. Un échantillon de quarante-deux personnes en tout a été mobilisé dans le cadre d'entretiens conduits du 23 octobre au 17 décembre 2024 dans la zone d'étude par une équipe de trois personnes. Un enquêteur principal et un interprète en langue Fufuldé et un interprète en langue Gbaya. Les entretiens avec les chefs de villages, quinze au total, ont permis de comprendre que, pour la plupart, parce qu'ils sont des auxiliaires de l'administration, se considèrent comme de petits « chefs de terre » (les sous-préfets étant les Chefs de terres). Et en tant qu'auxiliaires de l'administration, ils font partie de l'élite villageoise ces « grands d'en-bas ». Par conséquent ils sont incontournables en matière de transaction foncière. En croisant les données avec les entretiens conduits auprès des masses paysannes, ces « gens du bas d'en-bas », seize personnes (dix hommes et six femmes), une double réalité a pu se mettre en an avant : premièrement, ceux qui vendent les terres le font pour investir dans une affaire plus rentable et moins pénible que le travail de la terre. D'autre part, il ressort que les chefs de villages ne protègent pas toujours les intérêts des populations dans le cadre des transactions foncières. Toutes les personnes interviewées accusent ces chefs de profiter de la rente foncière plus que les propriétaires des terrains eux-mêmes. « Quand vous vendez votre terrain, vous leur donnez leur part sinon ils ne signent pas » et ils « mangent chez tout le monde » (Entretien du 30 octobre 2023). Les entretiens avec les autorités de la ville, deux responsables de l'administration du territoire et quatre responsables de la mairie, ont mis en avant la difficulté qu'il y avait à gérer les litiges fonciers dans les villages de la région du fait des liens de parenté entre les individus. « La même communauté qui accuse une personne se plaint encore lorsque la personne fautive est derrière les barreaux. Lorsqu'il s'agit d'un chef de village, la situation est encore plus délicate. On ne met pas son frère en prison, même s'il a fait quoi » (entretien du 3 novembre 2023). Cependant, si les échanges avec les autorités permettent d'observer que les communautés protègent les personnes coupables d'escroquerie foncière notamment, les entretiens avec les membres des organisations non gouvernementales internationales (deux) et des membres des organisations de la société civile camerounaise (trois) accusent les responsables administratifs locaux de laisser prospérer l'anarchie dans les transactions foncières parce que « eux-mêmes ils mangent leur part ».

À côté de ces entretiens, l'observation directe a mis en avant le fait que dans toutes les localités, au moins la moitié des terres le long de la route n'appartenait plus aux paysans au moment de nos enquêtes. Dans le quartier Zoukoundé, au moins quatre-vingt-dix pour cent des terres avaient été vendues. Mais cette observation directe a permis également d'assister à des activités communautaires organisées par les ONG et les organisations de la société civile camerounaise (Danish Refugee Council, International Medical Corps, Association Mains Solidaires…) et d'observer les dynamiques de pouvoir dans les communautés.

Des sources documentaires ont également été mobilisées : les rapports d'études conduits par la mairie de Garoua-Boulaï ; par le biais des organisations non gouvernementales internationales et/ou des organisations de la société civile locale. Des rapports de l'institut national de la statistique. Ces documents ont notamment permis d'observer que certains villages que nous avons visités ne sont pas mentionnés dans les documents officiels. C'est le cas des villages de Dolé 1, Dolé 2 et Gbakoussi sur l'axe Garoua-Boulaï-Bindiba. Or, ces villages sont dotés de chefferies dont certaines interviennent et donnent une caution « légale » aux transactions foncières et sans être rappelé à l'ordre par qui que ce soit.

Ces éléments de terrains ont permis d'articuler la réflexion sur la tectonique des espaces autour des logiques transactionnelles (au sens Rémy et coll., 1978 ; Blanc, 1991), qui fondent l'action des gens « du bas d'en-bas », celles des gens « d'en-bas », celles des « grands d'en-bas ». Ces mêmes logiques fondent l'action des responsables administratifs locaux. Tout ceci conduit à la disparition des terres paysannes au profit d'acquéreurs qui pour la plupart sont des citadins dont certains viennent des grandes métropoles du Cameroun (Yaoundé et Douala notamment). Cette articulation a permis de mettre en avant la figure plurielle du paysan.

2- De la division du pouvoir social, les classes paysannes et la domination légitime : ce que donne à voir la commune de Garoua-Boulaï

La tradition sociologique, depuis les travaux de (Durkheim, 1930) a introduit une distinction des sociétés sur la base du degré de complexité de la division du travail. Une telle distinction, si elle n'est pas contestable en soi, peut occulter une autre réalité, celle de la division du pouvoir au sein des sociétés humaines, des plus simples aux plus complexes. En réalité, si les communautés rurales, à juste titre, peuvent être considérées comme des sociétés relativement simples du point de vue de la division du travail, elles sont plus complexes du point de vue de la division du pouvoir social.

2.1- Les classes paysannes et la division du pouvoir social dans les villages de Garoua-Boulaï

Les paysans, au Cameroun, font partie du « monde d'en-bas » dont l'un des premiers théoriciens a été Jean-Marc Ela (Ela, 1982 ; 1983, 1990 et 1998). Selon un de ses nombreux critiques, « le monde d'en bas est celui du petit peuple qui vit généralement en milieu populaire. Il est composé de gens simples, qui ont été formés plus par leur vie ordinaire en famille, au travail, dans la société que par les études. » (Massamba, 2020 : 159) Au regard de cette définition, le reproche qui peut être fait à Ela est de donner un visage singulier au monde d'en-bas et de l'inscrire dans un continuum ville-campagne.

Premièrement le *monde d'en-bas* des villes ne pourrait être logé à la même enseigne que celui des campagnes africaines. En effet, ce que le terrain met en avant est que le prolétaire des villes camerounaises se considère comme supérieur à celui des campagnes. Dans les villes camerounaises par exemple, une des façons de rabaisser un individu est de le traiter de « villageois ». Par ailleurs, ceux qui sont restés au village eux-mêmes se considèrent souvent comme inférieurs à ceux des villes. C'est ainsi que pendant le séjour de recherche, une descente sur le terrain à la fin du mois d'octobre 2023, dans un village de l'axe-sud, a permis d'assister à une session dite de « dialogue communautaire pour mitiger les conflits ». Elle était organisée par une ONG internationale européenne. Le personnel chargé de la mise en œuvre était Camerounais. De jeunes travailleurs qui venaient fraichement de Yaoundé. À une des questions posées à la communauté, le chef répond : « mes enfants, c'est vous qui venez de la ville. C'est vous qui connaissez ces choses, nous ici au village on connait quoi ? Dites-nous seulement ce que nous devons faire » et le reste de l'assemblée a acquiescé comme pour donner raison au chef de village. Plus tard, le même chef de village, sollicité pour un entretien va présenter ses deux fils à l'équipe de recherche d'une manière qui rend compte de la hiérarchie symbolique entre villageois et citadins dans les imaginaires locaux : « Voici mon premier fils, il est là-bas à Yaoundé. Il se bat avec la moto [il est conducteur de moto-taxi]. Il n'est pas comme celui-ci, son petit frère, un villageois, un fainéant ». Ce qui est intéressant d'observer, ici, est que le chef lui-même trouve l'appellation *villageois* injurieuse. Tout simplement parce que, sur le plan symbolique, dans la société camerounaise notamment, ceux qui vivent en ville ont un ascendant sur ceux qui vivent dans les campagnes ; qui, au quotidien, subissent ainsi la domination citadine. Cette domination provient aussi de ce que les capacités financières des *gens d'en-bas* des villes sont souvent supérieures aux capacités financières des *gens d'en-bas* des villages. (Ndock Ndock, 2020).

Deuxièmement, lorsque le regard se tourne vers le monde rural, ce que l'observateur découvre alors est que « le bas », qui prend la figure du paysan dont parle Ela, n'est pas une catégorie aussi singulière qu'il y paraît. Tout au moins, l'exemple de Garoua-Boulaï (schéma ci-dessous) permet de faire une classification qui met en lumière une hiérarchie sociale du monde d'en-bas ; et que cette hiérarchie fonde les rapports de domination des paysans par les paysans.

Schéma 1 : le paysan, une figure plurielle

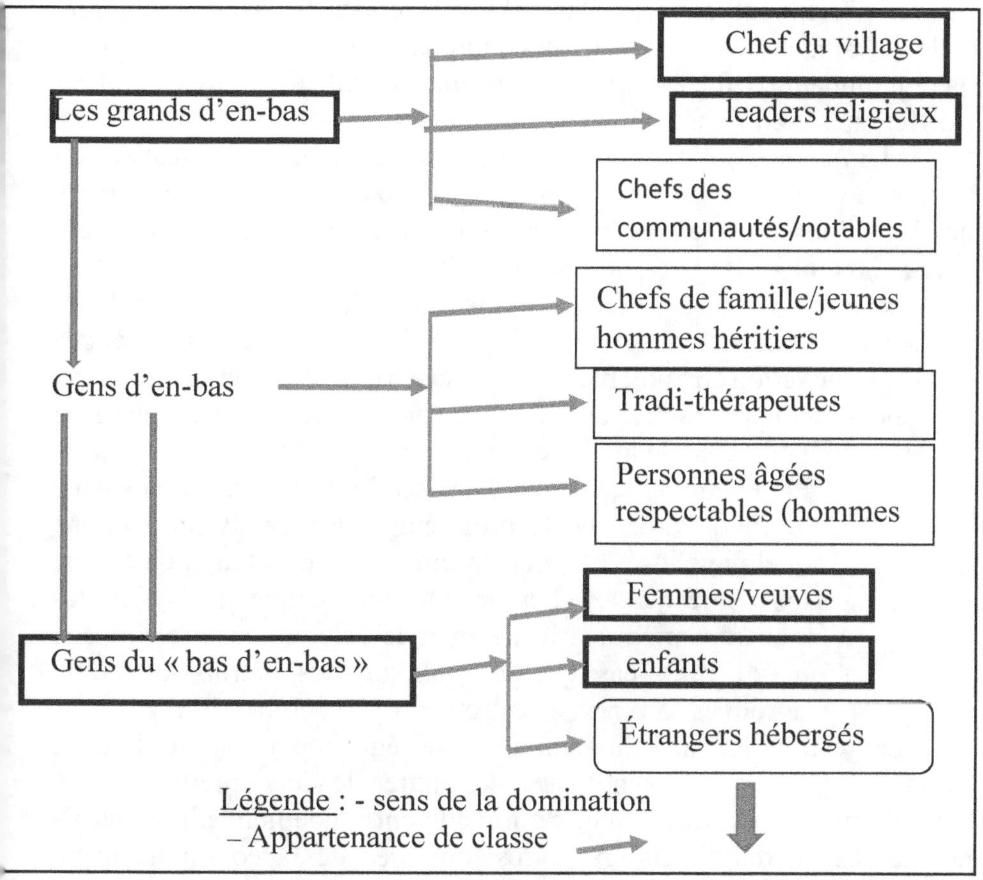

Source : Figure réalisée sur la base des observations de terrain

Cette représentation, qui ne correspond qu'à un idéal type, a l'avantage de mettre en avant la hiérarchie observée dans les villages ; et qui permet de lire les rapports de domination légitime qui s'y observent d'une manière quotidienne et permanente entre les différentes « classes sociales » du monde paysan de Garoua-Boulaï.

Ceci peut être observé lors de la prise de parole sur la place publique. Le séjour sur le terrain montre que lors des réunions avec les acteurs humanitaires en général, les *grands d'en — bas* sont ceux qui imposent leur volonté aux autres membres de la communauté (les *gens d'en-bas* et ceux du *bas d'en-bas*). Des phrases du genre « c'est comme le chef a dit », « le chef a tout dit… », « quand le chef a parlé, qui peut encore parler ? » reviennent souvent dans les conversations. Une grammaire sociale qui rend compte de ce que la volonté du chef (chef de village, chef de la communauté, leader religieux…) prime sur celle des autres membres des différentes communautés.

Mais cette domination peut aussi s'observer dans la manière de s'asseoir en public. Généralement les *grands d'en-bas* sont mieux installés : à l'abri du soleil, assis de manière plus confortable contrairement aux autres membres de la communauté.

Un autre moment où cette domination se donne à voir, est lors du traitement des litiges : le plaignant et l'accusé doivent souvent apporter des présents au chef et/ou aux notables avant que le tribunal coutumier ne siège. Les données recoupées auprès des enquêtés font état de ce que les chefs ne sont pas toujours du côté de la vérité, mais du plus offrant.

> Par exemple, les bœufs détruisent ton champ. Tu pars chez le chef. Parce que le propriétaire des bœufs lui a donné quelque chose. Le chef dit que c'est de ta faute. Que c'est toi-même qui as cherché. Ou encore que tu as fait des « champs pièges ». Il te demande de clôturer tes champs si tu ne veux pas que les animaux les détruisent. Tu te retrouves sans rien » (entretien du 29 octobre 2023)

La gestion de l'aide humanitaire rend également compte de cette domination. Les chefs, les notables, les autres leaders traditionnels et religieux sont le plus souvent ceux qui reçoivent l'aide humanitaire qu'ils sont chargés de distribuer aux autres membres de la communauté en fonction des critères définis par les organisations humanitaires. Il n'est pas rare d'observer qu'une partie de l'aide n'arrive pas aux bénéficiaires ciblés. Parfois, lorsque les critères de sélection des bénéficiaires sont définis, et qu'il est demandé aux leaders des communautés (chefs, notables, chefs de communautés, leaders religieux traditionnels …) d'identifier les personnes conformément a ces critères, il n'est pas rare que ces leaders sélectionnent des membres de leurs réseaux de sociabilité : épouses, enfants, frères, beaux-frères.)

La même domination s'observe dans les rapports entre *gens d'en-bas* et *gens du bas d'en-bas.* « C'est moi le chef de famille », « c'est moi que mon père a laissé ici » (sous-entendu, c'est moi l'héritier ». Des expressions qui renvoient au fait que la personne se considère comme le détenteur du pouvoir légitime. Le seul à pouvoir prendre des décisions dans la famille et au nom de la famille. Ce qui est apparu c'est que certains chefs de famille interdisent à leurs frères, aux épouses ou aux enfants de leurs frères décédés d'occuper certains espaces, que ce soit pour le logement, que ce soit pour l'agriculture.

Pour ce qui est des « étrangers hébergés par les femmes », il s'agit souvent de partenaires intimes de ces dernières qui, très souvent, sont les sœurs du chef de famille. Ces derniers n'ont par exemple pas le droit de parler des sujets qui concernent la vie de la famille, parce qu'ils sont considérés comme des sous-hommes. Ils sont des sortes de *cadets des cadets sociaux.*

Dans un village de l'axe-nord par exemple, un de ces partenaires intimes, un ouvrier agricole, a donné de l'argent au frère de sa compagne pour que celui-ci le lui garde. Le chef de famille l'a utilisé. Lorsque le partenaire intime de la sœur a réclamé son dû, le chef de famille l'a menacé de le faire expulser du village. L'amant et sa partenaire se sont plaints chez le chef. Le frère a promis de rembourser cet argent. Ce qu'il n'avait pas encore fait plus de six mois plus tard lors de l'enquête.

Comme cela apparaît, si de nombreuses situations de la vie quotidienne permettent de lire la domination des paysans par les paysans eux-mêmes, la gestion foncière reste un des marqueurs les plus évidents de cette domination légitime.

2.2- Gestion foncière et domination légitime : quand les paysans spolient les paysans

L'histoire de la commune de Garoua-Boulaï est particulière. La ville a connu en ce début de 21e siècle une forte explosion démographique due, d'une part à l'accroissement naturel de la population et aux migrations internes, et d'autre part a une arrivée massive des réfugiés centrafricains depuis 2013 notamment :

> L'effectif total des réfugiés, dans le pays, était évalué à 123 090 personnes en 2013 contre 658 070 en début d'année 2018 (UNHCR, 2018) et le nombre de réfugiés centrafricains au début

du second semestre 2018 se situait autour de 249 370 personnes, présentes principalement dans les régions de l'Adamaoua, de l'Est et du Nord. Les régions de l'Adamaoua et de l'Est sont celles qui accueillent le plus grand nombre de réfugiés centrafricains, et Garoua-Boulaï est l'une des destinations privilégiées, car située sur le corridor Bangui-Douala, sur un point de contact entre le Cameroun et la RCA. On y enregistrait en 2013 une population de 10 901 réfugiés (Commune de Garoua-Boulaï, 2013), mais cet effectif s'élevait à plus de 41 000 au début de l'année 2018. [...] Pour de nombreux réfugiés arrivés en territoire camerounais, Garoua-Boulaï a davantage servi de point d'entrée sécurisante (Minfegue, 2019 : 5)

Ainsi, donc, en moins d'un quart de siècle, la population de la commune de Garoua-Boulaï a plus que triplé. Selon les données du 3e Recensement général de la population et de l'habitat du Cameroun de 2005, l'arrondissement comptait environ 41 388 personnes. Aujourd'hui, les chiffres les plus récents montrent que la commune héberge une population de 139 729 habitants soit 66 personnes au kilomètre carré, vivants en zones rurales et urbaines (Commune de Garoua-Boulaï, 2022 : 21).

Cet accroissement de la population s'accompagne également d'une forte urbanisation qui a un impact sur la demande foncière pour le logement et/ou l'agriculture. Les terres rurales et les terres périurbaines notamment deviennent de fait des espaces-enjeux.

Par ailleurs, dans un contexte de pauvreté, la rente foncière pour les paysans devient une sorte de pis-aller dans un contexte où les paysans connaissent un « accès difficile au matériel agricole moderne, l'indisponibilité des intrants en quantité et en qualité, la faible maîtrise des techniques agricoles, l'enclavement des bassins de production, le faible niveau de transformation et la non-maitrise des techniques de conservation » (Commune de Garoua-Boulai, ibidem : 29).

En outre, ce qu'il convient de mentionner est que, outre ces difficultés de nature endogène, cette misère est paradoxalement aggravée par près d'une décennie de forte intervention humanitaire à en croire les intervenants eux-mêmes :

> L'humanitaire est alors venu mettre la région KO. Les paysans sont devenus fainéants. Ils attendent qu'on leur apporte tout. Même les champs, ils ne font plus. Maintenant c'est la famine qui menace tout le monde. Tu te rends compte que pour ce qui est de Garoua-Boulaï le couscous de manioc vient déjà de Bertoua ? Les femmes partent des villages pour venir acheter le couscous en ville ? C'est devenu la magie. (Entretien du 20 novembre 2023 avec Nasser, acteur humanitaire)

Dans cet espace de pauvreté qu'est celui de la commune de Garoua-Boulaï, les terres périurbaines sont devenues des espaces-enjeux et la rente foncière une sorte d'activité génératrice de revenus pour les populations rurales. L'observation montre aussi que les rapports de pouvoirs qui structurent les communautés villageoises conduisent à la spoliation des terres des paysans par les paysans eux-mêmes. Cette spoliation est à la fois l'œuvre des *grands d'en-bas* qui spolient souvent les *gens d'en-bas* et ceux du *bas d'en-bas*. Mais elle peut aussi être l'œuvre des *gens d'en-bas* qui spolient les *gens du bas d'en-bas*. En guise d'illustration :

> L'espace où j'habite ici, je l'ai acheté. Et pourtant notre père a laissé beaucoup de terre. Ce terrain va de la chefferie jusqu'à la limite avec [le nom du village ne sera pas mentionné pour des raisons de confidentialité. Mais il s'agit d'un village de l'axe-sud]. Oui, le chef que vous voyez là, c'est mon grand frère. Mais il a accaparé toutes les terres que notre père a laissées. Il a tout vendu. Il n'a rien laissé, même à ses propres enfants. Je lui ai dit qu'il croit qu'il me fait du mal. Il se fait du mal à lui-même. Moi, mes enfants ne sont pas ici. Ils sont tous en ville. Et ils ne vont jamais revenir ici. Ce sont ses enfants qui sont ici au village. Et ce n'est même pas tout. Il est en complicité avec le chef de canton. Non seulement ils prennent 15 % du montant de la vente, mais ils ne font qu'arracher les terres des gens pour vendre aux al-hadji. Et comme les populations ont peur d'eux, personne ne parle. (Entretien su 12 novembre 2023 avec Monsieur Kombo, frère du chef d'un village de l'axe-sud).

De telles accusations ne sont pas marginales. Elles ont été recueillies dans la quasi-totalité des villages de la zone d'étude. Comme l'a affirmé une dame membre d'une organisation de la société civile locale :

« les chefs se comportent comme si toutes les terres sont leur propriété. Ils arrachent les terres de leurs frères qu'ils vendent n'importe comment » (Leila, entretien du 23 octobre 2023).

Ce qui ressort, ici, est que si pour les paysans de Garoua-Boulaï la rente foncière est devenue une activité génératrice de revenus, les grands d'en-bas spolient les autres paysans et vendent ces terres aux citadins locaux et ceux venus des autres villes et métropoles du Cameroun.

Cette pratique de spoliation des terres rurales par les chefs, observée dans la commune de Garoua-Boulaï, est loin d'être marginale. Elle est importante et concerne de nombreuses chefferies dans toutes les régions du Cameroun. C'est du moins ce que montre l'appel à l'ordre du ministre de l'Administration territoriale du Cameroun en date du 14 février 2024.

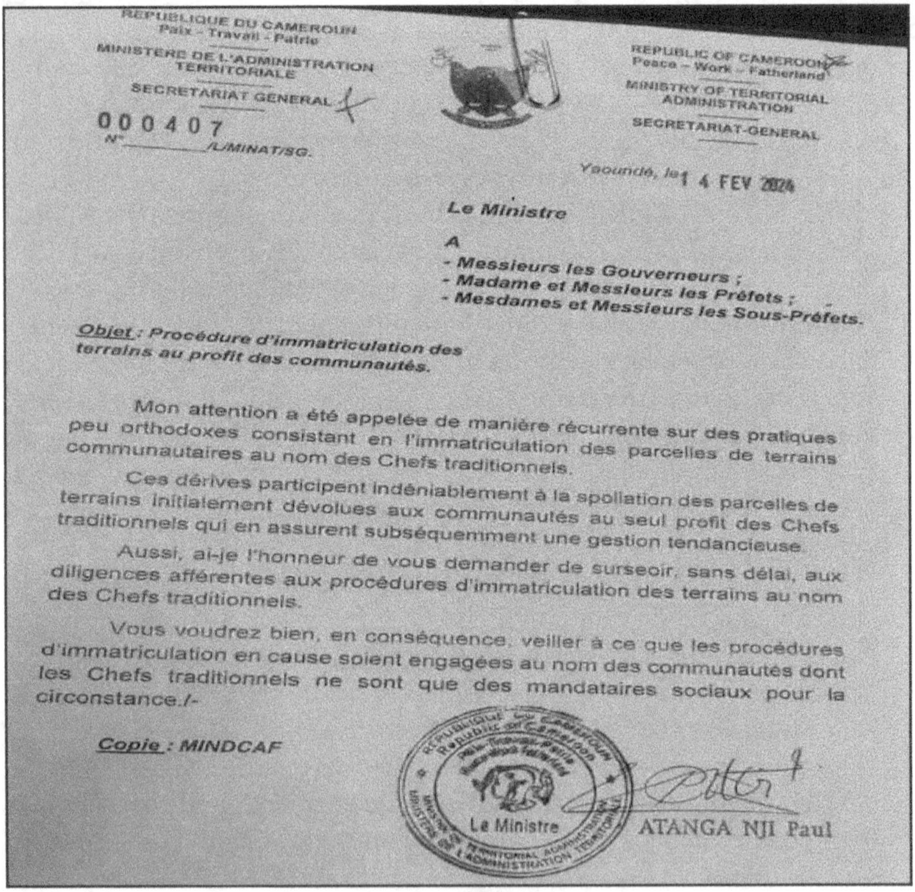

REPUBLIQUE DU CAMEROUN
Paix - Travail - Patrie
MINISTERE DE L'ADMINISTRATION TERRITORIALE
SECRETARIAT GENERAL

N° 000407 /L/MINAT/SG.

REPUBLIC OF CAMEROON
Peace - Work - Fatherland
MINISTRY OF TERRITORIAL ADMINISTRATION
SECRETARIAT-GENERAL

Yaoundé, le 14 FEV 2024

Le Ministre

A

- Messieurs les Gouverneurs ;
- Madame et Messieurs les Préfets ;
- Mesdames et Messieurs les Sous-Préfets.

***Objet** : Procédure d'immatriculation des terrains au profit des communautés.*

Mon attention a été appelée de manière récurrente sur des pratiques peu orthodoxes consistant en l'immatriculation des parcelles de terrains communautaires au nom des Chefs traditionnels.

Ces dérives participent indéniablement à la spoliation des parcelles de terrains initialement dévolues aux communautés au seul profit des Chefs traditionnels qui en assurent subséquemment une gestion tendancieuse.

Aussi, ai-je l'honneur de vous demander de surseoir, sans délai, aux diligences afférentes aux procédures d'immatriculation des terrains au nom des Chefs traditionnels.

Vous voudrez bien, en conséquence, veiller à ce que les procédures d'immatriculation en cause soient engagées au nom des communautés dont les Chefs traditionnels ne sont que des mandataires sociaux pour la circonstance./-

***Copie** : MINDCAF*

Le Ministre

ATANGA NJI Paul

Cette correspondance du ministre de l'Administration territoriale adressée à ses subordonnés, montre l'étendue de la pratique et crédite cette hypothèse de la spoliation des paysans par les paysans eux-mêmes. Toute chose qui permet de lire la domination des grands d'en-bas sur le reste de la communauté en milieu rural.

Une autre chose que montre l'enquête est que cette domination ne s'exerce pas seulement au travers de la spoliation foncière. Elle s'observe aussi dans la spoliation des revenus issus de la rente foncière des paysans. Concrètement, ils perçoivent un pourcentage dans le cadre des transactions foncières effectuées généralement par les chefs de famille (en moyenne et d'après les enquêtes, ils perçoivent 15 % de commission).

Au-delà de ce constat, et s'il y a une chose que le terrain permet d'illustrer, c'est que les chefs de famille de ces gens d'en-bas, spolient eux aussi leurs propres familles sans que parfois celles-ci soient au courant, comme le montre cette illustration :

> Un commerçant de Garoua-Boulaï a acheté un terrain dans un village de l'axe-nord et situé à moins de dix kilomètres de Garoua-Boulaï trois ans plus tôt. Il l'a fait immatriculer. Le chef de famille qui lui a vendu le terrain est décédé deux ans après la transaction. Un après le décès du vendeur, le nouveau propriétaire décide de mettre en valeur sa parcelle. Le nouveau chef de famille mobilise ses frères qui s'attaquent aux ouvriers que le nouveau propriétaire a recrutés pour défricher son espace. Ce dernier fait appel aux forces de l'ordre. C'est alors que le frère découvre que son aîné avait vendu cet espace (5 hectares situés aux bords de la nationale no1) à leur insu. La famille est contrainte d'abandonner les poursuites judiciaires qu'elle avait voulu engager.

Ce que donnent à voir les dynamiques de pouvoir, ici, est qu'en matière de gestion foncière, le chef de famille qui veut céder une parcelle peut consulter ou pas le reste de la famille. Tout se passe à la chefferie. Ce qui est important pour les chefs d'après les informateurs est de percevoir leur commission lors des ventes. Des pratiques qui privent ainsi des familles d'une partie de leurs terres sans même que la plupart des membres soient au courant comme le montre l'illustration ci-dessus.

Par ailleurs, la loi ne donne pas la possibilité d'un recours aux membres de la famille qui se sentent lésés par un des leurs. D'après l'alinéa 1 de l'article 2 du Décret n° 2005/481 du 16 décembre 2005 modifiant et complétant certaines dispositions du décret n° 76/165 du 27 avril 1976 fixant les conditions d'obtention du titre foncier : « Toute personne dont les droits ont été lésés par suite d'une immatriculation n'a pas de recours sur l'immeuble ».

Ainsi, en toute « légalité » des frères spolient des frères sans que les familles aient les moyens juridiques de contester les ventes, notamment lorsque les terrains sont immatriculés. Par ailleurs, même si les terrains ne sont pas encore immatriculés, le pouvoir des chefs de famille est tel que la contestation est difficile. Des formules telles que « Je le laisse avec son Dieu » ; « Ce qu'il a fait là va se retourner contre lui, il va voir »... témoigne du sentiment d'impuissance des frères spoliés. Ces derniers incapables d'agir s'en remettent, très souvent, à un être supérieur à qui le soin est laissé de sanctionner le frère indélicat.

Cependant, si l'accaparement des terres des frères par les frères, en milieu paysan est une réalité comme le montre l'exemple de la commune de Garoua-Boulaï ci-dessus, *la tectonique des espaces* qui pousse les villages aux abords des villes à la dérive ; et qui signe, à la périphérie desdites villes, la fin des paysans, est l'œuvre à la fois des *grands d'en-bas*, celle des *gens d'en-bas* et celle des *gens du bas d'en-bas*. Ces derniers sont souvent fascinés par le mode de vie urbain et rêvent de passer, via la rente foncière, de paysan à patrons.

3- Rente foncière et investissement : comment les paysans se « suicident » aux abords des villes

Cette réflexion, d'emblée, a montré que la commune de Garoua-Boulaï fait face à une forte inflation démographique qui entraîne une forte pression foncière. Au-delà de cet aspect, la pression est aussi symbolique sur les paysans villages périurbains qui ont une image fantasmée de la vie de citadin. Vivre comme un citadin a un coût que les paysans ne peuvent pas toujours assumer. La rente foncière devient une stratégie « d'enrichissement » pour lesdits paysans.

3.1-Quand le village se vend à la ville : les entrepreneurs du foncier rural

La recherche consacrée tend globalement à montrer que ce sont les grands capitaux internationaux, l'élite urbaine locale et les citadins qui vont souvent à la conquête des terres rurales et périurbaines qu'ils accaparent. Les données recueillies dans le cadre de cette étude relativisent cette hypothèse de la pénétration des capitaux en milieu rural rendue responsable de la spoliation des terres paysannes. La réflexion montre que les villages périurbains de Garoua-Boulaï ne répondent pas seulement à la demande en espaces cultivables et de logements. Les ruraux eux-mêmes font souvent la prospection. De nouveaux entrepreneurs du foncier rural voient ainsi le jour et prennent la figure du « démarcheur foncier ». Il peut s'agir de jeunes paysans ou de jeunes citadins comme le montre l'encadré ci-dessous :

Le 6 novembre 2023, l'équipe de recherche accompagne un nouveau propriétaire qui va visiter ses terres sur l'axe-nord. Le propriétaire se gare au village pour s'approvisionner en eau. Pendant que ce dernier se ravitaille, un jeune se rapproche d'un membre de l'équipe. Il lui propose les terres. Non pas les siennes, mais celles d'un chef de famille du village qui cherchent des acquéreurs. Les échanges font savoir à l'équipe qu'il a déjà permis à une dizaine de personnes d'acquérir des parcelles auprès du chef de famille en question. En creusant, l'équipe découvre que tous les villages de l'étude ont plus d'un démarcheur.

Deux semaines plus tard, la même équipe de terrain qui a effectué plusieurs séjours sur le terrain dans le cadre de la visite des espaces vendus par des paysans à des citadins ordinaires est en train de prendre le petit déjeuner. Un monsieur s'approche. Ils affirment avoir observé les nombreuses descentes de l'équipe. Il lui demande si elle est intéressée par des terres fertiles pas très loin de la ville. Une dizaine de kilomètres du centre-ville environ. Il reste juste, dit-il, deux hectares. L'équipe décline l'offre. En questionnant le propriétaire du restaurant qui connaissait le monsieur, il fera savoir que le monsieur fait partie des démarcheurs. Ceux qui aident les vendeurs à trouver des clients.

Par ailleurs, parce que la rumeur sur la disponibilité des terres dans la commune de Garoua-Boulaï circule, parce que Garoua-Boulaï est une ville frontalière et un espace de transit pour ceux qui vont à destination de la RCA d'une part ; du Nigéria et du Tchad d'autre part, des citadins venus d'ailleurs commencent également à prospecter. C'est le cas du groupe dit des « Bamiléké qui viennent de Yaoundé et de Douala; et qui sont en train d'acheter tout l'arrondissement de Garoua-Boulaï » (entretien du 17 novembre).

Même si cette déclaration est une hyperbole et pourrait ressembler à de la stigmatisation, le fait est que « le Bamiléké » symbolise ces citadins qui viennent d'ailleurs pour acquérir des parcelles dans ces villages de la périphérie de Garoua-Boulai. Au moment de l'enquête, ils investissaient essentiellement dans l'agriculture. Des champs présentés comme appartenant à ces étrangers ont été mentionnés dans les villages de Dabolé, Dolé, Gbakoussi du côté de l'axe-nord de Garoua-Boulaï.

Une dernière catégorie d'acteurs est constituée des opportunistes. Il s'agit des fonctionnaires et autres personnels humanitaires ; qui profitent de la vulnérabilité des paysans pour acquérir des terres. Le principe est simple. Le paysan emprunte de l'argent auprès de la personne. Il offre une parcelle comme hypothèque. Si le paysan est incapable de rembourser cet argent dans les délais, ou s'il est incapable de rembourser tout court, la terre devient la propriété du préteur ou de la prêteuse. Nous avons ainsi pu observer que par ce procédé, une humanitaire avait pu acquérir cinq parcelles dans les villages périphériques de Garoua-Boulaï.

Au final, le terrain permet de dégager quatre type-idéaux d'entrepreneurs du foncier rural qui contribuent à la fin du paysannat dans les villages et dans la périphérie de la ville de Garoua-Boulaï *: les démarcheurs fonciers villageois, les démarcheurs fonciers citadins, les prospecteurs fonciers et les opportunistes du foncier*. La dernière partie du texte montre ce qui pousse les paysans à se « débarrasser » de leurs terres.

3.2- **Habiter le village en citadin : la rente foncière et ses principales destinations**

Une autre « fin des paysans » est celle de ceux d'Afrique noire. L'affirmation est certes provocante comme l'auteur lui-même le dit (Lombard, 1981 : 33). Mais ce que le terrain de Garoua-Boulaï permet de lire est que Lombard est celui qui, dès les années mil neuf cent quatre-vingt, a pu entrevoir *la fin des paysans* en Afrique noire dans la perspective d'un *suicide paysan*.

En effet, Mendras en parlant de la fin des paysans dans les années soixante, « avait utilisé cette formule à propos du paysannat français [...] à une époque où les contraintes agricoles transformaient le cultivateur traditionnel en un véritable entrepreneur. La rationalité technique bouleversait les anciennes logiques paysannes » (Lombard, idem). Un des mérites de Lombard est d'avoir montré que :

> Partout où le changement et l'innovation sont intervenus, le paysannat africain a été atteint. Non pas que sous l'effet des transformations agricoles il se soit mué, comme dans les pays économiquement développés, en un corps de techniciens de l'agriculture, partout à la recherche des meilleures variétés culturales ou de l'utilisation optimale de l'engrais, partout préoccupé de productivité ou de coût minimum. Si le paysannat africain a été atteint, c'est que les interventions extérieures (État, sociétés de développement, etc.) ont fait du paysan un homme de moins en moins bien enraciné dans son terroir, fasciné souvent par d'autres genres de vie et par l'éventualité d'un salariat, là où la réussite agricole est difficile (Lombard, idem)

C'est justement parce que le paysan africain est fasciné par d'autres genres de vie que primo, il se conçoit comme inférieur au citadin ; et que secundo, il rêve de vivre comme citadin que ce soit par le biais du salariat ou du patronat. De ce fait, l'histoire des sociétés rurales en Afrique et au Cameroun est une histoire de paysans qui se suicident aux portes de la ville. Ici, la fin des paysans vient de ce que le paysan rêve de quitter sa condition de « villageois » très souvent par le biais de la rente foncière.

C'est ce que la réalité dans la commune de Garoua-Boulaï permet d'observer. Les paysans s'imaginent que la rente foncière leur permettra d'accéder à une vie de bourgeois, littéralement sans effort. C'est du moins ce que laisse entrevoir la nature des investissements qui sont ceux des paysans une fois que la terre est vendue. Il peut s'agir d'une terre spoliée ou d'une terre vendue par son légitime propriétaire.

Tableau : principales destinations des fonds issus de la rente foncière
Source : Réalisé sur la base des observations de terrain

Type d'investissement (investissement principal)	**Acquisition**	**Présentation de soi**	**Objectif social/économique**
Immobilisation	Achat de voiture/motocyclette	Paraître bourgeois	Quête de notabilité en témoignent les titres suivants : *Boss, pétrolier, nouveau riche, Saoudien*...
	Réfection ou construction d'une ou des maisons d'habitation		
	Achat de vêtements à la mode	Cesser de s'habiller comme un villageois	
	Ustensiles de cuisine de « dernière génération »	Ne plus utiliser les assiettes des villageois »	
	Téléviseur, téléphone androïde, haut-parleurs… antenne canal+…	Être connecté au monde comme les citadins	
	Générateur électrique, plaque solaire…	Avoir le courant comme en ville ou s'émanciper des caprices de la société d'électricité	
Alimentation	Consommation d'aliments plus ou moins importés	Ne plus manger n'importe quoi, comme un villageois	
Vie sociale	Organiser les fêtes (anniversaires, mariages, baptêmes…)	Se faire plaisir	
	Apporter une contribution subséquente aux fêtes, deuils et autres cérémonies	Rendre visible son nouveau pouvoir financier	
Loisirs	Aller faire la fête en ville, parfois dans les grandes métropoles	Profiter de la vie	
Conjugalités	Prendre une autre épouse, souvent plus jeune	Avoir une femme digne d'un homme qui a fait fortune	
Investissement proprement dit	Bars, boutiques, voiture ou moto pour le transport	Passer de paysan à patron	Ne plus dépendre de la terre pour se nourrir

La première chose que ce tableau met en avant est que la rente foncière tend à transmuter le paysan en citadin. Autrement dit, la terre qui, traditionnellement, donne la vie aux paysans devient, par le biais de l'urbanisation, mortifère. Par le biais de la vente de sa terre, le paysan se tue pour se réincarner en citadin. Il adopte ses manières d'être et, surtout, de par la nature des investissements, il cesse d'être un seigneur de la terre pour se muer en patron, détenteur de moyens de production autre que la terre. C'est ainsi que progressivement une sorte de tectonique des espaces se produit, ceux qui achètent cultivent d'abord et habitent après (Ndock Ndock, *idem*). La *fin des paysans en Afrique* est effectivement *une autre fin* (Lombard, *idem*). Sauf que l'exemple de Garoua-Boulaï montre que plus que d'une fin, il s'agit du *suicide paysan*. Le suicide d'individus qui répondent, sans véritable résistance, à l'appel de la ville avec ses lumières aveuglantes.

Conclusion

Cette réflexion a pris le contre-pied des travaux précédents sur les questions foncières en milieu rural. Alors que la plupart des travaux inscrivent globalement le paysan dans une sorte de logique victimaire, cette contribution a montré que des dynamiques paysannes endogènes fondent la tectonique des espaces qui conduit à la phagocytose des villages périurbains par les villes en général et les grandes métropoles en particulier. Et là où la plupart des travaux tendent à mettre en avant la singularité de la figure du paysan, la réflexion a, au contraire, montré son caractère pluriel et mis en avant les dynamiques de pouvoir qui conduisent à la spoliation des terres paysannes par les paysans eux-mêmes. In fine, le texte crédite l'idée d'une autre fin des paysans en Afrique. Mais qui plus qu'une fin, elle est « un suicide » commis par des personnes incapables de résister à l'appel des lumières de la ville. Ainsi, la fin des paysans est donc aussi, en partie, l'œuvre *petites mains paysannes* qui rêvent, notamment de passer de petits agriculteurs à « grands patrons » ; par le biais d'investissements issus de la rente foncière.

Bibliographie

Balandier G., *Sens et puissance. Les dynamiques sociales*, 1986, Paris, PUF, 3e éd.

Blanc M. (dir), *Pour une sociologie de la transaction sociale*, 1992, Paris, L'Harmattan.

Bureau Central des Recensements et des Études de Population (BUCREP), « Répertoire actualisé des villages du Cameroun, Troisième Recensement Général de la Population et de l'Habitat du Cameroun », 2005, Volume IV — Tome 07.

Coquery-Vidrovitch C., *Histoire des villes d'Afrique noire, des origines à la colonisation*, 1993, Paris, Albin Michel.

Commune de Garoua-Boulaï, « Citizen report, card, Évaluation des services rendus par l'offre publique dans les secteurs de l'approvisionnement en eau potable, de la santé, de l'éducation et des services communaux », 2022, rapport d'étude.

Durkheim É., *De la division du travail social*, 1930, Paris, PUF.

Ela J-M.,
- *L'Afrique des villages*, 1982, Paris, Karthala.
- *La ville en Afrique noire,* 1983, Paris, L'Harmattan.
- *Quand l'État pénètre en brousse… les ripostes paysannes à la crise*, 1990, Paris, Karthala.
- *Innovations sociales et renaissance de l'Afrique noire, les défis du monde d'en-bas*, Paris, L'Harmattan

Essomba Ebella S., « De la ville au village : comprendre le retour de l'élite politique urbaine de Zoétélé (Sud-Cameroun) », 2016, *Thèse de doctorat de sociologie*, Université de Yaoundé I.

Franqueville A.,
- *Yaoundé, construire une capitale*, 1984, Paris, Orstom.
- *Une Afrique entre le village et la ville : les migrations dans le sud du Cameroun.* In: L'information géographique, 2003, volume 67, n° 1, pp. 83-87.

Foyet Gankam A., 'Données d'observations de la terre et outils cartographiques libres à la caractérisation de la dynamique foncière face à l'accaparement des terres à grande échelle au sud-ouest Cameroun', *African Journal of Land Policy and Geospatial Sciences*, 2019, ISSN:2657-2664, vol. 2, No. 2 (June 2019), pp. 100–111.

Guillermou Y., « Les logiques paysannes à l'épreuve du marché et des inégalités. Agricultures familiales et mutations sociales (Ouest Cameroun, sud-tunisien) », dans *Revue Tiers Monde* 2015/2 (N° 222), 2015, Éditions Armand Colin, pp. 141-160.

Lombard J., « Une autre "fin des paysans" : ceux d'Afrique noire », dans *Revue Tiers Monde*, 1981, Vol. 22, No. 85 (janvier-mars 1981), pp. 33-59
Mabundu Masamba F., « Jean-Marc Ela et l'Afrique d'en bas. Enjeux pour une théologie et une pastorale de la vie en Afrique aujourd'hui », *Théologiques* 28/1, 2020, p. 157-166

Meliki H., « Agriculture urbaine et trajectoires d'accès au foncier pour les citadins précarisés au Cameroun : l'agriurbain comme perspective stratégique », Territoire en mouvement Revue de géographie et aménagement [en ligne], 2020, articles, mis en ligne le 15 avril 2020, consulté le 15 avril2020. URL : http://journals.openedition.org/tem/6411

Mendras H. *La fin des paysans, innovation et changement dans l'agriculture française*, 1967, Paris, CEIDES
Minfegue C., « S'engager quand on est réfugié centrafricain à Garoua-Boulaï (Cameroun) », *Carnets de géographes* [en ligne], 12 | 2019, mis en ligne le 09 décembre 2019, consulté le 1er janvier 2025. URL : http://journals.openedition.org/cdg/4493 ; DOI : https://doi.org/10.4000/cdg.4493

Moupou M., « Dynamique des territoires et gestion des ressources sur les marges des hautes terres du Cameroun. In: *Natures tropicales : enjeux actuels et perspectives* », 2011, XIIes Journées de Géographie Tropicale du Comité National Français de Géographie - 16-18 novembre 2008. Bordeaux : Presses universitaires de Bordeaux, pp. 191-203. (Espaces tropicaux, 20).

Ndock Ndock G., « Cultiver d'abord et habiter après : l'agriculture périurbaine comme stratégie d'appropriation foncière dans l'arrière-pays de Yaoundé », *Territoire en mouvement Revue de géographie et aménagement*, 2020, [en ligne], mis en ligne le 1er avril 2020, consulté le 09 juillet 2024. URL : http://journals.openedition.org/tem/6257.

Nguiffo S. et Mbianda F., « Une autre facette de la malédiction des ressources ? Chevauchements entre usages différents de l'espace et conflits au Cameroun », dans *Politique africaine*, 2013/3 (N° 131), Éditions Karthala, pp 143-162.

Nkankeu F., 'Occupation du sol et conflits fonciers sur les cendres volcaniques du Moungo (Cameroun)', *Canadian Journal of Regional Science/Revue canadienne des sciences régionales*, 2008, XXXI : 2 (Summer/Été 2008), pp.307-324.

Ottou M., « La recomposition du secteur minier artisanal au Cameroun : contestation et négociation de l'accès dans les sites d'extraction de l'or dans les municipalités de Bétaré-Oya et Batouri », dans *Afrique contemporaine 2024/1 (N° 277)*, Éditions Association Nouvelle Afrique contemporaine, pp 149-171.

Pignol P. et Villerbu L., « La victimité, émergence d'un processus et d'un dispositif », in *Rhizome* no 35, juillet 2009, pp 12-13.
Plotnicov L., *Strangers to the city: Urban man in Jos*, 1967, Pittsburgh, University of Pittsburgh.

Rémy J. et coll.. - *Produire ou Reproduire ? Une Sociologie de la Vie quotidienne. Vol 1.1 : Conflits et Transaction sociale*, 1978, Bruxelles : Vie ouvrière.

- Vo1.2 : *Transaction sociale et Dynamique culturelle*, 1980, Bruxelles, De Boeck.

Voundi É. et coll., « Analyse des mutations socio-environnementales induites par l'exploitation minière à Bétaré-Oya, Est-Cameroun », *Vertigo — la revue électronique en sciences de l'environnement* [en ligne], 19-1 | Mars 2019, mis en ligne le 05 mars 2019, consulté le 31 décembre 2024. URL : http://journals.openedition.org/vertigo/24329

Espace minier et registres fonciers conflictuels : entre conventionnalisme et pratiques socio-économiques non codifiées d'accès à la terre Bétaré-Oya

Valentin NGOUYAMSA et Guylaine FOPA FODO

Résumé

En Afrique, les terres sont de plus en plus sollicitées en raison de la diversification des investissements. Cependant, la législation foncière ne facilite pas toujours la conciliation entre les investisseurs et les communautés locales, ce qui engendre des conflits. Au Cameroun, le droit coutumier et le droit moderne entretiennent une relation ambigüe. Les lois officielles et les règles traditionnelles d'accès aux ressources minières entrent en contrastes, et certains acteurs instrumentalisent cette zone d'ombre en usant de leur pouvoir pour accaparer des terres riveraines. Nous présentons l'exploitation minière en analysant les différentes stratégies mises en place par les exploitants miniers, pour acquérir des terres à des fins d'exploitation minière à Bétaré-Oya. Ces pratiques sont porteuses de germes conflictogènes. Le code minier indique les dispositions à suivre pour l'acquisition des terres aux zones minières. Cependant, des écarts de normes prévalent. Alors que certains exploitants miniers respectent le cadre juridique, politique et institutionnel pour accéder aux terres d'exploitation minière, d'autres recourent à la corruption. Ils ne consultent pas toujours les propriétaires terriens avant d'occuper leurs terres, ce qui rend parfois leurs revendications vaines. Ces dernières pratiques qui ne tiennent pas compte des populations aboutissent généralement à l'expropriation à grande échelle de celles-ci, de leurs terres agricoles sans indemnisation.

Mots-clés : Exploitation minière, pratiques, conflits, Code minier, Cameroun.

Introduction

Au Cameroun, 3,7 millions d'hectares de terres destinées à divers types d'exploitation sont cédés aux investisseurs étrangers, plaçant ainsi le pays parmi les plus vulnérables en matière d'accaparement des terres (Statista, 2022). La région de l'Est constitue l'épicentre de l'exploitation minière, où l'afflux massif des compagnies minières ne garantit pas aux communautés locales la préservation de leurs moyens de subsistance. L'accès aux sites ne respecte pas les procédures normales, transformant la terre en un bien aliénable, en contradiction avec les principes traditionnels. Les communautés locales sont fréquemment dépossédées de leur patrimoine foncier, où elles pratiquent l'artisanat minier et l'agriculture, souvent sans connaissance des cahiers des charges. Leurs revendications, fondées sur le droit coutumier, sont souvent ignorées et, pour toute tentative d'explication, elles sont injustement considérées comme des intrus ou des voleurs. Au Cameroun, la gestion foncière est administrée par le Ministère des Domaines, du Cadastre et des Affaires Foncières (MINDCAF).

Cependant, les ressources minières dont regorge le sous-sol camerounais sont gérées par le Ministère des Mines, de l'Industrie et du Développement technologique (MINMIDT). Cette entité fait intervenir plusieurs structures décentralisées de l'État telles que : la Délégation régionale et départementale des Mines, la Société Nationale des Mines (SONAMINE), le Processus de Kimberly (PK), et d'autres variantes comme la préfecture, la sous-préfecture, la mairie et les chefferies traditionnelles pour une gestion efficiente des ressources locales. Dans cette perspective, le gouvernement camerounais a mis en place un système de traçabilité qui se matérialise par un arsenal juridique, légal et institutionnel chargé de fixer les modalités d'exercice de l'exploitation et de la vente des produits miniers (Anangue, 2022). L'exploitation minière est vieille depuis la période coloniale allemande. Mais la réforme de la politique minière a favorisé l'artisanat minier, et le pays est à un tournant important avec le développement de ce secteur.

Ainsi, de nouveaux rapports à la terre se créent et l'activité devient une source génératrice de revenus pour les populations. Le sous-sol de Bétaré-Oya attire beaucoup d'investisseurs et enregistre 2500 autorisations d'exploitation minière délivrées au cours de ces dernières années. Ces investisseurs sont pour la plupart des étrangers. Parmi ceux-ci figurent des compagnies asiatiques, en particulier Chinoises (05) à savoir : Phoenix, Bouyang Mining, Good Luck, Dinfouyanmg, Pen Mining et Arabes (01) dont Climat Doubaï. Au-delà de ces consortiums chinois et arabes, d'autres acteurs qui font de l'exploitation artisanale sont impliqués dans l'acquisition des terres minières. Il faut ici lister les populations des différentes régions du Cameroun, mais aussi des populations burkinabées et centrafricaines. Certains acteurs dans le processus d'acquisition des terres adoptent des stratégies qui généralement cadrent avec le Code minier. Par contre d'autres bafouent le droit des riverains et optent pour des pratiques économiques non codifiées. Le texte met en lumière les stratégies mises en place par les détenteurs des grands capitaux nationaux et étrangers pour acquérir des terres à des fins d'exploitation minière à Bétaré-Oya. Si les opérateurs miniers se considèrent comme non-redevables, suite aux transactions faites avec les représentants des communautés, élites ou prétendument avec l'État, les riverains quant à eux réclament les types droits qui leur sont reconnus sur la terre A. Kamga M. et coll. (2022).

L'objectif de cet article est de ressortir et d'analyser les stratégies d'accès aux zones minières, et particulièrement les pratiques que les acteurs adoptent pour accéder aux terres. L'hypothèse de ce travail assume que, les espaces miniers sont aujourd'hui des lieux de manifestations des pratiques à la fois conventionnelles et non conventionnelles. L'assaut des investisseurs étrangers sur les terres en Afrique a fait l'objet de nombreuses réflexions. F. Brondeau (2010) questionnait déjà l'ouverture d'accès au foncier aux investisseurs étrangers, avec la cession des terres à grande échelle aux usages agricoles controversés par les communautés locales. Le Réseau de Lutte contre la Faim (RELUFA, 2015), dans un rapport rendu public, analyse le dispositif juridique camerounais de l'accès à l'information dans le processus d'attribution des concessions foncières pour l'agro-industrie. Des mécanismes d'acquisition des terres contestés par les populations rurales, parce qu'ils les privent de leurs terres, moyens d'existences, accentuant de ce fait la pauvreté et l'insécurité alimentaire. Ces manifestations d'indignation se retrouvent dans plusieurs zones aurifères en Afrique, notamment au Sénégal, où les communautés locales ont exigé des renégociations et des barèmes de compensation avec les multinationales. La délimitation des concessions minières réduit les terres cultivables dans les régions minières de Kédougou et Thiès, comme l'ont analysé M. Diallo et Ndioufa (2021) en examinant les enjeux du développement territorial dans les collectivités locales affectées par l'exploitation minière. Au Cameroun, l'exploitation du fer, perçue comme illégale par les chefs traditionnels et les communautés locales du village de Lolabé à Kribi, a provoqué de vives manifestations. Comme le rapporte V. Licket (2013), les routes ont été barrées aux camions de la compagnie minière Sinosteel Cam, entraînant l'arrêt des activités de l'entreprise, les villageois exigeant des compensations pour l'exploitation de leurs terres. En effet, M. Demdélé (2015) a observé dans ses travaux que la ruée des investisseurs occidentaux en Afrique est à l'origine de la misère des populations locales. En République Démocratique du Congo (RDC), B. Eciba (2015) présentait les controverses entre communautés et exploitants sur l'exploitation minière dans la province du Katanga. Des réalisations susceptibles de sortir les communautés de la pauvreté avec la construction des services sociaux de base absents. Une situation exposée par S. Nguiffo et F. Mbianda (2013) qui affirment que l'exploitation des ressources naturelles disponibles en Afrique ne profite pas aux communautés, victimes de la malédiction des ressources naturelles. L'exploitation des mines d'or engendre également l'usage concurrent de l'espace. En région de haute Guinée, l'intensification de l'exploitation aurifère et le développement agricole, donne de moins en moins accès aux ressources. D'après A. Dessertine (2019), plusieurs différents modes d'appropriation spatiale y coexistent et face à la pénétration des grands capitalistes, les individus recourent aux différentes échelles de dynamiques de pouvoir pour protéger leur droit. Le constat étant le même au Sud-Kivu en RDC, D. Shamamba et coll. (2021) ont évoqué la croissance démographique, les conflits armés, l'exploitation minière et l'agriculture familiale comme facteurs clés qui contribuent à compétition foncière. Des réalités qui se rapprochent au phénomène « des paysans sans terre ».

En effet, l'accès aux terres pour l'exploitation misère n'est cependant pas sans effet. La délivrance des titres miniers ne respecte pas les plans d'affectation des sols, ce dont L. Cirimwami, G. Baguma et O. Mushagalusa (2021) mettent en exergue avec le chevauchement des titres miniers en RDC. Le pays qui joue un rôle important dans l'atténuation des changements climatiques est fortement impacté par les activités d'exploitation minière qui détruit les écosystèmes aquatiques et forestiers.

O. Toumba et A. Wakponou (2014) ont montré les incidences de l'exploitation des carrières sur l'environnement et la santé. Le déboisement, l'un des procédés dans le processus d'exploitation, est à l'origine de la transformation du paysage végétal et de la pollution atmosphérique. Dans la même lancée, J. Maidjane (2023) n'a pas manqué de souligner que l'impact socio-économique et environnemental de la non-restauration des sites miniers dans l'arrondissement de Batouri au Cameroun, est à l'origine aussi de la destruction des moyens d'existences des populations locales. Ce qui fait généralement de ces lieux des zones conflictuelles qui entrent dans le registre des conflits fonciers au Cameroun et en Afrique (Ngouyamsa et Nchare, 2023 ; Fopa, 2023). La plupart des travaux sur l'accaparement des terres dépeignent le paysan africain comme impuissant face à la confiscation de ses ressources, souvent dans un contexte où l'État collabore avec les multinationales. Cependant, loin d'être passifs, certains mécanismes sous-adjacents montrent que les paysans peuvent aussi être des acteurs dans le processus de négociation. Cette recherche vise donc à comprendre les pratiques des différents acteurs impliqués dans l'acquisition des terres dans les zones aurifères, à la lumière des dispositions des registres fonciers en matière de gouvernance.

1. Discussions méthodologiques et théoriques

Cette étude adopte une démarche qualitative. Les enquêtes de terrain ont été menées de mars à avril 2022 et actualisées en 2024, à la suite d'une nouvelle descente sur le terrain dans le cadre de la préenquête de mon projet de doctorat. Les données primaires ont été recueillies au moyen de guides d'entretien semi-directifs auprès de 63 personnes-ressources afin d'obtenir des données discursives. Les participants, choisis sur la base d'une diversification interne et externe des identités, se répartissent comme suit : les exploitants miniers (10) pour comprendre les stratégies qu'ils utilisent pour acquérir des terres à des fins d'exploitation minière ; les populations riveraines (40) pour recueillir leurs opinions sur l'implantation des industries extractives sur leurs terres et les relations qu'elles entretiennent avec ces industries. Enfin les autorités administratives et traditionnelles (13) pour connaitre les catégories de personnes qui exploitent l'or dans la localité et les problèmes liés à ladite exploitation. La collecte des données s'est fait sur les sites miniers de Mbal, Yondéré, Chaloupe, rive du fleuve Lom, Bengoudou, Nakoyo dans les villages de

Bétaré-Oya épicentre de l'exploitation minière, ainsi que dans les institutions administratives. Selon les occupations et l'accord de nos différents informateurs, les entretiens se faisaient sur rendez-vous. Pour faciliter l'accès aux sites miniers, le délégué régional des mines nous a recommandé une collaboration avec le point focal du processus de Kimberly chargé de la traçabilité des produits miniers (diamant et or). L'observation directe nous a permis de voir la façon dont l'activité minière est pratiquée, de souligner les faits non mentionnés par les personnes enquêtées et d'avoir les données photographiques. Les données secondaires relevant de la recherche documentaire ont enrichi l'ensemble des données collectées. La combinaison de ces différents outils méthodologiques a permis d'obtenir des résultats qui ont par ensuite permis l'interprétation des résultats obtenus.

Le foncier étant régi par un ensemble de règles qui définissent les droits d'accès et de contrôle des ressources, ce travail s'appuie sur la théorie de la gouvernance enrichie par de nombreuses contributions d'auteurs depuis les années 1990 (Hermet et coll., 2005). Selon des auteurs tels que A. Letaureau (2009), la théorie de la gouvernance marque une rupture avec l'approche *Top-Down* en favorisant un nouveau modèle d'exercice du pouvoir qui tient compte de tous les acteurs impliqués dans les chaines de décisions. Selon G. Stoker (1998), cette approche reflète une banalisation des mécanismes de gestion et de contrôle des ressources par le gouvernement. La gouvernance en tant que processus, traduit ici le déploiement des interactions entre les acteurs en présence, dans une dynamique de mise en œuvre des formes organisationnelles. L'État n'a plus le monopole de la gestion des affaires publiques, il coopère avec d'autres acteurs pour mieux contrer la situation de sa cité. La gouvernance dépasse désormais le cadre étatique pour s'ouvrir à la pluralité d'acteurs, internationaux, publics, privés, et à la société civile. Comme l'indique Gary Stoker, elle implique la création des partenariats. Cette coopération est l'objet de la présence des multinationales aux zones aurifères du Cameroun, le cas de Bétaré-Oya où s'opèrent des négociations entendues comme équilibre des rapports dans l'accès aux terres. Ainsi, l'État en Afrique n'est plus le seul qui « pénètre en brousse » pour ponctionner les maigres capitaux des paysans comme cela a été observé au lendemain des indépendances (Ela, 1990). La théorie de la gouvernance, convoquée à cette étude, permet d'évaluer le niveau d'implication des communautés locales face à la pénétration des détenteurs de capitaux en milieu rural, ainsi que leur comportement dans l'acquisition de terres à des fins d'exploitation minière.

1.1. Localisation spatiale de l'étude d'étude

Carte 1 : Localisation de la localité de Bétaré-Oya et quelques sites miniers

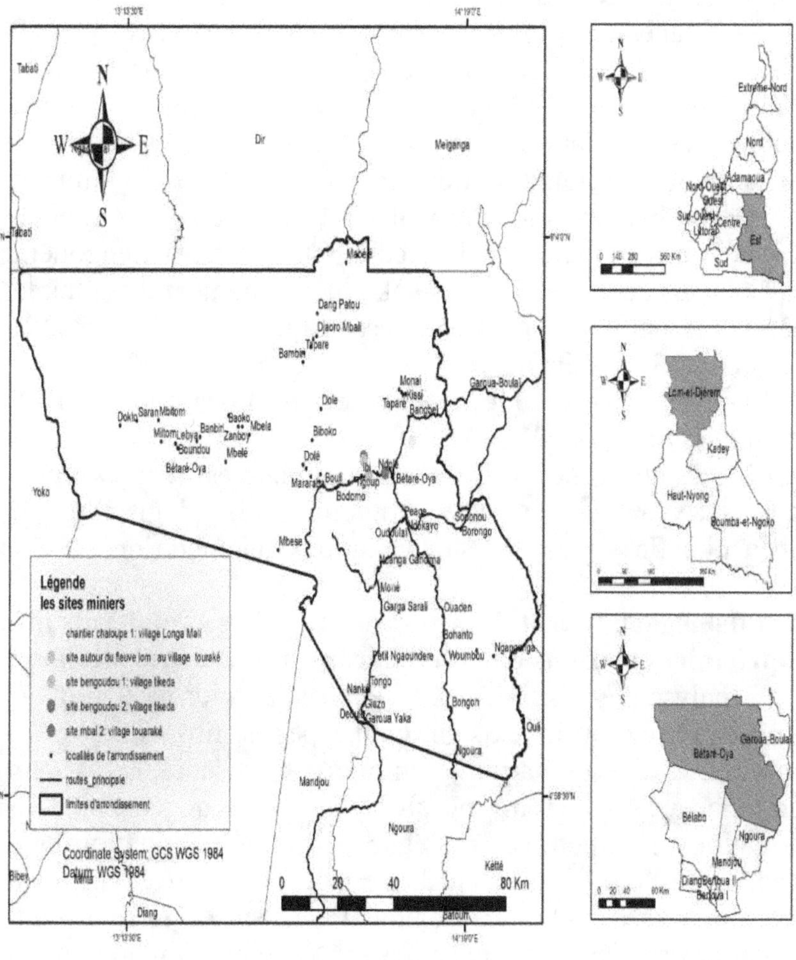

Source : Données de terrain, mars 2022 à mai 2024.

L'étude prend appui sur la localité de Bétaré-Oya, un arrondissement situé dans le département du Lom et Djerem, dans la région de l'Est Cameroun. Créée le 7 juin 1995, cette localité s'étend sur une superficie de 12 600 km2, délimitée au Nord par l'arrondissement de Meiganga, à l'Est par l'arrondissement de Garoua-Boulaï et à l'Ouest par l'arrondissement de Bélabo et Yako. Selon les statistiques du Bureau Central des Recensements et des Études de la Population (2010), la population de Bétaré-Oya est estimée à environ 41 173 habitants. Elle compte 59 villages regroupés en trois cantons : Laï, Yayoué et Mbitom. L'influence des activités économiques dans cette localité ont contribué à attirer plusieurs groupes ethniques tels que les Bamilékés, Betis, Peulh, sans oublier les populations venues des pays voisins et les Occidentaux, dans le cadre de l'exploitation minière. Cette dernière a un impact sur les habitudes quotidiennes et tend à rivaliser avec les activités agricoles. L'or extrait des zones minières de la localité suscite ainsi l'engouement des acteurs divers à tirer profit du sous-sol, objet de nombreuses plaintes. D'où l'intérêt de présenter sur la carte ci-dessus, quelques gisements d'or où se font les prospections minières.

2. Le légalisme à l'épreuve des pratiques d'occupation de l'espace minier par les acteurs

L'accès aux zones d'exploitation minière est régi par un dispositif juridique, et par un système coutumier. Il s'agit du processus d'identification des terres et des négociations qui conditionnent l'usage de celles-ci.

2.1. Part de négociation et d'imposition entre les exploitants miniers et les propriétaires terriens dans les mécanismes d'acquisition des terres

L'analyse des dispositions générales de la loi n° 2016/017 portant Code minier révèle qu'ils existent cinq types de titres miniers à savoir : l'autorisation d'exploitation minière artisanale, l'autorisation d'exploitation artisanale semi-mécanisée, le permis de recherche, le permis d'exploitation de la petite mine, et le permis d'exploitation de la mine industrielle. Les modalités d'attribution ou de renouvèlement des titres miniers sont fixées par voie réglementaire. Sur le terrain, deux types d'exploitations minières ont été observés : l'exploitation minière artisanale et l'exploitation minière semi-mécanisée. Comme le soulevaient A. Kamga et coll. (2022), l'exploitation qui se fait à nos jours dans la localité est dite artisanale, pourtant les entreprises exploitantes appartiennent à des étrangers. D'après l'article 22 alinéas (1) du Code minier, l'exercice de l'activité minière artisanale est réservé aux seules personnes physiques de nationalité camerounaise. Elle est subordonnée à l'obtention d'une carte individuelle d'artisan minier et d'une autorisation d'exploitation artisanale. Toutefois, l'exercice d'exploitation minière nécessite la connaissance préalable des sols.

Les populations riveraines aux zones d'exploitation minière possèdent des connaissances traditionnelles qui leur permettent de détecter les ressources minières. L'exploitation de l'or, pratiquée depuis les premières prospections minières sous la domination allemande dans la région de l'Est Cameroun, M. Tchindjang et coll. (2017) illustrent cette longue tradition depuis l'extraction du Cobalt. Le sondage des sites par exemple consiste à évaluer le contenu du sous-sol. Il se fait en creusant une portion de terre dans les profondeurs par un groupe d'individus qui procèdent au lavage artisanal pour déterminer la présence de la ressource minière. Lorsque l'étude d'une parcelle de terre est satisfaisante, les populations propriétaires des sites sondés s'en vont à la délégation en charge des mines pour obtenir l'autorisation d'exploitation minière artisanale. Étant donné que l'État n'a pas prévu délivrer les titres miniers aux expatriés, la cession des terres se fait par rétrocession du titre minier entre riverains et multinationales. Elle se fait par une lettre d'approbation, de manière officielle avec l'administration en charge des mines. À ce niveau la transaction se fait selon deux possibilités :

- Dans le premier cas, les multinationales s'entendent avec les propriétaires terriens afin de négocier l'accès à la terre. À cet effet, un autochtone souligne : « Il y'a d'abord chez nous le traditionnel. Chaque famille a son terrain et son site. Tout ce que tu vois et qui s'étend à perte de vu là appartient aux familles. Chacun a son endroit à partir de nos ancêtres. Tu veux avoir accès à un site, tu pars trouver un riverain qui a son terrain, et vous vous entendez » (Entretien réalisé le 4 avril 2023). Le terrain est d'abord ancestral et appartient aux premiers occupants. Les modes d'accès au foncier dans la localité de Bétaré-Oya reposent d'une part sur la tradition qui, par le système coutumier, est cédé aux lignages de génération en génération. Les terres sont ainsi morcelées acquittées des montants définis par la superficie du site et évaluées en hectares.

- À défaut, les riverains font un partenariat avec les compagnies minières pour conditionner l'accès à leurs terres. Les individus étant rationnels développent de nouvelles stratégies dans la marchandisation foncière face aux grands capitaux, à l'instar du partenariat gagnant-gagnant. Dans ce type de négociation les riverains mettent leurs terres à la portée des entreprises détentrices des équipements matériels nécessaires à réalisation les travaux d'exploitation minière. En contrepartie, le propriétaire terrien bénéficie d'un pourcentage financier ou quantité d'or amassée par l'entreprise exploitante en question. Un versement proportionnel à la durée de l'exploitation du site de ce dernier. En effet, en plus des indemnisations basées sur le nombre d'hectares en détention, de la mise en valeur ou l'immatriculation, le propriétaire terrien estime le pourcentage qu'il aura dans la production, généralement 20 % et le reste revient à l'entreprise. Ces partenariats font de certains propriétaires terriens de grands hommes affaires, des entrepreneurs, commençants et permettent à d'autres de se procurer des pelles excavatrices comme les multinationales. Le recours aux riverains propriétaires des sites n'est cependant pas l'unique moyen d'accéder aux zones d'exploitation aurifères.

2.2. Négociation des sites avec l'administration en charge des mines

Conformément à l'article 15 du Code minier, toute personne physique ou morale peut entreprendre une exploitation minière au Cameroun, sous réserve de détenir un titre minier. Les opérateurs miniers font également appel à l'administration en charge des mines et du Développement technologique (MINMIDT) pour obtenir l'accès aux sites. Cette administration dispose des coordonnées des sites classés appartenant à l'État, qu'elle vend aux entreprises. Cette négociation est documentée par M. Kamga et coll. (2022), soulignant que l'acquisition de ces informations permet aux entreprises de générer des revenus. Le Cameroun dispose d'une carte minière, et certaines de ces zones déclarées comme potentiellement minières, constituent les espaces où les populations y sont jadis installées. C'est la terre où elles sont nées, où elles ont grandi, et où se trouvent leurs ressources. À cet effet, l'article 116 prévoit que « les propriétaires fonciers occupant le sol, les usufruitiers, victimes d'expropriation pour cause d'utilité publique, à l'exploitation de la petite mine, la mine industrielle ou de carrière ont droit à une indemnisation pour les pertes et les droits laissés conformément à la législation et la réglementation en vigueur ». Mais les populations reviennent clandestinement exploiter ces sites classés de façon artisanale, en longueur de journée afin de se faire fortune. L'artisanat minier se fait à la main dans la région de l'Est depuis des générations et est l'une des principales activités économiques de la localité de Bétaré-Oya. L'activité concentre une multitude d'acteurs avec des techniques d'extraction spécifiques et sur les sites miniers ils ont appelés orpailleurs. Ils utilisent une main-d'œuvre familiale, les matériaux rudimentaires tels pioches, cuvettes, tapis, marteaux, motopompes, etc. Ceux-ci pour la plupart mènent l'exploitation minière clandestine, sans autorisation d'exploitation minière contrairement à l'exigence de l'article 22, alinéa (1) du Code minier. Dans leur grande majorité, ce sont des artisans clandestins qui bénéficient du reste des trous d'or conquis et abandonnés par les compagnies minières à la fin des travaux pour gratter les restes. Il s'agit des Camerounais, constitués des autochtones et allogènes comprenant les adolescents et adultes aux sexes confondus, des Burkinabés recensés dans la localité autour des années 2015 et des Centrafricains qui, en raison des questions sécuritaires se sont réfugiés dans cette partie proche des frontières du pays depuis 2014. Contrairement à l'orpaillage, l'activité semi-mécanisée est menée majoritairement par les consortiums chinois et arabes qui négocient l'accès aux sites auprès des différentes instances locales et administratives présentés précédemment. L'exploitation minière inclut aussi différentes stratégies dans les comportements des acteurs, qui adoptent des pratiques économiques non conventionnelles. Une fois qu'on leur délivre l'autorisation d'exploitation minière, certaines entreprises ne coopèrent plus avec les populations ni les chefs traditionnels. Ils construisent leur camp et s'installent librement.

3. Accès aux espaces miniers par la fraude et des pratiques sociales non conventionnelles

Les individus mettent en place des mécanismes illégaux pour acquérir des terres, en violation des dispositions du Code minier et des règles coutumières.

3.1. Accaparement des terres

Les pratiques d'accès aux terres minières ne respectent pas toujours les procédures normales, ce qui entraîne parfois des désaccords avec les communautés locales. Les opérateurs miniers s'installent parfois sur les terrains des riverains pour y mener des activités d'exploitation minière artisanale, même s'ils ont reçu une autorisation d'exploitation de petite mine. Les plantations des populations sont détruites sans leur implication dans les prises de décision et sans réparation aux dommages commis. Pour les mineurs artisanaux, la terre aux zones aurifères constitue leur principale source de revenus et pour les paysans, c'est le lieu où les ressources naturelles existent nécessaires à la production. L'activité minière gagne le terrain et ceux-ci sont bousculés par les compagnies minières, implémentées par les forces militaires. Pour moindre explication, c'est la capitale Yaoundé qui est évoquée s'ils veulent regagner leur terrain. Leur revendication se base sur le droit coutumier et pour les compensations les exploitants miniers rétorquent que c'est le gouvernement qui leur a installé. Ils sont ainsi soumis à la dictature des compagnies minières, étouffées de toutes velléités de revendication avec des complicités avérées. Une corruption qui n'est plus l'apanage des entreprises minières, mais gangrène également au sein des élites politiques. De ce fait, affirme l'un de nos informateurs paysans :

> On évoque aussi les noms des députés qui ont le permis de recherche, donc c'est eux qui ont vendu tout Bétaré aux Chinois. Les populations ont quelle force avec les exploitants ? Ils sont les élites ! Moi je peux aller discuter avec Biya là-bas ou le délégué pour la terre ? C'est l'État on ne peut rien ! Si on revendique, ça ne peut pas donner. […] Parfois pour exploiter ton terrain on te force puisqu'il y'a l'or là-bas. Quand tu ne veux pas, les exploitants partent souvent comploter avec le chef du village, maintenant on fait appelle à toi pour t'influencer. Et si on voit que même le chef du village ne veut pas, ils vont voir une autorité administrative (entretien réalisé le 25/02/2024).

Il est également observé une mauvaise application des règles coutumières et judiciaires, avec certaines autorités qui entretiennent des connivences avec les compagnies minières et qui orientent leur comportement en fonction de leurs intérêts personnels et de la recherche des gains financiers. Cela inclut souvent la fermeture de leurs yeux et de leurs bouches par des enveloppes, des pots-de-vin, des cigarettes, etc. Ainsi, certaines plaintes des populations n'aboutissent pas puisque ceux qui achètent les sites ont le pouvoir d'en faire ce dont ils veulent. L'État est donc là pour asservir et non servir les droits des riverains. C'est d'ailleurs ce que mettait déjà en exergue G. Ambomo (2021) lorsqu'il soulignait que les droits accordés aux opérateurs miniers sont exclusifs et ne tiennent pas compte des intérêts des populations locales dont la subsistance en dépend. Les terres étant bradées, les populations n'ont plus droit d'aller creuser les trous comme par le passé. Si certaines d'entre elles abandonnent la lutte parce que vulnérables et illettrés avec des plaintes sans suite, certaines par contre engagent des manifestations. À titre d'exemple, des pratiques de sorcelleries sont parfois utilisées pour exprimer le mécontentement des communautés locales. Ces rituels sont effectués autour des chantiers dans le but de faire disparaître les minerais et de décourager les exploitants, ce qui les contraint à abandonner les sites conquis. Les plaintes sont ensuite portées à la chefferie supérieure (Canton), au chef de terre (sous-préfet), ainsi qu'à la Délégation départementale ou régionale des Mines.

De plus, entre les riverains, l'harmonie n'est pas toujours présente dans la gestion des ressources foncières léguées, ce qui occasionne des conflits intrafamiliaux. Les désaccords internes suscitent de nombreuses contestations lors des opérations de vente de terres aux compagnies minières. Les terres familiales, biens communs qui rassemblent plusieurs individus, nécessitent le consentement de tous lors des opérations de ventes. Lorsque les entreprises ne consultent pas tous les propriétaires des terres familiales ou des terres communes avant le début de l'exploitation, les tiraillements naissent. Au sein des familles, certains réclament leur part des bénéfices, tandis que d'autres contestent l'usage de leurs terres à des fins d'exploitation minière. Dans ces opérations de bradage des terres et déguerpissement des populations, certaines entreprises en présence font semblant de dédommager les populations, ce qui alimente davantage leur colère.

3.2. Rachat pour des « *miettes* »

Les superficies des terres acquises ne correspondent souvent pas aux montants perçus, car les exploitants miniers imposent leurs conditions aux riverains. Une fois que le gouvernement signe les accords avec les opérateurs miniers, les communautés locales sont contraintes de partager leur patrimoine foncier avec les étrangers. Cela favorise les entreprises, qui imposent leurs propres règles dans le processus d'accès aux sites.

Pour étayer davantage ce cas, il convient de citer les propos d'une autorité administrative qui cite : « Non ! Les multinationales quand elles viennent, c'est elles qui dominent dans l'affaire. C'est comme ça ! C'est elles qui ont l'argent pas le paysan, », (Entretien réalisé le 5 avril 2022). Indignées, les communautés sont rappelées sur le principe selon lequel le sous-sol demeure la propriété de l'État. De peur de ne pas percevoir le moindre centime en tenant tête, les populations acceptent les sommes arrêtées par les industriels. Ces rachats pour des miettes sont interprétés par G. Ambomo (2021) comme une frustration, une négociation forcée, qui ne prend pas en compte les biens matériels sur les surfaces acquises tels que : les cultures, constructions et autres formes de mise en valeur. Ces pratiques sont autant similaires au Nord-Ouest de la Guinée où l'exploitation de l'aluminium engendre de lourdes conséquences sur les droits humains. Les populations y sont expropriées des terres agricoles sans recevoir d'indemnisation adéquate (Human Righht Watch, 2018). Les populations à Bétaré-Oya sont à la merci du bon vouloir des exploitants miniers n'ayant pas les moyens de riposter l'accès à leurs terres. Le bouleversement des sols, déforestation, et l'abandon des sites à ciel ouvert favorisent les mobilités agraires. Les paysans sont obligés de parcourir les longues distances pour chercher les terres arabes afin de mener les activités agropastorales.

4. L'espace minier comme épicentre des violences liées aux disputes foncières

Les règles coutumières et formelles d'accès aux ressources minières entrent en constates. Si les sociétés minières pensent avoir des droits exclusifs sur les terres acquises parce qu'elles sont en règle avec les textes écrits, les populations en vertu des droits historiques sur les terres et les ressources, revendiquent leurs droits bafoués.

4.1. Accès aux terres par la légalité et non par la légitimité

Certains exploitants miniers, ayant obtenus les autorisations du gouvernement, ne jugent pas nécessaire de consulter les riverains propriétaires des sites pour l'utilisation de leurs terres à des fins d'exploitation minière. De plus, les exploitants occidentaux et nationaux ne font pas participer les chefs traditionnels dans les opérations de vente. Le plus souvent, ceux-ci ont connaissance des sites en exploitation dans leur groupement que lorsque les riverains propriétaires terriens, viennent se plaindre à la chefferie pour accaparement de leurs terres. Pourtant, à Bétaré-Oya, le pouvoir traditionnel est exercé par un représentant pour chaque zone. Conformément aux modes de gouvernance en Afrique, les chefferies sont structurées autour du règne d'un chef du village qui exerce son autorité. La proximité de la population avec le chef est un circuit dont se sert ce dernier comme médiation dans la gestion des transactions foncières. Le manque d'implication des autorités traditionnelles et des populations dans les processus décisionnels est souvent à l'origine de protestations, d'affrontements et parfois d'assassinats. C'est le cas du litige survenu sur le site minier de Haya-Haya, au village Longa-Mali à 07 km de la ville de Bétaré-Oya ayant fait la une des médias[101]. Un riverain ripostant l'accès à ses terres par une entreprise chinoise se solde par 02 morts d'hommes, dont un chinois et un riverain. La notion de légitimité est ainsi mise en avant par l'un de nos informateurs, notable de l'une des chefferies des villages de la localité :

> Dès le début des travaux, nous et nos populations devenons étrangers sur nos terres. Manque de collaboration avec les autorités traditionnelles locales. Nos cultures détruites sont à peine indemnisées, tous nos cours d'eau sont vendus et les populations n'ont plus le droit d'y aller comme par le passé. Nos doléances ne sont pas prises en compte. Pourtant le code minier de notre pays dans son article 73 alinéa (1), dispose que le propriétaire du sol a droit à une indemnité pour occupation de son sol par le titulaire d'un titre minier.

[101]Voir Adeline ATANGANA, « Cameroun : Deux morts dont un chinois et des coups de feu dans un chantier d'exploitation d'or à Bétaré-Oya dans la région de l'Est », consulte le 4 janvier 2020, http://www.cameroun-info.net, 2017 et Journal jeune Afrique, « Cameroun : tension entre Camerounais et Chinois sur l'exploitation industrielle de l'or », 2018, consulté le 22 juin 2023, https://www.jeuneafrique.com/553750/politique/cameroun-tension-entre-camerounais-et-chinois-sur-lexploitation-industrielle-de-l'or/

Ce droit légitime des riverains que nous sommes est-il respecté ? (Entretien réalisé le 11 avril 2023).

En outre, conformément à l'article 166 alinéas (1) du Code minier, les exploitants sont tenus de réaliser des œuvres caritatives au bénéfice des communautés où ils opèrent. Le cahier des charges constitue un accord entre les populations riveraines et l'exploitant, basé sur une négociation où le village exprime ses besoins. En retour, les entreprises exploitantes s'engagent à répondre à ces besoins en compensation des impacts environnementaux de leurs activités. Dans ce document, l'entreprise peut prendre l'engagement de construire les écoles, addition en points d'eau, les réseaux routiers routes, ou hôpitaux, etc. Les garants de ce cahier de charge comprennent 03 signataires que sont : le chef du village, le maire, le délégué département des mines. La période d'exécution du cahier de charge est proportionnelle à la durée de l'exploitation. Sauf qu'une entreprise qui n'a pas récupéré le quart de son investissement ne peut remplir ses engagements, ce dont les populations ignorent. Pour d'autres de ces entreprises, les espaces acquis sont productifs, mais ne respectent pas leur engagement. Les populations se sentent alors abusées, objet de multiples plaintes, car le développement y est absent. De même, l'un des principes du cahier de charge est la fermeture des sites après exploitation. Ce faisant, l'article 136 alinéas (1), du Code minier en vigueur, rappelle que « La restauration, la réhabilitation et la fermeture des sites miniers et de carrières incombent à chaque opérateur ». Mais les actions de certains dans cette perspective sont mal vues par les artisans miniers, qui disent ne plus accéder pleinement au « Ngueré »[102], activité qui reste le tout premier avantage des riverains. Ils revendiquent ces trous pour l'exploitation clandestine des sites. Lorsque les accidents et les morts surviennent suite aux éboulements de terre, les exploitants sont tenus pour responsables. Les conflits observés dans les zones aurifères sont également liés à l'absence totale de légalité, ce qui entraîne une cacophonie entre la population locale et les exploitants miniers.

[102] Nguéré : action qui consiste à laisser les trous d'or préalablement exploités par les entreprises minières au profit des riverains, pour leur permettre de chercher à nouveau les résidus d'or ayant échappé au tamis de la battée durant le lavage des agrégats.

4.2. Accès aux terres dans l'absence de légalité : Cas du business d'exploitation

De nouvelles pratiques locales se développent, en marge du droit coutumier et du droit moderne. Ayant connaissance de la valeur dont regorgent leurs terres aux zones aurifères, les riverains déploient désormais de nouvelles pratiques dans la cession des terres. Sur le terrain, cette pratique qualifiée de « business d'exploitation » nous a été relayée en occurrence par les autorités administratives et la population. Cette transaction est faite entre les propriétaires terriens et les entreprises minières. Elle constitue « les ventes par-derrière », c'est-à-dire sans que les autorités soient informées de ces manigances. Ici, le riverain après test de sondage d'une parcelle des terres qu'il détient fait la proposition aux industries minières moyennant une somme selon ses besoins. Vu l'enjeu de tels sites, les exploitants négocient l'accès par le « cash money » (argent en espèce). Il arrive des fois que les entreprises fassent une avance sur la somme convenue durant les négociations avec les riverains, promettant la restitution des frais restant à une date fixée. À la date indiquée, lorsque rien n'est pas perçu c'est où les riverains se dirigent vers les autorités administratives se plaindre. Dans le domaine d'exploitation minière, les conflits intrafamiliaux naissent souvent en raison de doubles ventes de terres, une pratique courante dans la localité. Ces conflits découlent de la mauvaise foi de certains propriétaires terriens qui vendent la même portion de terre à plusieurs sociétés minières. Cela engendre une confrontation entre ces entreprises pour le contrôle du site litigieux, chacun étant engagé dans un investissement significatif dans l'exploitation minière.

Conclusion

En définitive, les mécanismes d'accès aux terres dans les zones d'exploitation minière à Bétaré-Oya sont principalement fondés sur la légalité, au détriment de la légitimité. L'appropriation foncière par les exploitants miniers ne prend pas toujours en considération les réalités socioculturelles des communautés locales, perturbant ainsi les normes coutumières historiquement partagées. Dans un contexte où le pouvoir financier favorise la corruption, l'État conclut des accords avec les industries minières sans véritable consultation de la population. Certaines élites politiques, considérées comme des acteurs majeurs du développement, sont parfois perçues comme des catalyseurs des tensions observées dans les zones aurifères. L'on est bien dans un système corrompu où la consultation et la négociation entendues comme équilibre des rapports ne s'inscrivent pas dans les règles d'or en matière de gouvernance. L'État participe ainsi à une connivence tacite avec les multinationales dans la recherche des matières premières, souvent au détriment des paysans locaux. Le principe selon lequel le sous-sol reste la propriété de l'État est parfois utilisé de manière coercitive pour accéder aux terres des paysans en milieu rural. Ils imposent également des prix qui remettent réellement en cause la valeur de l'effort fourni par le paysan pour produire la matière en question. Les principes du cahier de charge ne sont nullement respectés. Les pratiques illicites mises sur pied par les opérateurs miniers dans l'acquisition des terres ne sont pas exclusives, car implique d'autres acteurs qui tirent profit. Certains propriétaires terriens conditionnent l'accès à leurs terres aux exploitants miniers dans le cadre du processus de négociation, similaire aux pratiques commerciales dans le secteur minier. Ces multiples stratégies dans les pratiques d'acquisition des terres, relèvent une part d'imposition et de négociation des terres entre les exploitants miniers et les riverains. Toutefois, certains riverains, face à la présence des étrangers, refusent de quitter les lieux malgré les intimidations pour riposter l'accès à leurs terres, moyen d'existences. L'intensification de l'exploitation aurifère prend de plus en plus d'ampleur, entraînant la disparition des espaces dédiés à l'agriculture et la destruction des écosystèmes. Cette situation entraîne une mobilité accrue des éleveurs et des agriculteurs, susceptible de déclencher de nouveaux conflits d'usage des terres dans ces zones aurifères, similairement observés dans d'autres pays en Afrique.

Bibliographie

Ambomo G. L. (2021), « Activités minières semi-mécanisées et droits fonciers des communautés : une difficile cohabitation », Rapport, RELUFA, www.landcam.org, consulté le 29 mars 2023.

Anangue C. et coll. (2022), État des lieux et cartographie des sites diamantifères de l'Est Cameroun, Rapport, RELUFA, file:///C:/Users/loic/Documents/foncier%20et%20exploitation%20minière/COD-rapport-ESEMA.PDF.

Atangana A., « Cameroun : Deux morts dont un chinois et des coups de feu dans un chantier d'exploitation d'or à Bétaré-Oya dans la région de l'Est », consulté le 4 janvier 2020, http://www.cameroun-info.net, 2017

Brondeau F., « Les investisseurs étrangers à l'assaut des terres agricoles africaines », *EchoGéo,* 2010, n° 14, https://doi.org/10.4000/ecogeo.12008, URL : https://journals.openedition.org.

Cirimwami L., Baguma. G. et Mushagalusa O., « Exploitation minière et biodiversité : Cas de Twangiza Mining dans l'est de la RDC », 2021, in, R. Ndayiragije, A. Sahawal, An Ansoms et S. Geenen, *Conjoncture de l'Afrique centrale*, 2021, Paris, Musée de l'Afrique centrale et l'Harmattan, 239P.

Demdélé Demba M., « ressources de l'Afrique et stratégies d'exploitation », *La pensée,* 2015, n° 381, pp 29-46,

Dessertine A., « une justice foncièrement autre ? Pouvoir et foncier en contexte minier aurifère », *Revue internationale des études du développement*, 2019, n° 238, pp 141-164 https://www.cairn.info/revueinternationale-desetudes-du-eveveloppement-2019-page141.htm

Diallo M. et Ndaw Ndioufa, « la décentralisation à l'épreuve de la gouvernance des activités extractives minières au Sénégal : Quels enjeux pour le développement territorial ? », researchgate, 2021, https://www.researchgate.net/profile/Mouhamadou-Diallo

Ela J-M, *Quand l'État pénètre en brousse : les ripostes paysannes à la crise,* 1990, Paris, Karthala,

Fopa Fodo G., « Accès à la terre dans un contexte d'exploitation minière : cas de la localité de Bétaré-Oya », Mémoire de Master en Sociologie, Université de Dschang, 2022.

Gaudiaut T., « les pays les plus vulnérables à l'accaparement des terres », *Statista,* 2022, https://fr.statista.com/infographie/19092/pays-les-plus-touches-par-accaparement-des — terres-superficie, consulté le 24 septembre 2023.

Hermet G. et al., *La gouvernance un concept et ses applications*, 2005, Paris, Karthala

Human Rights Watch (2018), « Quels bénéfices en tirons-nous ? », Impact de l'exploitation de la Bauxite sur les droits humains en Guinée, Rapport, http://www.hrw.org, consulté le 23 octobre 2023, 163 p.

Journal jeune Afrique, « Cameroun : tension entre Camerounais et Chinois sur l'exploitation industrielle de l'or », 2018, consulté le éà juin 2023, https://www.jeuneafrique.com/553750/politique/cameroun-tension-entre-camerounais-et-chinois-sur-lexploitation-industrielle-de-l'or/

Kadji Bemmo M., Gender in artisanal gold exploitation in Kambélé, Mémoire de master en Sociologie, Université de Dschang, 2021.

Kamga M. A. et al. (2022), La question de la terre dans l'exploitation minière artisanale au Cameroun : défis, pratiques et solutions, rapport, file:///C:/Users/loic/Documents/l'armathan%20articles/Nouveau%20dossier/Briefing%20La%20question%20de%20la%20terre%20dans%20les%20lois%20foncière%20et%20forestière.pdf, Centre de l'Environnement et le Développement, 8p.

Letaureau, A., « Les théories de gouvernance. Pluralité de discours et enjeux éthiques », *la revue électronique en science de l'environnement*, 2009, https://doi.org/10.400/vertigo.8891

Loi n° 2016/07 du 14 décembre partant code minier au Cameroun.

Maidjane Mbara J., (2023), Réhabiliter les sites miniers après exploitation, un impératif au Cameroun, Rapport, file:///C:/Users/loic/Documents/docx.%20insécurité%20alimentaire/Briefing-Note-mise-en-page.PDF », 5 p.

Mule Eciba B., De l'exploitation minière et des droits au développement reconnus a la commune environnante : Cas du Katanga, mémoire en droit et économie sociale, Université de Lubumbashi, https://www.mémoireonline.com, 2015.

Ngouyamsa V. et Nchare A., « Construction des représentations dans les conflits fonciers entre Mbororos et Bamouns dans la ville de Koutaba », *in*, K. G. AGBEFLE, *Afrique : conflit, influence, paix et justice. Comprendre*, 2023, Lomé, ACAREF, 230 p.

Nguiffo S. et Mbianda F., « Une autre facette de la malédiction des ressources ? Chevauchements entre usages différents de l'espace et conflit au Cameroun », *Kartala/« politique Africaine »*, 2013, n° 131, pp. 143-163, https://www.cairn.info/revue-politique-afriacaine-2023-3-page-htm.

RELUFA (2015), Le cadre légal et institutionnel de l'accès à l'information dans le processus d'attribution et de gestion des concessions foncières agro-industrielles au Cameroun, Rapport, file:///C:/Users/loic/Documents/foncier%20et%20exploitation%20minière/GUIDE-RELUFA-FRANCAIS-pour-mail.PDF, 54p.

Shamamba D. B., An Ansoms, Basengere E., et Lebailly P., « L'agriculture familiale à l'épreuve de la concurrence foncière au Sud-Kivu », in, R. Ndayiragije, A. Sahawal, An Ansoms et S. Geenen, *Conjoncture de l'Afrique centrale*, 2021, Paris, Musée de l'Afrique centrale et l'Harmattan, 239p.

Stoker G., « Les cinq propositions pour une théorie de la gouvernance », *Revue internationale des sciences sociales »*, 1998, [RISS] n° 155, 20 p.

Tchindjang M. et al., 'Mines contre foret et conservation au Cameroun : enjeux de l'évaluation', *sifée,* 2017, https://www.sifee.org/static/uploaded/Files/ressources/acte-des-colloques/antanarivo/pleniere-2-, 38p.

Conflits fonciers entre Bamoun et Mbororo dans l'arrondissement de Koutaba (Ouest-Cameroun) : typologie et stratégies de résolution sur fond de rivalités intercommunautaires

Vivien MÉLI MÉLI et Alain Dreyfuss NCHARE NJUH

Résumé

À l'Ouest-Cameroun, l'explosion démographique et l'urbanisation galopante induisent des conflits fonciers intercommunautaires. À Koutaba, c'est le rapport Bamoun-Mbororo qui vacille entre complémentarité dans les pratiques agropastorales et opposition dans les identités depuis la rencontre des deux communautés. Le développement urbain important occupe plus d'espace tout en poussant les populations du centre urbain vers les zones périphériques où sont installés des groupements Mbororo. L'intensification des conflits fonciers implique des enjeux d'accès à la terre et au travers des divers conflits, les communautés tendent à présenter une identité autoritaire et/ou diplomatique. Les autorités traditionnelles semblent alors partagées entre la défense de la culture ethnique et le développement du « village communautaire » dans la résolution des conflits. C'est dans cet état de crise de l'autorité traditionnelle que le présent article analyse les modes d'accès à la terre à Koutaba sous forte pression démographique et l'origine de la difficile cohabitation entre Bamoun et Mbororo. En adoptant une posture qualitativiste, deux résultats sont observables : les conflits fonciers varient en fonction des acteurs ou ressources impliqués. Aussi, les acteurs de conflits fonciers mobilisent stratégiquement des ressources pour apporter des dénouements pacifiques et durables aux situations conflictuelles sans compromettre leurs autorités et leurs intérêts culturels.

Mots-clés : explosion démographique, urbanisation, conflits fonciers, communautés, résolution des conflits.

Introduction

L'arrondissement de Koutaba, situé dans le département du Noun (région de l'Ouest Cameroun), est caractérisé par une résurgence des conflits fonciers qui trouvent des explications dans certains facteurs sociodémographiques, dont la forte fécondité des populations « locales » et un important flux migratoire vers Koutaba. Cette ville est prisée pour ses opportunités économiques, car elle regorge des domaines agricoles capables d'occuper, aux fins lucratives, une bonne fraction des jeunes dans cette partie du pays (Likoussou, 2022). Aussi, le potentiel hydraulique est favorable à la production et la commercialisation (Nzeket, 2015) des ressources halieutiques. Cette disponibilité des ressources favorise, par les migrations, une recomposition des populations locales. En 2010, le rapport du Troisième Recensement Général de la Population et de l'Habitat (RGPH) faisait l'état d'une population totale de 49 171 habitants pour Koutaba, dont 23 357 personnes de sexe masculin soit 47,50 % et 25 814 personnes de sexe féminin représentant 52,50 %. Avec un taux d'accroissement annuel estimé à 2,8 % en 2014, cette population est estimée à plus de 68 086 habitants (PCD, 2010). Le passage de +2007 en 2005 à +2716 en 2010 de l'indice du Solde migratoire, expose le rôle des courants migratoires dans la construction du potentiel démographique actuelle de cette ville. Dans ses sédiments migratoires, le déplacement des Mbororo[103] suite à l'invasion de la région de l'Adamaoua par les criquets en 1931 s'est suivi de leur installation depuis 1910 dans plusieurs circonscriptions administratives du « pays Bamoun ». Une immigration régulée par l'arrêté gubernatorial en 1983 délimitant les zones de culture et de pâturage dans l'ensemble du département du Noun. Les éleveurs de l'Ouest n'ont pas conquis la région, mais s'y sont infiltrés à la faveur de la paix coloniale. Les agriculteurs « autochtones » considèrent alors que les pâturages continuent à leur appartenir, les chefs imposent leurs décisions aux éleveurs que la population locale persiste à qualifier d'« étrangers ». À travers l'histoire, le rapport dissymétrique entre la royauté bamoun et les Mbororo éclaire certains facteurs de conflits fonciers.

Sur le plan de la structuration du pouvoir, le premier modèle d'organisation (1915-1962) structuré de la société Mbororo par le Sultan

[103] Groupe de Fouldé pasteur

Njoya faisait de Yerima Bouba le *Lamido*[104] de tous les Mbororo du Noun, avec résidence à Didango, village toujours considéré aujourd'hui comme la capitale des Mbororo du Noun. À partir de 1940, on observe dans l'immigration Mbororo dans les Grassfiels le passage d'une migration pendulaire pastorale, principalement masculine, à une immigration familiale aux fins de stabilisation. Perçus comme des peuples « sans patrie » pour reprendre une terminologie de Bocquéné (1966), l'on voit pourtant naitre des relations de complémentarité entre les peuples Mbororo et Bamoun à l'instar de la pratique du « Koonal[105] ». De nouveaux rapports sociaux basés sur l'intégration technique entre agriculture et élevage qui deviennent par la force des choses des activités complémentaires (Moha, 2008). Mais le vol de bétail et la destruction des plantations par des bovins lors des sorties en pâture conduisent à des altercations, des violences physiques ou à la destruction de cultures sur pieds, des récoltes dans les greniers voire des habitations (Maeva, 2010) dans les villages Bamouns et Mbororo. Protéger les cultures en entourant les parcelles cultivées de fils barbelés tendus était une des solutions indiquées qui apaisait les tensions.

Aujourd'hui, avec l'explosion démographique et la saturation foncière, l'appauvrissement des pâturages fait que les gens débordent les limites des zones agricoles pour investir les zones de pâturage et vice-versa. En outre, l'urbanisation gagne du terrain tout en poussant les agriculteurs vers les zones périurbaines où sont installés les Mbororo. C'est donc dans une dynamique où la migration engendre des transformations infrastructurelles et le développement généré influence davantage l'attrait et la sédentarité de plusieurs entités ethniques sur le même espace que le besoin en terre exploitable ne cesse de croître au sein de diverses entités ethniques et débouche le plus souvent sur des conflits ; opposant généralement les Bamouns dont l'« autochtonie » s'est forgée dès 1394 et les nombreuses autres (Tikars, Mbororos, Bamilékés, Banso, etc.).

Par ailleurs, la croissance démographique a toujours entraîné une concurrence accrue sur les ressources, notamment sur les terres productives et l'eau (Coulibaly, 2016). Dans les zones de fort peuplement, c'est la

---

104 Chef à l'autorité fortement centralisée chez les Peuls

105 Expression utilisée pour traduire le fait de parquer sur demande les bêtes dans les champs d'un agriculteur par les Mbororo contre rémunération afin de fertiliser le champ avec la bouse des vaches

saturation de l'espace cultivé qui pousse les agriculteurs à occuper les espaces consacrés à l'élevage : aires de pâturages, abords des bas-fonds et des mares, couloirs de transhumance (Tawaangal, 2015). Les oppositions récurrentes entre communautés passent de simples démêlés aux conflits qui ont dans nombre de cas des conséquences déplorables : destruction de biens, abattage anarchique d'animaux et parfois même morts d'hommes (Baikeh, 2017). N'étant pas de simples agents qui subissent au sens de Durkheim, les Mbororo sont des acteurs qui sont conscients de leurs situations et développent des stratégies pour s'insérer dans la communauté d'accueil et préserver leur identité culturelle. Pour sauvegarder leurs activités, les pasteurs recherchent un compromis en apportant des modifications dans leur mode de vie (Kouam, 2014 ; Boutrais, 1984). Les élites Mbororo, par exemple, tentent souvent de sécuriser les parcelles sur lesquelles les leurs sont installés en recourant à des stratégies de formalisation de transactions foncières à travers la recherche de documents d'urbanisme (Mimche, 2007). Mais très souvent, cette stratégie de sécurisation foncière déclenche plutôt des conflits interethniques avec les « autochtones ». Dans ces conflits latents ou ouverts, les pratiques (ou les tentatives, plus ou moins fréquentes) de détournement ou de contournement ne sont pas absentes et les acteurs puissants susceptibles d'intervenir en fonction des enjeux sont les mêmes, et ont tendance à être mobilisés de la même façon par les protagonistes. Le processus de minorisation sociologique, qui résulte du fait que comparativement aux populations dites « autochtones », les Mbororo ne bénéficient pas d'une meilleure protection sociale et d'une assistance juridique des services sociaux (Maeva, 2010), anime les pratiques autour de l'accès (sécurisé) à la terre. Elles reposent désormais sur des réseaux d'acteurs qui appliquent la "tribalisation" des espaces comme une stratégie de colonisation de l'espace. Aussi, vue sous le prisme de la sédentarisation, l'immigration Mbororo s'inscrit dans la posture d'une « sociologie de l'intégration » (Khellil, 2005). En dépit des transformations dans l'habitat, la modification de leurs habitudes alimentaires et leurs relations économiques symbiotiques fréquentes, les pasteurs nomades sont généralement stéréotypés (bruyants, voleurs, sales, illettrés, etc.) par les groupes ethniques agriculteurs et les populations urbaines qu'ils soient mi ou entièrement sédentarisés. Bien que le capital foncier soit au cœur des interactions familiales et des conflits successoraux et sociaux, le changement du cadre de vie n'induit pas forcément le changement d'image en question foncière (Bocquéné, 1996). Certains repères habituels se perdent, et des représentations sociales des communautés peuvent se créer dans la logique compétitive en matière foncière.

À Koutaba, les Bamouns développent des attitudes d'hégémonie, tandis que le sentiment d'être des victimes marginalisées se révèle être un motif assez puissant pour qu'on assiste à des résignations ou des fuites des Mbororo. À l'inverse, les Mbororo semblent être plus déterminés à vivre en paix avec les bamouns malgré le changement négatif des images qu'ils ont de ceux-ci (Ngouyamsa et Nchare, 2023). Ces attitudes contrastées expliquent l'absence de prolifération des violences et révèlent l'existence des mécanismes d'autorégulation des conflits fonciers que les deux communautés auraient développés. Les représentations qui sont latentes constituent des marques profondes pour les deux communautés et sont susceptibles de générer des conflits de manière récurrente et avec violence. Entre actions et perceptions,

> les instances locales de régulation et de résolution des conflits fonciers semblent être en crise et porteuses de facteurs de conflictualité. De manière globale, la cohabitation non régulée d'instances d'arbitrage ou de décisions aboutit à une incertitude sur les droits et à de l'insécurité. Dans un contexte marqué par une insécurité juridique structurelle et une certaine indétermination du jeu foncier, les acteurs stabilisent des « itinéraires de sécurisation » dans la façon de mobiliser les différents pouvoirs, coutumiers, administratifs, et autres. Dans les régulations relevant du registre coutumier, les mécanismes locaux continuent à s'imposer, y compris pour des migrants qui semblent s'intégrer dans les procédures d'accueil des « étrangers ». Ces mécanismes s'appuient sur les principes structurant la vie sociale locale et les différenciations statutaires (comme les droits restreints des « étrangers »), les entérinant et les reproduisant. Le principe de « négociabilité informelle » qui semble régir l'affectation des droits fonciers est la résultante normale de dynamiques sociopolitiques et de conflits de répartition du pouvoir de contrôle des ressources stratégiques. Si beaucoup de choses sont négociables et

effectivement négociées de manière informelle (du point de vue des règles officielles), la négociation rassemble des conditions particulières. C'est le lieu de répondre à la question : la négociation est associée à quelle « occasion sociale » ? (Thuderoz et Giraud-heraud, 2000).

Le cas typique des rapports entre les communautés Bamoun et Mbororo présente une population locale et celle qualifiée de « migrante » dans la course pour les espaces exploitables. Cette course effrénée pour l'espace donne lieu à des conflits fonciers qui, en plus d'être en nombre croissant, se manifestent de diverses façons et se catégorisent. En interrogation : Quels sont les types de conflits fonciers observables entre la communauté bamoun et la communauté Mbororo ? Quelles sont les stratégies des acteurs dans la gestion et la résolution des conflits intercommunautaires ? Pour répondre à ces interrogations, nous avons émis l'hypothèse selon laquelle des voies et procédés sont construits par les communautés Bamoun et Mbororo ainsi que d'autres acteurs afin de résoudre entre elles les cas de litiges fonciers qu'ils prennent une forme interindividuelle, intercommunautaire, teintée de violence ou pas. L'objectif est de décrire les types de conflits fonciers qui opposent les communautés Mbororo et Bamoun, puis déterminer les stratégies des acteurs de gestion des conflits qui permettent de résoudre ces conflits entre les communautés Mbororo et Bamoun.

Dans cette perspective, nous avons situé notre étude dans une approche dynamiste en analyse des conflits. Cette conceptualisation du conflit le présente comme étant un facteur porteur de transformation dans le champ social et sociétal. Le conflit n'est pas absolument pris comme un phénomène négatif pour la société, mais est davantage une réalité qui évolue, intègre de nouvelles variables tout en entraînant des mutations dans la société. Le conflit se présente comme le résultant du jeu des rapports sociaux, avec les rivalités et les alliances, les conflits qui s'engagent et les réseaux qui se forment, les modes d'acquisition du prestige et de l'autorité en référence à la distribution et à la consommation des richesses garanties par le sacré, les processus de formation et de transformation des systèmes politiques (G. Balandier, 1974). Cet article vient alors se positionner à la suite des travaux mentionnés plus haut pour présenter les conflits fonciers comme situation intermédiaire entre le besoin grandissant des terres pour des occupations et investissements divers d'un côté, et la résolution communautaire de ces conflits au travers des mécanismes et acteurs impliqués dans ce processus.

1. Méthodologie

La méthodologie est essentiellement qualitative même si des données numériques appuient notre réflexion. Elle procède également d'une représentation cartographiée de la zone d'étude et ses réalités cadrant avec le présent travail.

1.1. Une approche qualitative de la production des données

La collecte des données au moyen de la revue documentaire, nous a permis d'avoir des connaissances sans cesse actualisées sur des aspects de la réalité que nous étudions. Les discussions avec les acteurs du conflit et de sa résolution, ou encore entretiens semi-structurés, se sont déroulés du 12 février au 30 avril 2021 sur un échantillonnage raisonné de 40 individus. Nous avons donc enquêté en premier lieu des chefs coutumiers des deux communautés (03) et des leaders religieux ou responsables d'organisations communautaires (14) dans le but de savoir comment le pouvoir coutumier appréhende les conflits fonciers et développe des stratégies idoines pour chaque cas pour ne pas saper les intérêts des uns et autres. Dans un deuxième temps, nous avons interrogé six (06) femmes (dont une Mbororo et 5 Bamoun) et 17 hommes (dont 10 Mbororo et 7 Bamoun) qui jouant le rôle d'acteur de premier plan ou antagonistes dans un conflit foncier afin d'en déterminer les types et les acteurs auxquels ils recourent dans leurs approches de résolution.

Dans le cadre de cette enquête, nous avons par ailleurs recouru à l'observation directe pour déterminer les étapes de déroulement des conflits dans les plantations, dans les quartiers et les divers processus qui conduisent à la résolution des conflits fonciers sous l'autorité de la chefferie ou des chefs communautaires. Nous avons donc séjourné avec certains enquêtés et parfois juste à proximité une fois que nous étions sûrs que l'individu était en plein conflits fonciers.

1.2. Cartographie d'un site d'enquête aux prises avec les rivalités de deux communautés

La ville de Koutaba, située à l'ouest du Cameroun, a particulièrement retenu notre attention, car non seulement elle accueille nouvellement des projets de développement, mais aussi parce que la nécessaire cohésion entre les communautés Bamoun et Mbororo est mise à mal par la recrudescence des conflits fonciers. Il nous a été possible, grâce à l'enquête, de définir les zones de conflits suivant leurs intensités en rapport avec la progression de l'urbanisation.

Carte 1 : Carte de Koutaba et principales zones de conflits.

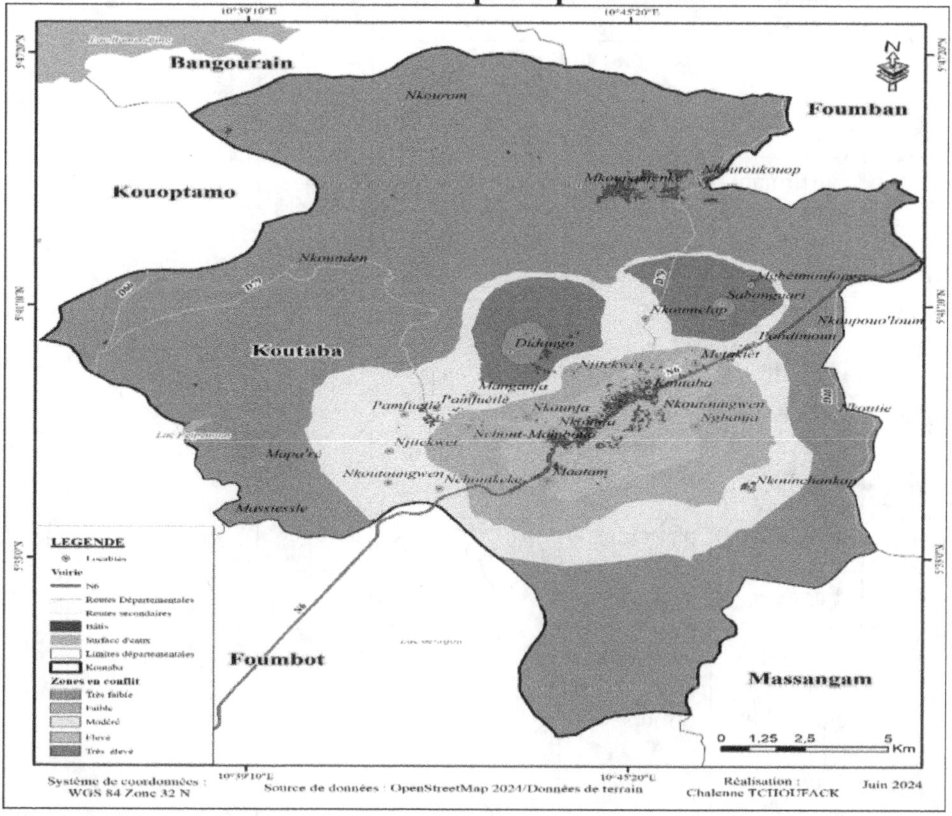

Résultats et analyses

L'analyse des résultats porte sur deux grands ensembles à savoir : les types de conflits fonciers entre Bamoun et Mbororo et les voies de résolution de ceux-ci au niveau communautaire.

1.3. Typologie des conflits fonciers entre Bamouns et Mbororo

L'analyse des types de conflits fonciers entre Bamouns et Mbororo passe par des éclairages sur les enjeux pour les deux camps impliqués dans le conflit foncier. On a ainsi les conflits fonciers relevant des disputes de terrain entre deux individus ou deux groupes d'individus (32 cas recensés dans l'enquête) dans lesquels on peut identifier les conflits teintés de violences physiques et symboliques (22 cas).

Tableau 1 : Finalités ou enjeux conflits fonciers entre Bamoun et Mbororo à Koutaba

Finalités/ enjeux	Raisons évoquées	Protagonistes	Effectif	Pourcentage
Donner du poids à la communauté en s'affirmant dans la construction des infrastructures publiques.	Revendication de l'appartenance de la structure construite.	Villages Bamoun/ Village Mbororo	04	12 %
Défense du territoire et protection des activités afin d'assurer la survie communautaire et culturelle en conservant les limites de la zone nécessaire pour les besoins.	– Tentative de récupération des pâturages par les agriculteurs – Contestation des limites	Mbororo (Éleveurs)/ Bamoun (Agriculteur)	12	38 %
Construction des habitats pour loger les membres	– Destruction des biens – Usurpation des droits sur l'espace	Bamoun/Mbororo	16	50 %

de la communauté à l'intérieur et à l'extérieur de l'espace dédié en profitant de ses droits de citoyen.				
TOTAL	/	/	32	100 %

Source : Données de terrain (février-mars 2021).

Le tableau 1 ci-dessus est un éclairage, issu de nos enquêtes, sur les finalités ou enjeux des conflits fonciers. Ceux-ci sont la construction des infrastructures publiques, la défense du territoire et protection des activités, la construction des habitations.

Figure 1 : Proportion de divers enjeux des conflits fonciers

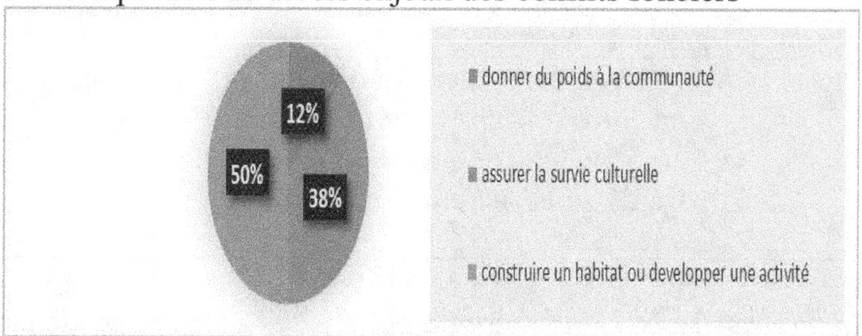

Sources : Données de terrain (février-mars 2021).

D'après la figure 1 et le tableau 1 ci-dessus, les conflits les plus récurrents tournent autour de la construction des habitations et le développement des activités agropastorales (50 %). Il s'en suit ceux autour de la lutte pour une survie culturelle (38 %) et enfin ceux portant sur l'affirmation d'une communauté par rapport à l'autre (12 %). Ces trois enjeux permettent de distinguer les acteurs ou protagonistes des conflits d'une part, et les types de violences utilisés dans ces conflits d'autre part. On obtient ainsi les conflits fonciers selon les acteurs protagonistes et les conflits fonciers selon le type violence recouru.

3.1.1. Les conflits fonciers selon les profils des protagonistes

Les protagonistes sont ici les personnes directement touchées par le conflit foncier, qui s'opposent de façon multiforme dans le but de faire reconnaitre qu'un lot de terrain leur appartient.

Tableau 2 : Répartition des enquêtés sur les acteurs en jeu dans un conflit foncier

Enquêtés	Items	Noyaux référent
Enquêté B1	Donc soit il achète comme je veux, soit il quitte	Interindividuel
Enquêté MB1	On est dans ce conflit-là, un veut arracher à l'autre	Interindividuel
Enquêté B2	Quand j'ai dit à mes gens qu'il y a un Mbororo qui veut… Je n'ai même pas fini que l'autre me dit que si tu arrives là-bas tu le trouves, appelle-moi ! Je prends les gars ici on arrive.	Intergroupal
Enquêté MB2	… ils veulent seulement dire qu'ils sont à Koumelap parce qu'ils sont Bamouns, ils oublient qu'à leurs parents, mes parents ont attribué les terrains.	Intergroupal

Sources : Données de terrain (février-mars 2021).

Le tableau 2 ci-dessus présente deux types de conflits : les conflits interindividuels qui ont une forte présence (4/5 cas des conflits identifiés), et les conflits intercommunautaires moins fréquents, mais de plus forte durabilité (1/5 cas des conflits identifiés).

3.1.1.1. Les conflits interindividuels

Cette catégorie met en jeu deux acteurs qui disposent des réseaux ou carnets d'adresse personnels, mais entrent tous les deux individuellement en conflit. Mettant enjeu toujours la question de légalité et de légitimité dans la possession des terres, ce type de conflit se rencontre en zones urbaine, périurbaine et même rural. Rares sont les cas où le Bamoun accepte que le Mbororo paie ses terres dans le but d'y construire, même si dans les faits, le Bamoun ne détient qu'un droit coutumier sur ladite terre. Ce type de conflits comporte quatre phases :

1. Le constat effectif et personnel par celui qui s'estime provoqué : au cours de cette phase, l'individu Bamoun ou Mbororo se rend sur le terrain qu'il juge sien et voit les transformations que l'autre prétendant, à qui il s'oppose, a faites de sa terre. L'individu qui se juge offensé fait son bilan sur l'état des lieux et engage la deuxième phase du conflit.
2. La recherche individuelle de la personne ayant empiété sur l'espace : l'individu s'estimant victime, cherche activement, en mobilisant les ressources dont il dispose, celui qui est à l'origine de l'affront ou la modification de « ses biens ». Dès lors que les deux opposants se rencontrent enfin en face à face, ils rentrent dans la troisième phase du conflit.
3. Les échanges multiformes sur le droit sur la terre, problématique entre les deux individus : De manière calme ou bruyante, les deux individus se rappellent l'un à l'autre le droit qu'ils détiennent sur l'espace dont ils se réclament chacun propriétaire. C'est très généralement au cours de cette phase qu'une bagarre à main nue peut facilement déclencher, car tout dépend du tempérament des deux acteurs. C'est aussi à ce niveau que les deux protagonistes s'accordent sur le procédé auquel recourir pour régler le dilemme.
4. Les mises en garde : Que les deux parties soient arrivées à un terrain d'entente ou pas, ils se séparent en sombrant dans une violence verbale afin d'être au moins sûr qu'aucun des deux n'aille recommencer ou continuer à jouer le profanateur d'espace privé.

Au terme de la quatrième phasc du conflit foncier interindividuel, si l'une des parties se montre peu coopérative, l'autre peut sentir une certaine supériorité en matière de force et les deux se résignent à tenter quelque chose avant de recourir au tribunal. On peut alors assister à un passage du conflit foncier interindividuel à un conflit foncier intergroupal ou intercommunautaire.

3.1.1.2. Les conflits intercommunautaires

De façon récurrente, ce sont les conflits fonciers entre un Bamoun et un Mbororo, qui se transforment en conflits entre deux groupes ethniques, dont Bamoun et Mbororo. Une enquêtée Bamoun utilise de ce fait l'expression locale *Pame Mbouo*[106]. Il s'agit d'une sorte d'offensive, de cri de guerre qui exclut une réaction individuelle, car elle est un soulèvement de groupe afin de défendre les idéaux, la posture et les intérêts d'un membre de la communauté. Cet appui auquel chaque personne peut recourir et former un camp est souvent destiné à une réaction radicale et définitive dans un but de dissuasion de l'autre camp ou de redéfinition des rapports de force dans la question foncière. Cette confrontation va souvent jusqu'au recours aux autorités administratives et plus loin encore à la plus haute instance traditionnelle, ici le Sultan Roi des Bamoun ou le Chef supérieur de la communauté Bororo, pourvu que celle-ci soit favorable à défendre la cause pour laquelle les uns se battent contre les autres.

Les conflits fonciers deviennent aussi communautaires lorsqu'il s'agit d'affirmer sa primauté en tant qu'acteur au cœur de l'accueil et la réalisation d'un projet d'ordre gouvernemental ou public qui au final portera le nom du village en question. La raison ici est la revendication de l'appartenance de la structure construite. C'est le cas avec les conflits fonciers survenus avec l'implémentation du projet de construction d'un point d'eau ou encore, la construction d'une infrastructure éducative comme le C.E.S de Didango. Ceux-ci ont soulevé trois questionnements problématiques entre Mbororo et Bamouns à savoir : qui mène le projet ? Où sera exécuté le projet ? Quel sera le nom du projet une fois réalisé ? Pour tous ces cas de figure, on note essentiellement 4 phases dans le déroulement du conflit intergroupal.

1. Le constat effectif et groupal de l'occupation des terres : la constatation du vol de terrain, l'usurpation du terrain, ou le grignotage de terrain se fait en groupe. Cette étape se fait au minimum par deux personnes. Ceux-ci font un état de lieux et vont chercher par la suite à augmenter leur effectif, saisir la personne du chef afin de faire une déposition de plainte.

2. La recherche groupale de la personne ayant empiété sur l'espace : les individus se servent de divers liens sociaux pour lancer un appel à tous ceux qui voudraient bien les accompagner dans cette lutte pour l'affirmation groupale. Les proches sont convoqués et forment une milice

[106]Expression bamoune qui traduit la solidarité. Littéralement veut dire « se tenir la main ».

qui ira à chaque fois rencontrer l'autre groupe opposé pour la suite du conflit. Ce réseau est structuré tel que chaque membre qui le compose agit comme une sentinelle pour l'ensemble du groupe, car chaque fois qu'il repère le groupe antagoniste, le reste des membres est instantanément informé.

3. Les échanges multiformes sur le droit sur la terre problématique entre les deux groupes d'individus : chaque partie expose sa relation directe à la terre. À ce niveau, il est commun de constater que lorsque l'une des personnes est entrain de parlementer, son complice ou l'un de ses proches est entrain de causer des dégâts physiques sur l'environnement immédiat. Comparée au conflit interindividuel, cette étape est souvent teintée de plus de violence.

4. Les mises en garde et intimidations : la personne qui est souvent vue comme chef de groupe se limite à donner des sommations et à proférer des menaces. Spontanément, le groupe Mbororo se contente habituellement de se taire et laisser l'autre groupe parler sans répliquer.

Une situation essentiellement belligène dont le pendant foncier met en évidence le caractère essentiellement répulsif et xénophobe d'une bonne partie des populations Bamoun vis-à-vis des populations venues d'ailleurs, qui semblent constituer un obstacle à l'exploitation hégémonique des terres disponibles dans le terroir. Dans les localités du département du Noun, les clivages entre Bamouns et Mbororo ou Bamouns et Bamiléké ont toujours mis en évidence l'ampleur des enjeux fonciers dans l'occurrence des tensions sociales. Très souvent, les mots d'ordre largement ventilés par l'autorité traditionnelle locale militent pour l'exclusion des populations allochtones de tout processus d'appropriation foncière.

Si les conflits intergroupaux et interindividuels présentés ci-dessus paraissent pacifiques, c'est parce qu'il faut une transition capitale pour qu'on arrive aux conflits teintés de violences. Il s'agit de vérifier auprès des autorités administratives si la faille de la légalité peut être exploitée avant d'essayer quoi que ce soit.

3.1.2. Les conflits fonciers teintés de violence

En concevant la violence comme l'utilisation de force ou de pouvoir, physique ou psychique, pour détruire, endommager, contraindre ou dominer une personne ou un groupe de personnes, nous avons pu faire les analyses suivantes et dégager deux autres types de conflits fonciers (Tableau 3).

Tableau 3 : Répartition des enquêtés sur les formes de violence dans les conflits fonciers

Enquêtés	**Items**	**Noyaux référent**
Enquêté MB1	On nous menace avec des coups de machette.	Violence symbolique
Enquêté MB2	Les gens là nous ont insultés, moi on m'a giflé. Mon oncle a fait le tour des chefs de Tayandi, on ne voulait même pas nous écouter.	Violence physique Violence symbolique
Enquêté B1	Le sabotage était de taille malgré le fil barbelé. Quand en saison sèche ce n'était pas les feux de brousse qui me ravageait les avocatiers, pruniers et manguiers, c'étaient les bœufs qui me bouffaient les cultures en saison pluvieuse.	Violence symbolique
Enquêté B2	Ce qui laisse les deux parties avec des blessures tant physiques que dans les consciences, esprit, mémoires.	Violence physique Violence symbolique
Enquêté MB3	C'est comme ça qu'on nous a renvoyé derrière le mont lycée.	Violence symbolique

Sources : Données de terrain (février-mars 2021).

À partir du tableau 5 ci-dessus, deux autres types de conflits fonciers se manifestent à savoir : les conflits fonciers avec violence physique et les conflits fonciers avec violence symbolique. L'un comme l'autre de ces types de conflits est interindividuel ou intercollectif à la base.

3.1.2.1. Les conflits fonciers teintés de violence symbolique

Les conflits fonciers teintés de violences sont ceux qui regroupent trois variables : les injures, l'utilisation du pouvoir administratif pour influencer l'autre et la destruction exclusive des biens.

Injures : paroles offensantes adressées délibérément à une personne dans le but de la blesser moralement, l'atteindre dans son estime de soi, son honneur ou sa dignité. Dans les conflits fonciers teintés de violence, le recours aux qualificatifs péjoratifs ou métaphore déshumanisant est observable. Entre Mbororo et Bamoun entendra-t-on par exemple « hutte délabrée », « illettré », « homme de la brousse » ou « le bœuf ». Chose qui touche l'identité même de l'individu groupal.

Utilisation du pouvoir administratif pour influencer : dans ces conflits fonciers individuels ou collectifs, l'on note distinctement un abus de pouvoir de la commune qui exploite, torture ou chasse de la façon la plus humiliante une personne. Ce procédé est le plus souvent utilisé par les Bamouns qui sont soit très remontés contre un Mbororo ou groupe de Mbororo, soit animé par l'envie de s'amuser un peu avec l'homme qu'ils jugent peu instruit.

Destruction exclusive des biens : rendre inutilisables ou inexploitables les biens et ressources dont jouit un individu. Il s'agit le plus souvent de la destruction des fondations, le sabotage des outils de travail. Lorsqu'on ramène ces exactions et les applique aux activités principales des deux communautés qui sont des sources de revenus économiques et sont destinées à la consommation, on parle de divagation de bêtes et destruction des cultures.

En général, lorsque la violence symbolique donne l'impression de ne plus avoir d'effet sur un individu on recourt aux violences physiques. Ce qui marque le passage du conflit foncier avec violence symbolique au conflit foncier avec violence physique.

3.1.2.2. Les conflits fonciers teintés de violence physique

Dans ces types de conflits fonciers pouvant être collectifs ou individuels, la brutalité est le point culminant de tout processus visant à dissuader l'autre et le forcer à partir. Ces types de conflits prennent un schéma constitué de 04 phases principales.

1. Sommation ou mise en garde : l'individu ou le groupe d'individus se contentent de prononcer des avertissements sur les intentions qui les animent. Ils font des sommations et n'hésitent pas à les divulguer afin que le protagoniste soit au courant. Ainsi, au passage, ils informent l'entourage de celui-ci sur les risques éventuels que celui-ci encourt.

2. Première confrontation : On note la destruction de quelques biens dans le but d'intimider ou rappeler une menace bien plus forte dans l'avenir si jamais le monsieur averti ne laisse pas l'espace tranquille en y cessant toutes les formes de transformations qu'il y accomplit.

3. Deuxième mise en garde : la deuxième mise en garde sonne comme la dernière chance de faire machine en arrière avant qu'il ne soit trop tard.

Pour cela, celui qui a fait la première mise en garde vient cette fois, s'il est nécessaire, attendre que le destinataire de son message soit personnellement en face de lui. Il sera accompagné de deux ou trois personnes qui serviront de témoins.

4. Destruction des biens avec agression physique : elle se caractérise par une agressivité généralisée, les luttes, les coups et blessures. L'une des parties débarque chez l'autre sous forme de représailles dans le but de se faire entendre par un défoulement ou un déploiement de toute la force brute dont elle dispose. Cet affrontement se fait souvent avec des outils tels que les gourdins ou planches et les machettes.

La résolution des conflits entre Bamoun et Mbororo a pris forme lorsque les conflits agriculteurs-éleveurs étaient à leurs paroxysmes dans le département du Noun. À ce niveau, dans les divers arrondissements, chaque communauté a construit en son sein un mécanisme d'échange avec les autres. Il s'est donc formé un réseau d'acteurs qui comprennent les enjeux à la fois internes et externes des conflits fonciers et préservent les intérêts culturels et communautaires. Ce système s'articule donc autour du chef traditionnel qui est le garant par excellence du pouvoir traditionnel et qui entretient de façon étroite des liens directs avec d'autres chefs et les autorités administratives. La régulation locale consiste donc en une sorte d'échange diplomatique intercommunautaire qui recourt à des acteurs intracommunaux ou extracommunaux pour être la première instance à être informée afin de prendre des mesures qui s'imposent et qui évitent à la situation de s'envenimer. Réguler localement les divers cas de conflits et trouver l'issue favorable est tout un processus qui part d'un contexte d'échange pacifiste entre les divers chefs qui semblent avoir encore un pouvoir coercitif sur les membres de leurs communautés.

1.4. Acteurs, canaux et moyens de gestion des conflits fonciers

Les mécanismes internes de résolution des conflits entre Bamoun et Mbororo dans la ville de Koutaba reposent essentiellement sur l'identification des différents acteurs, les lieux de résolution des conflits et enfin les types d'arrangement.

1.4.1. Les acteurs essentiels à la résolution d'un conflit foncier à Koutaba

Nos observations couplées aux propos de nos divers enquêtés permettent d'identifier des acteurs qui interviennent à un moment où un autre dans la résolution des conflits fonciers.

Tableau 4 : Découpage de discours sur les acteurs de la gestion du conflit foncier

Enquêtés	Items	Noyau référent
Enquêté B1	Quand vous allez voir on va dire résolvons le conflit de terre entre nous Bamouns et Mbororo, c'est beaucoup plus pour que les choses se passent en douce, les passassions ou restitutions des terrains. On vous appelle, vous venez chacun avec son chef de communauté, au moins deux notables sont là, le chef Bamoun ou les deux chefs, les témoins s'il y en a et puis on arrange, on tranche, voilà la réalité des choses.	– individus concernés – chef – Chef religieux – notable
Enquêté MB2	Parce que oui, j'ai saisi les chefferies, trois comme ça dans la ville ci et ça a donné le même résultat. Et quand c'est entré dans les combats de groupe, notre chef religieux et notre *Lamido* nous ont appelés, nous les Mbororo et ce qu'ils nous ont dit nous a calmé.	– individus concernés – chef – Chef religieux

Sources : Données de terrain (février-mars 2021).

Quatre groupes d'acteurs interviennent dans la résolution d'un conflit foncier et n'apparaissent pas dans tous les cas, car les rôles de certains sont diffus dans ceux des autres. Les acteurs essentiels dans la résolution d'un conflit foncier regroupent les personnes jouissant d'une certaine autorité en vertu desquelles elles peuvent influencer l'ensemble. Quant aux acteurs nécessaires, ils sont constitués des personnes incluses directement dans le conflit et les autorités susmentionnées. On a donc : les individus ou groupes d'individus directement concernés, les chefs religieux et les notables.

– **Les individus ou groupes d'individus directement concernés : ce sont** les protagonistes, les personnes ou groupes de personnes qui se discutent une parcelle de terre. La présence de ces deux parties est nécessaire et à la limite obligatoire. Leur rôle est de présenter le lien ou la relation qui les lie à la terre ainsi que le mode d'acquisition de cette terre en plus d'exposer leur version des faits afin que les autorités traditionnelles puissent l'analyser et la confronter avec une autre version s'il y en a.

– **Les chefs :** dans la structure hiérarchique de l'autorité traditionnelle, on a le chef de village, le chef de quartier et le chef de la communauté. Le chef de la communauté appelé *Ardo* des Mbororo reçoit le plus souvent les premières plaintes et écoute les versions des différentes parties. Aussi, si le *Ardo* juge qu'il peut régler le problème sans que cela ne s'ébruite, il a le plein pouvoir de le faire au nom de la communauté et rendre compte seulement au chef. C'est lui qui prend aussi cause, défend et négocie une issue favorable. Étant plus proche de son peuple, il tient le rôle d'accompagnateur durant toutes les phases du conflit.

– **Les chefs religieux :** les chefs religieux calment les tensions et s'assurent que celles-ci ne nuisent en rien le bon déroulement de la résolution des conflits. Il joue le rôle de conseiller sur les approches à opter. La place de la religion qu'est l'Islam constitue une source importante de connaissance et de sagesse que ce soit du côté des Bamouns majoritairement musulmans ou des Mbororo essentiellement musulmans.

– **Les notables :** les Notables sont ceux-là qui analysent avec le chef les enjeux du conflit foncier dans ses divers pans et veillent à ce que l'intérêt de la communauté soit défendu. Il arrive aussi parfois qu'ils jouent le rôle de « constatataire ». Celui qui désigne localement, celui qui fait le constat et rapporte les vus et les dires au roi. Étant aussi des personnes investies traditionnellement de titre honorifique, ils tiennent aussi le rôle de tampon ou de diplomate.

Dans un jeu de rôles entre acteurs de la résolution d'un conflit foncier, des alliances et complicités se tissent tout au long du processus dans l'optique de renverser à un moment ou à un autre la situation dans le but d'obtenir finalement gain de cause, le choix quant au lieu de résolution d'un conflit foncier peut naitre de cette dynamique.

1.4.2. Lieu de résolution du conflit

Loin d'être un choix anodin, la décision d'où sera réglé le conflit traduit souvent le type d'arrangement que l'un des protagonistes aimerait avoir.

Tableau 5 : Découpage des récits en fonction du lieu de règlement intercommunautaire des conflits fonciers

Enquêtés	Items	Noyau référent
Enquêté B1	C'est à l'endroit la même qu'on a arrêté et fermé le débat	– la parcelle problématique
Enquêté MB1	Il y avait un grand arbre sous la cour du chef, on s'est assis là-bas tous ensemble.	– la chefferie
Enquêté B2	Donc on est monté au terrain situé entre la sous-préfecture, le lycée Bilingue de Koutaba et c'est là qu'on a tranché	– la parcelle problématique
Enquêté MB2	On était dans le salon du chef, mais j'ai refusé de m'asseoir	– la chefferie
Enquêté MB3	Je suis arrivé à la chefferie avec mon chef de communauté et mon frère.	– la chefferie

Source : Données du terrain (février-mars 2021).

Le tableau 10 ci-dessus nous permet de repérer deux endroits où peuvent se régler les conflits fonciers entre les communautés Bamoun et Mbororo : la parcelle problématique et la chefferie.

➢ **À la parcelle querellée**

Les individus ou groupes d'individus essaient de créer un contexte d'échange ou l'arrangement pourrait leur être favorable et à huis clos. Il semble plus facile et moins coûteux de faire une proposition lorsqu'on est loin de tous les notables et tous les passants susceptibles d'être au courant et répandre l'histoire un peu partout. Pour que l'arrangement se fasse sur le terrain convoité ou faisant l'objet de disputes, il faut que le terrain en question ne soit pas loin de la chefferie. La personnalité du chef est toujours recommandée pour les règlements de conflit foncier quand bien même les deux parties pourraient s'entendre et régler le problème. La raison en est que les chefs ont été face à des cas où les négociations en cachette se sont avérées remises en question quelques mois après parce que l'une des parties remettait tout en cause.

➢ **À la chefferie**

Comme dans un système médiéval, le chef qui aura le fin mot de l'histoire et dont le conflit se passe dans le territoire sous son autorité est celui-là qui accueille les parties prenantes et les acteurs traditionnels chez lui. Les différents acteurs sont souvent accueillis et installés dans la cour lorsque c'est encore la matinée, au pied de l'arbre sacré de la chefferie qui reflète la présence des ancêtres ou alors dans le salon du chef dans l'après-midi. Pour les implications importantes du conflit, c'est au sultanat qu'on adresse directement une audience pour résoudre ledit litige.

Une fois les acteurs de la résolution du conflit et le lieu de cette résolution trouvé, il ne reste plus qu'à savoir comment s'articule la résolution ou les diverses formes qu'elle prend.

1.4.3. Les arrangements

Les types d'arrangements sont déterminés par les différents acteurs qui participent à la formulation d'une voie de sortie après un moment de dispute. Nous avons observé : l'arrangement à l'amiable et l'expropriation des terres.

L'arrangement à l'amiable se fait de façon minutieuse et commence par une évaluation de la situation par le ou les autorités traditionnelles dont le conflit se déroule dans leurs circonscriptions administratives ou leur zone légitime d'exercice de leurs pouvoirs et compétences. Il s'ensuit des approches visant à l'apaisement des tensions et des cœurs au moyen des discours sur les relations humaines et le caractère nécessaire et éphémère de toute chose. L'amiable ou échange équivalent des biens consiste à trouver une proposition acceptable par les deux parties dont la compensation sera jugée à la hauteur des dommages causés.

L'un des Chefs de quartier enquêté nous dit à cet effet :

> On évalue la situation, on calme d'abord les cœurs. Avant, pour les conflits agriculteurs-éleveurs par exemple, l'éleveur achetait lui-même le fil barbelé pour donner à l'agriculteur pour qu'il protège son champ surtout quand il sait que son troupeau va passer par là […] Une des personnes essaie de régler financièrement ou avec des biens de valeurs équivalents. Ou alors, lorsque l'entente c'est de trouver un autre espace à l'un des deux, on se rapproche de la mairie pour la question de l'espace (Nchare, 2021).

L'arrangement à l'amiable est donc un système de résolution de conflit, qui réunit deux ou trois acteurs, dont l'objectif est de trouver un terrain d'entente de telle sorte que chacun des protagonistes ait un minimum de réconfort à l'issue des discussions. Les deux prétendants au titre de propriétaire de l'espace essaient de s'entendre avant de solliciter la mise en forme des choses par une autorité traditionnelle. Les autorités traditionnelles insistent sur le fait de chercher, au bout d'un arrangement à l'amiable, les approbations de celles-ci. Un chef bamoun dit d'ailleurs que c'est un système pour s'assurer que la transaction soit quelque part juste. Pour les autorités traditionnelles, dans ce processus, tout le monde dit le fond de sa pensée et une forme de paix sur une longue durée se noue. Les arrangements à l'amiable s'avèrent de fois inopérantes, car l'une des parties n'accepte aucun compromis et utilise à la place, les ressources administratives pour faire pencher la balance de son côté. C'est par ce processus que l'on arrive à des expropriations.

L'expropriation des terres occupées est la seconde forme d'arrangement à laquelle aboutissent les négociations et échanges entre les divers acteurs de la résolution dudit conflit. L'expropriation devient inéluctable lorsque l'individu reconnu comme propriétaire de l'espace convoite refuse toute forme de compromis pour exiger le déguerpissement pur et simple de la personne qui empiète sur son lopin de terre. Ce procédé portant normal au regard des textes juridiques en vigueur est souvent vu comme un acte ethniciste ou tribaliste. Un paysan Mbororo affirme de ce fait : « Moi, je devais partir sans rien demander en plus, car je n'avais pas de titre foncier et le monsieur bamoun ne voulait rien entendre » (Nchare, 2021).

L'expropriation des terres se décline alors comme une opération visant à faire quitter une des parties antagonistes ou lui faire abandonner toutes tentatives d'appropriation de l'espace convoité. Ces cas partent généralement d'une présentation, à la chefferie, des papiers officiels attestant du droit que l'on a sur l'espace que l'on discute. En cas de présentation des papiers aux autorités traditionnelles, celles-ci trouvent le règlement que proposent les structures administratives comme étant efficaces, mais recelant des zones d'ombre. Les chefs de communauté s'appuient aussi souvent sur la conformité des documents officiels et traditionnels pour essayer de donner une orientation à la résolution des conflits.

Ces deux procédés de résolution de conflit foncier entre les communautés Bamoun et Mbororo sont notoires et de nature à induire d'autres formes de tensions sociales même si de façon immédiate ils atténuent assez bien les velléités.

Discussion

Faire une description des types de conflits fonciers dans leurs phases puis aborder de façon déconnectée les éléments de résolution des conflits au niveau communautaire semble, à notre sens, ne pas être la bonne approche. En rattachant les éléments du conflit aux composantes du processus de résolution du conflit, nos résultats nous permettent de mener une certaine observation.

Entre pratiques conflictogènes, procédures légales et exploitation des réseaux personnels, les approches se multiplient chez les acteurs des communautés Mbororo et Bamoun afin de s'approprier, préserver et exploiter à convenance les espaces dits non occupés. Ce qui entraîne une réaction réciproque de chaque communauté en ajout aux constats faits par Ngapgue (2017). Ces diverses stratégies recourus révèlent la hiérarchisation des besoins de l'individu dans un cadre social théorisé par Maslow. En effet, si la théorie des besoins humains (Maslow, 1943) se décline comme fondement des interactions d'ordre conflictuelles entre les individus, elle appuie notre décryptage des phases animant chaque type de conflits en postulant que tout être humain, dépourvu de besoins primaires comme manger, se loger, est porté à la violence. Chose qui interpelle les questions de droit. La répartition des espaces ou leur délimitation semble ne pas être en soi un problème entre communautés telle que présentée dans la logique de Mimche, car elle est plutôt portée en solution alternative pour résoudre les conflits (Mimche, 2012). Le non-respect de la répartition des espaces semble mieux indiqué comme source, cause et mobile des conflits fonciers. On admet alors le fait que les problèmes fonciers et domaniaux sont souvent à l'origine de tensions sociales au Cameroun (Domou, 2013).

Le conflit foncier intercommunautaire nous met en présence de l'épreuve humaine de l'homme dans ses relations avec les autres, où s'affrontent interminablement les classes sociales, chaque participant individuel et ses groupes luttent pour maximiser leurs avantages. Ce qui contribue inévitablement aux changements sociaux. Prétendre éliminer les conflits de toute forme paraît comme une idée surfaite. Le conflit appelle le consensus, autant que le consensus rend possible la négociation. À la vue de l'imperfection des solutions qui restent des compromis fragiles, le postulat de Ricoeur prend tout son sens dans les sociétés animées des valeurs et convictions différentes. Il s'agit alors d'arriver à un « équilibre réfléchi » entre propos bien argumentés et convictions bien pesées (Ricœur, 1990).

Le conflit foncier dans ses phases doit être vu comme une forme de socialisation qui unit les parties rivales. C'est une forme d'interaction réciproque socialement réglée. L'hostilité est par ailleurs le générateur d'un corps de norme et de règles. Pour Simmel (1908), l'opposition entre les hommes est un fait indéniable, mais n'est pas la seule racine de la socialité. Le motif central pour en finir avec un conflit est le désir de ramener la paix entre communautés qui doivent continuer à vivre ensemble. Chaque solution n'étant qu'adaptation au cas.

La résolution des conflits passe par un jeu d'acteur et d'évaluation des ressources disponibles et discutées dans l'environnement. Pour tenter de faire valoir leurs droits, faire aboutir une revendication, garantir un tel accord, les acteurs « de base » vont tenter de mobiliser une procédure ou instance parmi d'autres possibles et à travers elles, des règles et des acteurs influents face à un enjeu donné. Ils les mobilisent en fonction de leur légitimité sur le sujet, de leurs prérogatives officielles ou coutumières, éventuellement de leur poids politique, des liens familiaux, ethniques, politiques qu'ils partagent avec eux.

D'après les analyses de Ngapgue (2017) les élcvcurs acculés finissent par céder en se réadaptant. Les Mbororo cèdent-ils donc au regard des réseaux qu'ils pourraient avoir en réserve ? Nous comprenons que le poids et le contrepoids administratif entrent dans le jeu des acteurs qui prennent ce paramètre comme l'un des déterminants clés dans la résolution d'un conflit foncier. Même si dans le fond celui-ci ne constitue pas un indicateur objectif pour les deux communautés. On peut donc parler de groupe stratégique en son sens empirique, car dans les collectivités Bamoun et Mbororo, tous les acteurs n'ont ni les mêmes intérêts ni les mêmes représentations et, selon les problèmes, leurs intérêts et leurs représentations s'agrègent différemment, mais pas n'importe comment. En effet,

> les normes existantes qui définissent des modes d'accès à la terre à l'instar des formes de transferts de droits (temporaires ou définitifs) relèvent d'une série de conventions et de contrats qui, le plus souvent informels et oraux, ne renvoient pas moins à des clauses et procédures stabilisées entre les acteurs. Face à des changements de contextes (économique, sociodémographique, technique, etc.), de nouveaux arrangements apparaissent qui s'imposent comme des références pour les accords que les acteurs passent entre eux. Ces différents arrangements institutionnels locaux régulent dans une large mesure la complexité des droits et des ayants droit au niveau local, sous forme de conventions et de contrats fonciers. Bien que tout type de conflits ne trouve pas toujours de solution évidente (Jacob, 1997).

Ainsi, les formes d'arrangement se construisent de telle sorte que l'on ne ferme jamais tout à fait une affaire ; la possibilité de négociation est toujours ménagée, l'amiable étant l'approche la plus louable de résolution de conflit foncier. Cela d'autant que les autorités traditionnelles développent à chaque nouveau cas cette approche comme un pilier fédérateur de paix et de cohésion sociale.

Il est capital de relever que dans cette étude, la réactivité non exprimée des Mbororo aurait peut-être dû être supérieure en comparaison de celle des Bamouns en raison d'une forte tendance que ce soit beaucoup plus les derniers qui exercent une pression sur les premiers. Mais cela n'empêche pas un reflet ou une traduction dans les stratégies groupales ou individuelles développées dans les conflits fonciers en vue d'un dénouement réjouissant.

Conclusion

En conclusion, cet article avait pour objectif d'établir une typologie puis d'analyser les types de conflits fonciers entre les communautés Mbororo et Bamoun, mais également, décrire les voies et procédés de résolution de ces conflits au niveau local. Par conséquent, nous avons identifié et catégoriser les conflits en fonction des acteurs en présence et ceux en fonction du type de violence recourus dans le processus. Aussi, de multiples acteurs internes à chaque communauté interviennent dans la résolution des conflits fonciers en influençant les stratégies à adopter. Dans un contexte d'interculturalité, les tensions entre ces deux communautés naissent du fait de l'espace, de l'identité, mais aussi de la délimitation de cet espace face à la démographie galopante et à la réduction consécutive de l'espace vital. On observera ainsi les conflits fonciers interindividuels, groupaux, teintés de violences symboliques et de violences physiques. Dans le but de ne pas se faire taxer de passive par l'autre, les deux communautés se concentrent sur leur centre d'intérêt qui revêt d'ailleurs un intérêt d'ordre public. Face à la complexité et la sensibilité de certains cas de conflits, c'est l'expérience, la personnalité et l'inventivité des autorités traditionnelles qui déterminent la gestion de ce conflit. Bien que ne résident pas pour la plupart dans la ville de Koutaba, les élites sont aussi parties prenantes en ce qu'elles tirent les ficelles du jeu. Malgré ce fait, la résolution des conflits fonciers entre Mbororo et Bamoun vise avant toute chose pour les autorités traditionnelles à préserver la paix et l'harmonie communautaire. Se faisant, les différents chefs sollicitent que plus de place et de pouvoir leur soient accordés pour qu'ils touchent davantage l'aspect culturel des conflits fonciers. C'est la raison pour laquelle ils chérissent par-dessus tout une approche de résolution de conflit foncier par l'amiable qui s'avère plus durable. Les arrangements incluant les paiements ou des expropriations sont susceptibles de générer un même type de conflits fonciers. Les autorités administratives jouent alors le rôle d'accompagnateur dans l'application des résolutions que prennent les autorités traditionnelles. Leur vision étant, par-dessus tout, celle d'un développement harmonieux de la ville dans son ensemble.

Bibliographie

Abba D., « Terre enjeu de pouvoir et de conflits », Communication au colloque scientifique sur le foncier, OFT-CFOD, 2004, 14 p.

Bocquéné H., *Moi, un Mbororo. Autobiographie de Oumarou Ndoudi. Peul nomade du Cameroun*, Paris, Karthala, 1996.

Boutrais J., « Entre nomadisme et sédentarité : les Mbororo à l'Ouest-Cameroun », in J. Boutrais, *Le Développement rural en question*, 1984, Paris, ORSTOM, pp. 225-256.

CODESRIA, « L'éveil politique des Mbororo et la marginalisation persistante des Pouakam », 2012 (En ligne) disponible sur http : // WWW.cordesia.org / IMG/pdf/chap.5_ cameroun.pdf consulté le 4 février 2013

Domou B., « Conflit foncier et frontalier entre les Bali-Nyonga et les Bahouoc dans le Nord-Ouest Cameroun », Fiche d'analyse, 2013, Cameroun.

Gret–IRD–LAJP_hubrural, http://www.hubrural.org/IMG/pdf/mae-dispositifs-locaux-regulation-foncière.pdf

Jacob P., « La décentralisation comme distance. Réflexions sur la relation public-privé dans quelques politiques africaines de mise en œuvre des collectivités territoriales en milieu rural », Communication au colloque IED/APAD *Les dimensions sociales et économiques du développement local et de la décentralisation en Afrique au sud du Sahara*, 20-21 novembre 1997, Belgique, Louvain-la-Neuve, 19 p.

Likoussou ZOUNKA, Le phénomène des « Zarguina » dans le département du Noun (Ouest-Cameroun) : étiologie et analyse d'une contre-culture. Mars 2022, Université de Dschang, Faculté des Lettres et Sciences Humaines

Maeva Paupert, « Conflits fonciers et compétition ethnique au Cameroun. L'autochtonie ou le mérite aux fondements de la justice spatiale » BREF, Bernard (dir) : justice et injustices spatiales, Nanterre : Presses universitaires de Paris Ouest, 2010. p. 281-300

Maslow A., « A Theory of Human Motivation », *Psychological Review*, 1943, n° 50, P.370-396

Mfewou A., « Migrations, dynamiques agricoles et problèmes fonciers en Afrique subsaharienne : Le périmètre irrigué de Lagdo (Nord-Cameroun) », *Cybergeo : European Journal of Geography*, 2013, Espace, Société, Territoire, document 663, mis en ligne le 20 décembre 2013. URL : https://doi.org/10.4000/ cybergeo.26092.

Mimche H., « Quand les immigrants se font autochtones : dynamiques d'insertion des Mbororos et insécurité foncière à l'Ouest Cameroun », in

H. Mimche, L'insécurité au Cameroun : mythe ou réalité ? 2012, Iresma. Editors : Pierre Kamdem, Martin Kuete. (pp.145-176).

MOHA, M., Les relations entre agriculteurs et éleveurs en contexte de crise alimentaire Roumbou-Sakabal, 2008, Afrique contemporaine n° 225, p. 137-159

Ngapgue, J., « Réaction des Bororos face à l'occupation des pâturages du Mont Mbapit par les agriculteurs (Ouest Cameroun) ». *Cinq Continents*, 2017, Vol 7 (16), pp173-191

Ngouyamsa V. et Nchare N., « Construction des représentations dans les conflits fonciers entre Mbororo et Bamoun dans la ville de Koutaba », *In* Ngouyamsa V. et Nchare N., *Afrique : conflits, influences, paix et justice. Comprendre.*, 2023, EFUA, Pages 156-173. DOI : 10.5281/zenedo.8192151

NZEKET Kouotou Chantal, « Production et commercialisation du poisson dans le Noun : Impacts socio-économiques dans les ménages. Cas de Bangourain et de Ngoudoup ». Mémoire, 2015, Université de Dschang.

Paul R., *soi-même comme un Autre*, 1990, Paris, seuil

Paupert M. et Bernard (dir), « Conflits fonciers et compétition ethnique au Cameroun. L'autochtonie ou le mérite aux fondements de la justice spatiale » 2010, Nanterre, presses universitaires de Paris Ouest, p.281-300

Plan Communal de Developpement (PCD) Koutaba, 2010

Racine, Jean-Baptiste. « La négociation de l'accord amiable », *in* L'accord amiable, *Presses universitaires d'Aix-Marseille*, 2020 (généré le 09 novembre 2023). URL: http://books.openedition.org/puam/3278. DOI: https://doi.org/10.4000/ books.puam.3278

Simmel G., « Der Streit », in Simmel G., *Soziologie* : Untersuchungenüber die Formen der Vergesellschaftung, 1908, Berlin, Duncker & Humboldt Verlag, p186-255

Thuderoz, Christian; Giraud-heraud, Annie. 'Introduction générale', *In* Thuderoz, Christian; Giraud-heraud, Annie, *La négociation sociale*,

2000, Paris, CNRS éditions. Disponible sur internet : <http://books.openedition.org/editionscnrs/1730>. DOI : https://doi.org/10.4000/books.editionscnrs.1730.

La part de « ceux qui sont partis » : Afrique centrale, dynamiques urbaines, paysannat et enjeux fonciers transnationaux

Ferdinand MBEN LISSOUCK

Résumé

Les peuples frontières, ces dits peuples trait d'union sont présentés par les chercheurs spécialisés comme une chance pour l'intégration sous-régionale en Afrique centrale et même une chance d'intégration régionale entre la CEMAC et la CEDEAO. La présente contribution relativise cette hypothèse. Elle montre que l'urbanisation de part et d'autre de la frontière et la crise sécuritaire en Centrafrique ont entraîné une demande foncière accrue pour le logement, l'agriculture et l'élevage. Cette ruée a conduit à une appropriation privative des terres, autrefois propriété familiale transfrontalière, par certains individus au détriment d'autres membres de leurs familles. Cette spoliation des terres des frères « partis » par les frères « restés » a des conséquences sur la vie quotidienne des populations et même des États. Les liens de sang se brisent lentement mais surement. Pour tout dire, les enjeux fonciers transfrontaliers pourraient, si rien n'est fait par les États, faire des peuples-frontières, non pas des peuples traits d'union, mais des peuples-barrières.

Mots-clés : Afrique centrale, dynamiques urbaines, enjeux fonciers, paysannat, peuples frontières

Introduction

L'observateur qui prend pour terrain la circulation des personnes au niveau des points de passages informels entre le Cameroun et la République Centrafricaine, au niveau de Garoua-Boulaï, verra un mouvement quotidien de personnes habillées de vêtements salis par la sueur et par la terre. Ces mouvements de.paysans sont de type pendulaire. Le matin, dès dix-heures, hommes, femmes et enfants armés de houes, machettes, haches traversent la frontière du Cameroun vers la République Centrafricaine. Les uns le font à pied, individuellement ou en groupe. Le plus souvent en famille. Les uns traversent avec des porte-tout et/ou des brouettes ; les autres aux guidons de leurs vélos ou de leurs motos. Le soir, vers seize heures, la traversée dans le sens inverse s'opère. Les têtes, les porte-tout, les brouettes, les vélos, les motos sont chargés de bois, charbon, produits vivriers, de fruits… S'il est vrai, quelques-uns des personnes qui effectuent ces mouvements sont des Centrafricains officiellement en situation de refuge au Cameroun, la plus large proportion de ces paysans est constituée de Camerounais qui résident d'un côté de la frontière et cultivent la terre ou exploitent les produits forestiers ligneux et non ligneux de l'autre côté de la même frontière.

Par ailleurs, pour qui habite la ville et qui compte des amis dans la communauté Gbaya, notamment dans les quartiers Nord de Garoua-Boulaï (Sabbal, Zoukoundé, Ndanga-Bakobo), il n'est pas rare d'apprendre que certains de ces amis se sont déplacés pour assister leurs frères — eux aussi natifs Gbaya, mais de Centrafrique, — frappés par un deuil. Des fois aussi, ils s'y rendent pour participer aux évènements plus heureux (mariages, baptêmes, cérémonies religieuses…). Les frères de Centrafrique font des déplacements inversent pour les mêmes raisons.

Les travaux sur la vie des peuples aux frontières des États font florès. Ils s'intègrent globalement dans les *border studies* (Kolossov, Scott, 2013 ; Kossolov, 2015 ; Sevastianov, Laine, Kireev, 2015). Un champ interdisciplinaire qui regroupe aussi bien la science politique, la sociologie, l'ethnologie, la psychologie, l'anthropologie, la linguistique, l'économie, la géographie… (Kossolov, 2005 : 607).

Il est donc évident qu'une grande diversité de disciplines traite des sujets ayant trait aux frontières des États et aux populations qui y vivent ou qui y transitent. Cependant, ce qui intéresse la présente réflexion est la vie quotidienne des populations *dites natives* (Vatz-Laaroussi et Charbonneau, 2001) ; qui habitent de part et d'autre des frontières des États en Afrique centrale et dont les villages ont fait l'objet d'une *boucherie diplomatique* (Cornevin, 1981) pendant la colonisation. Ainsi donc, parcourir cette catégorie précise de travaux qui dans les *border studies* s'intéresse au quotidien des populations dites *natives*, permet d'observer qu'elles sont traversées par un certain nombre d'hypothèses qui peuvent être regroupées en trois sous-catégories majeures.

La première met en avant l'hypothèse des bouleversements créés par le découpage de l'Afrique par la colonisation. Des bouleversements qui donnent lieu à des tensions entre communautés voir entre les États. Une chose est vraie, et des travaux relativement récents le montrent : ces « tensions sont loin d'être exclusivement liées à des processus surplombants, relèvent également de la dynamique propre des espaces frontaliers » (Minfegue, 2020:2). Toutefois, le fait est aussi que l'action coloniale, sur le plan géographique, a donné lieu à des conflits qui proviennent du fait que certains des territoires constitués « réunissent des aires culturelles différentes voire des populations hostiles » (Retaillé, 1993 : 55). La logique qui sous-tend ces travaux défend l'idée de l'arbitraire dans le découpage des frontières dans les pays africains par la colonisation européenne. Pour cette catégorie de travaux,

> les pays sont plus enclins à entrer en conflit lorsqu'ils partagent une frontière arbitraire. [...] partant du principe qu'une telle partition divise une population auparavant unifiée, menant à des mouvements irrédentistes, créant des opportunités de déstabilisation de part et d'autre de la frontière » (Guidez 2015:6).

La seconde défend l'hypothèse de la continuité anthropologique transfrontalière. Cette dernière serait au fondement d'une sorte *intégration spontanée* inter-État, qui émane de l'action des peuples-frontières. Ce que les travaux défendent comme idée ici est que les peuples frontières, ces *peuples trait d'union* (Monkam, 2000) sont un atout pour l'intégration régionale en Afrique centrale. En effet, ces derniers malgré les découpages territoriaux continuent « à mener une vie communautaire de par la profondeur de leurs liens culturel, linguistique et commercial » (Kenhoung, 2016:2). Cette continuité anthropologique est perçue comme «un acte de négation de la limite coloniale » (Anaza, 2024 : 83).

La troisième hypothèse est celle de la vulnérabilité des peuples frontières. Cette dernière catégorie souligne les difficultés auxquels font face ces peuples *traits d'union* vivant dans les régions transfrontalières. Une partie de la littérature consacrée montre qu'ils subissent en effet les « contraintes imposées par les frontières [qui limitent leur accès] à des ressources essentielles pour leur survie (sources d'eau, ressources alimentaires) ou à des espaces nécessaires pour pratiquer leur mode de vie » (Hirt, 2020 : 123). L'accès aux ressources naturelles transfrontalières des peuples frontières a récemment fait l'objet d'un numéro de la revue l'Espace Politique (Mazzero et Oulkebous, 2023). Dans celui-ci, un article sur les paysans devenus mineurs de Kakamega, à l'ouest du Kenya, près de la frontière avec l'Ouganda et la Tanzanie, met particulièrement en lumière les difficultés auxquels font face les peuples transfrontaliers dans cette partie de l'Afrique. D'un côté, il apparaît l'exploitation minière permet aux paysans « double de ce que peut espérer un agriculteur du comté » (Bohbot, 2023:10). De l'autre, la vulnérabilité de ces paysans transfrontaliers est mise en avant. Elle provient de ce qu'ils n'ont pas toujours les moyens nécessaires qu'il faut pour exploiter les ressources du sol et surtout du sous-sol qui, de plus, reste la propriété de l'État même si la propriété foncière est souvent paysanne.

En droite ligne des travaux précédents et dans l'optique d'un « renouveau des études frontalières » (Rosière, 2017), la présente réflexion fait une sorte de sociologie de *la vie quotidienne* (Javeau, 2003) des peuples traits d'union. Elle prend pour entrée la gestion foncière transfrontalière et s'intéresse précisément à la vie quotidienne d'une partie de la communauté Gbaya vivant dans la ville de Garoua-Boulaï au Cameroun et dans les communes de Koundé et de Baboua en République Centrafricaine. La contribution montre d'abord que l'urbanisation de part et d'autre de la frontière et la crise sécuritaire en Centrafrique entraînent une demande foncière accrue pour le logement, l'agriculture et l'élevage. Ensuite, que cette ruée vers la terre entraîne une appropriation privative des terres, autrefois propriété familiale transfrontalière, par certains individus au détriment d'autres membres de leurs familles. La réflexion insiste sur la spoliation foncière des frères camerounais par les frères centrafricains. Enfin, le fait pour les frères Gbaya centrafricains de priver ceux qui sont « partis » de leur part crée une division entre familles vivant de part et d'autre de la frontière, ce qui contribue à relativiser l'hypothèse d'une *intégration spontanée* mise en avant dans les précédents travaux.

1- Population d'étude et méthodologie

1.1- Les Gbaya d'Afrique Centrale, des victimes de la « boucherie diplomatique » coloniale

Les frontières entre État africain telles qu'elles sont connues aujourd'hui ont été fabriquées de toute pièce par la colonisation. De fait, elles ont un *caractère artificiel* (Bouquet, 2003). Si elles sont souvent *accusées de tous les maux* (Coquery-Vidrovitch, 2012), c'est peut-être parce qu'elles sont historiquement source de conflits entre États.

Cependant, il n'y a pas qu'aux États que ces frontières posent des problèmes. Au niveau micro, et sur le plan historique, elles ont entraîné une déstructuration des communautés dont les villages ont été divisés et intégrés dans les territoires de deux ou plusieurs nations. C'est notamment, au Cameroun, le cas des *Gbaya* dans l'Est, des *Moundang, Massa, Toupouri, Kotoko dans* l'Extrême-Nord et des *Fang* dans le Sud du Pays (Monkam, *idem*) ; ainsi que celui des *Musgum* dans l'extrême Nord du Cameroun (Anaza, *idem*) ou des *Mbémbé* dans le Nord-Ouest du Cameroun (Kenhoung, *idem*). La présente réflexion s'intéresse au quotidien d'un de ces peuples transfrontaliers, les Gbaya en l'occurrence.

Les sources écrites (Monkam, *ibidem*), indiquent que les Gbaya du Cameroun sont une branche de Mandjia de la Centrafrique. Ils se sont d'abord installés dans les localités de Meiganga, Garoua-Boulaï, Kombo Laka, Ngaoui, Djohong, Yarmbang ; puis certaines familles ont poursuivi leurs migrations pour s'installer dans les localités de Bertoua et Batouri. Ils ont émigré au Cameroun à partir de deux centres de dispersion en Centrafrique : Koundé et Mbélé dans l'actuelle préfecture de Nana-Mambéré.

En réalité, parler d'immigration, ici, relève d'une myopie intellectuelle. Les Gbaya n'ont pas émigré de la Centrafrique pour le Cameroun. Les villages Gbaya ont été victimes d'une *boucherie diplomatique* qui a fait de certains parmi eux des Camerounais, d'autres des Centrafricains et d'autres encore des Congolais. Il y a même eu, pendant la colonisation allemande du Cameroun, un moment où « presque tous les Gbaya se retrouvaient dans l'espace camerounais contrôlé par les Allemands » (Moukam, *ibidem* : 15). Autrement dit, sur le plan géographique, la communauté Gbaya n'a pas, historiquement, changé de pays ; ce sont les pays créés par la colonisation qui ont changé la géographie du pays Gbaya. cot qui bien exploité pourrait « conduire vers un langage de non-frontière en Afrique centrale, et favoriser le passage d'une CEMAC des États à une CEMAC des peuples » (Anaza, 2024 : 83).

Cette mise au point historique ainsi effectuée, c'est la capacité historique du peuple Gbaya à faire face à cette *mutilation sociale* et la manière dont l'urbanisation et la crise centrafricaine viennent remettre en cause les *petits arrangements* (Bourdieu, 1986 ; Michel et Willemez, 2008), ou plutôt les *petits arrangements historiques* entre frères de nationalités différentes dans la gestion des terres, qui intéresse la présente recherche.

Ce travail a pour ancrage spatial trois localités de part et d'autre de la frontière entre le Cameroun et la République Centrafricaine : La Commune de Garoua-Boulaï dans le département du Lom et Djérem au Cameroun et les communes de Baboua et Koundé dans la sous-préfecture de Baboua/préfecture de Nana-Mambéré en République centrafricaine.

Carte 1 et 2 : Localisation de la zone d'étude (cartes modifiée par l'auteur)

Source : (Guitard, 2016:3)

Source : (Ankogui-M'poko, 2020),

Le choix de ces localités provient de ce que la communauté Gbaya de Garoua-Boulaï et celle des communes de Baboua et de Koundé en Centrafrique appartiennent souvent au même clan (Gbaya Doka, Gbaya Bodoe…) et, des fois, aux mêmes familles. Il est apparu pendant le séjour sur le terrain qu'au moins deux personnalités occupant de hautes fonctions politiques et officiellement originaires de la commune de Garoua-Boulaï ont des parents biologiques dans la zone d'étude choisie du côté de la République Centrafricaine. Dans les pratiques anthropologiques traditionnelles en vigueur dans la localité, la propriété foncière est familiale nonobstant la nationalité des membres de la famille.

1.2- Éléments de méthodologie

Les données utilisées pour discuter de la vie quotidienne de la communauté transfrontalière Gbaya sont de type qualitatif primaire pour certaines et secondaires pour d'autres. Les sources primaires sont, ici, constituées par les entretiens semi-directifs et l'observation directe.

Pour ce qui est des entretiens, un échantillon de vingt personnes a été mobilisé. L'échantillon a été constitué selon la méthode boule de neige. L'intérêt a été porté exclusivement sur les Camerounais Gbaya. Il s'est agi principalement d'hommes de quarante ans et plus, tous paysans cultivant les terres ancestrales ou les ayant cultivées en Centrafrique. Sur les vingt personnes interviewées, seize étaient des paysans ordinaires, deux des chefs de troisième degré et deux des adjoints de ces chefs. Deux séjours sur le terrain ont ainsi permis de conduire des entretiens multiples avec les mêmes enquêtés. La première série d'entretiens a été conduite du 18 novembre au 17 décembre 2024 dans la zone d'étude par une équipe de deux personnes : un enquêteur principal et un interprète en langue Gbaya. Les entretiens avec les paysans ont permis d'observer qu'historiquement, malgré la « boucherie diplomatique » coloniale, les familles Gbaya qui se sont installées au Cameroun ou se sont retrouvées Camerounaises par le fait colonial ont continué d'exploiter la terre pour des fins agricoles. Ceux du Cameroun en étaient usufruitiers au même titre que ceux de Centrafrique. La propriété foncière est ainsi restée familiale pendant longtemps et la terre était exploitée par les frères vivant des deux côtés de la frontière.

Cependant, depuis 2013, avec l'afflux massif des réfugiés centrafricains dans la commune de Garoua-Boulaï, la demande foncière a augmenté. D'une part, la communauté peule de Garoua-Boulaï est constituée d'un nombre important de bergers ; d'autre part, les réfugiés centrafricains peuls pour plus de la moitié d'après les statistiques du Haut-Commissariat des Nations unies pour les réfugiés, ont traversé la frontière avec leurs troupeaux. Ceci a conduit à une inflation de la demande en pâturage en terre camerounaise. Or, l'inflation démographique du fait de la crise centrafricaine, de la croissance naturelle de la population locale et des migrations de Camerounais venus d'autres parties du pays a conduit à la réduction des terres et donc des pâturages. Les terres frontalières de Garoua-Boulaï sont ainsi en cours de *gentrification* (Glass : 1964). Elles sont sollicitées par les Camerounais et les Centrafricains pour l'agriculture, l'élevage et même le logement. Mais la pression foncière vient aussi de ce que les communes de Koundé et surtout de Baboua s'urbanisent, ce qui augmente la demande foncière en Centrafrique dans la zone d'étude. Les terres des communes concernées deviennent ainsi des espaces enjeux et leur gestion devient source de problèmes pour les familles vivant de part et d'autre de la frontière.

La seconde série d'entretiens, qui a eu lieu du 6 au 24 août 2024 a permis à la collecte de faire des découvertes plus intéressantes encore et qui sont en lien avec les questions de sécurité transfrontalière. En effet, les échanges avec les chefs ont permis d'observer que le contexte d'insécurité à la frontière camerouno-centrafricaine a créé des problèmes de cohésion entre familles. Il a été reproché à certains frères Camerounais de ne pas suffisamment protéger leurs frères centrafricains ; notamment lorsque ces derniers sont recherchés, pour diverses raisons, par l'armée ou la police camerounaise. C'est ainsi que certains frères étiquetés comme traîtres, en guise de punition, sont déclarés *persona non grata* sur le territoire centrafricain par leurs frères de Centrafrique et ne peuvent plus, de fait, cultiver leurs terres ancestrales.

Pour des raisons sécuritaires, il a été difficile pour l'équipe de conduire les entretiens avec les natifs de Koundé et de Baboua. Mais deux courts séjours (le 2 octobre dans la commune de Koundé et le 10 août dans celle de Baboua) avec des balades à pied dans les brousses ont rendu possible l'observation directe. Ces séjours ont été conduits en violation des consignes de sécurité en vigueur dans la zone pour les corps des humanitaires camerounais auquel appartenait un des membres de l'équipe d'enquête. Pour ce qui est de l'observation proprement dite, elle a aussi été facilitée par le fait que l'interprète de l'équipe est un enfant de la communauté. Sa capacité d'improvisation a été bénéfique à l'enquête. Sa bonne connaissance des lieux et des hommes a facilité l'observation et a permis d'observer, dans les communes de Koundé et de Baboua, l'ampleur des acquisitions foncières des gens venus d'ailleurs.

Ce séjour a mis une chose en évidence : deux communautés sont en compétition dans l'acquisition des terres dans les communes de Koundé et de Baboua : la première catégorie est composée des Camerounais (fonctionnaires, commerçants, hommes d'affaires…). Ils achètent des parcelles par hectares dans les communes de Baboua et de Koundé. Elles sont principalement utilisées comme aires de pâturages, et pour l'agriculture. La deuxième catégorie est constituée de Centrafricains vivant principalement dans la commune de Garoua-Boulaï.

D'abord, il y a les Centrafricains ordinaires d'autres coins de la République Centrafricaine et vivant au Cameroun avec un statut de réfugié. Pour eux, la proximité des communes de Koundé et de Baboua avec Garoua-Boulaï est un atout. En achetant des terres dans ces communes, ils s'assurent d'un avenir en Centrafrique pour eux-mêmes et/ou pour leurs familles. En continuant de vivre en terre camerounaise, ils continuent de tirer avantage des privilèges que leur offre le statut de réfugié. Cette catégorie de retournés-réfugiés-déplacés internes échappent encore à la nomenclature des solutions durables proposées par les Nations-Unies aux réfugiés qui proposent comme solutions le triptyque : rapatriement volontaire, la réinstallation et l'intégration (UNHCR, 2015).

Ensuite, parmi ceux qui achètent les terres, il y a les bergers centrafricains. Pour eux également, la proximité avec le Cameroun est un atout. Ils ont accès aux pâturages pour leurs bêtes en Centrafrique. Tandis que le Cameroun leur offre d'importants débouchés. Par ailleurs, en cas en cas de problèmes dus par exemple à une attaque des groupes armés non étatiques, le Cameroun leur permet de mettre leurs bêtes en sécurité.

Enfin, les terres dans la commune de Koundé et de Baboua sont achetées par des fonctionnaires et hommes d'affaires centrafricains. Elles sont principalement utilisées pour l'agriculture et le logement. Certains se constituent simplement de vastes réserves foncières, a l'image de ces grands types de Yaoundé qui « n'investissent ni dans l'industrie ni dans le commerce. [Qui] spéculent seulement dans l'achat et la vente des terrains » (Franqueville, 1984 :160).

Pour compléter les données collectées par les sources primaires, une collecte documentaire a été nécessaire. Des rapports de recherches conduites ont permis de documenter l'urbanisation et l'accroissement démographique en Centrafrique, et d'obtenir les cartes géographiques utilisées dans travail de recherche.

Au demeurant, les deux séries d'entretiens et l'observation documentaire ont permis de mettre en évidence que les terres ancestrales, autrefois propriété des familles, sont aujourd'hui progressivement privatisées par les frères de Koundé et de Baboua. Pour ainsi dire, ceux qui sont « restés » privent progressivement ceux qui sont « partis » d'une partie ou de la totalité du patrimoine foncier familial transfrontalier. Les terres spoliées sont commercialisées dans un contexte de forte demande foncière transfrontalière.

2. Frontière Cameroun-Centrafrique : urbanisation et pression foncière transfrontalière

2.1- Sociohistoire de la gestion foncière chez un peuple trait d'union : l'exemple des Gbaya de Koundé

En Afrique, affirme Cornevin (1981 : 252) « les auteurs n'ont pas de mots trop durs pour qualifier ces frontières imposées par les nations d'Europe. Yves Person parle de « caractère arbitraire et scandaleux », de « légèreté insolent*e* ». Hubert Deschamps de « découpages à la hache », de « boucherie diplomatique ». Au Cameroun, et plus précisément au niveau de la frontière orientale entre le Cameroun et la République Centrafricaine, une communauté a particulièrement fait l'expérience de ce *découpage à la hache :* la communauté Gbaya de Koundé.

Cela a été dit plus haut, une partie des Gbaya qui vivent actuellement en République du Cameroun viennent du village de Koundé République centrafricaine. Zoukoundé, en réalité est la partie camerounaise du village Koundé de République centrafricaine, qui a donné son nom à la commune éponyme.

Le nom Koundé lui-même est celui d'un cours d'eau qui prend sa source dans la partie du village Gbaya que *la légèreté insolente* du colonisateur a affectée au Cameroun. Zoukoundé signifie littéralement en Gbaya la tête de Koundé. Autrement dit, les habitants de Zoukoundé sont les frères Gbaya qui habitent en amont de Koundé, tandis que ceux de Koundé sont ceux qui habitent en aval. Avant 2013, la terre était la propriété des familles, indépendamment des nationalités imposées aux uns et aux autres par la colonisation. D'autant plus que pour les familles Gbaya qui vivent dans la commune de Garoua-Boulaï, la plus grande partie des terres familiales se trouvent en République Centrafricaine. Elles y allaient toutes, il y a encore un peu plus d'une décennie, pour y mener leurs activités champêtres. En effet, historiquement,

> l'accès à la terre dans un village des trois préfectures ciblées répond à trois conditions : être né dans le village, avoir des liens d'alliance, en être autorisé par le chef ou encore par des parents originaires du village. La naissance donne accès de fait à la terre dans le village. En pays Gbaya, la terre appartient au premier clan installé sur place. En effet, personne n'achète de terrain, car le seul fait d'appartenir au groupe, ou plus exactement, au clan des premiers occupants confère de facto le droit d'usage des terres du village (Ankogui-M'poko, ibidem : 18).

Cependant, depuis 2013, une rupture avec cette coutume ancestrale s'observe, comme l'affirme ce paysan : « Avant l'arrivée des réfugiés, nous cultivions en RCA. Nos champs étaient environ à quinze kilomètres de la frontière. On partait camper, parfois pour une semaine et plus, avant de revenir ici » (entretien du 30 novembre 2023).

L'expression « arrivée des réfugiés », qui est revient dans toutes les conversations, lorsqu'une discussion est conduite avec les populations de Garoua-Boulaï non réfugiées, est loin d'être stigmatisante en soi. C'est un marqueur temporel des mutations sociales que connaissent les communes de Garoua-Boulaï, de Koundé et de Baboua depuis 2013.

Et ce que la déclaration du paysan ci-dessus met en avant est qu'avant ce marqueur temporel qu'est l'arrivée des réfugiées, les Gbaya qui habitent en amont allaient cultiver en aval sans prendre en compte l'existence de la frontière qui a fait des uns des Camerounais et d'autre des centrafricains. Ils pouvaient même séjourner pendant un temps relativement long, des semaines, voire des mois. Ci-dessous, un modèle d'abri que les paysans Camerounais utilisaient autrefois pour camper dans les champs en République Centrafricaine.

Photos 1 et 2_: Modèle d'abri de fortune utilisé par les paysans pour camper en brousse

Commune de Koundé, le 2 octobre 2023. Crédit photo, Ferdinand Mben

Sur la photo de gauche et sur celle de droite, le lecteur peut observer que l'herbe est, progressivement en train d'envahir l'abri. Il s'agit d'un espace construit par une famille de Gbaya camerounais dont les terres ancestrales ont été spoliées par les frères de Koundé. Ils ont été autorisés à cultiver une parcelle par des parents éloignés. Ils ont construit cet abri pour se protéger du soleil. Il ne leur sert plus de campement à proprement parler, l'herbe y pousse parce qu'ils l'utilisent de moins en moins et parce qu'ils ne peuvent plus camper dans cette partie de la brousse pour des raisons sécuritaires.

Mais la nature reprend aussi ses droits dans cet abri du fait que ceux qui l'ont construit ne sont pas propriétaires de l'espace et sont conscients que ceux à qui appartiennent ces terres peuvent exprimer le besoin de les "récupérer à tout moment. La famille a affirmé qu'elle sait qu'elle ne pourra pas « squatter » ces terres pendant longtemps parce que la terre devient de plus en plus précieuse dans les villages frontaliers.

En effet, de l'avis de certains enquêtés, autrefois, dans les villages frontaliers, on donnait la terre à celui qui en voulait, notamment pour cultiver ou pour habiter, et surtout sans rien demander en retour. Aujourd'hui, la terre dans ces mêmes villages est vendue ou mise en location, du fait des migrations (dont certaines sont forcées) et de l'urbanisation.

2.2- Migrations, urbanisation et inflation de la demande foncière dans les communes de Garoua-Boulaï, Koundé et Baboua

La crise centrafricaine qui, à ce jour, continue de faire des remous de part et d'autre des frontières entre la République Centrafricaine et les pays voisins, dont le Cameroun, a commencé en 2013. L'Est du Cameroun est la partie du pays qui a accueilli le plus grand nombre de réfugiés centrafricains du fait de cette crise. Selon les chiffres des Nations-Unies, le département du Lom et Djérem auquel appartient Garoua-Boulaï héberge à lui tout seul, selon les dernières estimations 58 % des réfugiés centrafricains, dont le nombre en 2023 était de 353 701 (ACF, 2024).

L'arrivée des réfugiées et surtout leur prise en charge a constitué une opportunité d'emplois, d'affaires et de trafics divers et variés pour les Camerounais, centrafricains et les autres nationalités. Mais aussi du fait de la sensibilité de cette frontière, une militarisation qui a entraîné un renforcement de la présence de *l'État aux marges de son territoire* (Lefort-Rieu et Minfegue, 2021) dans l'Est du Cameroun en général et dans la commune de Garoua-Boulaï de manière spécifique. Du fait de ce boom démographique, Garoua-Boulaï « cette ville de petite taille a dû bousculer ses limites et jusqu'à présent, s'étire vers les villages environnants » (N'ndé, 2021 : 56).

Cet étirement a conduit, de fait, a une consommation des terres de part et d'autre de la frontière. Du côté du Cameroun, le village Zoukoundé a complètement été absorbé par le périmètre urbain de Garoua-Boulaï comme l'affirme ce leader d'une des chefferies Gbaya de Garoua-Boulaï :

> En 2005. 2006, 2007, Zoukoundé était encore la brousse. Nous qui habitons Garoua-Boulaï, on faisait nos petits champs ici, tout près de nos cases. Juste pour la consommation. C'était surtout le manioc. Les cultures comme le maïs, les arachides, la pistache qu'on vendait, on partait les faire de l'autre côté à Koundé. Depuis l'arrivée des réfugiés et des autres étrangers, la ville s'est agrandie encore. Maintenant on ne fait plus les champs ici à Zoukoundé, on a construit partout (entretien du 18 novembre 2023).

En réalité, parce que le plus gros des terres est resté en Centrafrique, les terres de Zoukoundé comme celles des autres quartiers de la frontière du côté camerounais étaient principalement utilisées pour des jardins de cases. Ces « maigres terres » ont été facilement absorbées par l'urbanisation de Garoua-Boulaï. En une quinzaine d'années, le village de Zoukoundé a été presque totalement absorbé dans le périmètre urbain de Garoua-Boulaï. C'est le cas des autres villages de la frontière versant camerounais tels que Sabbal, Daiguéné, Ndanga-Bakobo…, comme l'affirme ce paysan du coin :

> 2004 quand on rentrait du champ, quand on arrivait dans cette partie de Sabbal,, c'était un long trait. Un gros bosquet. C'était la forêt. On n'imaginait même pas qu'une case allait pousser ici. Je suis parti pour Bertoua en 2005. Quand je suis revenu en 2014, j'étais surpris de constater qu'un nouveau quartier appelé Samarie avait vu le jour à Sabbal. Aujourd'hui, il y a même Samarie 2 (entretien du 30 novembre).

Ce village de Sabbal, pour partie Sabbal-Ville avant 2013 est devenue Sabbal — Samarie 1 après 2013, puis Sabbal Samarie 2 à partir de 2020, est une conséquence de cet étalement de la ville de Garoua-Boulaï dont une partie a rejoint la bourgade de Cantonnier en République Centrafricaine :

> Cet arbre, ci, autrefois c'était le Tiké Molanga, c'est ici que le commerce des bœufs se faisait. Loin de la ville. Aujourd'hui c'est déjà en pleine ville, et habité. C'est devenu Samarie 2. Comme tu peux le voir dans Samarie, le Cameroun et la RCA sont déjà jumelés, il n'y a que la route qui les sépare. Je suis un peu inquiet pour l'avenir. Je ne sais pas si on aura encore de la terre pour cultiver d'ici quelques années (entretien du 10 novembre 2023).

L'inquiétude de ce paysan de Sabbal se justifie par le fait que l'urbanisation progresse a une très grande vitesse de part et d'autre de la frontière. Les terres s'achètent à tout va, des terres autrefois familiales se privatisent progressivement, annonçant *une autre fin des paysans* (Lombard, 1981).

En effet, la fin des paysans telle qu'elle a été vue par Mendras (1967) dans la France des années 1960 consistait en la transformation du paysan français en entrepreneurs. La mort des paysans d'Afrique noire, vue par Lombard (idem) provient de ce que le paysan africain est fasciné par un autre genre de vie, le plus souvent citadine et en lien avec le salariat non agricole. Cette autre fin des paysans que donne à voir une partie de la communauté trait d'union gbaya de Garoua-Boulaï est celle de la déchéance du statut de paysan par la spoliation des terres des frères de nationalité camerounaise par les frères de nationalité centrafricaine.

3. Appropriation privative des terres familiales transfrontalières : quand des frères d'une nationalité spolient les frères de l'autre

3.1- La spoliation des frères Camerounais par les frères centrafricains

L'observation du quotidien des personnes en situation de refuge met en évidence une nouvelle catégorie d'acteurs qui, vivant en situation de refuge, essaient de trouver par eux-mêmes les solutions durables pour un avenir meilleur pour eux et leurs familles. Cette catégorie d'acteurs est celle des retournés-déplacés internes-réfugiés.

Cette catégorie d'acteurs conserve son statut de réfugié, mais acquiert des terres du côté centrafricain de la frontière. Ces terres sont utilisées pour le logement, les pâturages, l'agriculture. L'urbanisation galopante de la bourgade de Koundé dans la commune éponyme et ses alentours, et celle des bourgades de Beloko et de Cantonnier et leurs alentours dans la commune de Baboua, sont en partie due à ces retours volontaires et stratégiques.

La dimension stratégique de ces retours provient de ce que ces personnes retournent généralement en Centrafrique pour y investir, mais vivent la moitié du temps au Cameroun et l'autre moitié en République centrafricaine. En Centrafrique, ils se font très souvent identifier comme des déplacés internes. Au Cameroun, ils conservent leur statut de réfugiés et continuent de profiter des avantages liés à cette condition de réfugié.

Ces retours sont stratégiques parce que le Cameroun comme les autres terres d'asiles restent considérés comme des espaces de refuge relativement sûr. Ceux qui investissent dans l'agriculture, ceux qui acquièrent des parcelles pour le pâturage et ceux qui construisent des maisons d'habitation et/ou de commerce choisissent les zones frontalières parce qu'elles leur permettent facilement de se replier et de se mettre de nouveau à l'abri en cas de troubles. Cette carte de l'Organisation des Nations-Unies illustre bien ces retours stratégiques.

Carte 3 : matrice de suivi des déplacements de l'OIM février 2024.

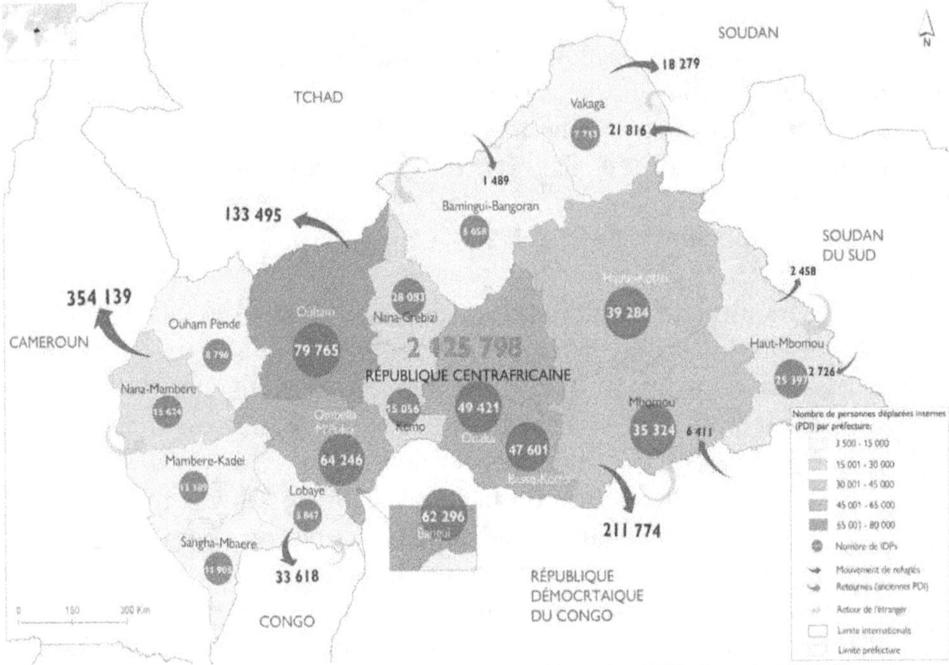

DTM République Centrafricaine, Round 19 (août 2023). CMP (décembre 2023). Données UNHCR sur les réfugiés (janvier 2024).

Une chose est observable sur la carte, les préfectures situées aux frontières sont les plus choisies par les retournés. C'est le cas au Soudan, au Soudan du Sud, au Tchad, en RDC, au Congo et bien sûr le cas du Cameroun où, comme le montre la carte, la préfecture de Nana Mambéré est une terre d'accueil de retournés, qui viennent s'ajouter aux déplacés internes déjà installés dans les communes de la préfecture qui aussi acquièrent comme ils le peuvent des espaces.

Ces mêmes espaces sont sollicités par les Camerounais et les Centrafricains de Centrafrique (fonctionnaires, commerçants, hommes d'affaires…). Ils sont principalement utilisés comme aires de pâturages, comme terres agricoles et pour le logement, dans une de ces zones du territoire centrafricain ayant des « sols très riches favorables à l'agriculture et d'une végétation abondante dont les différents types de savanes constituent une aubaine pour l'élevage bovin » (Ankogui-M'poko, *ibidem :* 8)

Pour les bergers qu'ils soient Camerounais ou Centrafricains, la proximité de ces terres avec le Cameroun est un atout. Ils ont accès aux pâturages pour leurs bêtes en Centrafrique. Tandis que le Cameroun leur offre d'importants débouchés. Par ailleurs, en cas de problèmes dus par exemple à une attaque des groupes armés non étatiques, le Cameroun leur permet de mettre leurs bêtes en sécurité.

Mais une de choses qui attire aussi abondamment les populations de diverses nationalités dans les différents villages de la préfecture de Nana-Mambéré, est "potentiellement très riche en ressources naturelles [...] de ressources minières (Diamant et or)" (Ankogui-M'poko, *idem).* Cette conjonction de facteurs qui connait un pic dans la préfecture de Nana-Mambéré depuis 2013 (retours volontaires, déplacements internes, immigration, étalement urbain) a entraîné une forte demande foncière qui en a fait un bien précieux. La rente foncière est alors devenue un pis-aller pour des paysans vivant dans une extrême pauvreté.

Par ailleurs la crise en Centrafrique, qui a conduit à "l'éclatement du tissu social [au] repli identitaire et [à] l'exacerbation de la haine" (Ankogui-M'poko, *ibidem : 50)* a également affecté les familles, notamment celles qui vivent de part et d'autre de la frontière comme le montre cet extrait:

> Avant, on était reliés. On ne connaissait pas que ce qu'est la frontière ou que ceci c'est la terre de tel ou tel. Mais depuis que les réfugiés sont arrivés, tout a changé. En réalité les populations de ce côté au Cameroun et celles de l'autre côté en République Centrafricaine appartiennent à la même famille. Aujourd'hui certaines personnes en RCA commencent à dire à leurs frères qu'ils sont Camerounais, qu'ils n'ont plus droit à la terre en Centrafrique. Beaucoup ont commencé à vendre les terres (entretien du 6 décembre 2023).
>
> Les cas comme ça, il y a beaucoup. J'ai même peur que cela s'aggrave et que les tensions entre les frères Gbaya de Centrafrique et ceux du Cameroun finissent par dégénérer. Les choses sont vraiment en train de se gâter

> entre nous depuis l'arrivée des réfugiés (entretien du 22 août 2024).

Comme cela a été mentionné plus haut, la notion « d'arrivée des réfugiés » est plus un marqueur temporel qu'autre chose. L'hypothèse qui peut être faite, ici, est que la terre, autrefois un bien commun dans la communauté Gbaya est progressivement en train de se privatiser, du fait de la valeur marchande qu'elle acquiert. Les frères qui sont « restés » vendent les terres sans prendre en compte les besoins de ceux qui « sont partis », les privant ainsi « en douce » de leur part. Mais cette spoliation foncière des frères par les frères peut aussi prendre des formes plus brutales.

3.2- Insécurité transfrontalière et usage des terres familiales : la répression des « traitres » par la spoliation foncière

L'une des caractéristiques des frontières entre les États est qu'elles sont des espaces d'échanges, mais également des lieux de trafics. Elles posent souvent des problèmes de sécurité aux nations. Et le fait que la République centrafricaine soit un pays instable et que « les récents développements font de lui un État milicien avec 14 groupes rebelles en circulation sur son territoire et sur ses marges » (Adam, 2021 : 586) ne rend pas davantage sur la frontière du Cameroun avec la République centrafricaine. L'arrivée des réfugiés a rendu la situation davantage critique :

> Même si l'accueil des réfugié·e·s s'est fait dans la douleur et l'inquiétude, l'insertion des migrant·e·s dans les couloirs de la ville a été davantage informelle. Ce caractère informel passe par des activités économiques (commerces de rue non réglementés, activités illicites), associatives et illégales. Ces activités ont amplifié les dynamiques déjà en présence en accordant à la ville une visibilité au-delà des frontières du pays (N'ndé, ibidem : 56).

En guise de réponse et pour garantir la sûreté et la sécurité de son territoire, l'État du Cameroun accentue la *militarisation frontalière* (Lefort-Rieu et Minfegue, *idem*). C'est ainsi que régulièrement et au moins deux fois pendant le séjour sur le terrain, des couvre-feux ont été déclarés par les autorités camerounaises dans la ville de Garoua-Boulaï avec des arrestations d'individus jugés suspects par les forces du maintien de l'ordre.

Ces arrestations de l'avis des différents chefs que nous avons interviewés sont légion. Cependant, il arrive que des Centrafricains accusent leurs frères camerounais de ne pas les protéger des arrestations quand ils ne les accusent pas de les dénoncer aux forces de l'ordre. Un des moyens de répression utilisés par les frères pour punir leurs frères devenus des traîtres supposés ou avérés à leurs yeux est de leur interdire le séjour et l'usage des terres ancestrales en République Centrafricaine, comme l'affirme cet enquêté de Ndanga-Bakobo :

> Vous voyez, le chef de […] ne peut plus aller en Centrafrique pour cultiver ses champs. Ses frères disent que c'est un traître. C'est lui qui dénonce les gens quand la police ou les militaires les cherchent. Il est seulement là comme ça. Pour faire les champs, il est obligé d'aller vers Bindiba [village situé à 30 km de Garoua-Boulaï sur la route Garoua-Boulaï/Ngaoundéré] (entretien du 20 août 2024).

Ce que cette déclaration permet de comprendre est que la terre transfrontalière qui est devenue est bien précieux est également devenue un instrument de sanction au service de l'insécurité transfrontalière. Les frères étiquetés comme des traîtres par d'autres frères sont spoliés de leurs terres en République Centrafricaine. Certaines de ces terres sont même revendues aux étrangers. Cette spoliation du frère par le frère qu'elle soit douce ou brutale conduit à la désintégration progressive du peuple trait d'union gbaya à la frontière entre la Centrafrique et le Cameroun.

4. Urbanisation, enjeux fonciers et désintégration progressive d'un peuple trait d'union dans l'Est du Cameroun

4.1- Une continuité anthropologique sous le prisme des célébrations et de la jouissance

La littérature spécialisée au niveau local a globalement une vision trop optimiste de la solidarité communautaire transfrontalière des peuples-frontières.

En effet, un tour dans les textes permet de voir que ces peuples dits traits d'union sont considérés par certains comme des ponts régionaux. Ils sont, dans cette perspective « les premiers éléments de l'intégration régionale [parce qu'ils] sont les éléments-tampons entre les multiples autres groupes ethniques » (Monkam, ibidem : 27).

Pour d'autres auteurs encore, ils sont, au niveau de l'Afrique centrale des atouts qui bien exploité pourrait « conduire vers un langage de non-frontière en Afrique centrale, et favoriser le passage d'une CEMAC des États à une CEMAC des peuples » (Anaza, idem).

Certains textes confèrent même une envergure diplomatique plus grande à certains de ces peuples-frontières. C'est ainsi que le texte consacré au peuple Mbembé, peuple trait d'union entre le Cameroun et le Nigéria et dont l'

> analyse se base sur l'histoire de cette ethnie, sur leur mode de vie, leurs activités, le règlement des litiges et les échanges entre ce peuple divisé par les frontières internationales africaines [montre] que la conscience communautaire entre les Mbémbe du Cameroun et les Mbémbe du Nigéria transcende les frontières étatiques et constitue le catalyseur d'une intégration par le commerce reliant deux États et par conséquent, deux régions africaines, notamment la CEEAC et la CEDEAO.

Par certains aspects, il y a lieu d'être optimiste lorsqu'on porte l'intérêt a la vie quotidienne des peuples-frontières au Cameroun et plus globalement en Afrique centrale. En effet, malgré la boucherie coloniale, une certaine solidarité transfrontalière perdure à ce jour entre les communautés, les clans et les familles. Comme le montre ces deux autres extraits d'entretiens:

> Même comme il y a les problèmes ! Lorsqu'il y a deuil ou mariage du côté camerounais, les familles de Koundé et des autres villages assistent massivement, que ce soit à Ndanga Bakobo, Sabbal ou Zoukoundé. Parce que d'autres cousins ou tantines restés en Centrafrique qui viennent assister. Quand il y a aussi une manifestation : une fête ou un deuil en Centrafrique, vous aller voir que les familles d'ici se déportent là-bas. La solidarité se ressent des deux côtés (entretien du 24 novembre 2023).
>
> Quand c'est la terre, les cousins qui sont de l'autre côté nous disent que nous sommes déjà partis, nous

> n'avons plus droit à rien. Mais quand c'est le deuil, on oublie un peu l'autre côté-là. On s'assiste mutuellement (entretien du 7 décembre 2023).

Une chose intéressante dans ces extraits est qu'ils permettent de relativiser cet optimisme qui transparait dans les écrits lorsqu'ils discutent de la vie quotidienne des peuples traits d'union. En effet, pour ce qui est de l'exemple de la communauté des Gbaya dans les communes de Garoua-Boulaï au Cameroun et de Baboua et de Koundé en République centrafricaine, l'entrée par les questions foncières montre le caractère fragile de cette solidarité communautaire transfrontalière. L'expérience de terrain montre qu'en réalité, les enjeux liés à la gestion des terres familiales dans un contexte de crise sécuritaire et d'urbanisation galopante de part et d'autre de la frontière entre le Cameroun et la Centrafrique permettent d'observer une désintégration progressive des familles ; et qui n'est pas de nature à favoriser cette une *intégration sous-régionale spontanée* contrairement à ce qui a été observé ailleurs, notamment chez les *Mbembé* (Kenhoung, *idem*).

4.2- Enjeux fonciers et désintégration progressive des familles : entre *vide spatial* et *vide social.*

La gestion des terres rurales en Afrique est source de tensions dans les familles depuis longtemps, bien avant la colonisation européenne. Ce que l'exemple de la communauté gbaya donne à voir est de voir la mutation dans la résolution des tensions intrafamiliale. On passe progressivement du *vide spatial* au *vide social*.

Le vide (spatial) tel qu'il a été documenté montre que traditionnellement, les tensions liées à la gestion des terres en Afrique centrale, notamment, se résolvent « par l'éclatement spatial du village. [qui se] traduit par une nouvelle répartition des unités résidentielles : une fraction se détache du village mère pour créer un nouveau village dans une étendue inhabitée » (Pourtier, 1986 : 17).

Cette solution a aussi été utilisée autrefois par les chefs de clans gbaya de Koundé qui ne supportant plus l'autorité de leur chef de village décidèrent de quitter le village pour s'installer ailleurs. Les sites les plus connus où ils s'installèrent dans l'actuel territoire du Cameroun sont Meiganga, Batouri et Bertoua. (Monkam, *idem*).

Cependant, la création d'un *vide spatial* entre membres d'une même famille ou d'un même village suite à des tensions, qu'elles soient de leadership ou qu'elles soient nées de la gestion des terres, ne rompt pas les liens familiaux. C'est ainsi que les Gbaya, du fait de leurs liens de parenté transfrontaliers, se sont transformés d'une « façon ou d'une autre en pont entre les différents peuples colonisés » (Monkam, *ibidem* : 13)

L'apport majeur de la présente recherche est de montrer que, de fait, si les peuples traits d'union du fait de leur « dispersion » transfrontalière peuvent contribuer à une intégration régionale ou sous-régionale comme le défendent certains auteurs ci-dessus, il n'en est est pas moins vrai que ces peuples aussi sont traversés par des tensions internes du fait de la gestion des terres notamment. En effet, les sociétés d'Afrique restent encore, pour partie rurales,

> malgré l'accélération des processus d'urbanisation au cours des dernières décennies. Ces sociétés ont des moyens d'existence variés, reposant essentiellement sur l'agriculture pluviale et l'élevage [...]. Reposant essentiellement sur la main-d'œuvre familiale, ce mode de production est désigné sous le terme d'agricultures familiales (incluant les systèmes pastoraux). Ses principaux atouts sont la flexibilité dans la mobilisation du travail familial et les capacités d'ajustement à des contextes en rapide évolution : globalisation des échanges, changements sociodémographiques, insécurité qui affecte les mobilités des hommes et des troupeaux. Ces systèmes reposent cependant souvent sur des inégalités intrafamiliales de répartition, de mobilisation ou de transmission des ressources. Elles engendrent des tensions et des frustrations qui viennent s'ajouter et se combiner à d'autres sources de conflits, qu'ils soient locaux (entre éleveurs et agriculteurs, entre villages, etc.) ou plus globaux. (Bidou et Droy, 2017 :1)

En effet, dans les pays africains, « l'accès à la terre, que ce soit pour un usage d'habitation, de culture ou de pâture ou pour la spéculation foncière, est devenu aujourd'hui un enjeu majeur pour tous qui s'accompagne, partout, de grandes violences tant physiques que symboliques. » (Bouju, 2009 : 1). Cependant, si autrefois, les membres des clans ou des familles utilisaient le *vide spatial* pour résoudre *leurs contradictions sociologiques* (Pourtier, *idem*), le terrain d'observation montre que les frères spoliés de Garoua-Boulaï utilisent non seulement le *vide spatial*, mais aussi le *vide social*.

Autrefois, comme le montrent les écrits ci-dessus, pour faire le *vide spatial*, les frères quittaient le village pour aller s'installer ailleurs. Aujourd'hui, pour que le terrain donne à voir dans la communauté transfrontalière gbaya est que pour faire le *vide spatial*, les paysans qui ne peuvent plus s'installer ailleurs ou acquérir des parcelles agricoles ailleurs faute de moyens, utilisent des solutions palliatives. Certains squattent avec plus ou moins de succès les terres d'autres parents, amis ou connaissances comme le montre la section deux de ce texte. Pour les uns et les autres, ce squat s'inscrit dans une sorte de commensalisme. Le paysan en cultivant la terre la met en valeur et la sécurise au profit du propriétaire. Tandis que le paysan cultive gratuitement et bénéficie du produit de son travail. Cette association tient jusqu'à ce que le propriétaire terrien veuille personnellement investir sur sa propriété.

Une autre solution palliative est la location des terres. L'enquête a montré qu'une famille spoliée de Zoukoundé, pour survivre, loue des terres dans le village de Dabolé, situé à une dizaine de kilomètres de la ville de Garoua-Boulaï sur l'axe-nord. Les données collectées font savoir que la famille loue l'hectare pour la somme de dix-mille francs CFA (environ 15 euros) l'an. Ici aussi, au-delà de la somme versée, ceci permet au propriétaire terrien de mettre en valeur son espace et de le sécuriser. Si ces deux méthodes palliatives (squat et location des terres) constituent des sortes de vide spatial choisies par les parents spoliés pour éviter les tensions avec les frères en République centrafricaine, le vide social permet sinon de manifester son mécontentement, au moins de sanctionner les frères « indélicats ». Le terrain permet d'observer que le *vide social* peut se faire par la mise en quarantaine de soi et/ou des siens ou par la rupture unilatérale des liens familiaux.

En fait, pour ce qui est de la mise en quarantaine de soi et/ou des siens, elle prend des formes qu'une observation superficielle ne permet pas de relever. Ici, le parent spolié continue d'aller en République Centrafricaine et participe aux cérémonies du clan : mariages, deuils…

mais il ne se rend plus dans les domiciles des frères avec qui il est en froid. Autrement dit, ils se parlent en public, mais le frère spolié peut choisir de ne plus rentrer dans la maison du ou des frères « indélicats ». Par ailleurs, la femme et les enfants du premier ne peuvent plus fréquenter les femmes et enfants des seconds. Parfois, ces derniers ne s'adressent plus la parole même lorsqu'ils se rencontrent dans une cérémonie ou dans la rue. Il peut aussi arriver que certains parents spoliés choisissent une méthode plus radicale. Ils rompent ainsi définitivement tout lien avec la famille et même le clan. Comme le montre cette déclaration d'un paysan spolié de Sabbal :

> Quand mon père est mort, mes oncles ont récupéré nos terres. Ils ont dit qu'on n'a plus droit à rien là-bas. Ils nous demandent de rester chez nous au Cameroun. J'ai voulu revendiquer. J'ai failli trouver la mort. Moi j'ai décidé, je ne mettrai plus jamais les pieds de ce côté, même si on me dit que tout le monde est mort. De toutes les façons, ils ont commencé à vendre ces terrains. J'ai appris dernièrement qu'il y a un douanier centrafricain qui a pris 10 hectares. Ils ont d'abord vendu une partie à un al Hadji, il a clôturé et ils ont déjà mis ces bœufs. Les bœufs ont commencé à dévaster leur champ. Je leur ai dit que ce n'est que le début. (Entretien du 23 août 2024)

Ce que les dynamiques foncières transfrontalières entre le Cameroun et la Centrafrique au niveau de Garoua-Boulaï permettent de mettre en avant est que si les peuples traits d'union sont une chance pour l'intégration sous-régionale et même régionale, ces communautés sont également travaillées par des contradictions internes qui sont de nature a remettre en cause leur cohésion communautaire transfrontalière. Si pendant la colonisation et au lendemain de celle-ci, les liens de sang leur ont permis de bâtir des ponts entre les États ; les enjeux fonciers, en lien avec les crises sécuritaires et l'urbanisation leur donnent de construire progressivement des murs entre ces mêmes États. C'est du reste ce que donne à voir cette étude sur la vie quotidienne de la communauté gbaya vivant de part et d'autre de la frontière entre le Cameroun et la République Centrafricaine.

Conclusion

Au demeurant, ce que montre cette contribution est que l'urbanisation de part et d'autre de la frontière et la crise sécuritaire en Centrafrique ont entraîné une demande foncière accrue pour le logement, l'agriculture et l'élevage. Cette ruée a conduit à une appropriation privative des terres, autrefois propriété familiale transfrontalière, par certains individus au détriment d'autres membres de leurs familles. Cette spoliation des terres des frères par les frères a des conséquences sur la vie quotidienne des populations et même des États. Car, le fait pour les frères Gbaya centrafricains de priver ceux qui sont « partis » de leur part, crée une division entre familles vivant de part et d'autre de la frontière, brise progressivement les liens de sang entre personnes d'un ancêtre commun. Ce *vide spatial* et ce *vide social* trouvés comme solution par les frères spoliés pour éviter les tensions communautaires contribuent aujourd'hui à dresser des murs entre États. Les enjeux fonciers transfrontaliers pourraient, si rien n'est fait par les États, faire des peuples-frontières, non pas des peuples traits d'union, mais des peuples-barrières.

Bibliographie

Adam M., 'Déplacés et réfugiés au Cameroun : profils, itinéraires et expériences à partir des crises nigériane et centrafricaine', *Canadian Journal of African Studies / Revue canadienne des études africaines*, 2021, pp. 585-607.

Anaza Digui J. « Agriculture transfrontalière et négation de la frontière coloniale : analyse à partir du pays musgum dans la vallée du Logone (Extrême-Nord, Cameroun) », in Natali Kossoumna Liba'a & Samuel Nguiffo (dir.), *Foncier au Cameroun : L'urgence des réformes*, Bamenda, Langaa Research & Publishing CIG, 2024.

Ankogui-M'poko G., « Étude des dynamiques conflictuelles existantes dans les zones transfrontalières de la République centrafricaine », *Rapport d'étude*, 2020, disponible sur https://www.hdcentre.org/wp-content/uploads/2020/12/Etude-des-dynamiques-conflictuelles-dans-les-zones-transfrontalieres-de-la-RCA-fevrier-2020.pdf, consulté le 2 août 2024.

Bidou J. et Droy I., « Les inégalités intrafamiliales, une source de tension dans les sociétés rurales : exemples en Afrique de l'Ouest », in *Dynamiques Internationales*, 2017, N 12, janvier 2017, pp.1-13.

Bohbot J., Joseph Bohbot, « L'activité minière artisanale dans l'ouest du Kenya : entre dynamiques locales & dynamiques transfrontalières », *L'Espace Politique* [Online], 49-50 | 2023-1/2, mis en ligne le 1er mai 2024, consulté le 1er janvier 2025 sur http://journals.openedition.org/espacepolitique

Bouju J., « La malédiction, l'honneur et la spéculation », *Bulletin de l'APAD* [En ligne], 2009, 29-30 |, mis en ligne le 16 juin 2010, consulté le 08 septembre 2020. URL : http://journals.openedition.org/

Bouquet C., « L'artificialité des frontières en Afrique subsaharienne », *Les Cahiers d'Outre-Mer* [en ligne], 222 | Avril-Juin 2003, mis en ligne le 13 février 2008, consulté le 19 avril 2019. URL : http://journals.openedition.org/com/870 ; DOI : 10.4000/com.870

Bourdieu P., « La force du droit », Actes de la recherche en sciences sociales, 1986, vol. 64, pp. 3-19.

Coquery-Vidrovitch C., « Frontières africaines et mondialisation », *Politique, culture, société*, n° 17, mai-août 2012, pp.1-15.

Cornevin R., « Questions nationales et frontières coloniales », dans *Revue française d'histoire d'outre-mer*, 1981, tome 68, n° 250-253, *État et société en Afrique Noire*. pp. 251-262.

Franqueville A., *Yaoundé, Construire une Capitale*, 1984, Paris, Orstom.

-Glass R., *London aspect of change*, 1964, London, McGibbon and Kee.

Guidez D., « La viabilité des frontières africaines au regard des revendications d'ordre identitaire. Les exemples de Bakassi et de l'Azawad », 2015, Institut Royal Supérieur de Défense, Centre d'Études de Sécurité et Défense 30 Avenue de la Renaissance 1000 Bruxelles.

Guitard É., « Le pouvoir en restes », *Techniques & Culture* [en ligne] , 2016, Suppléments aux numéros, mis en ligne le 31 octobre 2016, consulté le 1er octobre 2022. URL : http://journals.openedition.org/tc/ 8133 ; DOI : https://doi.org/10.4000/tc.8133.

Hirt I., «Peuples autochtones et frontières», dans *Frontières*, 2020, Malakoff: Armand Colin, p.119–127. (Horizon)

– Javeau C., *Sociologie de la vie quotidienne*, 2003, Paris, PUF, coll. QSJ ?

Kenhoung Y., « Le peuple Mbémbe à l'épreuve de l'intégration spontanée entre le Cameroun et le Nigéria. Conscience communautaire et intégration régionale en Afrique Centrale : l'exemple des peuples-frontières du Cameroun », 2016, hal-04602737.

Kolossov V. et Scott J., « Selected conceptual issues in border studies », *Belgeo* [en ligne], 2013, mis en ligne le 31 octobre 2013, consulté le 3 août 2016. URL : http://belgeo.revues.org/10532.

Kolossov V., 2005, «Border Studies: Changing Perspectives and Theoretical Approaches», *Geopolitics*, 10:4, pp. 606-632.

Lefort-Rieu C. et Minfegue C., « Quand l'aide internationale renforce la présence de l'État aux marges de son territoire. Le cas de l'assistance aux réfugiés centrafricains à l'Est-Cameroun », *Cahiers d'études africaines* [En ligne], 244 | 2021, mis en ligne le 04 janvier 2024, consulté le 11 janvier 2024.URL http://journals.openedition.org/etudesafricaines

Mazzero H. et Oulkebous L. « Frontières, ressources, et espaces transfrontaliers dans les Afriques », DANS *L'Espace Politique* [en ligne], 49-50 | 2023-1/2, mis en ligne le 1er mai 2024, consulté le 1er janvier 2025. URL : http://journals.openedition.org/espacepolitique/11815

Mendras H., *La fin des paysans, innovation et changement dans l'agriculture française*, 1967, Paris, CEIDES

Michel H. et Willemez L., *La justice au risque des profanes*, 2008, Paris, PUF.

Minfegue C., « Banalité et conflictualité frontalière en Afrique centrale. Éléments de débats à partir de la situation camerounaise », *L'Espace Politique* [en ligne], 40 | 2020-1 mis en ligne le 9 février 2021, consulté le 20 août 2024. URL : http://journals.openedition.org/espacepolitique/8235

– Monkam. D., « Les peuples traits d'union et l'intégration régionale en Afrique Centrale, le cas des Gbaya et des Moundang », *Ngaoundéré-Anthropos*, vol 5, 2000, pp.5-32.

Retaillé D., « Afrique : le besoin de parler autrement qu'en surface ». dans *Espaces Temps*, 51-52, Les apories du territoire. Espaces, couper/coller. pp. 52-62.

– N'nde P., « Quand l'accueil force la transition : migrations, insécurités et transformation urbaine à Garoua Boulaï ». *GARI. Recherches et débats sur les villes africaines,* 2021, Volume 1, numéro 1, pp. 31-62.

Pourtier A. « La dialectique du vide. Densité de population et pratiques foncières en Afrique centrale forestière », 1986, dans Politique africaine, n° 21, 1986. pp. 10-21

Rosière S., « Dix ans de L'Espace politique. Géographie politique et géopolitique en question », *L'Espace Politique* [en ligne], 32 | 2017-2, mis en ligne le 14 septembre 2017, consulté le 20 août 2024. URL : http://journals.openedition.org/espacepolitique/4327 ; DOI: https://doi.org/10.4000/espacepolitique.4327

Sevastianov S., Laine Jussi P., and Kireev A., *Introduction to Border Studies*, 2015,Vladivostok: Dalnauka.

Vatz-Laaroussi M. et Charbonneau J., « L'accueil et l'intégration des immigrants : à qui la responsabilité ? Le cas des jumelages entre familles québécoises et familles immigrantes », 2001, Lien social et Politiques, (46), pp.111–124.

UNHCR, Appel global 2016-2017 du HCR, 2015, https://www.unhcr.org/fr/nos-activites/construire-de-meilleurs-avenirs/solutions-durables#

www.actioncontrelafaim.org/a-la-une/une-approche-transfrontaliere-pour-des-solutions-durables, consulté le 11 mars 2024).

TROISIÈME PARTIE
Conflictualité et tractations de résolution autour de la dépossession foncière

L'économie coloniale des litiges fonciers : caféiculture et conflictualité dans les Bamboutos à l'Ouest-Cameroun (1930-1974)

Joël Arthur KAMDEM TCHINDA

Résumé

Les problèmes fonciers se sont posés depuis l'époque coloniale. Les migrations et l'introduction des cultures de rente, comme la caféiculture, ont alimenté le phénomène. Tel est le cas des Bamboutos, où une fois que la caféiculture fut expérimentée en 1930, la rente générée par cette culture a suscité l'intérêt des populations. Ainsi, la ruée des communautés vers la pratique de la caféiculture dont le propre est de mobiliser de manière pérenne de vastes superficies de terres a reconfiguré les rapports au foncier et enclenché des crises dans les Bamboutos. C'est cette genèse des crises foncières liées à l'introduction de la caféiculture, dans le segment de temps 1930-1974, que ce travail examine. Il s'agit de ressortir les conflits générés par la conquête pour acquisition et exploitation des espaces à travers la culture du café dans l'intervalle considéré. Pour y parvenir, le travail s'appuie majoritairement sur des sources orales et l'analyse de contenu d'écrits administratifs, individuels ou issus des activités des entreprises coloniales du secteur caféicole pour affirmer que l'expropriation menée par l'administration coloniale a empêché les administrés de mieux tirer profit des retombées de la caféiculture. Leurs terres furent cédées, non sans violences, à des exploitants européens. En plus de ces exactions, l'instauration de la propriété privée, matérialisée par la politique d'immatriculation des terres, ne servit que les intérêts européens au grand désarroi des autochtones. Dans un contexte géographique marqué par la pénurie des terres, la pratique de la caféiculture était conditionnée par la possession de grandes surfaces arables. La conjugaison de tous ces éléments a entraîné des frictions entre les populations détentrices des terres et celles qui en étaient dépourvues dans les Bamboutos.

Mots-clés : Bamboutos, administration coloniale, caféiculture, expropriation, crises foncières multiformes.

Introduction

Avec l'introduction de la caféiculture, l'histoire économique et sociale des Bamboutos franchissait une phase cruciale dans son évolution historique. Pour procéder à la pratique de cette culture, les autorités coloniales françaises ne manquaient pas de s'immiscer dans la politique foncière traditionnelle, d'essence collective, en y apportant des modifications profondes dont la conséquence la plus élémentaire fut l'introduction de la propriété foncière privée (Kouassingan, 1966 : 3-4). À cette situation, s'ajouta l'appropriation des terres indigènes au moyen de la ruse, avec notamment de petits dons faits aux chefs traditionnels pour obtenir des terres (Kamdem Tchinda, 2023 : 102-103), et la violence. Or, dans un contexte de pénurie de terres, propre à la région, pour la pratique de la caféiculture, ces exactions provoquèrent l'indignation des autochtones et des frictions dans leurs rapports avec les exploitants européens. Cette configuration formalise l'objectif de ce travail, notamment explorer comment l'introduction de la caféiculture dans les Bamboutos, entre 1930 et 1974, par des entreprises coloniales a suscité une dynamique conflictuelle autour du foncier et de ses ressources. En ce sens, ce travail assume que, introduite pendant la période de domination européenne, la caféiculture, en réduisant le capital foncier et en le confisquant au détriment des autochtones, fut un élément déclencheur des crises foncières dans les Bamboutos dès 1930 jusqu'en 1974.

1. PRÉCISIONS MÉTHODOLOGIQUES

1.1. Produire des données par les archives et sources orales

Pour avoir un accès objectif et critique aux informations recueillies dans la consultation des ouvrages, articles, mémoires et thèses, nous avons procédé à des investigations dans les centres de documentation, afin de collecter les données sur ce sujet d'étude. Nous nous sommes ainsi rendus aux Archives nationales de Yaoundé (ANY), aux archives régionales de l'Ouest et aux archives départementales des Bamboutos. Nous avons consulté des archives de diverses natures: écrites, iconographiques du MINCAF et du Ministère de l'Agriculture et du Développement Rural (MINADER). Nous avons également procédé à la recherche et à l'interview des personnes-ressources.

Cependant, il ne suffisait pas de procéder à la collecte des sources, mais encore faut-il savoir les utiliser. Pour faire face à cette difficulté, nous avons fait usage des méthodes de traitement historiques. D'emblée, l'objectivité était au centre de cette étude. Par la suite, nous avons procédé à une critique à la fois interne et externe des documents et à la confrontation des sources afin d'aboutir à la vérité historique. Par ailleurs, l'écriture d'une histoire de façon complète ne saurait se faire qu'avec les sources écrites. Pour les sources orales, nous les avons collectées à travers des entretiens, par des échanges avec des témoins. Nous nous sommes appuyés sur un protocole d'entretien, qui nous a servi de guide aux questions que nous avons préparées pour les témoins. Enfin, sans rester figé à l'histoire, nous nous sommes servis d'autres sciences humaines et sociales. La sociologie, par exemple, nous a été utile dans la compréhension des rapports sociaux et des conséquences des conflits fonciers. La géographie nous a apporté des éléments physiques et humains nécessaires à la connaissance de notre rayon d'études. Concrètement, la multiplicité des sources orales et écrites, leur confrontation, leur critique à la fois interne et externe, et le recours à la pluridisciplinarité se sont révélées indispensables à la réalisation de cette étude.

1.2. Géographie et sociographie d'un site d'étude particulier

Le département des Bamboutos est l'un des 58 départements que compte le Cameroun. Situé dans la région de l'Ouest, son chef-lieu est Mbouda. Il est situé en plein cœur des Hautes Terres de l'Ouest, lesquelles s'étendent entre 5° et 6° de latitude Nord et entre 9° et 11° de longitude Est. Ce département occupe également la partie Nord du pays bamiléké et plus précisément la partie Nord-Oucst du plateau bamiléké de la région de l'Ouest-Cameroun. Les Bamboutos présentent un climat subéquatorial de type camerounéen d'altitude avec des températures presque constantes (autour de 22°) idéales au caféier, car il pousse dans les zones où les températures oscillent entre 10° et 35 °C. Celui-ci se caractérise par une pluviométrie assez élevée et marquée par une petite saison sèche qui ne dure que cinq (5) mois et va de fin octobre à mars, et une longue saison de pluie qui va de fin mars à octobre. La zone présente dans l'ensemble un climat frais et très arrosé dont les précipitations varient entre 1500 et 2000 mm d'eau par an. Sur le plan topographique, on note surtout la présence d'un relief de montagnes, donc l'altitude moyenne est d'environ 2000 m, bien que le mont Mangwa (Bamboutos) culmine à 2710 m. On aperçoit aussi des vallées, des plateaux, de vastes plaines et des collines qui s'étendent à perte de vue. Ce relief est très favorable à la caféiculture, car le caféier pousse généralement dans des zones situées en altitude.

Carte 1 : Département des Bamboutos

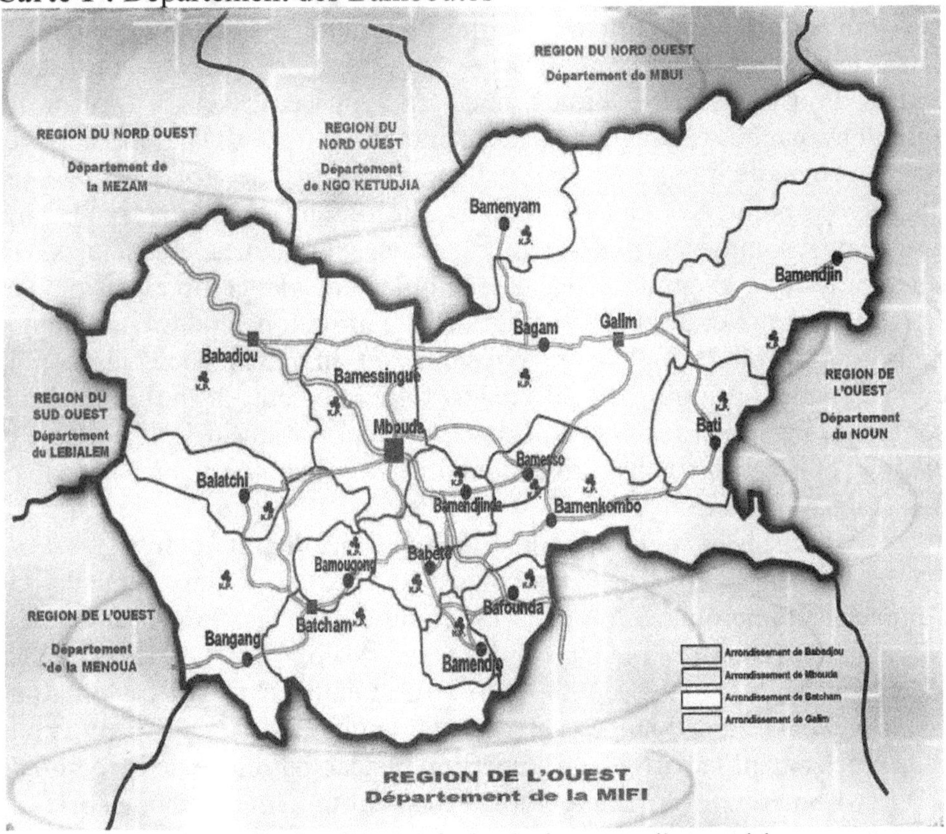

Source : Ayang Ayang Paul., « Diagnostic des équipements d'approvisionnement en eau potable et évaluation des ressources en eau de Bamendjo », Mémoire de Master, Université de Dschang, 2003, p. 57.

Cet environnement est le terroir du paysan bamiléké passionnément attaché à la terre. Toutes les franges de la population (hommes, femmes, jeunes, adultes) étaient plus moins impliquées dans les travaux agricoles. La famille, en tant que principale unité économique, a toujours eu une importance accrue dans la société traditionnelle. Principal groupe de production, elle était aussi engagée dans la distribution et la consommation. C'est cette forte structure paysanne qui permettra une expansion rapide de la caféiculture aussitôt qu'elle sera introduite dans les Bamboutos. Avant les années 1930, l'agriculture représentait aux côtés de la chasse et de la cueillette, l'une des principales activités économiques des populations (Kamdem Tchinda, 2023 : 64). Ces dernières acheminaient leurs produits vers les lieux d'écoulement par le système de portage humain.

Dans l'ensemble, la douceur climatique, le relief d'altitude, la végétation attrayante, le potentiel hydrographique, la fertilité des sols et le dynamisme humain des Bamboutos ont joué un rôle indéniable dans l'implantation de la caféiculture qui va bouleverser les structures foncières préétablies.

2. HISTORICISER LES CONFLITS FONCIERS À TRAVERS LA CULTURE DU CAFÉ

Pour mieux comprendre la multitude de conflits issue de l'introduction et de la vulgarisation de la caféiculture dans les Bamboutos, il est primordial de présenter, d'une part, le droit foncier traditionnel et les mutations opérées au contact de la colonisation et de l'autre part, la réglementation des expropriations et les mécanismes irréguliers d'appropriation foncière comme causes de ce pluralisme conflictuel.

2.1. Système foncier traditionnel et changements opérés au contact de la colonisation

Avant la colonisation, les sociétés d'Afrique noire en général, et celles des Bamboutos spécifiquement, étaient régies par une organisation bien établie. La terre occupait une place de choix et constituait la mamelle nourricière de la communauté. Guy Adjete Kouassigan déclare à cet effet que : « la terre était la seule source de richesse et de solidarité sociale, la condition même de l'existence » (1966 : 2). Dans ce contexte, la terre était une propriété collective (Kamga, 1959 : 130). Avant l'arrivée des Européens, elle se transmettait de génération en génération (Melone, 1972 : 43). Ce communautarisme, établi profondément en chaque individu, est décrit par Vincent Mulago qui affirme que :

> L'africain ne vit pas dans sa propre vie, mais de celle de la communauté. Il sait que détaché de cette communauté, il n'aurait plus de moyens matériels et spirituels d'exister. Il sait surtout que la vie est une participation à celle de ses descendants, et que sa conservation, son renforcement en dépend continuellement (1985 : 60).

Avec ce communautarisme, René Delarozière note que :

> Les Bamiléké du Cameroun ne connaissent pas la propriété individuelle et privée, la relation entre la terre et les aïeux de la tribu est assez puissante pour faire obstacle à l'appropriation des droits exclusifs et privatifs sur la terre. Les véritables propriétaires seraient les aïeux, et les vivants ne tiendraient de ceux-ci qu'un simple droit de jouissance (René Delarozière cité par Kouassigan, 1966 : 54).

C'est pourquoi Melone va souligner qu'« entre l'homme et la terre il y a une espèce de lien ontologique » (1972 : 36). Ceci est d'autant plus vrai qu'éloigner un autochtone de sa terre, « c'est le plus grand mal qu'on puisse lui faire ; il est comme coupé de la sève de vie de ses ancêtres » (Sandjong, 1985 : 19).

On est alors au sein d'une société complexe régie par une contradiction entre les aspirations individuelles et collectives ; ce qui se solde par la prédominance de la communauté (Kenne, 2003 : 38). Les populations exerçaient leurs droits agraires au sein de la chefferie ayant à sa tête un chef. Cette autorité traditionnelle répartissait les terres qui étaient considérées comme propriété collective des habitants (Tardits, 1960 : 35). Ce principe donnait une certaine souplesse au régime foncier et surtout il conférait au chef le pouvoir d'empêcher les accaparements et la capacité de maintenir un équilibre entre les différents éléments de la chefferie (*ibid)*. Il est à noter que, même s'il procédait préalablement à la répartition du terrain, il ne s'agissait là que d'un rôle de gérant, d'administrateur et non de possesseur. Par conséquent, le chef apparaissait ainsi comme un simple administrateur du patrimoine foncier, mandaté par les populations (Kouassingan, 1966 : 2 ; Meillassoux, 1960 : 38-67).

Ainsi, avant l'arrivée des colons, les Bamboutos étaient soumis à une structure traditionnelle où la terre ne faisait l'objet d'aucune appropriation individuelle. On était alors dans une société où l'individu s'exprimait le mieux au sein de la collectivité. Mais, ce système foncier traditionnel subira de profondes mutations au contact de la colonisation.

• Une institution foncière coutumière en mutations au contact de la colonisation

Avec l'intrusion européenne, le régime foncier coutumier dans les Bamboutos, en pays Bamiléké, connait de profonds changements. En fait, « la mise en contact direct de l'Afrique et de l'Europe à partir de l'expansion coloniale du XIX siècle a provoqué de profonds changements au niveau des droits fonciers traditionnels » (Kouassigan, 1966 : 2). Les possessions acquises par la France en pays bamiléké, conformément à la convention franco-britannique du 10 juillet 1919 , font l'expérience de ces changements. La nouvelle législation foncière introduite par l'État colonial était aux antipodes du régime foncier traditionnel. Car, elle reposait avant tout sur la propriété individuelle et non plus sur la propriété collective d'antan. Cette nouvelle politique foncière était en défaveur des autochtones, dans la mesure où leurs terres étaient arrachées par les Blancs qui les attribuaient a tout allogènes qui voulaient pratiquer la caféiculture. Elle se caractérisait par la non-reconnaissance du « droit indigène » (Coquery-Vidrovitch, 1983 : 171). Pourtant, ce droit foncier traditionnel était déjà reconnu par l'Organisation des Nations unies (ONU) dans son article 7 sur la tenure foncière qui stipule que :

> L'autorité chargée de l'administration devra dans l'établissement des règles relatives à la tenure du sol et au transfert de propriété foncière et en vue de favoriser le progrès économique et social des populations autochtones, prendre en considération les lois et coutumes locales... Aucune propriété foncière appartenant à un autochtone ou à un groupe d'autochtones ne pourra faire l'objet d'un transfert... (Moumbagna, 2001 : 73).

Paradoxalement, l'administration coloniale française se passa complètement de la reconnaissance de ces lois et coutumes locales telle que préconisée par l'ONU. Elle procéda à l'introduction d'une légalisation foncière basée sur la propriété privée individuelle. Ce fut un tournant majeur dans l'histoire foncière des Bamboutos. Car, désormais, seules les procédures d'immatriculation des terres pouvaient assurer un droit de propriété individuel intangible. Cette introduction entraîna d'énormes modifications des structures foncières coutumières qui voyaient de plus en plus leurs autorités bafouées. Ainsi, le gouvernement colonial français se substitua aux pouvoirs traditionnels et s'adjugea les terres, tandis que les autochtones ne les possédaient qu'à titre précaire (Kouassingan, 1966 : 3-4 et Fotsing, 1984 : 248). Cette configuration fut matérialisée par une série de décrets.

De prime abord, le régime de la transcription matérialisé par la loi du 24 juillet 1921 en application de la loi foncière française du 23 mai 1855 qui existait déjà. Elle consistait à inscrire sur un régime spécial appelé « Livre Foncier », chaque immeuble détenu par un indigène. Puis, le régime de la constatation des droits fonciers et de l'immatriculation, matérialisé au Cameroun par les décrets du 02 et 21 juillet 1932. En effet, par ces deux derniers décrets et par le régime de la transcription mentionné ci-dessus, l'État colonial français entendait organiser la constatation des droits fonciers sur les terres détenues par les autochtones ou la collectivité suivant les règles du droit coutumier, c'est-à-dire sans titre écrit. Cette procédure administrative de constatation aboutissait à la délivrance d'un livret foncier qui affirmait les droits réels du gouvernement colonial au regard de tous les titres et à l'égard du domaine privé de l'État. Le régime de l'immatriculation était applicable aux droits réels définis par le Code civil sans distinction de statut de leurs titulaires (Noutsa Noumbo, 2006 : 27).

Toutefois, ces textes ne faisaient pas l'unanimité au sein de l'opinion générale : « ils heurtaient trop l'esprit des coutumes d'une part, et présentaient des difficultés d'application d'autre part » (Fotsing, 1984 : 235). En fait, une fois implémentées, ces réformes foncières provoquèrent une déstabilisation sociale dans les Bamboutos, d'où le bouleversement des rapports entre l'homme et la terre et l'exacerbation de l'individualisme. On lit à ce sujet que :

> Les influences externes ont joué un rôle multiplicateur. La colonisation précipite les transformations et leur accorde un appui qui vient pour le peuple colonisateur d'une croyance à la supériorité de son propre droit. Le changement culturel est aussi changement juridique. Parfois, le colonisateur se déclare propriétaire éminent de toutes les terres ; parfois il se borne à l'institution de livres fonciers ; toujours il introduit des conceptions mercantilistes donnant la première place non à la terre, mais à l'argent et faisant du contrat, et non plus de la coutume, la source première du droit. Le chef coutumier devient aux mains de l'administrateur un instrument, un chef de paille. Le progrès de l'individualisme aboutit à ruiner toute l'originalité du droit africain et, par-là, les structures sociales du pays (Kouassigan, 1966 : 3-4).

Cette volonté de contrôle des terres était importante pour les Européens ; car, elle conditionnait la pratique de la caféiculture. En effet, cette culture était à l'origine de toutes ces réformes. C'est ce qui semble expliquer le nombre très réduit des autochtones ayant eu accès au livret foncier dans les Bamboutos. À titre d'illustration, jusqu'en 1950 l'État colonial n'avait délivré que sept (7) titres de propriété aux indigènes dont quatre étaient des planteurs et trois des chefs de village. Elle ne se contenta pas de légaliser la propriété privée, mais fit des terres dites « vacantes » et sans maîtres le domaine de l'État (Nyama, 2001 : 31). Ce monopole abusif des terres pour culture du café, même celles vacantes, se faisait au détriment des autochtones : « l'aliénation des terres est un fait proclamé par le nouveau propriétaire, et que l'ancien doit subir, le plus souvent, de mauvais gré » (Frechou cité par Fotsing, 1984 : 2).

L'administration française et ses objectifs économiques au Cameroun furent subséquemment à l'origine des tensions foncières entre groupements voisins comme à cause de procédés irréguliers de dépossession foncière instituée.

2.2. L'irruption des mécanismes irréguliers d'appropriation foncière

La régulation foncière coloniale s'accompagne de violence physique et symbolique envers les indigènes. Sur le plan symbolique, des mécanismes irréguliers d'accès à la terre dans les Bamboutos mettent en évidence la duperie comme pratique qui permet l'occupation d'un terrain parfois avec l'approbation du propriétaire. À l'opposé de la violence, la duperie (ou fourberie) est une pratique beaucoup plus souple qui permet l'occupation d'un terrain parfois avec l'approbation du propriétaire ou au moyen des petits dons faits aux chefs traditionnels administrateurs des terres. Ainsi, en contrepartie de l'exploitation, les autochtones donnèrent habituellement des produits de toutes natures aux chefs, notamment le sel, la kola, l'igname blanc… Les premières plantations de caféiers dans les Bamboutos firent leur apparition en 1930 grâce à Darmagnac et SINCOA (Société Industrielle, Commerciale et Agricole) à Babadjou. Ces derniers avaient reçu de l'administration française un terrain de plus de 300 hectares, malgré l'opposition farouche du chef Babadjou, Touoyem II. Par la suite, on assista à l'éclosion de plusieurs autres plantations européennes, dont les plantations de Chanas, de Private, de Dosogne, de Calmet et de Fillot (Kamdem Tchinda, 2023 : 74). Avec la caféiculture, les demandes de terres se multiplièrent dans les groupements des Bamboutos et une fois installés, les allogènes s'engagèrent dans cette culture. Considérée comme une plante pérenne, entreprendre la culture du café sur un domaine était synonyme d'occupation de cet espace et par conséquent une affirmation du droit de propriété sur les terres ainsi réquisitionnées (Dongmo, 1990 : 56). La pratique s'était donc généralisée dans l'ensemble des chefferies des Bamboutos où les populations entreprirent la conquête du département pour initier la culture du café, synonyme d'occupation et de garantie du droit de propriété sur un domaine. Bien plus, il faut relever qu'avec la présence de ces exploitants caféiers capitalistes qui avaient monopolisé la plupart des terres, les autochtones durent développer une autre forme de duperie qui consistait à faire de petits dons de sel, de noix de kola, d'ignames blanches, etc. aux chefs traditionnels détenteurs des terres dans les chefferies, afin d'acquérir des parcelles de terre pour la caféiculture.

En ce qui concerne la violence physique, pendant la période de domination européenne, les exploitants européens usaient de la répression et de la contrainte pour se saisir des terres indigènes. Cette pratique que l'on peut assimiler à la loi du plus fort était monnaie courante à Babadjou où les exploitants européens, tels que Léon Marius Darmagnac et SINCOA, étaient constamment en rivalité avec les autochtones au sujet des terres. Ces exploitants européens considéraient toutes les terres arables comme leur chasse gardée. Ainsi usaient-ils, en plus des destructions des cultures par les bœufs et les incendies des cases, des arrestations spectaculaires des indigènes qui se risquaient à mener des activités sur les terres convoitées (Noutsa Noumbo, 2008 : 52).

Dans l'arrondissement de Babadjou, les populations des quartiers Tochi et Balepo ont vécu des atrocités perpétrées par Darmagnac qui avait arraché une grande partie de leurs terres pour la culture du café (Kamdem Tchinda, 2023 : 103). Dans ce cadre, la situation devint plus tendue au point de susciter l'inquiétude des administrateurs comme Carde. Celui-ci interpelait le haut-commissaire sur l'urgence de mettre fin aux exactions dont étaient victimes les paysans locaux en ces termes :

> Il importe de mettre fin sans retard aux dévastations dont sont victimes du fait des troupeaux de grandes sociétés capitalistes, les plantations des indigènes établies sur les monts Bamboutos.

> L'attachement que portent à la terre les populations Grassfields et l'énergie qu'elles déploient à travailler mérite que vous et nous fassions un devoir de les protéger (Kamdem Tchinda, 2023 : 104).

Ces spoliations foncières par les Européens désireux de pratiquer la caféiculture et les exactions de toutes sortes dont ont été victimes les indigènes ont considérablement suscité la pression sur l'espace, générant ainsi une multitude de conflits qu'il faut scruter.

3. LA TYPOLOGIE DES CONFLITS

Comme considéré, l'introduction de la caféiculture inaugure le temps des crises foncières multiformes. Celles-ci se déclinent sous des formes : intercommunautaires ; entre concessionnaires européens et autochtones et au sein des cellules familiales. Pour mieux cerner ces crises, il convient de procéder à des études de cas.

3.1. Les conflits fonciers intercommunautaires

La caféiculture et ses besoins fonciers ont métamorphosé les relations sociales intercommunautaires. Reposant avant tout sur la possession d'un vaste espace, les puissants caféiculteurs européens avaient monopolisé la plupart des terres arables. À cet effet, la réduction drastique des terres conduisit les communautés à entrer en compétition pour le contrôle des espaces épargnés. C'est dans ce contexte que d'intenses affrontements intercommunautaires, comme cela fut le cas entre Bagam et Bamessingué, seront observés dès 1932.

Les deux communautés s'affrontèrent au début de l'année 1932 au sujet d'une terre arable située sur la route de Babadjou à Bagam, proche de King-place. Ce terrain représentait la limite entre les deux chefferies voisines. L'affaire fut portée devant l'adjoint au chef des services civils en tournée, Florisson, en septembre 1932, par les chefs Bagam et Bamessingué. Ces autorités traditionnelles demandaient le règlement du litige qui les opposait. L'autorité coloniale, Florisson, opéra une délimitation acceptée par les deux groupements et matérialisa la limite du terrain par une borne le 10 septembre 1932 (Kamdem Tchinda, 2023 : 106). Cependant, trois jours plus tard, à la grande surprise du chef Bagam, les populations du groupement Bamessingué cessèrent de respecter la délimitation ainsi établie et se mirent à construire des clôtures et planter des caféiers sur la partie réservée à la communauté Bagam, étendant par-là leur territoire dans la direction Ouest au détriment de Bagam. De cette situation découlèrent des hostilités durant lesquelles les récoltes (caféières et vivrières) des Bagam furent détruites. En guise de représailles, les populations du groupement Bagam se mobilisèrent de leur côté et se mirent à détruire tout ce qui avait été fait sur l'ensemble de la nouvelle limite édifiée par les populations Bamessingué : la guerre était inéluctable.

Ainsi, munies de lances, machettes et flèches, les populations des groupements Bagam et Bamessingué se livrèrent un combat sanglant. L'intervention du gouvernement colonial apporta un léger moment d'apaisement à la fin de cette journée du 13 septembre 1932. Les affrontements faisaient état d'environ 43 morts, 87 blessés, une cinquantaine d'arrestations dont celles de nombreux caféiculteurs et notables (Fomekong, 2006 : 56). Malgré les efforts déployés par le gouvernement colonial en vue de la pacification et de la résolution des conflits, les échauffourées se produisaient sporadiquement entre les deux communautés. En janvier 1933, le peuple Bamessingué incendia à nouveau des habitats et plantations de café appartenant aux Bagam. Car, il ne reconnait pas la délimitation antérieure effectuée et matérialisée par la borne. Bien que reconnaissant les frontières, les Bagam souhaitaient pour leur part agrandir leur territoire pour la caféiculture. Pour mettre fin aux hostilités, les deux chefs firent à nouveau appel aux administrateurs français. C'est ainsi que,

> accompagné des chefs, des sous-chefs et des notables de la région, l'administrateur Geay, en plein accord avec eux, avait fixé les limites de chaque chefferie. Un levé au 1/25000 avait été effectué et annexé à la convention acceptée par les deux parties et donna gain de cause au groupement Bamessingué (Fomekong, 2006 : 57).

Seules les multiples menaces d'incarcération proférées par le gouvernement colonial imposèrent un certain apaisement. La réapparition de ces tensions restait toutefois courante. Claude Tardits affirme à cet effet que

> Les querelles de limites atteignent en pays bamiléké une exceptionnelle violence et il est fréquent que les oppositions entre chefferies limitrophes aboutissent à des luttes armées, avec invasion des terres voisines et incendies de cases. Les

querelles anciennes sont encore loin d'être toutes apaisées (Tardits, 1960 : 17).

Ce litige fut, entre autres, à l'origine de la destruction des structures traditionnelles, c'est-à-dire des chefferies, et du pillage systématique des lieux sacrés. Il ressort de ces lignes que d'innombrables crises intercommunautaires sont nées de la caféiculture. Il en est de même des conflits entre autochtones et allogènes.

3.2. Les tensions foncières entre populations locales et exploitants européens (1952-1962)

Les litiges fonciers entre autochtones et colons se résument en deux phases : la première est celle de l'expression des mécontentements indigènes par le biais de correspondances et la deuxième est celle de l'affrontement physique. Les exemples vécus dans les plantations Darmagnac et SINCOA de Babadjou l'illustrent.

• L'expression des mécontentements autochtones par des correspondances

L'octroi de trois concessions foncières, à partir de 1930, à Léon Marius Darmagnac par l'administration française suscitait déjà une vive contestation de la part du chef Babadjou et de ses subalternes. Ces concessions d'une superficie totale de 440 hectares acquises en bail grâce aux faveurs de l'administration coloniale devaient couvrir une période de 25 ans, soit jusqu'à 1955. Après ce temps d'exploitation, elles devaient être rétrocédées aux populations autochtones (Kamdem Tchinda, 2023 : 108). Dans la pratique, ce ne fut pas le cas. Car, ce colon blanc ne voulait plus se séparer de ce terrain qui conditionnait sa principale activité génératrice de revenus que représentait la caféiculture. Subséquemment, les populations n'hésitèrent pas à manifester leur mécontentement aux moyens de nombreuses correspondances administratives dont les plus emblématiques sont celles de février 1952, 11 juillet 1955, 25 juillet 1955, 11 janvier 1956, 06 février 1956 et 18 février 1956. À la surprise générale, malgré les controverses qui ont entouré cet éventuel renouvellement du contrat de bail, notamment l'opposition des autochtones, le Haut-Commissaire de la République par l'entremise de son Secrétaire Général, adressa au chef de la région Bamiléké en date du 11 juillet 1955, une correspondance dans laquelle il approuvait ce renouvellement demandé par Darmagnac.

Pour faciliter cette occupation, ce dernier soudoya le chef Sambankeng Boniface de Balepo en lui offrant une voiture pick-up et d'autres biens substantiels (Ngoufo Sogang, 2005 : 245-246). Les paysans manifestaient continuellement leurs désapprobations. La corruption qui semblait avoir défié toutes les démarches administratives amplifia le mécontentement, d'autant plus qu'à côté de Darmagnac installé à Balepo, il y avait SINCOA non loin à Batotchin avec des ambitions similaires (Ngoufo Sogang, 2005). Les tensions foncières opposant les autochtones à SINCOA se résument à environ six (6) correspondances entre 1955 et 1958. Les plus en vue sont celles du 19 mars 1955, 10 novembre 1955, 20 juillet 1956, 10 décembre 1957 et 21 janvier 1958. Pour ce qui de la première correspondance, notamment celle du 19 mars 1955, les populations de Batotchin, par la voix de Somekong Mbounya Étienne, dénonçaient l'immatriculation arbitraire et frauduleuse du titre foncier de la concession SINCOA acquise au cours de la décennie 1930 et réclamaient, en guise de dédommagement, la somme de quatre milliards sept cent quarante-huit millions de francs CFA (4 758 000 000 francs CFA) . Dans la note du 10 novembre 1955, les populations Batotchin dénonçaient l'incarcération injuste des autochtones par SINCOA et la misère dont ils étaient victimes à cause de son monopole des terres à café. Face aux protestions de la communauté, la SINCOA, avec l'appui voilé de l'État colonial, brutalisa les Batotchin en détruisant leurs plantes alimentaires, industrielles (café arabica), en brisant des clôtures tout au long de l'année 1955 (Ngoufo Sogang, 2005 : 248). De toutes, la correspondance la plus importante adressée aux autorités coloniales fut celle du 20 juillet 1956. Elle faisait part de la tenue d'une palabre à Batotchin en présence des membres titulaires de la collectivité coutumière Batotchin.

En fait, l'objectif principal de cette assise était d'exprimer à l'administration française leur décision de contrôler la récolte caféière de la SINCOA jusqu'à ce que le Conseil d'État ait statué sur le pouvoir d'un de ses membres, le sieur Somekong Mbounya Etienne (représentant général du contrôle des fonds de la collectivité Batotchin), à prendre officiellement contrôle de cette plantation. Face à la léthargie notoire de l'Administration, le dénommé Hubert Tchoffo, représentant adjoint du contrôle des fonds de la collectivité Batotchin et originaire de Babadjou, adressa le 10 décembre 1957 à Messieurs le Président de l'ALCAM, le

Premier ministre et le Haut-Commissaire français au Cameroun, une correspondance dans laquelle il reprochait aux colons une série d'arrêts et d'emprisonnements de grands notables pour une affaire foncière. Il s'en prit surtout à Darmagnac et SINCOA qu'il accusait d'être à l'origine de cette situation en refusant de verser des indemnités compensatrices pour les terres coutumières (Ngoufo Sogang, 2005 : 248) réquisitionnées. Bien que Sablayrolles, autorité coloniale en charge de la subdivision de Mbouda, trouva tous ces arguments fantaisistes, la suite des évènements allait donner tort aux détenteurs du pouvoir colonial. Car, les méthodes de revendications passèrent de la phase d'une expression épistolaire à la violence armée.

• L'expression des mécontentements par la lutte armée ou la guérilla dans les plantations caféières européennes

Face aux abus sans cesse croissants des Européens, les rapports entre autochtones et colons amorcèrent le stade de la violence physique dès 1959. Sous l'impulsion des nationalistes, les arabiculteurs européens, malgré la protection du gouvernement colonial, subirent des affronts. En effet, l'action des nationalistes upécistes fut déterminante dans la guérilla menée dans les plantations capitalistes. La section UPC de Babadjou fut créée vers les années 1950. Ses combattants bénéficièrent du soutien de certains notables locaux, des services de protection d'un sorcier et la coordination d'un capitaine (Kamdem Tchinda, 2023 : 111). Ces nationalistes étaient armés de machettes, flèches et lances fabriquées par un forgeron local. Lorsque la guérilla contre les colons caféiculteurs prit forme, les combattants avaient entre autres cibles principales les exploitations caféières européennes les plus capitales. Dans une lettre de 1959, le comité révolutionnaire de l'UPC prévenait déjà ces exploitants sur des représailles en disposant que :

> Plusieurs colons ont nettement pris position pour le régime fantoche et lui fournissent beaucoup d'argent pour poursuivre sa sale guerre contre le peuple Kamerunais : ceux-là sont devenus automatiquement les ennemis du peuple Kamerunais puisque d'ailleurs leurs plantations de caféiers sont devenues autant de bases opérationnelles d'où partent journellement les mercenaires français qui assassinent d'innocents paysans ou petits planteurs... Désormais la terrible Armée de Libération

> Nationale Kamerunaise détruira systématiquement toutes les plantations et tous les biens des colons réactionnaires coupables d'avoir mis sur pied une économie de guerre au profit de notre ennemi (Kamdem Tchinda, 2023 : 112).

Ainsi, les maquisards reprochaient-ils aux colons caféiculteurs d'être les principaux créanciers de l'armée française et de leur fournir des bases militaires. Dans les concessions de Darmagnac et SINCOA, la journée la plus sanglante fut celle du 18 décembre 1959. Elle est décrite par Darmagnac dans son rapport en ces termes :

> Les premiers incidents se sont produits le 18 décembre 1959. Ce jour-là, trois avions militaires de Koutaba sont venus survoler les deux plantations de Babadjou. Groupés, ils ont fait du rase-mottes en passant 3 fois au-dessus des têtes des récolteurs fort nombreux qui n'étaient pas encore partis à la récolte. La panique s'est emparée d'eux, la débandade a été instantanée, peu après il n'y avait plus un seul récolteur, plus un seul manœuvre sur la plantation. Ce même jour, Messieurs… de la S.IN.CO.A, et Luccioni, de chez moi, s'étaient rendus à Koutaba pour affaires personnelles. Revenant à midi, ils semblaient démoralisés. Le préfet de Foumban et le Commandant du Camp de Koutaba qu'ils avaient vus à l'aviation leur avaient conseillé de ne pas rester à Babajou s'ils craignaient du danger. Ils voulaient partir… Sur non-insistance, tous sont partis le lendemain matin (Kamdem Tchinda, 2023 : 112).

Au vu de cette déclaration, à cause de la peur, les plantations étaient ainsi abandonnées et les combattants upécistes purent agir librement, en l'absence de toute riposte. Dix (10) jours plus tard, la branche upéciste locale attaquait à nouveau, au grand désarroi de Darmagnac, qui notait que :

> Le malheur ne s'est pas fait attendre longtemps. Le 28 décembre ; deux maisons de la S.IN.CO.A étaient incendiées ; 3 jours plus tard, celle de M. Luccioni l'était à son tour, et le pillage s'en est suivi. Le 5 janvier, quand le Préfet de Dschang m'a accompagné sur la plantation pour me permettre de rejoindre Bamenda que j'avais quitté trois jours plus tôt en

> faisant un détour par le Nord et par Foumban, le mal était consommé, la désolation régnait sur les deux plantations : les bâtiments qui n'avaient pu être incendiés n'avaient plus ni portes ni fenêtres, tout avait disparu, mobilier, outillage, matériel, café récolté, et tout était saccagé. Après ces évènements, les plantations sont restées plusieurs mois sans être gardées. Le maquis s'est formé, les méfaits ont été plus importants ; car il ne faut pas se faire d'illusion, les premiers dégâts et pillages ont été commis par la majeure partie du personnel des deux plantations (*ibid*).

En résumé, Babadjou a connu des éruptions de grandes violences. Il fut le théâtre de combats acharnés et sanglants qui ont occasionné la destruction systématique des plantations de café et des pertes en vie humaine. La campagne guerrière qui eut pour aire de combat la plantation Darmagnac fut qualifiée de « bataille de la ferme » (Kamdem Tchinda, 2023 : 113). En 1960, les populations Balatchi envahirent la zone et chassèrent colons et ouvriers, ainsi que Darmagnac lui-même. Sous la conduite de Thomas Dewang, les Babadiou portèrent la guerre à Kombou pour déloger les envahisseurs. Le quartier Balepo ne fut pas en reste. Le 2 octobre 1961 à 07 heures du matin, les rebelles du groupe de Singap Martin attaquèrent une Land Rover et tuèrent trois (3) de ses occupants accusés d'être de connivence avec les exploitants caféiers européens (Ngoufo Sogang. 2005). Quelques années plus tard, ces litiges fonciers se généralisèrent et migrèrent dans le champ familial.

3.3. Les crises foncières au sein des cellules familiales

Les répercussions sociales de l'implantation de la caféiculture dans les Bamboutos sont observables indirectement. Car, les conséquences de cette activité agricole ne découlent pas seulement de sa culture même, mais aussi de la gestion des gains générés. En plus de la répartition et de l'occupation de l'espace terrien considéré en pays bamileké comme ferment fondamental de construction de la civilisation. Ces ordres de réalités ont fait de la caféiculture dans les Bamboutos un facteur de désorganisation du tissu familial. Les narratifs d'anciens mettent en relief cette dimension. Un entretien avec un enquêté issu de la concession familiale Nanku assume que :

> C'est de la vente du café que mon grand-père assumait les besoins primaires et secondaires de son noyau familial. L'huile de palme des épouses, le sel, le poisson fumé nécessaire pour la cuisine, la scolarisation des enfants et l'édification des bâtis sont autant de tâches tributaires de la vente du café. Par ailleurs, les petites ressources financières dont les petits-fils que nous étions pouvaient en profiter s'amassaient durant les périodes de cueillette du café. À sa mort, une panoplie de problèmes vit le jour à cause des revenus générés par-là cette culture.

Ainsi, le grand-père de l'enquêté, Nanku Pierre, était propriétaire d'une grande plantation de café d'environ 30 hectares. Cette plantation était le socle de subsistance de toute la grande famille issue d'un régime matrimonial polygamique. L'origine du problème remonte à la mort du grand-père souvenue en 1971. Une fois décédé, il fut remplacé sur le siège successoral par l'un de ses fils, le nommé Nanku Silas, né des entrailles de la deuxième épouse, Nanku Jasmine, née Mafongou Jasmine. Malheureusement cet héritier manqua de tact et de clairvoyance pour continuer à gérer la plus-value issue de la plantation agricole de café laissée en héritage. Au lieu de procéder à une gestion équitable des richesses produites par cette grande plantation familiale de café, le successeur privilégia plutôt exclusivement sa personne au détriment de la grande cellule familiale. Trois (3) ans plus tard, soit en 1974, l'affaire fut portée auprès des autorités traditionnelles. C'est alors que naquirent les replis nucléaires au sein de la grande concession familiale. Les autres épouses plongèrent dans une colère amère et tissèrent des alliances pour combattre la mère du nouveau successeur capitaliste. Les enfants commencèrent par être montés les uns contre les autres. Cet imbroglio se dégrada continuellement au point d'attendre une phrase de non-retour.

Il est judicieux de relever que cette conjoncture ne se limita pas seulement au cas particulier de cette cellule familiale, mais se généralisa aussi dans d'autres familles de la communauté, à l'instar de la famille Douanla, Meli et de la famille Sonkoue. Ainsi, doublée à d'autres facteurs, la caféiculture a été un vecteur de destruction des tissus familiaux dans les Bamboutos. La haine s'était installée au sein des familles de la communauté. Elle s'accompagnait des disputes à répétition, des séances de conseils de famille transformées en lieux d'échanges de propos injurieux, des bagarres, des tentatives d'empoisonnement, des actes de sorcellerie, etc.

Conclusion

Ce travail scrutait les crises foncières inhérentes à la pratique de la caféiculture. L'analyse révèle que le département des Bamboutos, sous administration française et après l'indépendance, a été une véritable sphère d'expression des crises foncières multiformes. L'analyse de diverses sources orales et écrites a permis de saisir la dynamique de construction de cette conjoncture de crise. Tout d'abord, nous avons le désir du colon de réformer le droit foncier coutumier en introduisant la propriété individuelle. Il s'en est suivi une logique d'expropriations qui ne servit que les intérêts étrangers. À cela, s'ajouta la persistance des injustices socio-économiques et l'appropriation des terres indigènes par les exploitants caféiers européens au moyen de la ruse et de la violence. Par la suite, on assista au déclenchement et à l'intensification des crises foncières sous des formes intra et intercommunautaires, entre exploitants européens et autochtones et au sein des cellules familiales. Ces arènes d'expression des diverses crises foncières ont occasionné des pertes en vie humaine, la destruction des lieux sacrés et la dislocation des unités familiales.

Bibliographie

Coquery-Vidrovitch, C., « Le régime foncier en Afrique Noire », in Le Bris, E. & alli. (dir.), *Enjeux fonciers en Afrique Noire*, 1983, Paris, Karthala, ORSTOM, pp. 69-81.

Dongmo, J. L., *Bafou, une grande chefferie de l'Ouest Cameroun*, 1990, Yaoundé, CEPER.

Fomekong, A., « La partition franco-britannique du Cameroun et son impact sur les populations des Bamboutos (1916-1960) », Mémoire de Maîtrise en Histoire, 2006, Université de Yaoundé I.

Fotsing, J. M., « Genèse et évolution des structures foncières en pays bamiléké. Exemple des chefferies Bamendjou, Bahouang, Batié, Baleng », Thèse de Doctorat en Géographie, 1984, Université de Yaoundé.

Hurault, J. M., *La structure sociale des Bamiléké*, 1962, Paris, Mouton & Co. La Haye.

Kake, B. I., *Terre d'Afrique,* 1966, Paris, Présence Africaine.

Kamdem Tchinda, J. A., « Caféiculture et crises foncières dans les Bamboutos (Ouest-Cameroun) : 1930-2018 », Mémoire de Maîtrise en Histoire, 2023, Université de Dschang.

Kamga, V., « Le droit coutumier bamiléké au contact du droit européen », Thèse de Doctorat en Histoire, 1959, Université de Lille.

Kange Ewane, F., *Semence et moisson coloniales, un regard d'Africain sur l'histoire de la colonisation,* 1985, Yaoundé, Clé.

Kouassigan, G. A., *L'homme et la terre, droits fonciers coutumiers et droits de propriété en Afrique Occidentale,* 1966, Paris, ORSTOM, Berger Levault.

Meillassoux, C., 'Essais d'interprétation du phénomène économique dans les sociétés traditionnelles d'auto-subsistance', in *Cahiers d'Études Africaines,* 1960, pp. 38–67.

Melone, S., La parenté et la terre dans la stratégie du développement. L'expérience camerounaise : étude critique, 1972, Paris, Klincksick.

Ngoufo Sogang, T., « La caféiculture en pays Bamilèké (Ouest Cameroun), Implications politiques et socio-économiques des origines à 2005 », Thèse de Doctorat en Histoire, 2011, Université de Yaoundé I.

Ngoufo Sogang, T., « La caféiculture et le développement du mouvement coopératif dans le Bamboutos 1930-1978: Essai d'histoire économique et sociale », mémoire de maitrise en histoire, 1991, Université de Yaoundé I.

Noutsa Noumbo, A., « Expropriations foncières et mutations socio-économiques dans le versant méridional des Monts Bamboutos (1933-1977) », Mémoire de Maîtrise en Histoire, 2006, Université de Yaoundé I.

Nyama, J. M., *Régime foncier et domanialité publique au Cameroun*, 2001, Yaoundé, Presses de l'UCAC.

Samwiri L. L. & Vansina J. (1990), 'Les peuples bantuphones et leur expansion' in El Fasi, M. & Hrbek, I. (dir.), *Histoire générale de l'Afrique III. L'Afrique du VIIe au XIè siècles,* UNESCO, Paris, imprimerie Tardy, Quercy, pp. 171-189.

Tardits, C., *Contribution à l'étude des populations Bamiléké de l'Ouest-Cameroun*, 1960, Paris, Berger-Levrault.

Agro-capitalisme et marginalité foncière des femmes : aperçu à partir du département de l'Océan au Cameroun

Edith NDJAH ETOLO

Résumé

La situation foncière des femmes rurales du département de l'Océan est, à l'origine, traditionnellement enchâssée dans des coutumes patriarcales discriminatoires à leur endroit. Leur sort étant celui de simples usagères des terres cédées par les hommes qui en sont les propriétaires légitimes. Avec l'émergence du capitalisme moderne en zone rurale, cet état de fait contribue à l'aggravation de la vulnérabilité des droits fonciers des femmes. Les concessions foncières qui privatisent une part des terres communautaires au profit des sociétés agro-industrielles sont porteuses de transformations génératrices de dynamiques foncières qui complexifient les possibilités d'accès des femmes à la terre. En dépit de l'existence d'une loi favorable à leurs droits de propriété, les femmes continuent de payer le lourd tribut de la permanence des traditions marginalisantes auxquelles s'ajoutent désormais des logiques marchandes engendrées par l'activité agro-industrielle.

Mots-clés : vulnérabilité foncière, femmes rurales, coutumes patriarcales, capitalisme agro-industriel

Introduction

Suite à la politique d'attractivité des investissements directs étrangers, les concessions foncières à des fins agro-industrielles ont pris de grandes proportions ces dernières années (Nnomenko'o, 2018 : 18). Elles complexifient ainsi l'accès aux droits fonciers des femmes et à titre principal, celles des zones rurales. Une multitude de facteurs contrarient l'accès de ces dernières à la terre selon les régions au Cameroun (Ndami, 2017 ; Sambo, 2018 ; Kossoumna Liba'a, 2019 ; Onana, 2020). Qu'ils soient d'ordre culturel, politique, juridique ou économique, ces facteurs font que seulement 8 % des 50,1 % que représente la population féminine du Cameroun a accès à la propriété foncière (INS, 2015).

La terre constitue en effet un enjeu de pouvoir entre les communautés et les agro-industries, entre les communautés et le politique et entre les hommes et les femmes (Blanc, 2018). Pourtant, les femmes rurales occupent une place essentielle dans le développement de l'agriculture familiale. Étant les principales travailleuses de la terre, elles détiennent ainsi la responsabilité de la subsistance alimentaire des familles en milieu rural. Ce rôle est un élément important de leur valorisation sociale dans la communauté. Car, elles sont indispensables à la survie physique et économique des groupes (Ewombe-Moundo et Ewombe-Koundo, 1987 ; Guétat-Bernard, 2015 ; Falade, 2016 ; Souratié et coll., 2019). Toutefois, malgré ce rôle économique prépondérant, les droits des femmes à la terre restent précaires. D'une part, cette précarité est le fait d'une gestion traditionnelle du foncier relevant du régime coutumier qui définit encore aujourd'hui la propriété au détriment du cadre légal (Ndami : 119). D'autre part, elle relève des exploitations agro-industrielles qui ont pour effet d'aliéner les droits fonciers des communautés locales en général.

L'un des défis majeurs à surmonter par les femmes rurales du département de l'Océan est donc celui de pouvoir disposer des terres face à des traditions coutumières d'appropriations foncières sexuellement inégalitaires. Bien plus, face à une dynamique d'exploitation de gigantesques espaces ruraux qui font des terres rurales une propriété du capital agro-industriel (Saporta, 2011), l'accès à la terre et, globalement, les droits fonciers des femmes en situation de réduction drastique du capital foncier communautaire, interrogent. À ce titre, dans un contexte de précarité des droits fonciers de la femme rurale, traditionnellement construite, l'agro-industrie, advenant essentiellement sur le mode d'une diminution drastique des terres communautaires, elle impose de saisir ce qui advient a aux droits des femmes dans la nouvelle arène foncière. Précisément, il est question de comprendre comment l'accaparement de terres subséquent à l'agro-industrie en cours dans le département de l'Océan reconfigure les marges de possibilité d'accès de la femme au capital foncier et les droits y attachés ? Le présent travail se propose donc d'examiner la manière dont l'agro-capitalisme influence désormais l'accès des femmes à la terre la disponibilité des terres arables ainsi que les répercussions qui en découlent sur le travail agricole féminin.

I. CADRAGES MÉTHODOLOGIQUES

I.1. Engendrer des données par des techniques de collecte vivantes

Cette étude mobilise des données primaires générées par une enquête qualitative. Cette posture qualitative s'est construite au fil d'entretiens semi-directifs, de *focus group discussion* ainsi que sur d'observations directes réalisées durant le mois d'octobre de l'année 2020. Divers acteurs-ressources ont été mis à contribution. Le souci d'une diversification du genre et des identités socioprofessionnelles a ainsi conduit à approcher les femmes, la principale cible, les chefs traditionnels, les patriarches et matriarches, les hommes, et les jeunes. À titre spécifique, six (6) entretiens semi-dirigés ont été effectués avec les informateurs clés suivants : le chef traditionnel de Makoure 2, le régent de Mbebe, le régent de Dehane, le patriarche d'Ebondi et les matriarches de Bidou 3 et Mbebe. Les discussions visaient à identifier, d'une part, les barrières culturelles de l'accès des femmes à la propriété foncière. Par ricochet, il fallait aussi se saisir de leurs propres perceptions de ces obstacles, ainsi que des stratégies de contournement ou d'adaptation qu'elles mettent sur pied à propos. D'autre part, il convenait d'explorer les changements induits par la présence des agro-industries. En ce sens, il fallait voir en quoi elles affectent la conjoncture de vulnérabilité foncière existante des femmes des communautés riveraines. Globalement, l'enquête a procédé à une évaluation générale du phénomène d'insécurité foncière féminine dans des communautés rurales aux prises avec des traditions ancestrales et le triomphalisme foncier des industries agricoles capitalistes. C'est en ce sens qu'interviennent les observations, afin de donner vie aux témoignages issus de ces entretiens individuels. Ainsi, dans une posture directe, les champs des femmes et les plantations des hommes, les jachères, les cours d'eau, les forêts vierges, les forêts communautaires, les cultures détruites par les rongeurs, les infrastructures induites par la présence des agro-industries (écoles, marchés, forages, etc.) ont été visités. Ces éléments ont servi d'indicateurs pour saisir l'ampleur de l'occupation spatiale agro-industrielle et ses nombreuses conséquences dans les villages riverains.

Par ailleurs, afin de compléter et recouper les propos individuels, dix (10) focus groups discussion ont-ils été réalisés, en raison de deux (2) par village dont un (01) groupe de femmes et un groupe d'hommes. Le but de cette ségrégation des genres était d'éviter tout conflit lié à la mixité, notamment dans un contexte traditionnel où les femmes ont tendance à moins s'exprimer en présence des hommes sur les questions foncières supposées exclusivement masculines. Il était donc question de s'assurer de la fiabilité et de la qualité de la parole féminine en constituant des groupes homogènes qui procurent un environnement de discussion plus détendu et sécurisé. Ces causeries collectives ont permis d'observer les attitudes et de révéler les points de vue divergents, mais aussi convergents des hommes et des femmes sur la nature des rapports entre les communautés et la présence des agro-industries dans les villages. Les aspects abordant les perceptions et les transformations induites par l'activité agro-industrielle sur les communautés sont ressortis comme des points d'entente entre les participants, tandis que ceux sur les difficultés pour les femmes de posséder la terre ainsi que sur la vente des terres sont apparus comme les points de désaccord entre les dires masculins et les dires féminins.

I.2. Définir les contours d'un site d'étude aux prises avec le capitalisme agro-industriel

La précarité foncière des femmes dans le département de l'Océan n'est pas une donnée homogène. Car, elle se pose différemment en fonction des villages et des traditions qui y prévalent, ainsi qu'en fonction du type d'activité agro-industrielle qui y est pratiquée. Aussi, cinq (5) villages ont-ils été sélectionnés en raison de leur proximité géographique avec certaines agro-industries pour constituer les terrains de l'enquête. Il s'agit notamment de Makoure 2, Mbebe, Bidou 3, Ebondi et Dehane qui partagent respectivement leurs terres avec les industries HEVECAM[107], SAO[108], DAMAYO FARMING[109], PHP[110] et SOCAPALM[111].

Figure 1 : Carte de localisation des cinq villages et agro-industries cibles

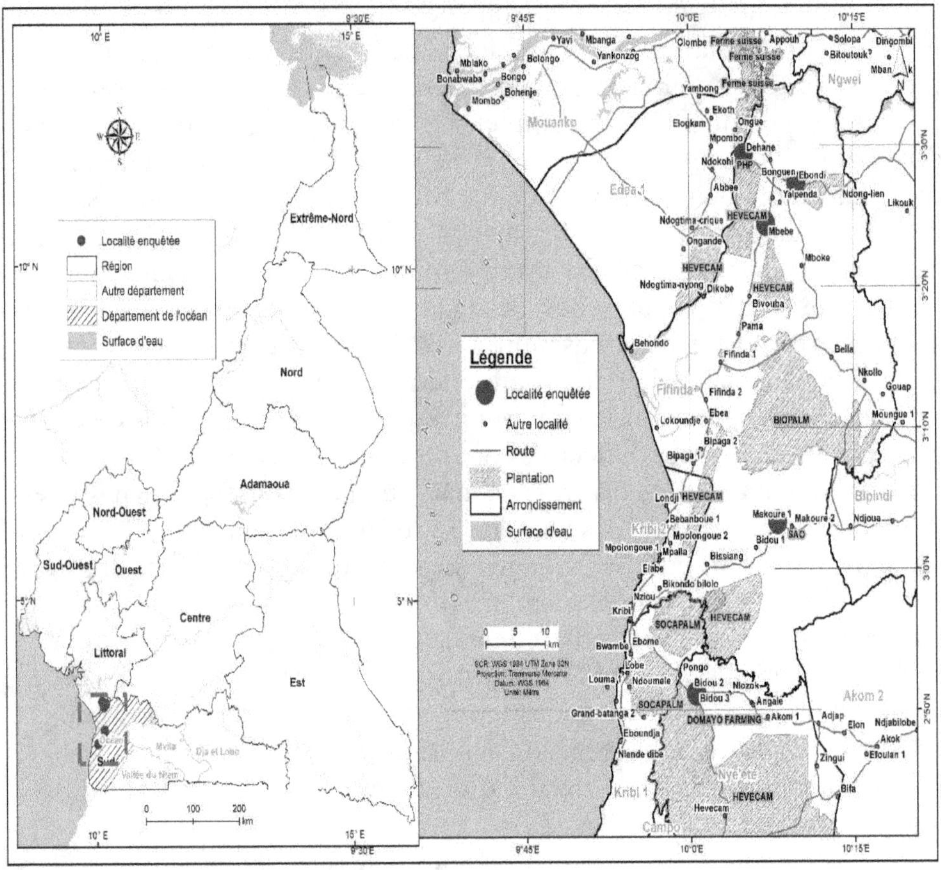

Source : Enquête de terrain, 2020.

[107] HEVECAM qui signifie Hévéa-Cameroun fondé en 1975 est une agro-industrie qui fait dans la production du caoutchouc.

[108] SAO est une agro-industrie maltaise qui fait dans la culture du cacao.

[109] DAMAYO FARMING est une agro-industrie qui fait dans la production de l'huile de palme, du cacao et de la banane plantain.

[110] PHP est une agro-industrie qui fait dans la production de la banane.

[111] SOCAPALM qui signifie Société camerounaise de Palmeraies, est une agro-industrie qui fait dans la production de l'huile de palme.

Les villages Makoure 2, Mbebe, Ebondi et Dehane font partie de la commune de Lokoundje et sont respectivement constitués des communautés Boulou, Evuzok, Bakoko et Bassa. Ces composantes sociales pratiquent un mode de vie traditionnel basé sur une utilisation agricole de la forêt et des produits dérivés (Gerber, 2007). Bidou 3 est un village situé dans la commune de Niété. Sa population est principalement constituée des Boulou et des pygmées Bagyeli structurés autour de campements constituant l'unité socio-économique de base. Ils vivent de la chasse et de la cueillette et sont donc quasiment dépendants de la forêt (Gerber, idem).

Tous ces villages dépendent de Kribi, Chef-lieu du Département de l'Océan. Kribi a connu, au lendemain des indépendances, l'installation d'unités agro-industrielles qui ont transformé son paysage spatial et socio-environnemental (Mbevo et coll., 2018). Les Fangs, les Bakoko et les Pygmées sont donc les trois grands groupes ethniques englobants. Ce sont les principales composantes sociologiques du département de l'Océan. Elles sont en conflit avec les entreprises privées installées sur leurs terres. L'envergure des exploitations de ces dernières entraîne la disparition de la forêt qui, jusqu'alors, était leur mère nourricière et soignante.

II. DES ORIGINES COUTUMIÈRES D'UNE DISCRIMINATION FONCIÈRE À L'ÉGARD DES FEMMES

La condition foncière des femmes du département de l'Océan reste similaire lorsqu'il s'agit des normes culturelles qui encadrent leur accès et leurs droits à la terre. Ce droit est en effet tributaire des normes orales élaborées par les peuples africains et dont l'esprit communautaire est à la base des structures sociales (Kouassigan, 1966 : 9).

I.1. Des normes culturelles obstruant l'accès des femmes à l'héritage foncier

Selon les coutumes des villages concernés par cette étude, la terre est un bien qui se transmet de père en fils, de génération en génération. Cependant, cet héritage n'est pas toujours légué de façon égalitaire entre les enfants filles et garçons d'une même famille, et ceux-ci ne peuvent pas non plus en être propriétaires au même titre. Certains travaux ont su témoigner de cette caractéristique discriminatoire dans la possession et le contrôle des terres. Ils mettent en exergue les enjeux de pouvoir entre les sexes dans l'accès au foncier au sein des sociétés africaines (Le Bris et coll.,

1982 ; Coquery-Vidrovitch, 1991 ; De La Masselière, 1994 ; Coquery-Vidrovitch, 2013). Ainsi, dans la plupart des cas, les filles n'ont pas droit aux terres familiales parce qu'elles sont appelées à partir en mariage où elles iront travailler les terres de leur mari. Mais, en attendant ce moment, elles cultivent avec leur mère les parcelles héritées par leur père[112]. La femme apparaît donc dans ces aires culturelles, comme ailleurs en Afrique, telle une personne qui appartient d'abord à la famille de son père, puis à la famille de son mari et enfin à la famille de son fils (Traoré, 2007). Dans certains villages comme Makoure 2, la parole collective atteste d'une telle posture ; un narratif issu d'un groupe de discussion confie en ce sens que :

> seule une fille née enfant unique a droit à l'héritage foncier si et seulement si, elle a des enfants garçons à travers lesquels elle peut devenir héritière de son père. Quant à celle qui a un statut de divorcé ou qui est revenue dans son village parce que le mariage n'a pas marché, il revient au père s'il est encore vivant et le cas échéant aux frères ou aux cousins de lui concéder un espace vital de terre qu'elle peut cultiver dans son village natal. Et il faut même qu'elle supplie ou qu'elle demande avant pour qu'on lui accorde cette faveur[113].

Ce récit collectif révèle ainsi que le droit des femmes à la terre reste régi par des valeurs patriarcales qui considèrent la terre comme une affaire d'hommes avant tout. Les femmes ont certes le droit d'usage, mais les procédures d'affectation des terres sont faites par les hommes. L'on n'est pas loin des rapports de domination masculine où les hommes imposent leurs valeurs aux femmes, telles que décrites par Bourdieu. À travers la culture berbère de Kabylie, il démontre que l'ordre social est régi par une vision androcentrique des rapports entre les sexes (Bourdieu, 1998). Bien plus, dans un contexte forestier tropical, les femmes sont parfois leurrées pour rendre cultivable une emprise forestière vierge ou secondaire. En effet, à Makoure 2, elles peuvent acquérir des terres dans la forêt vierge si elles sont capables d'abattre les arbres et autres arbustes qui s'y trouvent pour les mettre en valeur. Cependant, celles qui parviennent à le faire se voient parfois en être dépossédées par certains hommes de la famille, une

---

[112] Synthèse des FGD avec les hommes des cinq villages.
[113] FGD avec les hommes de Makoure.

fois tous les arbres et souches dégagés. Le témoignage de cette veuve en est illustratif :

> Quand mon mari était encore vivant, je travaillais sur ses terres. Mais après son décès sa famille a repris toutes ses terres me laissant sans rien, même pas une petite parcelle pour cultiver. Je n'ai pas eu d'enfants avec mon mari. Je suis rentrée dans mon village natal comme je n'avais plus rien ici, là-bas aussi mes frères ont refusé de me donner un petit lopin sur lequel je pouvais travailler. J'ai donc décidé de revenir ici à Mbebe et je suis entré dans la forêt pour mettre des terres en valeur. La forêt est très éloignée du village et il faut casser pour avoir des espaces à cultiver. J'ai travaillé dur pour cela. Mais tout dernièrement il y a l'un des petits fils de mes beaux-parents, le fils de ma belle-sœur qu'elle a eu avant d'aller en mariage qui est venu s'installer ici au village et m'a arraché les terres que j'avais mises en valeur. Quand je me plains auprès des autres membres de ma belle-famille et auprès du chef du village ils disent qu'ils ne peuvent rien faire pour moi parce que mon mari est déjà mort et ce n'est pas mon village ici[114].

La confiscation, par les hommes, des terres mises en valeur par les veuves procède d'une logique d'exclusion de l'accès à la terre des femmes célibataires, en raison de leur statut encore stigmatisé (Onana: idem ; Broc, 2021). Cette pratique constitue à cet égard une sorte de violence symbolique qui participe d'un travail incessant de reproduction de la domination masculine (Bourdieu, idem). Dans le même sens, les veuves étant aussi considérées comme des femmes seules, elles voient ainsi les parcelles mises en valeur leur être reprises par les hommes considérés comme seuls ayants droit. En effet, des études montrent que, dès le décès du conjoint en Afrique, la veuve est exposée à plusieurs pratiques dégradantes et d'exclusion. La pratique ancienne du lévirat contraint les veuves à épouser l'un des frères du défunt mari, si elle désire conserver quelques droits d'usage des terres naguère à sa disposition. Cette configuration patriarcale déroule ainsi une dynamique culturelle qui

---

[114] EI avec une veuve de Mbebe.

attribue aux femmes un statut de subordonné, de cadette dont l'essence est le caractère limitatif de son autonomie et pouvoir de décision (Basthard Bogain, 2023). Par ailleurs, il convient de rappeler que seules les femmes natives ont le droit d'acquérir des terres vierges. Celles venues en mariage se contentent exclusivement de cultiver les espaces hérités par leur mari.

Dans les villages comme Ebondi, les filles héritent de petites parcelles de terrain de leur père. Mais, il leur est toutefois interdit de les vendre sous peine de subir des sanctions traditionnelles telles que la malédiction. Bien plus, elles ne peuvent pratiquer des cultures pérennes comme le cacao ou le palmier à huile puisqu'elles sont destinées à aller en mariage[115]. Ainsi donc, les femmes héritent très peu des terres et font face à des pressions familiales ou communautaires lorsqu'elles veulent exploiter les parcelles acquises. L'usage des espaces hérités leur est dicté. Car, s'il est possible pour elles d'exploiter des terres, il ne leur est pas autant possible d'en user selon leur propre volonté.

Dès lors, face à une institution foncière patriarcale, la terre demeure pour les femmes un interdit dans la mesure où elles sont mises en marge de son partage et exclues de sa gestion et de sa propriété. Quand bien même elles y ont accès, c'est au titre d'usufruitières qu'elles exploitent la terre, contrairement aux hommes qui la contrôlent et en sont propriétaires (Janin, 2000). Cet accès inégal dans l'héritage foncier conduit à une appropriation inégale des terres reposant sur le principe que seuls les hommes appelés à rester sont mieux placés pour hériter des terres de façon pérenne. Les femmes appelées à partir ne peuvent constituer des héritières durables. L'idéologie dominante, d'essence patriarcale, établit donc encore très souvent une autorité masculine sur l'attribution et la gestion des terres (Dijoux, 2001 ; Rédaction Afrique Contemporaine, 2023 ; Colin et Rangé, 2023). Entre droit de propriété pour les hommes et injonction au mariage pour les femmes, l'accès et l'appropriation de la terre par ces dernières se complexifient et révèlent des rapports de genre traditionnellement construits sur la base d'une organisation sociale hiérarchisée où les hommes constituent les principaux dépositaires du patrimoine foncier.

Cependant, le fait pour les femmes d'être usufruitières montre à suffisance que le pouvoir des hommes sur la terre n'est pas toujours absolu

---

[115] FGD avec les hommes d'Ebondi.

(Goheen, 1996). Car, les femmes bénéficient d'une certaine autonomie dans les usages des parcelles cultivées et en définissent ainsi les modalités de leur gestion. Aussi, bien que n'étant pas propriétaires des espaces qu'elles cultivent, les femmes du département de l'Océan peuvent en revanche contrôler les produits issus du travail agricole qu'elles y effectuent. Elles détiennent en effet une grande marge de manœuvre dans la gestion des parcelles cultivées, et à cet égard, peuvent se permettre par solidarité féminine d'accorder des droits d'usage à celles qui en sollicitent ou qui s'en trouvent dans le besoin[116].

I.2. Un droit positif en bute aux survivances traditionnelles de marginalisation foncière de la femme

L'accès des femmes à la terre reste préoccupant malgré l'égalité des sexes promue par la législation foncière en vigueur. Il existe une cohabitation conflictuelle entre le droit foncier coutumier qui marginalise les femmes et le droit foncier positif qui réhabilite leurs droits de propriété en milieu rural (Tchapmégni, 2020). L'ordonnance n° 74-1 du 6 juillet 1974 fixant le régime foncier au Cameroun donne ainsi la possibilité aux femmes d'acquérir et de posséder des terres au même titre que les hommes. Malgré cela, les paysannes déplorent le fait que la coutume continue de dicter ses lois dans les villages du département de l'Océan. Dans ces villages, les règles coutumières sont encore solidement implantées et respectées. L'une des causes avancées pour expliquer ce respect scrupuleux des traditions est la faible pénétration des modes modernes de gestion foncière. Les procédures d'immatriculation étant particulièrement complexes et les coûts associés demeurant rédhibitoires pour une population rurale majoritairement pauvre.

Bien que le système traditionnel soit aujourd'hui embarqué dans une dynamique qui s'arrime aux évolutions de l'État (Ndjogui et Levang, 2013), il s'observe néanmoins un grand écart entre ce que le droit foncier positif prévoit et ce qu'il se fait dans la pratique en termes de système foncier coutumier. Les procédures d'immatriculation, des terres acquises par héritage ou par mise en valeur, initiées par les femmes ne sont pas toujours très bien accueillies par les hommes. Ceux-ci considèrent cette démarche comme un affront à leur autorité et un outrage à la coutume.

[116] Synthèse FGD avec les femmes des cinq villages.

Ainsi, toute tentative féminine d'user de la force du droit positif pour obtenir ou récupérer des parcelles de terrains peut aboutir à des menaces de mort ou à des représailles ouvertement exprimées[117]. Les moyens de dissuasion étant alors fonction de la persistance ou non de la femme à continuer avec cette procédure de valorisation de ses droits. Le cas d'une ressortissante de Mbebe a été rapporté lors d'une discussion de groupe avec les hommes. Cette dernière pourtant en possession des titres fonciers des terres héritées de son père a connu une mort d'origine mystique après être revenue au village pour revendiquer ses terres de manière légale. Même si les femmes sont informées de la possibilité de sécuriser leurs terres de façon légale, très peu se risquent donc à le faire par peur de subir des représailles traditionnelles ou d'être traitées de sorcières[118]. À Bidou 3, c'est la même situation que celle rapportée à Mbebe. On y apprend que,

> les femmes ne cherchent pas à s'informer sur leurs droits et les hommes ne le veulent même pas pour préserver les traditions sous prétexte du bonheur de la famille. Ils ont peur que les femmes se révoltent contre les coutumes en connaissant leurs droits et en les revendiquant. Il faut donc d'abord éduquer les hommes aux droits des femmes si on veut que les femmes puissent jouir de leurs droits sans que cela représente un danger pour les hommes et pour la paix au village[119].

Cette difficile cohabitation entre la coutume et la législation moderne est donc souvent source de conflits entre les femmes qui réclament leurs droits à la terre par voie juridique et les hommes qui estiment qu'une femme ne peut être propriétaire selon la tradition. Aussi, les femmes entreprennent-elles donc difficilement des démarches pour obtenir un titre de propriété foncière. Les lois traditionnelles faisant barrière de même que leur ignorance du droit foncier. La modicité de leurs moyens financiers ne leur permet pas également d'entamer ou d'aller jusqu'au bout des procédures de sécurisation des terres qu'elles acquièrent lorsqu'elles sont informées de leurs droits (Ongbassomben, 2016 ; Zoma et al, 2022). Dans les cinq villages en question, aucune femme ne détenait

---

[117] FGD avec les hommes de Mbebe.
[118] FGD avec les femmes de Mbebe.
[119] FGD avec les hommes de Bidou 3.

donc de titre foncier. Alors que le régime foncier coutumier disqualifie les femmes des droits fonciers, le droit moderne leur permet pourtant d'acheter des terres en leur nom et les immatriculer. Cependant, leur accès à la propriété foncière reste très marginal, car la loi foncière égalisant les rapports en la matière a du mal à s'imposer comme principe devant régir les modes d'acquisition et de gestion des terres.

Le recours à l'immatriculation des terres reste donc encore un privilège masculin en milieu rural. Bien que les systèmes fonciers locaux aient évolué et autorisent désormais des négociations avec les autorités étatiques et autres particuliers, la logique coutumière continue de déterminer en grande partie les modes d'accès des femmes au foncier. (Nnomenko'o, 2019 : 14). Les populations de Makoure 2 et de Mbebe ont d'ailleurs dénoncé la loi portant régime foncier à cause de ses ambiguïtés qui ne seraient pas à l'avantage des populations[120].

Si la condition foncière des femmes rurales du département de l'Océan apparaît délicate du fait des coutumes discriminantes qui prévalent et influencent les mentalités ainsi que les dispositifs juridiques en la matière il convient de noter que cette condition est davantage fragilisée par des logiques capitalistes qui émergent du fait des dynamiques engendrées par la présence des agro-industries dans cette zone.

II. L'AGRO-CAPITALISME COMME FACTEUR AGGRAVANT DE LA MARGINALISATION FONCIÈRE DES FEMMES

Face à un contexte socioculturel défavorable, la vulnérabilité foncière des femmes du département de l'Océan se complexifie avec l'installation des agro-industries. Malgré des contreparties peu significatives, leur présence génère une dépossession des droits des ruraux sur leurs terres (Roudart et Guénard, 2019 : 8).

II.1. De l'occupation agro-industrielle des terres viables à la réduction des espaces cultivables des femmes

La présence des agro-industries dans le département de l'Océan a drainé avec elle de nombreux problèmes fonciers. Dans la plupart des cas, les populations font face à une captation poussée de leurs sols. À Makoure 2, la SAO, entreprise maltaise qui y est installée, occupe 625 hectares de terre, alors qu'elle n'en utilise que 150 pour la culture du

[120] Synthèse des FGD avec les hommes et femmes de Makoure et Mbebe.

cacao. Elle cause ainsi un grand préjudice foncier aux populations qui n'ont pas toujours connaissance des limites de sa concession. Ces terres de la SAO recouvrent des terres fertiles auparavant vouées aux travaux champêtres des femmes et diverses activités d'élevage, de cueillette et de chasse pour les hommes[121]. Aussi, avec l'arrivée de la SAO, les femmes se sont retrouvées dépourvues de terres fertiles suffisantes à cultiver. La rareté des terres a Makoure 2 a ainsi créé des conflits frontaliers avec Makoure 1 dont les terres mises en jachère se sont vues être exploitées par les populations de Makoure 2. De plus, l'usage de pesticides par la SAO pour entretenir ses cultures pollue l'environnement avec pour conséquence la disparition critique du poisson dans les rivières.

À Mbebe, la présence d'HEVEA Cameroun (HEVECAM) sur 1000 hectares de terre ne facilite pas la gestion des terres dans le village à cause de son non-respect de 4 hectares d'espace vital recommandé lors des réunions de concertation. Cela a pour effet d'engendrer des conflits entre les populations et entre les membres d'une même famille qui se disputent désormais le peu de terres restant. Ainsi, non seulement HEVECAM est accusé d'empiètement sur les terres familiales des riverains, elle est également à l'origine de leur accaparement[122]. De plus, les espaces concédés à HEVECAM abritaient des lieux sacrés, notamment des rochers, des grottes, des arbres qui servaient de recueillement aux populations. Dans ce contexte de rareté des terres où les hommes et les familles se disputent désormais les espaces vitaux épargnés, la possibilité pour les femmes d'avoir des terres cultivables régresse considérablement. Les terres disponibles sont loin dans la forêt vierge. Pour y accéder, il faut parcourir de longues distances rendant difficile la tâche de défrichage aux femmes. Cependant, certaines veuves s'y sont risquées, mais se sont vues très vite récupérer les terres mise en valeur par les hommes de leur famille[123].

À Ebondi, village encore très enclavé, la condition foncière des femmes n'est pas très alarmante. De ce fait, l'installation de Domayo Farming sur 3000 hectares, dont 2000 consacrés à la culture du palmier à huile et 1000 pour la production du cacao et la banane plantain est plutôt bien accueillie par les populations. En effet, avec l'arrivée de cette agro-

[121] Entretien avec le Chef du village de Makouré.
[122] FGD avec les jeunes de Mbebe.
[123] FGD avec les femmes de Mbebe.

industrie, des projets de développement tels que l'électrification du village, le bitumage des routes, la construction des écoles, des marchés, des forages et des centres de santé ont vu le jour[124]. D'après les témoignages receuillis, les terres qui lui ont été concédées étaient des espaces utilisés par les femmes pour pratiquer leurs cultures et les activités pastorales, de même que des lieux de chasse pour les hommes. Certaines familles ont donc dû se trouver d'autres terrains et cela a engendré des conflits liés au non-respect des limites des terres d'une famille par une autre.

Dans la même lancée, depuis les années 2012, l'installation de la Société de Plantation du Haut Penja (PHP) à Dehane a démultiplié les problèmes fonciers. Si toutes les couches de la population ressentent le déficit en matière des terres disponibles, les femmes demeurent les plus touchées par la crise foncière qui sévit dans ce village. En effet, conformément aux clauses, la PHP n'a pas respecté l'espace vital permettant le non empiètement sur les terres des populations. Il est ainsi observé des plantations de banane plantain de la PHP effleurant l'arrière des habitations de certaines familles. Dans ce contexte, les femmes n'ont plus suffisamment de terres pour faire leurs cultures, agrandir leurs champs ou se constituer en GIC[125]. Elles rencontrent donc des difficultés à avoir des sols disponibles pour leur travail agricole. Car, l'entreprise s'est installée sur des terres familiales. Certaines familles se sont ainsi retrouvées à se disputer les espaces restreints restants. Les femmes dont les terres familiales n'ont pas été spoliées partagent leurs espaces cultivables avec celles dont les familles ont vu leurs terres être occupées par la PHP.

Cette situation a entraîné des conflits fonciers entre les riverains. Ces conflits étaient liés à des bornages illicites et empiètements sur les espaces tiers. Il est en effet courant d'observer dans ce village, des plantations familiales qui se juxtaposent les unes aux autres sans limites précises pouvant les faire distinguer. En outre, des espaces abandonnés par l'entreprise HEVECAM ont été récupérés par les populations pour en faire des terres communautaires que les femmes peuvent cultiver. Toutefois ces terres suscitent également beaucoup de conflits entre les villageois. Car, leur redistribution est inégale et privilégie certaines familles au détriment

---

[124] Synthèse des FGD avec les hommes et les femmes d'Ebondi.
[125] Entretien avec le régent de Dehane.

des autres[126]. Ainsi, les familles les plus nanties et celles qui sont liées a la chefferie détiennent les plus grandes parcelles de ces terres récupérées. Les familles moins nanties se voient rétrocéder les espaces restants, lesquels, le plus souvent, sont très éloignés du village. Ceci étant, plusieurs plaintes sont déposées auprès du préfet par les familles qui se sentent lésées par ce partage inéquitable. Accusant le chef du village de favoritisme et de malversations, ces familles réclament une meilleure attribution des terres abandonnées par HEVECAM.

Par ailleurs, l'implantation de la SOCAPALM et d'HEVECAM à Bidou 3 n'est pas non plus sans conséquences sur la gestion des terres du village par les riverains. Les femmes en particulier se retrouvent dans une situation foncière déplorable. En effet, la présence de ces deux entreprises a entraîné des effets pervers tels que l'occupation des espaces vitaux et les empiètements des terres familiales. Les femmes se sont alors vues obligées de rechercher des terres dans la forêt vierge pour y pratiquer leurs activités champêtres et assurer la survie de leur famille. De ce fait, l'éloignement des terres dans la forêt vierge, la difficulté à y faire des champs et transporter les cultures font que certaines femmes dont les familles ont vu leurs espaces cultivables réduits, préfèrent se contenter de travailler les petits lopins de terre acquis auprès du voisinage suite à leur demande[127]. Des conflits entre membres d'une même famille et de familles différentes naissent ainsi à cause de la rareté des sols. Les femmes ne sont pas épargnées par ces luttes, car des querelles foncières qui les opposent indiquent clairement que la terre est devenue un bien critique à Bidou 3 que seules celles qui bénéficient d'un statut social, professionnel ou économique élevé peuvent se procurer ou arracher à celles qui sont moins nanties[128]. L'on peut à cet effet observer les grandes parcelles de terre détenues par la femme du chef au détriment des autres femmes du village, mais également des espaces appartenant à des paysannes occupées par des femmes vivant en Europe faisant ainsi l'objet de litiges fonciers.

Aussi, tout comme en pays bamiléké (Fostsing, 1995), l'occupation des terres dans le Département de l'Océan par les sociétés industrielles

[126] FGD avec les hommes de Dehane.
[127] FGD avec les femmes de Bidou 3.
[128] Entretien avec la matriarche de Bidou 3.

reconfigure le rapport des femmes au foncier autour duquel se profile désormais un ensemble d'enjeux économiques.

II.2. De l'effet démographique de l'agro-industrie à la marchandisation accrue des terres familiales cultivées par les femmes

L'une des dynamiques foncières impulsées par la présence des agro-industries sur les terres des riverains dans l'Océan est la vente de terrains aux migrants employés dans ces industries. Certains écrits démontrent que la marchandisation des terres rurales en Afrique avait pour corollaire l'exclusion foncière des cadets sociaux, en l'occurence les femmes et les jeunes (Kayser, 1981 ; Colin, 2008 ; Cambrézy et Magnon ; 2013 ; Tchékoté et coll., 2018). Pour le cas spécifique des femmes, cette nouvelle forme de privatisation de la terre se décline en termes de vulnérabilité et de marginalisation (Charlier et coll., 2014). Dès lors, le problème de la rareté des sols cultivables pour les agricultrices n'est donc pas seulement concomitant à l'occupation des espaces vitaux ou à l'empiètement des terres familiales par les sociétés agro-industrielles. Il est également étroitement lié à la marchandisation accrue des terres familiales et même des sols vierges par les hommes[129]. Cela a pour conséquence notoire d'exacerber les difficultés foncières que les femmes rencontraient déjà avec l'accaparement des terres familiales qu'elles cultivaient par les agro-industries.

En effet, l'installation des industries capitalistes a eu pour effet d'accroître la population dans les villages riverains. Cet accroissement démographique a généré une forte demande en sols. Dans cette nouvelle configuration sociodémographique, la réduction drastique des superficies cultivables par les femmes devient inévitable et s'aggrave face à la pression d'occupation de l'espace par les étrangers venus travailler en entreprise. Or, par le passé, les coutumes ancestrales interdisaient à tout individu y compris les hommes de vendre les terres qui étaient alors considérées comme un bien collectif inaliénable (…). Cependant, cette prescription traditionnelle est rendue désuète à cause de l'individualisation des droits fonciers et de la prégnance de l'économie de marché (…). Les terres sont ainsi vendues à vil prix aux employés migrants des agro-industries afin de

[129] Synthèse des FGD avec les hommes et les femmes dans quatre villages, excepté Ebondi.

se construire des habitations et faire des champs pour se nourrir. Dans ces transactions économiques structurées par le rapport entre cédants autochtones et preneurs allogènes (Colin, 20 121), les femmes n'ont pas droit d'y participer étant donné que traditionnellement elles ne sont qu'usufruitières et pas propriétaires. Par ailleurs, il est difficile d'apprécier leur participation à la vente des terres et les tensions qu'elle pourrait susciter dans un cadre formel, car aucune femme dans les cinq villages n'était détentrice d'un titre foncier. Aussi, les femmes qui avaient déjà des espaces où faire leurs champs ont vu leurs terres cultivables être bradées par les hommes de la famille. Même les terres vierges de la forêt qu'elles pouvaient mettre en valeur par leurs propres ressources sont également vendues. Les propos de la matriarche de Mbebe sont révélateurs de cette réalité :

> Après la mort de mon mari, ses neveux m'ont arraché les terres qu'il m'avait laissées à cultiver et que de son vivant je cultivais déjà. Ils ont vendu aux étrangers pour avoir l'argent et ils ne m'ont même rien donné. Comme je n'ai pas accouché de garçons, j'ai seulement une seule fille qui est mariée à Yaoundé, ils savent que personne ne pourra les menacer. Maintenant que je n'ai plus de terres, je vends les croquettes pour me nourrir, parfois je demande à manger aux autres femmes et celles qui ont pitié de moi me donnent un peu de manioc ou de la patate que je prépare pour manger[130].

De ces propos, il apparaît que la vente des terres demeure une activité qui se fait parfois sans l'accord des riverains ou d'autres membres de la famille[131]. En dehors des terres familiales et forêts vierges, certains ressortissants des villages vendent également les terres communautaires aux investisseurs. Ils le justifient par le besoin d'acquisition des équipements et de l'argent pour le développement du village. En effet, a à Dehane[132], l'argent de certaines terres communautaires vendues par le chef avec l'accord des populations a permis l'achat d'un moulin à maïs afin

[130] Entretien avec la matriarche de Mbebe.
[131] FGD avec les hommes de Mbebe.
[132] Entretien avec le régent Déhane.

d'aider les femmes du village à moudre les céréales récoltées sans difficulté.

Dans certains villages, notamment à Bidou 3, les veuves déclarent être les premières personnes touchées par la vente des terres et cela, malgré leur statut d'usufruitières :

> Les espaces de terre que nous ont légués nos maris après leur mort sont vendus aux étrangers par leurs frères. Parfois c'est un frère direct ou un cousin à eux qui arrachent nos jachères soit pour vendre soit pour utiliser lui-même. Les veuves n'ont pas de parole dans la vente du terrain et pour survivre, celles qui sont plus âgées vont demander des terres à cultiver à leurs belles-sœurs et/ou à leurs voisines. Les plus jeunes postulent dans les agro-industries implantées dans le village, mais subissent de mauvais traitements en tant que manœuvre en pépinière parce que leurs salaires sont dérisoires, il n'y a pas d'assurance-santé ni de profil de carrière, elles font des tâches lourdes et les licenciements sont abusifs[133].

Aussi, les veuves apparaissent-elles comme les femmes les plus exposées à l'incertitude foncière aggravée, ce d'autant plus que l'accès à la terre reste avant tout une affaire réservée aux femmes mariées (Onana, 2020 : 11).

II.3. De l'activité agro-industrielle aux effets pervers sur le travail agricole des femmes

La présence des sociétés agro-industrielles dans le département de l'Océan n'a pas seulement apporté des conflits fonciers et modifié le jeu de la gouvernance foncière. Par leurs activités d'économie à grande échelle, ces sociétés sont en partie responsables de la précarité foncière des femmes et nuisent au travail agricole de ces dernières. Les agricultrices sont aux prises avec le risque d'une insécurité alimentaire, laquelle s'appréhende à travers la difficulté à avoir accès, en temps opportun, à une nourriture suffisante, saine et nutritive selon les spécificités locales (Janin et Suremain, 2012). Leur inquiétude de ne pas pouvoir nourrir leurs familles

[133] FGD avec les femmes de Bidou 3.

dans le futur est l'un des effets pervers qu'engendre l'installation des industries capitalistes sur leurs cultures.

En effet, antérieurement, les terres qu'occupent aujourd'hui les agro-industries abritaient la faune sauvage. Avec leur implantation, les animaux migrent vers les terres habitées par les riverains à la recherche de leur pitance. Les champs des femmes sont alors littéralement dévastés, car ils deviennent le refuge des rongeurs[134]. Par ailleurs, l'activité industrielle qui exige l'utilisation de pesticides et d'engrais chimiques nuit également aux cultures qui finissent par pourrir sous l'effet de leur action. Toutefois, il est à noter que l'insuffisance alimentaire ne menace pas tous les villages de la même manière. Dans les villages riverains aux industries occupant des espaces plus vastes et donc *à priori* ayant un fort potentiel de pollution, le risque est intensément ressenti par les populations. C'est le cas d'HEVECAM à Mbebe et Domayo à Ebondi où certains jeunes entrepreneurs de la culture du manioc ont vu leurs récoltes complètement asphyxiées par les pesticides utilisés par ces industries. Ce fragment en est le témoignage :

> je suis un jeune qui se bat pour nourrir sa petite famille, mais ce qu'il nous arrive ici à Mbebe à cause d'HEVECAM n'est plus tolérable. Je fais dans la culture du manioc, l'année dernière j'ai planté trois hectares de manioc, j'ai vraiment travaillé dur pour cela et dépensé beaucoup d'argent. Presque toutes mes économies y sont parties pour faire ce champ. Mais à grande surprise, j'ai constaté un jour que les cultures pourrissaient au lieu d'évoluer normalement. Après avoir fait quelques enquêtes, j'ai découvert que c'était à cause des produits chimiques que HEVECAM utilise que j'ai perdu tout mon champ de manioc. Je suis allé me plaindre là-bas, mais il n'y a pas eu de suite. Même les petits champs des femmes pourrissent à cause ça et parfois on se retrouve juste avec quelques petites récoltes pour se nourrir[135].

Les femmes rurales étant les principales actrices de l'activité agricole du département de l'Océan, elles assurent l'autoconsommation des

[134] Synthèse des FGD avec les femmes des cinq villages.

[135] Entretien avec un jeune entrepreneur de Mbebe.

populations grâce aux produits tirés du travail de la terre et aux revenus obtenus de leur vente. Aussi, la perte de leurs récoltes par l'effet conjugué des produits chimiques de l'activité agro-industrielle et des rongeurs fragilise la capacité à l'autosuffisance alimentaire des communautés. Par conséquent, la sécurité alimentaire des familles, du point de vue de la disponibilité des denrées, de la stabilité de la production, de l'accessibilité aux cultures et de la qualité de la production, n'est plus une évidence face aux enjeux capitalistes[136]. En effet, d'après le document de synthèse du volet agriculture et développement rural élaboré par le MINADER (2006), le département de l'Océan appartient aux zones rurales classées à risque modéré en matière d'insécurité alimentaire. Dans ces zones, le risque d'insécurité alimentaire tient en effet à la pression foncière sur des terres surexploitées et dégradées, à la faible productivité et à la précarité de la conservation des productions et aux carences en protéines et sels minéraux indispensables. Du coup, il convient d'appréhender l'accaparement des terres comme un phénomène qui fragilise les populations et les écosystèmes (Argawal, 2002 ; Caouette, 2016) et, de ce fait, est encore plus préjudiciable au rôle producteur et nourricier des femmes.

Conclusion

La marginalisation foncière des femmes dans le Département de l'Océan est un fait qui remonte aux traditions ancestrales en matière d'héritage. Par ailleurs, avec la modernisation du monde rural et le capitalisme industriel, les agro-industries installées dans les villages riverains constituent des facteurs aggravants de leur vulnérabilité. L'accaparement des terres familiales et leur vente aux migrants liés à l'installation des industries capitalistes font de l'indisponibilité des terres cultivables et du risque d'une insuffisance alimentaire une menace réelle pour les femmes. Alors même que la survie alimentaire des communautés rurales dépend substantiellement du travail agricole des femmes, l'insécurité foncière à laquelle elles font face demeure ainsi une situation préoccupante. L'on pourrait alors s'interroger sur leurs droits à la terre dans la mise en œuvre de politiques de gestion foncière. Pour autant, les dynamiques de dépossession à l'œuvre dans le département de l'Océan sont

---

[136] Synthèse des FGD avec les femmes des cinq villages.

le produit d'un jeu d'acteurs qui appréhendent le développement uniquement sous le prisme économique comme clé du progrès (Nnonmeko'o, 2020). De ce fait, la disponibilité des terres pour les femmes rurales pourrait être prise en compte comme un impératif dont les enjeux de souveraineté alimentaire des communautés et de protection de l'environnement en dépendent.

Bibliographie

Agarwal B, « Les femmes et la modernisation de l'agriculture en Asie et Afrique », in *Cahiers Genre et Développement*, 2002, n° 2, pp. 153-170.

Basthard Bogain D, « L'exclusion économique et sociale des veuves en Afrique », in *Institut du Genre en Géopolitique*, 2023, septembre.

Binet J., « Le droit coutumier au Cameroun », in *Monde non chrétien*, n°18, 1951, pp. 1-26.

Blanc P, *Terres, pouvoirs et conflits : une agro-histoire du monde*, 2018, Paris, Presses de Sciences Po.

Bris E (Le) et coll., *Enjeux fonciers en Afrique noire*, 1982, Paris, Karthala.

Broc K, « L'accès à la terre pour les femmes rurales en Afrique : le cas du Sénégal (de l'époque des grands royaumes à nos jours) », 2022, https//theses. hal. sciences, pp. 1-610.

Cambrezy L et Magnon Y, « La question foncière en milieu rural. Population, mondialisation et développement : quelles dynamiques ? », *La Documentation Française*, 2012, pp. 109-128.

Charlier S. et coll., 'Gouvernance foncière au prisme du genre : cas du Niger, du Sénégal et de la Bolivie', in *Féminin-Masculin*, 2014, pp. 39–54.

Coaouette D, « L'accaparement des terres, un phénomène mondial », in *Relations*, 2016, n° 785, pp. 17-20.

Colin J-P et coll., *Le foncier rural dans les pays du Sud. Enjeux et clés d'analyse*, 2022, Marseille, IRD.

Colin J-P, « La marchandisation de l'accès à la terre dans les contextes ruraux ouest-africains », in *Le Mouvement Social*, 2021, n°27, pp. 117-132.

Coquery-Vidrovitch C,

- *Sociétés paysannes du Tiers-Monde*, 1991, Paris, L'Harmattan.
- *Les Africaines. Histoire des femmes d'Afrique subsaharienne au XIXe au XXe siècle,* 2013, Paris, La Découverte.

Ewombe-Moundo E et Ewombe-Koundo E, « La femme africaine et le développement », in *Présence africaine*, 1987, n° 141, pp. 41-51.

Fotsing J-M, « Compétition foncière et stratégies d'occupation des terres en pays bamiléké (Cameroun) », in C Blanc-Pamard et L Cambrez (éd.), *Dynamiques des systèmes agraires : terre, terroir, territoire : les tensions foncières*, 1995, Paris, ORSTOM, pp. 131-148.

Goheen M., *Men own the fields, Women own the crops: gender and power in the Cameroon Grassfields*, 1996, Madison, University of Wisconsin Press.

Guéta-Bernard H, « Travail des femmes et rapport de genre dans les agricultures familiales : analyse des similitudes entre la France et le Cameroun », *Revue Tiers Monde*, 2015, n° 221, pp. 89-106.

INS, Rapport final de l'enquête par grappes à indicateurs multiples (MICS5), 2015, Yaoundé.

Janin P. et Suremain C.-E., 'L'insécurité alimentaire : dimension, contextes et enjeux', in *La Documentation Française*, 2012, pp. 147–167.

Janin P., 'Gestion patrimoniale et sécurisation foncière en économie de plantation camerounaise à l'heure des ajustements', in *Revue de géographie du Cameroun*, 2000, Vol. 14, n° 2, pp. 79–108.

Kayser B., 'Vendeurs de terres à la périphérie des villes', in *Les Annales de la Recherche Urbaine*, 1981, n°10–11, pp. 129–136.

Kossoumna Liba'a N, « L'accès des femmes au foncier dans l'Extrême-Nord du Cameroun. Entre persistance de la tradition et dynamiques socio-économiques », *African Journal of Land Policy and Geospatial sciences*, 2019, n° 3, pp. 1-20.

Kouassigan G-A, *L'homme et la terre. Droits fonciers coutumiers et droit de propriété en Afrique occidentale*, 1996, Paris, Berger-Levrault.

Masselière B.-C. (De La), 'Paysanneries d'Afrique Noire', in *Géographie des espaces tropicaux*, 1994, n° 12, pp. 87–99.

Mbevo P et coll., « Dynamiques paysagères du littoral kribien face aux pressions de l'agro-industrielle et de l'urbanisation », 2018, https//doi.org/10 400/vertigo 22 798

MINADER, Rapport de synthèse du volet agriculture et développement rural, 2006, juillet.

Ndami C, « Les agricultrices et la propriété foncière en pays Bamiléké (Cameroun). Un droit foncier coutumier en tension', in *Cahiers du genre*, n° 62, 2017, pp. 119–139.

Ndjogui T et Levang P, « Élites urbaines, elaeiculture et question foncière au Cameroun », in *Territoires d'Afrique,* 2013, n° 5, pp. 35-46.

Nnomenko'o J-C,

– *Gouvernance foncière et jeux d'acteurs au Cameroun : l'exemple des concessions agro-industrielles*, 2018, Paris, L'Harmattan.

– *La problématique foncière et trajectoire de développement en Afrique-Subsaharienne : l'exemple du Cameroun*, 2020, Paris, L'Harmattan.

– *La sécurisation du foncier en Afrique Sub-saharienne : Cameroun-Gabon-Congo-Brazzaville*, 2019, Paris, L'Harmattan.

Ogbu R. et al., 'Les chasseuses de terre : la sécurité alimentaire à l'épreuve de la propriété foncière chez les femmes Aïzo au Bénin', in *Afrique Contemporaine*, 2023, n° 275, pp. 111–123.

Onana J-C, « Femmes et accessibilité à la propriété foncière au Cameroun », 2020, https//hal.archives-ouvertes.fr, pp. 1-16.

Rédaction Afrique Contemporaine ; 'Le combat ardu des femmes pour le contrôle des terres,' in *Afrique contemporaine*, 2023, n° 275, pp. 157–177.

Roudart L et Guénard C, « Introduction : dépossessions foncières en milieu rural », in *Revue internationale des études du développement*, 2019, n° 238, pp. 7-29.

Sambo A, « Accès à la terre et sécurité alimentaire : cas des femmes rurales de l'Extrême-Nord du Cameroun (1972-2014) », in N. Kossoumna Liba'a et C Dili Palai (coord.), *Genre, savoirs et dynamiques de développement des territoires au Nord-Cameroun. Plaidoyer pour la valorisation des potentialités locales,* 2018, Yaoundé, Schabel, pp. 83–100.

Saporta I, *Le livre noir de l'agriculture*, 2011, Paris, Fayard.

Souratié W. et al., 'Politiques agricoles, emploi et revenu des femmes au Burkina Faso', *Revue d'Économie du Développement*, 2019, Vol. 27, pp. 101–127.

Tchapmegni R., 'L'organisation juridique de la propriété foncière', in C. Eberhard (dir), *Law, land use and environment : Afro-Indian dialogues*, 2020, Institut français de Pondichéry, pp. 219-232.

Tchékoté H et coll., « Appropriation foncière, pratiques agricoles et enjeux environnementaux à Bafou-Nord dans les monts Bamboutos (Ouest Cameroun) », 2018, https//doi.org/10400/belgeo 21 085.

Traore O, « Exister par le foncier et le demeurer en l'adaptant aux nouvelles exigences et réalités », in O Sy et coll. (dir), *Entre tradition et modernité, quelle gouvernance pour l'Afrique*, 2007, Acte du colloque de Bamako, janvier.

Zoma V et al, *Femme et foncier en milieu rural en Afrique Subsaharien*, 2022, Université Joseph-Kizerbo de Ouagadougou, Burkina Faso.

Résister à l'accaparement des terres par les armes : une expérience paysanne au Sud-Kivu en RDC

François M'MUNGA ASSUMANI

Résumé

En République démocratique du Congo (RDC), l'individualisation des droits fonciers a généré un processus de privatisation qui a conféré à la terre le statut de marchandise. Cette caractéristique qui insère le capital foncier dans l'économie de marché facilite l'accaparement des terres paysannes par les acteurs économiquement et politiquement puissants. Aussi, dans un contexte où l'État peine à sécuriser les terres communautaires contre les logiques prédatrices de ces acteurs nantis, ce travail scrute alors les mécanismes mis sur pied par les populations du Sud-Kivu pour défendre leurs terres. La politique de terrain ethnographique mobilisée, sur douze (12) mois, montre que la violence armée apparaît comme une modalité de choix pour protéger les terres et, par-là, préserver le principal moyen de subsistance des paysans. À cet égard, la contribution articule les ressorts paysans de cette mobilisation de la violence armée face à l'accaparement de leurs terres, malgré l'existence d'instances locales compétentes en la matière.

Mots-clés : Accaparement des terres, sécurisation foncière, violence armée, norme pratique, RDC.

Introduction

Le discours développementiste passe par un imaginaire globalisé qui repose sur la nécessaire adaptation des structures agraires traditionnelles au marché international (Grajales, 2016). Cette posture n'est pas seulement véhiculée par les acteurs économiques légaux ou illégaux. Elle trouve aussi une matérialité dans des politiques publiques qui facilitent l'accaparement des terres (Grajales, 2016). Le concept d'accaparement des terres est appréhendé comme la privatisation de ressources communes ou la concentration de ressources privées par des investisseurs, publics ou privés, à des fins économiques et financières (Merlet *et coll.,* 2011). Comme phénomène mondial, l'accaparement des terres mobilise des protagonistes de plusieurs horizons économiques, géographiques et institutionnels dont la caractéristique majeure est de disposer de moyens financiers, politiques et diplomatiques (Luna, 2016). La montée en puissance de l'accaparement de terres peut être liée à la faiblesse des règles de droit, à l'absence de registres fonciers fiables et à l'incapacité des administrations à faire face à la demande de terres par les multinationales agro-industrielles (Serfati, 2006 ; Grajales, 2016). De ce point de vue, en Afrique rurale, les investissements fonciers sont pratiqués par des sociétés multinationales de l'agrobusiness ou des acteurs économiques qui veulent consolider leur position selon une logique d'accumulation foncière (Luna, 2016). Le continent africain est alors considéré, ici, comme un grand réservoir foncier dans un monde qui a de plus en plus faim de terres arables (Blanc, 2018).

En RDC, l'État a opté pour la nationalisation et la privatisation des terres collectives. La loi foncière n° 73-021 du 20 juillet 1973, calquée sur le code foncier colonial, consacre ce fait. En conséquence, cette loi a simplifié les démarches pour les particuliers et les sociétés désirant accumuler des terres (Huggins, 2010). Dans cette optique, les chefs coutumiers qui, traditionnellement, détenaient la terre au nom de leurs communautés, ont aussi contribué à privatiser en grande partie les ressources foncières en s'enrichissant au passage de la vente de terres aliénées. Cette gouvernance foncière moderne sous fond de marchandisation contraste avec les normes coutumières et les pratiques locales. Il convient de noter qu'en milieu rural en RDC, la gestion foncière est assurée en grande partie par les pratiques coutumières, fortement liées à l'identité ethnique (Muchukiwa, 2016 ; Bruneau, 2012), ce qui montre que le droit foncier y est essentiellement coutumier (Boshab Mabudj Mabileng, 2007). Cependant, la mobilisation du droit foncier moderne par les nouveaux acquéreurs occasionne la dépossession de certains paysans, lesquels deviennent ainsi des paysans sans terre soumis au contrat de location à des conditions défavorables (Laurent et Furtado, 2010).

Face à ce phénomène d'accaparement des terres, la littérature met en lumière des stratégies de résistance paysanne qui reposent sur le refus de négocier dans une arène dans laquelle prévalent les seules rationalités étatiques et économiques (Mushagalusa Mudinga, 2017 ; Huggins, 2010 ; Ansoms et Hilhorst, 2014 ; Le Roy, 2011). Ce n'est pas seulement contre l'accaparement des terres que les paysans résistent, mais aussi contre les processus, valeurs, normes et institutions qui le rendent possible dans la gouvernance foncière locale (Mushagalusa Mudinga, 2017). À ce sujet, James Scott (2008) rappelle alors des formes de résistance publique qui renvoient aux pétitions, manifestations, grèves, occupations de terres et à la violence dans le cadre des enjeux liés aux ressources foncières.

Dans le même sens, les observations empiriques dans le Sud-Kivu font état de paysans délocalisés de leurs terres au profit d'une implantation d'industries, de projets agricoles de l'État et d'acteurs économiquement puissants. Face à cette logique de prédation foncière qui matérialise les tentatives d'accaparement des terres dans la localité, la préoccupation de ce travail est de cerner les réalités qui donnent corps aux tentatives paysannes visant à défendre les terres ancestrales face aux puissants acquéreurs. Plus précisément, il s'agit de dépasser le cadre d'une passivité putative qui a souvent défini les paysans, pour saisir les modalités d'organisation de ces gens d'en bas, ainsi que les stratégies et logiques d'action qui nourrissent leur projet de défense et de sécurisation des terres communautaires face à la volonté d'accumulation foncière de certains acteurs. Précisément, au-delà du descriptif de modes pratiques de résistance paysanne dans le Sud-Kivu, il s'agit de cerner les motivations qui poussent cette composante sociale rurale à souscrire au registre de la violence alors qu'existent plusieurs structures auxquelles recourir en cas de litiges fonciers.

1. Aperçu méthodologique et théorique

Ce travail s'appuie sur une politique de terrain ethnographique pour la production des données qui irriguent le texte. Du point de vue des grilles d'analyse, la théorie de la résistance de James Scott (2008) est mobilisée pour tenter de comprendre la complexité du recours aux armes par les paysans dans la lutte contre l'accaparement de leurs terres par les nouveaux acquéreurs. Cette théorie postule une approche différente de l'étude du pouvoir, qui met en lumière les contradictions, les tensions et les possibilités qui existent au sein des rapports de pouvoir dans les enjeux de la domination et des arts de la résistance (Scott, 2008). En effet, la comparaison du texte caché des faibles et du texte caché des puissants, et de ces deux textes cachés avec le texte public des relations de pouvoir permet de renouveler les approches de la résistance à la domination. C'est dans cette perspective qu'il est possible de lire, de comprendre et d'interpréter les conduites souvent fugaces des groupes dominés avec plus de succès dans les arcanes de résistance cachée ou publique déclarée (Scott, 2008).

1.1. Cerner la topographie et les particularités sociales d'un terrain d'étude unique

L'enquête de terrain a eu lieu dans la Plaine de la Ruzizi située en province du Sud-Kivu, en RDC. Cette Plaine de la Ruzizi est située à un point de jonction de la RDC, du Rwanda et du Burundi. En effet, la rivière Ruzizi constitue une frontière naturelle entre ces trois pays. La partie congolaise couvre 46 %, soit 800 km^2 sur les 1750 km^2 de superficic totale de la Plaine de la Ruzizi (Amani Roger, 2014). Du côté congolais, une partie de cette Plaine se situe dans le territoire de Walungu (Kamanyola)[137] et une grande partie dans le territoire d'Uvira de la RDC. Comme l'indique la carte ci-dessous, la Plaine de la Ruzizi, côté congolais concerné par l'enquête de terrain, est limitée au nord par le Rwanda (Plaine de Bugarama), au sud par le Lac Tanganyika dans lequel se déverse la Ruzizi, à l'est par la rivière Ruzizi qui la sépare d'avec le Burundi (Plaine d'Imbo) et à l'ouest par la chaine de Mitumba (Amani Roger, 2014).

Le territoire d'Uvira — où se situe une grande partie la Plaine de la Ruzizi, côté congolais — couvre une superficie de 3,148 km2

[137] Kamanyola est un groupement du territoire de Walungu qui le sépare d'avec le territoire d'Uvira au Sud-Kivu.

(Muchukiwa, 2016). Il est constitué de trois chefferies administratives, dont la chefferie des Bafuliiru, celle des Bavira et celle des Barundi qui est actuellement appelée chefferie de la Plaine de la Ruzizi. Les appellations de ces chefferies correspondent aux identités des groupes ethniques territorialisés par l'administration coloniale belge en 1928. La vie socio-économique des populations dans cette région est tributaire de l'agriculture et de l'élevage du petit et gros bétail. L'agriculture repose sur le vivrier dont les cultures les plus pratiquées sont le manioc, le maïs, le riz, la patate douce, l'arachide, le haricot, les aubergines, etc. (Muchukiwa, 2016). Cette prépondérance de l'agriculture dans la vie locale fait de la terre un capital sensible et stratégique.

Carte 1 : la Plaine de la Ruzizi

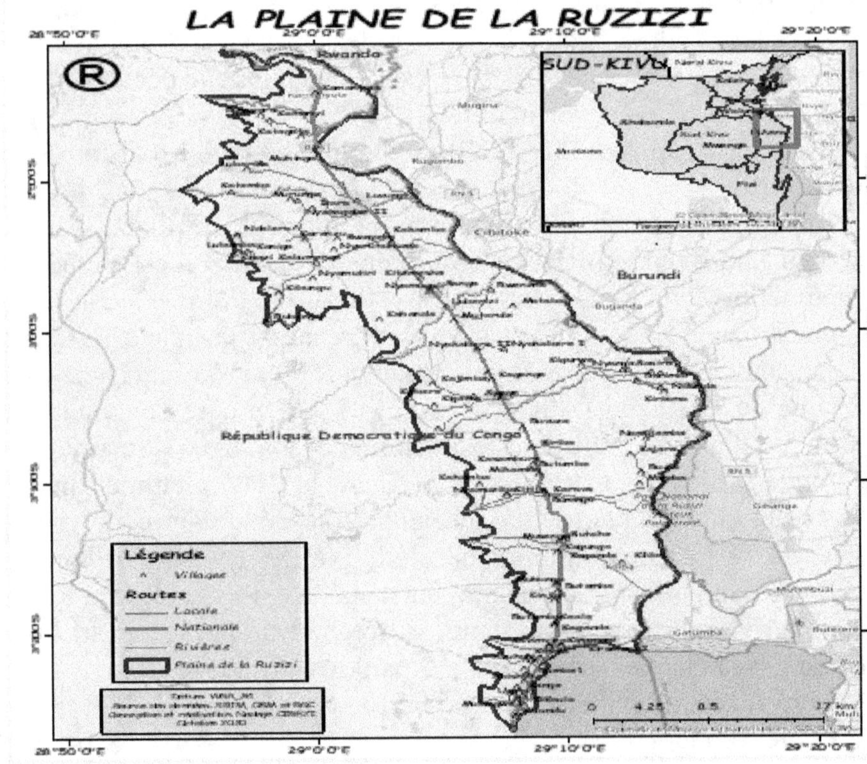

Source : SRTM, OSM et RGC. Conception et réalisation par Nadège Cirezi, octobre 2020.

1.2. Une politique de terrain ethnographique

Cette contribution est ancrée dans une démarche inductive et, de ce fait, qualitative. Elle repose sur une enquête ethnographique de 12 mois répartis entre 2019 et 2022 sur deux séjours de terrains distincts, notamment la phase exploratoire de terrain et la phase de recherche de terrain proprement dite. Les données issues du premier terrain furent collectées entre novembre 2019 et mai 2020. Ces informations furent mises à jour en septembre 2020. Les données concernant le second terrain, en l'occurrence celles liées à la phase de recherche proprement dite, furent collectées entre octobre 2021 et janvier 2022. Subséquemment, il y a eu des entretiens de type répétitif, lesquels consistent à interroger, à plusieurs reprises dans le temps, les mêmes enquêtés. En effet, je suis revenu vers certains interlocuteurs que j'avais abordés lors du premier terrain, pour compléter les notes prises, tout en élargissant le champ des enquêtes à de nouveaux interlocuteurs. Ceci afin — entre autres — de recueillir quelques récits plus pertinents sur la mobilisation de la violence armée par les paysans dans les enjeux de l'accaparement de terres.

Soixante-dix (70) entretiens semi-directifs individuels ont été réalisés. Certains de ces entretiens duraient en moyenne trois heures de temps. Les catégories suivantes ont été mobilisées pour ces entretiens : leaders locaux, autorités locales, leaders religieux, représentants de la société civile, commandants de la police nationale congolaise, représentants de milices armées démobilisés, représentants des agriculteurs, représentants des éleveurs et représentants de la jeunesse. Ces entretiens avaient pour objectif de collecter des informations sur le contexte sociohistorique, militaire, politique, socio-économique, culturel en lien avec la question foncière de la Plaine de la Ruzizi, des études de cas de conflits fonciers. Ces interlocuteurs ont été choisis à la suite de leur implication dans les jeux des pouvoirs politiques et de la gouvernance foncière de la localité. Les récits produits étaient ainsi liés aux jeux et enjeux d'acteurs, ainsi que leurs logiques d'action dans le cadre de ces conflits fonciers.

En plus de ces interviews individuelles, des entretiens de groupe ont été menés avec des *bagingi* (patriarches) des villages. Ils ont permis de collecter des données sur les pouvoirs politiques locaux, les pratiques coutumières de sécurisation foncière, les modes traditionnels de gestion des conflits fonciers, ainsi que les interventions des milices armées dans les enjeux fonciers. Enfin, l'observation participante a aussi été mobilisée. Pendant 12 mois, elle m'a permis d'intégrer la vie active de la population durant, de m'imprégner de la complexité des enjeux fonciers débouchant sur des pertes en vies humaines, de cerner les règlements de conflits fonciers par les officiers judiciaires de la police nationale et les ONG nationales, mais aussi comprendre les enjeux socioculturels liés à la terre sépulcrale, c'est-à-dire l'usage des tombeaux comme marqueur foncier et moyen de sécurisation.

Il convient donc de noter que la méthodologie mobilisée sur le terrain pour la production du corpus empirique mis en scène dans cette contribution est une œuvre d'invention épistémologique. Celle-ci a consisté à appliquer les méthodes de collecte des données sur la mobilisation de la violence armée par les paysans pour lutter contre l'accaparement de leurs terres. Il s'agissait, en d'autres termes, de confronter des thématiques sensibles à un terrain insécurisé par les milices armées locales et étrangères (burundaises), tout en réduisant les risques émotionnels et physiques pour le chercheur et tous les participants à l'enquête de terrain.

2. Une gouvernance foncière plurielle comme catalyseur des conflits dans la Plaine de la Ruzizi

Trois types de gouvernance foncière coexistent dans la Plaine de la Ruzizi : le système foncier traditionnel des communautés locales (ethniques), le système foncier moderne reposant sur les lois foncières positives (Muchukiwa, 2016) et un système foncier hybride ou informel mêlant plusieurs logiques (traditionnelles et modernes) inventé par les acteurs locaux.

2.1. Gouvernance traditionnelle en mutation

Dans la gouvernance foncière coutumière, l'autorité sur la terre revient au chef d'une communauté ethnique particulière (Huggins 2010 ; Muchukiwa, 2016). Toutefois, dans la tradition locale, la terre est la propriété de toute la communauté que représente le chef. Les chefs de village ou *batungwa* sont nommés par le *mwami* ou roi , en tenant compte de leur âge et sagesse. Les *batungwa* sont à la fois chefs de village et de clans. En ce sens, ils sont aussi des chefs de terres qui dépendent du *mutuali* ou chef de groupement (M'munga Assumani, 2022). Les chefs de village assurent coutumièrement le pouvoir politique et font autorité sur les ressources foncières de leurs villages. Ils paient des redevances coutumières ou *tulo* au *mwami*.

Par ces redevances coutumières, le chef de village exprime sa reconnaissance et sa soumission au chef de groupement et au Mwami. Au sein du village, certaines familles paient des impôts fonciers au chef pour continuer à exploiter des terres coutumières. Ce mode d'accès à la terre renvoie à la location. Celle-ci est une cession temporaire du droit d'usage moyennant une contrepartie payable à une période bien déterminée (par exemple durant une campagne agricole). Un autre mode d'accès à la terre dans la Plaine de la Ruzizi est le don. Le don des terres est une cession définitive du droit d'exploitation sans contrepartie en nature ou en numéraire accordée. Outre cela, d'autres habitants achètent des terres auprès des autorités coutumières. En d'autres mots, l'achat des terres est une pratique qui consiste pour un intéressé d'acheter des terres auprès d'une autorité coutumière ou d'un propriétaire terrien moyennant une somme quelconque.

En effet, pour acquérir de la terre dans la Plaine de la Ruzizi, les intéressés font une demande, oralement, au chef de village. Lorsqu'il y a des terres vacantes, les intéressés paient une taxe foncière appelée *kabindi kamavu*, qui signifie la cruche de bière ou de boisson, payée en nature ou en numéraire au chef de village. Aucun document n'est délivré par cette instance coutumière. Tout se déroule dans l'oralité. Ce constat rend compte des problèmes pratiques et de légitimité que rencontrent les populations locales, à cause d'une absence de titres de propriété foncière.

2.2. Gouvernance foncière juridico-moderne triomphaliste

Dans la Plaine de la Ruzizi, le régime foncier juridico-moderne côtoie l'institution foncière traditionnelle. Il trouve sa matérialité dans la loi n° 73-021 du 20 juillet 1973. En son article 53, elle dispose que : « Le sol est la propriété exclusive, inaliénable et imprescriptible de l'État ». La gouvernance foncière juridico-moderne qui en découle repose sur des lois et réglementations nationales que sur lesquelles veille l'administration foncière publique et ses services cadastraux (Huggins, 2010 ; Mugangu Matabaro, 1997). Dans le même sens, l'ordonnance-loi n° 66-343 du 7 juin 1966, dite « loi Bakajika » stipule que l'État reprend la disposition pleine et entière de tous les droits fonciers, d'exploitation minière et forestière concédés avant le 30 juin 1960. C'est dans cette optique que la loi n° 71-008 du 31 décembre 1971 portant révision de la constitution, affirme en son article 10, que : « Le sol et le sous-sol zaïrois ainsi que leurs produits naturels appartiennent à l'État ».

Il apparaît clairement que, selon ces dispositions et l'administration foncière, la terre en RDC appartient à l'État à partir de 1966, malgré la contradiction normative ou institutionnelle créée par le droit foncier coutumier et d'autres pratiques locales. On remarque, cependant, que la plupart des populations ne se rendent pas aux instances foncières modernes pour acquérir les titres de leurs parcelles et champs. La raison est leur incapacité financière face à des frais exorbitants fixés par le service cadastral qui, lui-même, est marqué par la corruption de ses agents.

2.3. Gouvernance foncière informelle de marge

En marge des gouvernances foncières traditionnelle et moderne, il existe aussi dans la Plaine de la Ruzizi un type de gouvernance foncière informelle. Il s'agit, en d'autres termes, des situations où ni l'État qui n'est guère présent ni le système coutumier ne s'appliquent (Huggins, 2010). En effet, le système foncier informel relève souvent des pratiques foncières hybrides inventées par les acteurs locaux (Paluku Kitakya, 2007). Ces derniers les inventent souvent à partir des systèmes fonciers coutumier et moderne. C'est dans cette optique que certains acteurs font recours aux instances informelles pour sécuriser leur accès à la terre comme le témoigne cet interlocuteur : « Les habitants recourent aux milices armées, puisque les institutions compétentes en matière foncière sont corrompues et irresponsables ».[138] Ceci pour dire que les normes coutumières et les lois officielles ne sont pas rigoureusement appliquées dans la gouvernance foncière locale. Ceci pousse certains acteurs locaux à recourir à des instances informelles (hors du commun) pour sécuriser leur accès à la terre dont les milices armées occupent une place de choix.

3. Archéologie des figures de l'accaparement de terres dans la Plaine du Ruzizi

Retracer les actes d'accaparement des terres exige une analyse des mécanismes transactionnels d'exclusion et la manière dont les paysans résistent dans la Plaine de la Ruzizi.

[138] Entretien dans la Plaine de la Ruzizi, le 13 novembre 2021.

3.1. Acteurs et objectifs d'une volonté de captation des terres dans la Plaine de la Ruzizi

La majorité des nouveaux acquéreurs de terres dans la Plaine de la Ruzizi sont des acteurs économiques et politiques. Un informateur explique : « Le gérant de l'acquéreur nous a dit que ce sont nos autorités locales qui ont vendu nos terres à un acteur politique pour y faire de l'agriculture »[139]. Un autre interlocuteur déclare à ce propos que, « Nos autorités ont vendu nos terres à ceux qui ont beaucoup d'argent pour y réaliser des projets d'agriculture et de construction de maisons »[140]. Il apparaît de ces dires que les acteurs économiques et politiques accumulent des terres paysannes pour des projets d'agriculture ou d'élevage. Cet activisme s'inscrit donc dans le cadre de l'agrobusiness. Bien plus, les terres réquisitionnées le sont aussi pour les ressources de leur sous-sol comme le souligne cet extrait représentatif en la matière : « Le chef de groupement qui assure la gestion des terres de l'acquéreuse exploite actuellement du calcaire dans nos champs pour la production du ciment »[141]. Certaines terres paysannes renferment donc des ressources naturelles (calcaire, cassitérite…). Celles-ci constituent aussi un enjeu important pour les acteurs économiquement et politiquement puissants dans la Plaine de la Ruzizi.

3.2. Analyse des mécanismes transactionnels d'exclusion

Pour avoir la main mise sur des terres paysannes dans la Plaine de la Ruzizi, les acquéreurs mobilisent les chefs locaux. On y apprend à cet égard que, « Les populations se rebellent, parce qu'il y a ceux qui disent que le Mwami et le chef de groupement ont vendu des terres au propriétaire actuel. C'est moi qui suis son gérant. Je t'assure que les terres lui appartiennent »[142]. C'est dans le même sens que cet autre informateur ajoute que, « Les habitants de mon village ont voulu défendre leurs terres à l'aide d'une manifestation violente. Ils ont dit que c'est le chef de groupement et moi qui avons vendu leurs terres à un politicien. Ils étaient sur le point de nous tuer ».[143] Sur la même lancée, cet autre extrait confie

[139] Entretien dans la Plaine de la Ruzizi, le 20 février 2020.
[140] Entretien dans la Plaine de la Ruzizi, le 12 mars 2020.
[141] Entretien dans la Plaine de la Ruzizi, le 07 février 2020.
[142] Entretien dans la Plaine de la Ruzizi, le 10 novembre 2021.
[143] Entretien dans la Plaine de la Ruzizi, le 19 février 2020.

que : « Notre chef de groupement a été corrompu par l'acquéreuse pour lui vendre nos terres. C'est lui qui gérait ses activités agricoles dans nos terres ».[144]

Ces récits révèlent que ce sont des autorités coutumières qui sont au centre de la vente de terres paysannes à de nouveaux acquéreurs. Souvent, ces autorités coutumières mettent à profit leur connaissance de terrain et leur logique de captation des intérêts économiques en jouant le rôle d'intermédiaire dans l'accaparement des terres de communautés locales. En conséquence, leur mobilisation dans les enjeux de l'accaparement de terres paysannes rend fragile et impuissant le système foncier coutumier qui s'entrechoque souvent avec le système foncier moderne. Ainsi, de ce qui est dit, la population s'estime frauduleusement délestée de son capital foncier. Elle fait ainsi comprendre que, « Nous sommes victimes de la vente illicite de nos rizières par les autorités locales, notamment le chef de village, le chef de groupement et le chef de chefferie en faveur du ministre du développement rural »[145]. Les différents récits en lien avec les mécanismes transactionnels autour du foncier rural dans la Plaine du Ruzizi permettent de relever que les nouveaux acquéreurs corrompent les autorités locales pour contrôler les terres communautaires à des fins d'agrobusiness. Les autorités traditionnelles locales sont ici un maillon facilitateur de la dépossession foncière des ruraux au profit de ces nouveaux acquéreurs.

4. Résister à l'accaparement des terres par les armes au village

Face à ce qu'ils considèrent comme une duperie et au regard des structures traditionnelles d'autorité impliquées dans ces transactions foncières, les paysans s'auto-organisent et se mobilisent pour préserver leurs terres ancestrales.

4.1. Réagir face à la trahison des autorités coutumières et étatiques en matière de sécurisation du foncier

Dans la Plaine de la Ruzizi, diverses raisons rendent compte de la mobilisation paysanne et du rejet des accords conclus entre autorités et acquéreurs des terres. Tout d'abord, les paysans font savoir que la terre est leur unique moyen de subsistance. Elle garantit leur pain quotidien. Individus et unités familiales ne vivent ici que grâce à la terre. La

[144] Entretien dans la Plaine de la Ruzizi, le 08 février 2020.
[145] Entretien dans la Plaine de la Ruzizi, le 17 février 2020.

dépossession des terres paysannes par ces nouveaux acquéreurs est perçue comme la confiscation de leur seul moyen de production, leur seule source de revenus. En effet, les paysans consultent premièrement leurs autorités coutumières pour dénoncer l'accaparement de leurs terres par les acteurs économiquement et politiquement puissants. À ce sujet, un interlocuteur révèle que : « Le 10 octobre 2009, nous nous sommes rendus au domicile du chef de village pour nous renseigner sur la vente de nos 42 hectares à un commerçant de la cité d'Uvira »[146]. Outre cela, pour tenter de sécuriser leurs terres, les paysans font aussi recours au chef de groupement (qui administre plusieurs villages) et au chef de chefferie (qui gouverne plusieurs groupements), mais sans issue efficace. C'est pourquoi en cas de dépossession de leurs terres, les paysans saisissent également les autorités étatiques (administrateur de territoire, gouverneur de province, président de l'assemblée provinciale, Président de la République) au moyen des lettres administratives pour tenter de sécuriser leur accès à la terre.

Quand certaines autorités traditionnelles sont saisies par les paysans à propos de l'accaparement de leurs terres, elles leur répondent qu'elles n'en savent rien, tout en leur promettant de mener des investigations pour trouver des solutions au problème. La réaction suivante d'une autorité coutumière face aux demandes et dénonciations des paysans est très expressive : « Je ne peux pas vendre les terres de ma population. Je suis de tout cœur avec eux et serai toujours derrière eux pour les aider à défendre leurs terres par tous les moyens qui leur semblent appropriés »[147]. Cela veut dire que certaines réponses des autorités coutumières montrent qu'elles sont disposées à accompagner les paysans dans les enjeux de la sécurisation de leurs terres, alors que ce sont elles qui facilitent l'accaparement foncier en milieu rural. Par ailleurs, certaines autorités étatiques impliquées, d'une manière ou d'une autre, dans la vente des terres de paysans, se rendent souvent sur le terrain pour s'enquérir de la situation et leur promettre de leur restituer rapidement leurs terres. Cependant, il faut noter que ces promesses sont souvent irréalistes. Autrement dit, les réponses des autorités coutumières et étatiques face aux demandes et dénonciations des paysans en matière d'accaparement foncier, sont marquées par les attitudes de défiance, mépris, duperie ou fausses promesses. À ce sujet, un paysan

[146] Entretien dans la Plaine de la Ruzizi, le 15 décembre 2019.
[147] Entretien dans la Plaine de la Ruzizi, le 15 février 2020.

mobilisé affirme qu'« après avoir été abandonnés par l'État, nous avons jugé bon de recourir à nos houes, machettes et fouets pour chasser les accapareurs de nos terres ».[148] Ce récit révèle l'abandon des paysans par l'État qui soutient principalement les acteurs économiques et politiques dont les terres sont sécurisées par le droit foncier moderne.

À ce délaissement des communautés rurales, s'ajoutent aussi les transformations profondes observées au niveau du rôle que doivent jouer les chefs coutumiers à l'égard de la sécurisation de terres rurales. Ces transformations placent les autorités locales dans une inaptitude à l'exercice de leur pouvoir coutumier et magico-religieux de protection des populations et leurs biens où la terre occupe une place centrale. De ce fait, la violence armée est considérée comme un dernier recours par les paysans pour se faire entendre et sécuriser leurs terres et les ressources y relatives. En effet, comme ils l'expriment, « Quand on est piqué par un moustique, il faut taper fort sur le lieu où il a piqué. On vérifiera ultérieurement si le moustique est en vie ».[149] La mobilisation de la violence armée par les communautés locales est donc expressive de leur refus de devenir des paysans sans terre. Ainsi, face aux défaillances des autorités coutumières et étatiques et devant leur posture de corrompus, les paysans font alors savoir que : « Nous voulons protéger nos terres par la violence à cause de la méfiance et du mépris d'acquéreurs envers nous (pauvres) ».[150]

4.2. Pratiques et manifestations violentes dans la sécurisation foncière

L'absence de réponses adéquates et la désinvolture des autorités face aux récriminations paysannes ont enclenché des cycles de mobilisations émaillées par la violence. La violence, dans les manifestations, entre dans les stratégies de résistance communautaires pour lutter contre la dépossession de leurs terres par les capitalistes. Un paysan mobilisé se confie en ces termes, « Nous avons organisé la manifestation violente pour la libération de nos deux leaders incarcérés à Uvira et la défense de nos terres allouées à l'élevage, en barricadant la route nationale n° 5 »[151]. Cet extrait n'est pas différent de cet autre qui fait savoir que,

---

[148] Entretien dans la Plaine de la Ruzizi, le 22 février 2020.
[149] Entretien dans la Plaine de la Ruzizi, le 10 février 2020.
[150] Entretien dans la Plaine de la Ruzizi, le 15 janvier 2020.
[151] Entretien dans la Plaine de la Ruzizi, le 12 décembre 2019.

« Nous avons effectué à maintes reprises des manifestations violentes sur la route nationale n° 5 pour que nos terres ne soient pas accaparées »[152]. De fait, dans un contexte marqué par l'accaparement foncier dans les entités rurales, les paysans considèrent la manifestation violente comme une pratique de résistance qui les aide à sécuriser leurs terres vendues souvent par les chefs coutumiers. Ces éruptions de violence sont justifiées dans la localité par une posture commune que restitue un interlocuteur par cette formule : « Nous avons fait la manifestation pour défendre nos rizières vendues par les élites locales ».[153] À ce récit, s'ajoute un autre : « Nous avons recouru aux armes blanches à la suite de la souffrance dont nous serions victimes après avoir perdu nos terres. Pour nous, la violence par les armes blanches était un dernier moyen de recours pour sécuriser nos terres. Jusqu'à présent, nous sommes prêts à mourir jusqu'au cadet pour défendre nos terres ».[154] Ces récits révèlent que l'usage de la violence durant les manifestations paysannes doit être compris non seulement comme une arme des paysans pour résister à la vague de dépossession foncière, mais aussi comme une norme pratique de sécurisation active de leurs terres en milieu coutumier, c'est ce qu'entend Olivier de Sardan (2021).

Comme souligné, les manifestations violentes prennent plusieurs figures. Les barricades sur la route nationale n° 5 pour arrêter la circulation des véhicules sur le tronçon routier Bukavu-Uvira participent de ce registre. Un interlocuteur relate des faits y relatifs comme suit : « Nous avons barricadé la route nationale n° 5, car l'administration publique est très lente pour résoudre nos problèmes. Aussi, l'homme qui s'était approprié nos terres était un acteur politiquement puissant »[155]. La passivité des pouvoirs publics dans la résolution des conflits autour de l'accaparement de terres pousse aussi les paysans à mobiliser les manifestations violentes pour sécuriser leurs droits fonciers. Dans le même ordre d'idée, les descriptifs de ces scènes sur la route nationale n° 5 font savoir que, « Si on laissait les véhicules circuler sur la route nationale n° 5 sans barricader, les autorités ne devraient pas savoir qu'il y ait un problème ».[156] Ces récits montrent que

[152] Entretien dans la Plaine de la Ruzizi, le 15 décembre 2019.
[153] Entretien dans la Plaine de la Ruzizi, le 13 février 2020.
[154] Entretien dans la Plaine de la Ruzizi, le 07 février 2020.
[155] Entretien dans la Plaine de la Ruzizi, le 25 février 2020.
[156] Entretien dans la Plaine de la Ruzizi, le 22 décembre 2019.

les barricades sur la route nationale n° 5 participent à une stratégie d'amplification de résistance des communautés locales qui désirent se faire entendre jusqu'à la capitale face au péril de l'accaparement de terres. De fait, la question que se pose ce paysan résume l'objectif d'une telle stratégie : « Où irons-nous avec nos enfants ? Nous avons décidé de barricader la route nationale n° 5 pour que les autorités soient informées de la situation, et qu'elles nous viennent en aide ».[157]

En effet, la barricade sur la route nationale n° 5 dans la Plaine de la Ruzizi fait partie du répertoire paysan de contestation. Cette route revêt une sensibilité critique. Car, elle relie la ville de Bukavu à celle d'Uvira, au Sud-Kivu, en RDC. Le modèle de barricade observé implique la mobilisation des armes blanches : troncs d'arbres, machettes, lances, houes, pierres, bâtons et pneus d'automobiles brûlés sur la chaussée. Cette mise à feu des pneus et troncs d'arbres, ainsi que le brandissement des armes blanches s'accompagnent d'écriteaux et de cris des populations qui demandent la restitution de leurs terres aux acquéreurs. En conséquence, l'arrêt de la circulation sur un tronçon aussi fréquenté amène les autorités policières, militaires, politico-administratives et provinciales à s'y rendre promptement sur les lieux pour écouter les doléances des paysans expropriés et trouver au plus vite des solutions afin de rouvrir la circulation. De ce point de vue, la barricade d'une route doit être analysée comme une tactique violente ou une norme pratique foncière que les acteurs locaux mobilisent pour tenter de sécuriser leurs terres contre tout acte de dépossession par les nouveaux acquéreurs.

Outre ces barricades, certains membres des populations se constituent en milices armées locales pour revendiquer ou défendre leurs droits fonciers. Très souvent, comme préalables à ces manifestations violentes, les populations de cette région parlent de *kunywa buhi,* c'est-à-dire prendre de la bouillie ou du *dawa.* Cette expression locale renvoie à une eau supposément magique qui se consomme avant l'action et le port de fétiches, d'amulettes dont la fonction serait de rendre l'individu invincible aux balles de l'armée nationale. Cette dernière intervient souvent dans une logique répressive, soit sous l'égide du gouvernement, soit du fait d'acteurs politico-économiques titulaires des certificats d'enregistrement

---

[157] Entretien dans la Plaine de la Ruzizi, le 15 février 2020.

des terres pour faire face à la résistance violente des paysans. Sur les sites d'affrontement, certains échanges de tirs entre paysans constitués en milices armées et l'armée nationale renvoient strictement à des scènes de guerre autour de la terre dans cette région convoitée pour sa fertilité.

Au demeurant, il semble important de souligner que c'est le tradipraticien qui oriente les manifestants vers le laboratoire magico-religieux où il y a une casserole « chugu ya dawa » contenant des gris-gris, des fétiches, de l'eau magique ou de la bouillie.[158] Au laboratoire, les manifestants doivent prêter serment en ces termes : « Le jour où je transgresserai les normes et interdits d'immortalité pour une bonne utilisation de dawa, je serai maudit ». Ils passent ensuite à l'étape de tatouage aux genoux, aux jambes, à la poitrine, aux bras, à l'avant-bras, au dos, au cou. Après le tatouage, les manifestants s'approchent de chungu ya dawa et restent debout devant elle. Pendant l'initiation, le tradipraticien leur rassure qu'ils seront invincibles aux coups des balles sous toutes leurs formes. Après l'immunisation magique, le tradipraticien donne des amulettes de protection aux manifestants (une protection à la hanche, à l'avant-bras, à la tête, etc.). Les manifestants peuvent maintenant aller sur la route nationale n° 5 pour résister à l'accaparement des terres paysannes sans mourir sous les coups de feu des militaires ou des policiers.

Par ailleurs, les manifestations violentes dans la Plaine de la Ruzizi occasionnent souvent les pertes en vies humaines comme le témoigne cette interlocutrice en ces mots : « Ma mère a été tuée par balle lors du conflit foncier entre la population et le chef de groupement qui recourait aux militaires pour accaparer nos champs en faveur d'une commerçante de Bukavu. Toute la famille est jusqu'en ce jour affectée et on ne cesse de la pleurer ».[159] Il apparaît clairement que cette femme est décédée lors des affrontements entre les manifestants porteurs d'armes blanches et l'armée nationale porteuse d'armes à feu. Il semble qu'elle n'avait pas pris de bouillie (fétiches ou amulettes) pour être invulnérable aux coups de feu pendant la manifestation.

---

[158] Ce récit est issu de la compilation de mes entretiens menés auprès de certains acteurs locaux qui initient les manifestants en coulisse avant d'organiser des manifestations qu'ils considèrent comme légitimes pour revendiquer leurs droits fonciers dans la Plaine de la Ruzizi.

[159] Entretien dans la Plaine de la Ruzizi, le 10 février 2020.

Un tel ancrage de la violence exige de s'arrêter sur la constitution de certaines milices armées qui interviennent aux côtés des populations locales en contexte d'accaparement de leurs terres. Il s'agit, en d'autres termes, d'une résistance publique déclarée (violence milicienne, manifestations violentes ou révoltes ouvertes), pour emprunter l'expression de James Scott (2008). Cette résistance publique déclarée est illustrée par la mobilisation des tactiques violentes par les communautés locales dans la lutte contre la dépossession de leurs terres. De ce point de vue, James Scott (2008 : 204) rajoute que « Tout comme la domination, la résistance mène ainsi une guerre sur deux fronts. Le texte caché n'est pas que rumination et grognement en coulisse ; il donne lieu à une série de stratagèmes directs et pratiques visant à minimiser l'appropriation ». Chez les paysans, par exemple, James Scott (2008) indique que les stratagèmes de résistance renvoient à l'occupation illégale des terres, au glanage non autorisé, au versement de loyers en nature inférieurs au dû et au manquement aux impôts seigneuriaux. Cependant, le contexte de la Plaine de la Ruzizi nous apprend que c'est la violence armée qui est au cœur des stratagèmes de paysans pour résister à l'accaparement de leurs terres comme l'affirme cette personne interrogée : « Nous avons recouru aux armes blanches afin de mourir pour nos terres. Nous souhaitons mourir au lieu de vivre sans terre ».[160]

4.3. Recours aux milices armées comme moyen de sécurisation des terres

Dans la Plaine de la Ruzizi, les milices armées sont majoritairement constituées de jeunes. Ils sont souvent armés par les leaders ethniques pour protéger le territoire ethnique, les pouvoirs locaux et les ressources naturelles dont la terre occupe une place centrale (Muchukiwa, 2016 ; M'munga Assumani, 2020). Le territoire dévolu à chaque groupe ethnique y demeure un des enjeux principaux des conflits, d'autant plus qu'il entre dans la formation du pouvoir local qui renvoie toujours au contrôle des terres (Muchukiwa, 2016). Par ailleurs, par milice armée, il faut ici entendre des membres d'une communauté locale, porteurs d'armes blanches ou à feu dont l'objectif est de sécuriser les terres communautaires contre les tentatives d'accaparement. C'est dire que ces milices armées se

[160] Entretien dans la Plaine de la Ruzizi, le 20 février 2020.

présentent et se légitiment comme défenseurs des terres des communautés locales (Nasibu Bilali, 2004). Ces milices armées sont, dans les faits, un modèle d'autodéfense communautaire. En effet, créées par les ethnies qui se considèrent comme autochtones, elles guerroient aussi contre les forces armées rwandaises et ougandaises qui combattaient aux côtés des rebelles au cours des deux guerres du Congo en 1996-1997 et 1998-2003. Ces milices armées s'appuient sur l'ethnicité afin d'obtenir le soutien de la population et avoir ainsi des recrues (Vlassenroot, 2013). Derrière l'érection des milices locales git une histoire complexe associant ethnicité, accès au pouvoir et la terre.

Les milices fonctionnent comme des acteurs du politique par le bas (justiciers assurant l'arbitrage de certains conflits sociaux dans l'arène politique locale) et des populations-soldats qui font respecter l'intégrité des terres de leurs communautés respectives. Afin de sécuriser leurs terres, il arrive que les paysans fassent recours à ces milices armées. Le récit ci-dessous est expressif de cette réalité :

> Pour sécuriser les terres de la population, les milices armées créent des positions dans les champs vendus par les chefs locaux à de nouveaux acquéreurs. Par exemple, dans le village de Bwegera, notre chef de groupement et un acteur politique ont accaparé des terres de la population. Les milices armées ont créé des positions dans les terres de la population pour les sécuriser. Un milicien a brûlé le tracteur de nouveaux acquéreurs. Ces acquéreurs ont cédé les terres de la population et n'ont plus continué à les exploiter.[161]

Ce récit révèle que certaines milices armées sécurisent les terres paysannes et parfois interdisent aux nouveaux acquéreurs de les fréquenter. Elles y mènent des actions punitives et de contrôle. C'est aussi ce que révèle cet autre informateur :

> Les milices armées nous ont aidés à protéger nos champs. Elles avaient appelé au téléphone le notable qui avait vendu nos champs en lui disant : « Si nous voyons encore l'acheteur dans les champs des agriculteurs, nous tirerons sur lui ». Les milices armées visitaient souvent les champs

[161] Entretien dans la Plaine de la Ruzizi, le 13 novembre 2021.

de manière clandestine, afin de voir si l'acheteur osera continuer à exploiter nos terres.[162]

Les interventions des milices armées contre l'accaparement des terres complexifient la donne foncière au niveau local comme l'affirme aussi cet interlocuteur : « Je suis un milicien. Nous devons nous mobiliser pour sécuriser la terre qui est la richesse du Congo. Nous combattons pour la terre »[163]. L'on remarque que la sécurisation des terres paysannes est au cœur des motivations de milices armées, même s'il convient de souligner que certaines terrorisent les populations par des actes de pillage et des tueries. La protection des terres par ces groupuscules armés reste un fait attesté par tous, dans un contexte où, sous forme sentencieuse, un paysan confiait comme ses congénères qu'« Un jour, les milices armées ont téléphoné à l'acquéreur pour qu'il nous laisse exploiter nos terres vendues par le notable. Elles lui ont dit : "Nous ne voulons plus te voir dans les champs d'agriculteurs." Je vois que les milices armées ont joué un rôle important pour sécuriser nos terres ».[164] En fait, les interventions des milices armées viennent défier les stratagèmes des acteurs coutumiers et étatiques qui facilitent souvent l'accaparement des terres paysannes par les nouveaux acquéreurs dans l'arène politique locale.

Ces milices armées dans la Plaine de la Ruzizi mobilisent le plus souvent des tactiques violentes pour sécuriser les terres de la population. Leur répertoire d'actions est connu : visites impromptues sur les terres en conflit, destruction des tracteurs de nouveaux acquéreurs, interdiction aux nouveaux acquéreurs de fréquenter les champs et création des positions de contrôle dans les espaces en conflit. Pour cette dernière modalité, la milice aménage un emplacement, sur la terre disputée, et y squatte temporairement afin de dissuader l'acquéreur. Ce répertoire d'actions permet aux paysans de continuer à exploiter leurs terres. Dès lors, dans ce contexte, l'accès à la terre et les droits y attachés sont régulés à la pointe du fusil en faveur des paysans. Ainsi, pour faire face à la privatisation massive de leurs terres, les communautés locales ont inventé le mode de « sécurisation foncière par la violence armée » comme l'ont aussi indiqué Mushagalusa Mudinga et Ansoms (2015) dans le cas du Sud-Kivu. Les

---

[162] Entretien dans la Plaine de la Ruzizi, le 12 mars 2020.
[163] Entretien dans la Plaine de la Ruzizi, le 17 novembre 2022.
[164] Entretien dans la Plaine de la Ruzizi, le 12 mars 2020.

forces armées étatiques comme non étatiques sont mobilisées à temps et à contretemps pour intervenir dans l'accès et le contrôle de la terre. Tous les acteurs, élites comme paysans dont les terres sont accaparées recourent aux forces armées dans la limite de leurs possibilités pour sécuriser leurs terres.

Conclusion

À partir d'une analyse empiriquement fondée, cette contribution révèle que la violence armée joue un rôle décisif dans les régulations foncières en marge des instances coutumière et moderne en charge de la gouvernance foncière. La réflexivité sur la violence armée comme « norme pratique foncière », occasionne un pluralisme normatif inédit dans la littérature sur l'accaparement des terres ou les régimes d'appropriation foncière. Il s'agit, en d'autres termes, des normes foncières contradictoires issues des sources antinomiques dont la violence armée occupe une place centrale pour les paysans qui luttent contre l'accaparement de leurs terres. Ce pluralisme normatif s'apparente à l'anthropologie juridique qui s'intéresse aussi aux normes pratiques inventées par les acteurs locaux en marge des normes coutumières et étatiques (Le Roy, 2011 ; Vanderlinden, 2013). La violence armée dans la sécurisation foncière au Sud-Kivu est dès lors une pratique régulatrice du foncier et cela d'autant plus qu'un système foncier au niveau local nécessite une approche pragmatique. Celle-ci s'intéresse particulièrement aux pratiques effectives des acteurs dans les enjeux de l'accaparement de terres. Ceci pour dire que les politiques foncières qui se fondent sur le discours international sont souvent mal adaptées au niveau national. Leur application au niveau local entraîne des tensions entre les populations qui courent le risque de devenir des paysans sans terre et les nouveaux acquéreurs.

La mobilisation de la violence armée face à l'accaparement des terres paysannes permet de déconstruire la théorie des droits de propriété (Demsetz, 1967). Cette théorie postule la prédominance des systèmes de propriété privée sur toutes les formes de propriété collective (Ostrom, 2010). Cette contribution montre que la sécurisation foncière est une situation relative et changeante qui doit être analysée de manière dynamique et contextuelle en fonction de la complexité de logiques d'action mobilisées par chaque acteur dans un contexte foncier précis (Le Roy, 1996). La violence armée est donc devenue un instrument important du point de vue des populations rurales. Elle garantit des conditions de sécurité nécessaires à l'agriculture dans un contexte marqué par un capitalisme foncier dérégulé. C'est dans cette optique que la notion de « sécurisation foncière par la violence armée » vient contribuer à enrichir et à repenser le débat sur les politiques foncières fondées sur l'économie de marché. Toutefois, il reste à réfléchir sur certains aspects éludés par cette contribution, notamment la légitimité de la violence armée dans la gouvernance foncière et les limites des milices armées dans les enjeux de l'accaparement de terres.

Bibliographie

Amani, R, *Insécurité dans la chefferie de la Plaine de la Ruzizi, en territoire d'Uvira : les causes et les stratégies de restauration de l'ordre public,* 2014, Université évangélique en Afrique, Mémoire de Licence en Paix et Développement.

Ansoms A et Hilhorst T, *Losing your land: Dispossession in the Great Lakes. African issues,* 2014, Woodbridge/Rochester, James Currey.

Blanc, P, *Terres, pouvoirs et conflits. Une agro-histoire du monde*, 2018, Presses de Sciences Po.

Boshab Mabudj Mabileng E, *Pouvoir et droit coutumier à l'épreuve du temps,* 2007 , Louvain-la-Neuve, Academia-Brulant.

Bruneau J.-C., 'Enjeux fonciers à risques au Congo (RDC) : contexte théorique et pratiques déviantes', *Bulletin de l'Association de géographes français*, 2012, Vol. 89, n°1, pp. 474–485.

Demsetz H., 'Toward a theory of property rights', *The American Economic Review*, 1967, Vol. 57, n°2, pp. 347–359.

Grajales, J, *Gouverner dans la violence. Le paramilitarisme en Colombie*, 2016, Paris, Karthala.

Huggins C, *Terre, pouvoir et identité. Les causes profondes des violents conflits dans l'Est de la République démocratique du Congo*, 2010, Londres, Alerte internationale.

Laurent P-J et Furtado C, « Structures et enjeux fonciers à Santo Antao — Cap-Vert. Études des relations entre famine, migrations, eau et terre », *in* J-P Colin, E Jullarsen, P-J Laurent, P-Y Le Meur et E Léonard, *Ouvrage en hommage à Jean-Pierre Chauveau,* 2010, Paris, Karthala, pp. 270-302.

Le Roy E, « Mobilisation et marchandisation de la terre ; une esquisse théorique à préciser d'un point de vue juridique », *in* E Le Roy, K Karsenty & A Bertrand, *Sécurisation foncière en Afrique, pour une gestion viable des ressources renouvelables* 1996, Paris, Karthala, pp. 18-30.

Le Roy E, *La terre de l'autre. Une anthropologie des régimes fonciers d'appropriation foncière,* 2011, Paris, LGDJ, Lextenson Éditions.

Luna P-F, « Le landgrabbing : une "contre-réforme" agraire ? », *Revue d'histoire moderne & contemporaine,* 2016, Vol. 4, n°63, pp. 157-182.

M'munga Assumani F, « Mobilisation de la violence armée dans la sécurisation foncière. Cas de la Plaine de la Ruzizi au Sud-Kivu en République démocratique du Congo », *Revue internationale des études du développement,* 2020, Vol. 4, n°244, pp. 55-77.

M'munga Assumani F, « Violence armée au cœur de l'attribution de terres au Sud-Kivu », *in* S Katz-Lavigne, R Ndayiragije, L Ramazani Kalyongo & B Chemouni, *Conjonctures de l'Afrique centrale*, 2022, Paris, L'Harmattan, pp. 193-216.

M'munga Assumani F, *Autorité des milices maï-maï dans l'arène politique locale. Sécurisation foncière par la violence armée au Sud-Kivu (RD Congo),* 2023, Université catholique de Louvain, Thèse de Doctorat en Sciences politiques et sociales.

Merlet M., Jamart C et L'Orphelin S, *Points chauds liés au foncier et aux droits sur l'eau,* 2011, FAO/Agter, 1-31. https://www.agter.org/bdf/fr/corpus_chemin/fiche-chemin-385.html

Muchukiwa B, *Identités territoriales et conflits dans la province du Sud-Kivu, RD Congo,* 2016, Genève, Gobethics.net.

Mugangu Matabaro S, *Gestion foncière rurale au Zaïre : réformes juridiques et pratiques foncières locales. Cas du Bushi,* 1997, Louvain-la-Neuve, Academia.

Mushagalusa Mudinga E et Ansoms A, « Autorité publique et implication des forces armées dans les dynamiques foncières au Sud-Kivu », *in* S Marysse & J Omasombo Tshonda, *Politiques, territoires et ressources naturelles : changements et continuités, Conjonctures congolaises 2014-2015,* 2015, Paris, L'Harmattan, pp. 195-214.

Mushagalusa Mudinga E, *La création des espaces ingouvernables dans les luttes foncières : analyse de la résistance paysanne à l'accaparement des terres au Sud Kivu, RD Congo*, 2017, Université catholique de Louvain, Thèse de Doctorat en Sciences politiques et sociales.

Nasibu Bilali C, *Qui arme les Maï-Maï ? Enquête sur une situation originale, 2004,* Bruxelles, Rapport GRIP.

Olivier de Sardan J-P, *La revanche des contextes : des mésaventures de l'ingénierie sociale, en Afrique et au-delà,* 2021, Paris, Karthala.

Ostrom E, *Gouvernance des biens communs. Pour une nouvelle approche des ressources naturelles*, 2010, De Boeck.

Paluku Kitakya A, *Interactions entre la gestion foncière et l'économie locale en région de Butembo, Nord Kivu, République démocratique du Congo*, 2007, Université catholique de Louvain, Thèse de Doctorat en Sciences politiques et sociales.

Scott J-C, *La domination et les arts de la résistance. Fragments du discours subalterne*, 2008, Paris, Éditions Amsterdam.

Serfati C, « Économies de guerre et ressources naturelles : les visages de la mondialisation », *Annuaire suisse de politique de développement,* Vol. 2, n°25, pp. 107-126.

Vanderlinden J, *Les pluralismes juridiques,* 2013, Bruxelles, Bruyant.

Vlassenroot K, *Sud-Kivu Identité, territoire et pouvoir dans l'Est du Congo*, 2013, Londres, Rift Valley Institute.

Enjeux et stratégies transactionnelles autour de l'accaparement des terres à Massiwol : un mouvement d'enclosure sous les tropiques

Edmond VII MBALLA ELANGA et Sadia FATIMATOU

Résumé

En pleine crise alimentaire mondiale à la fin des années 2000, l'ONU avait établi une liste des transactions foncières à grande échelle à travers le monde, et l'Afrique était l'un des continents les plus affectés (Rapport Land Matrix Initiative, 2021). Si celles de grande envergure sont les plus visibles et attirent davantage l'attention des organismes internationaux, celles de petite envergure n'en sont pas moins importantes. C'est le cas de celles qui ont cours dans certaines zones rurales du Cameroun notamment dans la région de l'Adamaoua. En effet, dans le département de la Vina, arrondissement de Martap et précisément dans le village de Massiwol, le phénomène d'accaparement des terres a pris une proportion significative dans le sens où elle engendre des conflits sociaux majeurs. Cet article se propose d'étudier ce phénomène en démontrant comment les velléités d'accès et le contrôle du foncier pour l'investissement agropastoral et l'exploitation du sous-sol font l'objet de convoitise et débouchent sur les conflits entre les paysans et les opérateurs économiques. Les données utilisées proviennent d'une collecte qui a adopté une approche qualitative. En ce qui concerne le cadre théorique, il allie le *lamidalisme* (Akam, 1990, 2009) avec les analyses des *théoriciens des communs* (Festa et coll., 2018). Les conclusions de l'étude donnent la possibilité de repérer les défis liés à l'occupation des terres à Massiwol, les stratégies adoptées par les divers acteurs, ainsi que les stratégies transactionnelles liées à l'occupation desdites terres.

Mots-clés : processus transactionnels, accaparement des terres, enclosures, Massiwol.

Introduction

Selon le *Groupe inter agences des Nations Unies* pour les actions préventives, la gestion des terres et des ressources naturelles compte parmi les défis critiques auxquels les pays en développement sont confrontés aujourd'hui (PNUD, 2022). En effet, l'exploitation de ressources naturelles de forte valeur, qu'il s'agisse d'hydrocarbures, de minéraux ou de bois, a souvent été associée à la genèse, à l'escalade ou à la persistance de conflits violents autour du globe. On observe aussi une multiplication des situations de concurrence et de conflits face à une diminution des ressources renouvelables, notamment en eau et en terres. Cet état de choses est encore aggravé par la dégradation de l'environnement, la croissance démographique et le changement climatique. La gestion défectueuse de la terre, par exemple l'accaparement ou la dépossession de celle-ci, contribue à la création de nouveaux conflits, tout en compromettant la résolution pacifique de ceux qui existaient déjà. Elle est devenue une question centrale dans de nombreux pays africains en voie de développement en général et du Cameroun en particulier.

Dans une étude, Y. Kenné (2023) montre que dans plusieurs localités camerounaises, les communautés déchantent contre la présence des agro-industries qu'elles accusent presque à l'unisson d'accaparement de leurs terres. En 2016, le ministère camerounais chargé des Affaires foncières révélait qu'environ 85 % des procédures enrôlées dans les juridictions administratives concernaient le domaine foncier. Certains de ces conflits résultent du « conflit entre le droit étatique et le droit coutumier sur la propriété de la terre. » Au début du Cameroun, il y avait une diversité de tribus et il n'y avait pas un État, explique S. Nguiffo (2023). Chacune de ces tribus avait son droit foncier coutumier qui reconnaissait au village la propriété de tout son terroir. Ensuite, la colonisation a introduit une loi foncière qui organisait aussi la propriété foncière et qui était en contradiction avec les droits coutumiers. Les espaces reconnus comme appartenant à la communauté, l'État les a considérés comme étant des espaces vacants, et les a pris sous sa propriété. « Beaucoup de nos villages qui ne disposent pas de titres fonciers, l'État les considère comme n'appartenant à personne et étant susceptibles d'être attribués à quelqu'un. C'est de cette manière que des agro-industries se sont installées sur des terres qu'on considérait comme étant vides, mais qui avaient un propriétaire coutumier. » (Nguiffo, 2023 : 05). À côté de ces accaparements orchestrés par les agro-industries ou au profit des agro-industries, il y a ceux qui sont l'œuvre des hommes d'affaires, des hommes politiques ou encore des élites locales[165].

Cet article présente le cas des accaparements des terres dans le village Massiwol. Il s'agit de démontrer, à partir des faits observés, que ces accaparements peuvent être considérés comme des formes d'enclosure sous les tropiques. L'accès à la Terre, son utilisation, sa gestion, sa propriété et sa transmission sont au cœur de plusieurs enjeux. Il s'agit de montrer que l'accaparement des terres s'inscrit dans un mouvement beaucoup plus vaste et profond. Il est symptomatique de l'engouement d'une partie des classes moyennes et supérieures camerounaises pour les investissements agricoles, l'exploitation du sous-sol et l'accès au foncier à grande échelle. À Massiwol, les conflits fonciers ont pris de l'ampleur avec l'arrivée des opérateurs économiques dans cette localité. Puisqu'elle a acquis une valeur marchande, elle fait de plus en plus l'objet de convoitise par de nombreux acteurs (personnes physiques et morales) au détriment des communautés rurales (Tchapmegni et Nkou Mvondo, 1998).

Cette réflexion est organisée en quatre sections. Les cadrages conceptuel, méthodologique et théorique sont exposés dans la première partie. Dans la seconde partie, les enjeux et la nature de l'accaparement des terres à Massiwol sont identifiés. La section trois examine la nature des conflits fonciers à Massiwol. Finalement, la quatrième articulation démontre que le processus transactionnel lié à l'acquisition des terres à Massiwol et ses environs peut être perçu comme une forme d'« enclosures sous les tropiques », qui caractérise les logiques capitalistes actuelles dans le domaine foncier au Cameroun.

---

[165] Les élites peuvent être définies de deux manières. Pareto en donne une première, large, qui couvre l'ensemble de l'élite sociale, et une seconde étroite qui s'applique aux gouvernants. La définition large considère comme faisant partie de l'élite le petit nombre des individus qui chacun dans leur sphère d'activité, ont réussi et sont arrivés à un échelon élevé de la hiérarchie professionnelle. Ces individus existent dans toute société. *Traité de sociologie générale* (1968).

1. CADRAGES CONCEPTUEL, MÉTHODOLOGIQUE ET THÉORIQUE

1.1. Cadrage conceptuel

Le concept d'accaparement des terres peut être entendu comme étant l'appropriation à grande échelle, de façon légale et/ou illégale, des terres par des sociétés ou des acteurs étatiques. Très souvent, des terres fertiles sont affermées ou achetées par des investisseurs, puis exploitées pour la production de denrées alimentaires ou de plantes énergétiques destinées à l'export (Courtial, 2022). Ainsi, il se produit quand les usagers de la terre (par exemple les communautés rurales autochtones) se retrouvent expropriés et dessaisis de l'usage de la terre par des acteurs qui profitent de certaines conditions et pratiques qui facilitent cette opération d'expropriation et de dessaisissement. Parmi ces conditions et pratiques :

- Une faible capacité des institutions de gouvernance locale (les communautés rurales) et centralisée (État et démembrements) qui accordent des avantages indus à des autorités en leur affectant des terres au détriment des populations.
- Une législation foncière faible, incomplète ou méconnue des acteurs (agriculteurs, conseillers ruraux, acteurs de la société civile et ONGs).
- Un processus d'acquisition forcée : évacuation, menaces, contrats léonins.
- Un consentement non éclairé des utilisateurs de la terre suite à une mauvaise information, des tromperies des utilisateurs de la terre ou des promesses non tenues.
- Des conditions d'acquisition et de cession non transparentes et non équitable suite à un manque d'implication effective des intéressés dans le processus de délibération aboutissant à la cession (Courtial, 2022).

L'accaparement des terres est-il un phénomène nouveau en Afrique ? C'est un phénomène sociologique directement lié à l'histoire coloniale. Toutefois, il y a une différence entre l'accaparement des terres d'hier et celui d'aujourd'hui. Qu'autrefois, les autorités coloniales s'appropriaient d'énormes terrains au Cameroun et obligeaient les populations à travailler dans leurs exploitations industrielles comme le coton, la banane, la canne à sucre, etc. Cependant, l'actuelle course aux surfaces exploitables dans l'Adamaoua en général et à Massiwol en particulier diffère en plusieurs points. D'une part, l'accaparement est beaucoup plus, le fait d'institutions qu'à l'époque coloniale et d'autre part, les investissements agricoles sont mêlés aux structures nébuleuses du système financier international. Seule constante à travers les siècles : ce sont surtout la population locale et la nature qui doivent subir les conséquences de l'accaparement des terres.[166] Dans cet article, l'accaparement des terres renvoie à l'acquisition (légale ou frauduleuse) des terres et des ressources liées au sol et au sous-sol dans le but d'en faire un bien privé par les acteurs qui convoitent les terres de Massiwol et de ses environs.

Le second concept est : *stratégies transactionnelles*. Elles se définissent dans le cadre de cet article comme l'ensemble des stratagèmes ou manœuvres par lesquelles passent les différents acteurs pour parvenir à un accord en faisant des concessions ou non. Tous ces procédés ont pour but l'accaparement des terres de Massiwol et de ses environs. Les stratégies transactionnelles sont structurées par la « transaction sociale », concept inventé par L. Jean Remy Voyé et E. Servais à la fin des années 1970 (Gibout et coll. 2009). Il a, depuis, fait l'objet de plusieurs travaux, en particulier ceux recensés dans les trois ouvrages collectifs parus au cours des années 1990 sous la direction de M. Blanc (1992, 1994, 1998). Empruntant à l'économie des coûts de transaction (Williamson, 1975), pour laquelle la transaction est un échange négocié, la transaction sociale s'inspire également du droit, au sein duquel la transaction est une technique de prévention et/ou de résolution non judiciaire des conflits. Elle prend sa source conjointement dans une double tradition : d'abord celle de la sociologie du conflit (Simmel, 1917), selon laquelle la vie sociale est structurée par des couples de tensions opposées (liberté et égalité, tradition et modernité, identité et altérité, etc.), ensuite celle de l'écologie sociale de l'École de Chicago, pour laquelle les redistributions de l'espace urbain induisent du conflit et des accommodations entre les générations successives de migrants et de néo-urbains (Grafmeyer et Joseph, 1984 ;

[166] Lire « Accaparement des terres — questions et réponses », https://www.sauvonslaforet.org/themes/accaparement-des-terres/questions-et-reponses, consulté le 20 février, 2024.

Guth, 2008). Les stratégies transactionnelles mettent en relief plusieurs acteurs aux intérêts différents et parfois divergents.

Enfin, il est important de souligner également le concept Djaouro qui occupe une place centrale dans cette étude. Dans les régions administratives de l'extrême Nord, du Nord et de l'Adamaoua, le Djaouro est le nom d'un chef traditionnel du troisième rang. La nomination des chefs de troisième degré est encadrée par la Loi du 15 juillet 1977. Sans revenir sur toutes les dispositions de la loi, nous nous attardons sur son article 2 qui stipule que la « chefferie traditionnelle est organisée sur une base territoriale. Elle comporte trois degrés hiérarchisés suivants : chefferie de 1er degré ; chefferie de 2e degré ; chefferie de 3e degré ». Ces chefferies correspondent respectivement aux lamidat, lawanat et djaourat. Le Lamidat, dans l'organigramme des chefferies traditionnelles peules, est dirigé par un Lamido qui correspond à un « chef d'État » assisté par un gouvernement. Le lawanat est dirigé par un Lawan dont les prérogatives s'étalent sur plusieurs Djaourats qui rendent compte directement au lamido. Les chefs traditionnels de 3e degré que sont les djaouro sont ceux qui sont en contact direct avec la population et donc, avec la terre. Ils sont en général membres des commissions constituées par les autorités administratives dans les transactions foncières.

1.1. Cadrage méthodologique : outils et démarche

Les données qui ont été mobilisées dans cette recherche proviennent d'une expérience sur le terrain réalisée dans le cadre d'une recherche académique (Fadimatou Sadia, 2020). La méthode inductive a été choisie en raison de son utilisation de faits réels, de données brutes observables. Ainsi, grâce à l'utilisation des données qualitatives, nous avons pu situer l'analyse dans une perspective compréhensive. L'étude de l'occupation des terres dans le village Massiwol se concentre sur les données constatées, les expériences des populations et les perspectives des acteurs concernés. En ce qui concerne les méthodes de collecte, nous avons utilisé des sources documentaires, des observations et des entretiens semi-directifs (les récits de vie). Soulignons que les récits de vie ont été au centre de la collecte des données. Ruthellen Josselson souligne que « les vérités inhérentes à tout récit personnel naissent d'un véritable ancrage dans le monde, dans ce qui fait la vie — les passions, les désirs, les idées [...]. Les récits personnels des individus sont autant d'efforts pour saisir la confusion et la complexité de la condition humaine. » (2012 : 896). Cependant, pour Lani-Bayle (2006), il n'y a pas lieu de confondre, ce qui pourtant est fait communément, temporalité et causalité : tout ce qui s'est produit avant au cours d'une vie n'est pas forcément la « cause » de ce qui se produit après. Il importe donc de ne pas tirer des conclusions hâtives après un récit de vie d'un enquêté. L'utilisation des récits de vie nécessite beaucoup de prudence, un récit de vie étant toujours subjectif. Comme c'est la personne elle-même qui parle de sa propre expérience, il peut y avoir une différence entre ce qu'elle a réellement vécu et ce qu'elle en dit, entre les causes d'un fait et la réalité, mais aussi une différence entre sa perception de ce qu'elle a vécu et la perception qu'en a une autre personne. Une écoute critique a donc été nécessaire, afin de faire le distinguo entre les faits objectifs autour de l'accaparement des terres à Massiwol et les récits dont le parti-pris était manifeste, compte tenu des enjeux du problème.

1.2. Cadrage théorique

Le cadre théorique de cette étude repose sur deux théories. Il s'agit du *lamidalisme* et les analyses des *théoriciens des communs*. Ces deux approches théoriques permettent d'expliquer des aspects particuliers de la réalité étudiée et de la comprendre de manière approfondie. D'un côté, la théorie du *lamidalisme* a été élaborée par le sociologue Motazé Akam en 2009. Il s'agit d'un ensemble cohérent de suppositions qui permettent d'examiner le système lamidal dans lequel est établi le modèle des chefferies traditionnelles tripartites. Grâce à elle, nous pouvons comprendre la réalité sociale de l'organisation féodale implantée dans les régions administratives du « Grand Nord » du Cameroun depuis 1836 par les conquérants peuls. Le Lamidat constitue une structure dans laquelle est organisée la gestion du pouvoir. Il est administré par un *lamido*. De ce fait, le lamidalisme renvoie à un modèle traditionnel de gestion qui renferme le mode d'organisation féodale peule calqué sur la religion islamique d'un côté et de l'autre, sur les rapports sociaux de seigneurs à vassaux ou sujets. En effet, sous l'impulsion d'Ibn Fodio, avec le phénomène du Djihad islamique lancé en 1804, les troupes conduites par Modibbo Adama mènent les conquêtes pour fonder le royaume de Fombina en 1806 pour le compte de Shehu Usman Ibn Fodio. Ils atteignent la région de l'Adamaoua en 1836 et fondent sa capitale à Yola dans l'État nigérian de l'Adamaoua. Dans son ouvrage Le social et le développement en Afrique (2009), Motazé Akam explique le mode traditionnel d'administration du Nord-Cameroun comme un modèle importé influencé par un système idéologique islamique fondé sur le modèle capitaliste de production des biens. Pour lui, le lamidalisme explique le « Grand Nord » Cameroun comme un espace social structuré autour d'un système socio-idéologique qui est piloté, d'un côté, par une instance infrastructurelle (le mode de production tributaire féodal et capitaliste) et de l'autre, par une instance super structurelle (l'islam). Ces instances informent toute la structure sociale lamidale, en termes de vision sociale, politique, économique et culturelle. De ce point de vue, l'analyse de Motazé Akam permet de comprendre l'engagement du chef de Massiwol envers la conquête des nouvelles terres, d'une part, et les efforts du prince de Hangloa pour prendre le contrôle de cette zone, d'autre part. Nous avons donc utilisé cette théorie comme outil d'analyse d'un système socio-idéologique et politique dans le cadre de cette réflexion.

D'autre part, la deuxième approche théorique sur laquelle nous nous appuyons est fondée sur les analyses des *théoriciens des communs* (ou l'analyse des enclosures). Elles désignent, par « enclosure », toutes les dynamiques systématiques de privatisation des ressources collectives pour leur soumission à une exploitation économique (Festa et coll., 2018). En histoire, le « mouvement des enclosures » désigne la longue mutation du système agraire qui s'est produite en Angleterre aux XVIe et XVIIe siècles. Lors de ce processus, les communs, des landes et pâtures utilisées collectivement par des communautés paysannes, sont divisés et enclos pour l'élevage des ovins par les grands propriétaires. Dans le cadre de cette analyse, cette approche nous permet de montrer comment s'effectue la privatisation des terres communales à Massiwol. Les terres qui appartiennent à la communauté sont progressivement converties par les Djouro en parcelles privées. Une privatisation qui appauvrit les populations rurales et provoque une désintégration sociale. À la suite de cette première partie qui portait sur le cadrage conceptuel, méthodologique et théorique, attardons-nous maintenant sur l'objet de notre étude qui est l'accaparement des terres à Massiwol et ses environs, en assistant sur les logiques des acteurs.

2. ENJEUX D'ACCAPAREMENT DES TERRES ET TYPOLOGIE DES CONFLITS FONCIERS À MASSIWOL

Une étude monographique de cette unité administrative est indispensable pour comprendre les causes et les conséquences du phénomène d'accaparement des terres dans notre zone d'étude. Celle-ci permet de comprendre que les convoitises autour des terres à Massiwol puisent leurs fondements dans les potentialités agropastorales et minières de l'arrondissement de Martap. C'est en particulier le cas de la fertilité des sols et des ressources riches en matières premières qu'ils renferment. Ainsi, les raisonnements des acteurs reposent sur des calculs rationnels. Il n'est pas question de s'emparer des terres pour une raison purement symbolique. Il s'agit plutôt d'une stratégie qui repose sur le fait que la terre de Massiwol jouit d'une valeur économique réelle.

Pour appréhender les tenants et les aboutissants de phénomène d'accaparement des terres dans notre zone d'étude, il est nécessaire de faire une étude monographique de cette unité administrative. Celle-ci permet de comprendre que les convoitises autour des terres à Massiwol puisent leurs fondements dans les potentialités agropastorales et minières de l'arrondissement de Martap. Il s'agit notamment de la fertilité des sols et les richesses dont regorgent ces sols en termes de matières premières. Les logiques des acteurs sont donc fondées sur des calculs rationnels. Il ne s'agit pas d'accaparer des terres pour un objectif uniquement symbolique. Il est davantage question d'une stratégie qui s'appuie sur le fait que la terre de Massiwol a de plus en plus une valeur économique réelle. Cette section est organisée en trois parties distinctes. La monographie de l'arrondissement de Martap est abordée dans la première partie, tandis que la seconde analyse l'histoire de la création de la chefferie de Massiwol en tant que nouveau village et les sources des conflits fonciers qui y sont liés, ainsi que la typologie des conflits fonciers sur les terres autour de Massiwol.

2.1 Accès aux ressources abondantes du sol et du sous-sol de l'arrondissement de Martap

L'analyse globale de l'arrondissement de Martap, qui regroupe à la fois les ensembles géographiques et géologiques de cette unité administrative de la région de l'Adamaoua, est indispensable pour comprendre les véritables enjeux qui animent les conflits fonciers entre les opérateurs économiques et les autorités traditionnelles à Massiwol. Le projet de bitumage de la route nationale numéro quinze qui traverse l'arrondissement avant d'arriver à Ngaoundéré est le plus crucial. On peut utiliser l'adage « là où la route passe, le développement suit » pour expliquer les raisons qui poussent les acteurs à s'opposer pour s'emparer des terres autour de Massiwol. Depuis l'annonce de ce projet, plusieurs acteurs tentent de protéger les terres le long des villages concernés. L'arrondissement de Martap s'étend sur une superficie d'environ 3 125 km^2 avec une population estimée à 60 938 habitants et une densité de 20 habitants au kilomètre carré répartis dans 101 villages. Les principaux groupes ethniques sont essentiellement constitués des Peulh, Mboum, Kanouri, Gbaya, Dii. L'arrondissement de Martap a été créé par le décret présidentiel n° 2007/117 du 24 avril 2007. Le sol de l'arrondissement est fertile et constitue le support d'une importante activité agricole, notamment la production de cultures vivrières et d'arbres fruitiers.

Sur le plan agricole, les terres y sont cultivables et disponibles. Le climat est favorable à la pratique de deux cycles de production agricole. Les mesures d'accompagnement le sont également. Dans l'ensemble, la commune de Martap dispose de sept postes agricoles[167]. La localité de Lougguéré-Bali est sans doute le grenier de cet arrondissement. Elle est située à 9 km de la localité de Bobbodji qui dispose d'un poste agricole. Des projets et programmes d'appui aux agriculteurs y sont disponibles, mais très peu d'agriculteurs profitent de ces ressources. La grande majorité des agriculteurs pratiquent l'agriculture de subsistance et ont recours aux techniques rudimentaires et archaïques. L'agriculture pratiquée dans les espaces urbains, périurbains et ruraux est de type extensif. L'activité est très peu mécanisée malgré la présence et l'encadrement de la délégation d'arrondissement d'agriculture et l'existence d'un tracteur agricole au niveau de la commune de Martap. Dans les zones de bas-fonds marécageux on note, la présence de plage de sols hydromorphes propices à la pratique du maraîchage.

Sur le plan infrastructurel, la commune connait un retard considérable. En tant qu'institution, elle est confrontée à plusieurs faiblesses et contraintes dues à l'insuffisance de ressources humaines,

[167]Martap, Bobodji, Mandourou, Likok, LouggaTappadi, Makor et Tekel.

financières et matérielles. La commune dispose de plusieurs ressources naturelles dont les plus importantes sont : la bauxite, les carrières de sable, de latérites, le saphir, l'or, les pâturages, les forêts-galeries et quelques potentialités touristiques malheureusement inexploitées. L'arrondissement compte les gares ferroviaires qui ne sont pas de moindre : les gares de Bawa et de Makor. Les gares routières existent à Martap, à Likok, à Séboré Djangol, à Mandourou et à Lougga. Ces cinq villes ont de petits véhicules qui relient quotidiennement l'arrondissement à la ville de Ngaoundéré chef-lieu du département de la Vina. Ce qui fait du transport, l'une des activités génératrices des revenues auxquelles il faut ajouter les motos-taxis, car, certaines localités de l'arrondissement ne sont desservies que par moto à cause des mauvais états des routes et surtout du nombre négligeable des personnes qui se déplacent par jour. Les marchés à bétail hebdomadaires les plus importants sont ceux de Likok, Martap, Tekel et Lougga. Les commerçants de l'arrondissement fréquentent aussi les marchés dans les arrondissements voisins. De petites boutiques d'alimentation ravitaillent la population locale pour les aliments de première nécessité. L'élevage des bovins reste la principale activité économique de l'arrondissement. Les cheptels des bovins avoisinent cinquante-six mille neuf cent soixante-dix (56 970) têtes selon la délégation d'élevage de l'arrondissement. Sans oublier que les éleveurs ne déclarent jamais la totalité des cheptels pour réduire le prix des taxes à bétails. L'apiculture artisanale fait partie des activités exercées pendant la saison sèche. L'apiculture est certainement l'une des activités économiques qui ont du vent en poupe dans cet arrondissement. Il est de notoriété publique que la gare de Bawa est le point de vente de miel le plus connu de la région de l'Adamaoua.

Selon le plan communal du développement de l'arrondissement de Martap réalisé en 2015 par l'Organisme d'Appui au développent *Canal Dev*, sous la conduite du Programme National du développement Participatif (PNDP, 2015), l'arrondissement de Martap abrite le plus grand gisement de bauxite du continent Africain. Bien avant l'élaboration de ce document de ce travail de toute commune, bon nombre des travaux scientifiques ont démontré que l'arrondissement de Martap fait partie des plus grandes réserves de la bauxite du monde entier. Les travaux d'exploration en cours par la société australienne CAMALCO depuis deux mille dix-huit prévoient d'exporter une cargaison de trois millions de tonnes via les rails jusqu' au port de Douala ou de Kribi. Elle emploie pour la phase ultime d'exploration, plusieurs dizaines de ressortissants de l'arrondissement. Cette ressource minière est composée de la bauxite et de la vivianite.

Pour ce qui est spécifiquement de Massiwol, c'est un village de 270 habitants, d'après les données du dernier recensement général de la population du Cameroun de 2015. Il est situé à une dizaine de kilomètres de la ville de Ngaoundéré, sur le long de la route nationale numéro 15, dans l'arrondissement de Martap. Il doit son nom, selon le chef, à un petit cours d'eau qui le traverse. Jusqu'au début des années 2000, ce village n'avait ni chef officiellement désigné ni limites précises avec les villages environnants. Aujourd'hui encore, l'estimation de sa population est faite en incluant avec villages voisins comme Siér et Njalarqué. Les principales activités de la localité sont identiques, dans une certaine mesure, à celles de la commune de Martap.

Carte n° 1 et 2 : cartes de la commune de Martap et localisation du village Massiwol.

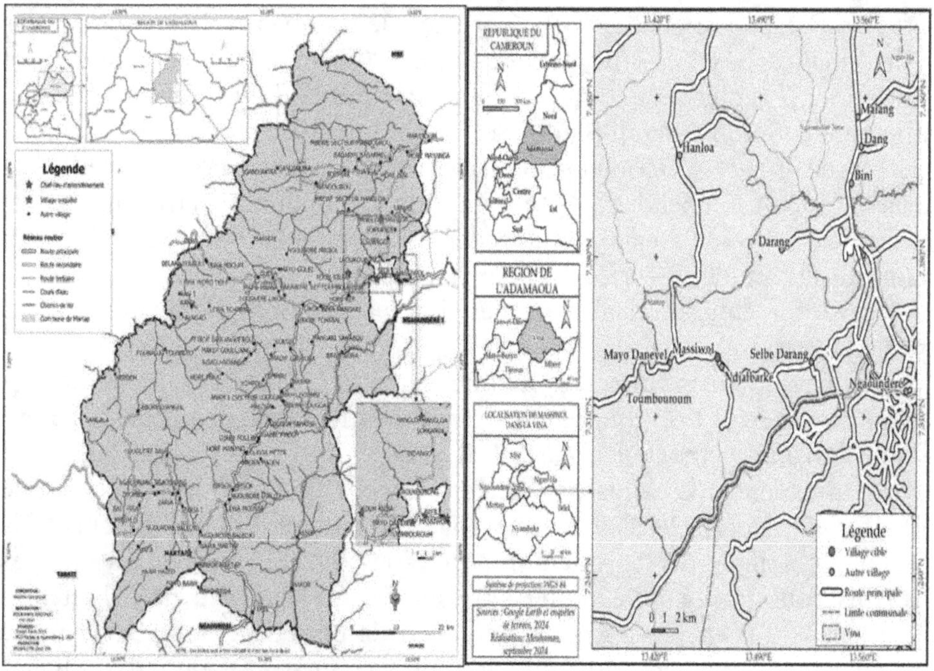

Source : Issouhou Mohaman

2.2 Création du village Massiwol comme stratégie d'accaparement des ressources naturelles

D'après les informations recueillies sur le terrain, les tensions foncières entre le djaouro de Massiwol et certains acteurs des villages environnants sont liées à des facteurs sociologiques tels que la construction de la route nationale N° 15, l'absence de limites clairement définies entre les villages et le non-respect des lois en vigueur.

2.2.1 Origine du village et le bitumage de la route nationale N° 15 comme enjeux de l'accaparement des terres à Massiwol.

Les Peuls sont présents dans la région de l'Adamaoua depuis les années 1830. Presque un demi-siècle avant le traité « Gérmano-Douala ». Ils ont poursuivi leur conquête des territoires, leur extension par les razzias jusqu'à l'arrivée des premières expéditions militaires allemandes vers

1902. La prise de l'Adamawa par les Allemands mettait un terme à l'expansion des lamidats foulbé. Ces écrits sont confirmés par J. Hurault (1974). C'est aussi pendant cette période que les divers villages autour des villes sont fondés. Les villes telles que Bèka, Toumbouroum et d'autres ont vu le jour à la suite d'une migration forcée par l'administration coloniale allemande. Selon Alhadji Saïdou, le djaouro de Massiwol, cela s'explique par le désir des « German » de faire venir les gens pour surveiller la nouvelle route. Cependant, cette migration avait pour objectif principal de permettre aux Allemands d'accéder à la population qu'ils devaient administrer et de favoriser le développement socio-économique de la colonie. La migration forcée par l'administration allemande est la principale cause.

Les données collectées montrent que la création de la chefferie de Massiwol a été à l'origine du plus grand conflit foncier entre les Djaouro dans l'arrondissement de Martap. Il a opposé six chefferies dans trois arrondissements avec plusieurs acteurs. La chefferie de Massiwol est une chefferie créée en 2012 dans une zone où certains villages datent de la période coloniale. Cette situation a créé des différends avec les villages voisins sous la conduite d'une élite locale. Ce conflit a duré huit ans. D'ailleurs, il n'est pas encore terminé, car le prince de Hangloa a injecté un nouveau recours en deux mille dix-huit au nom des Djaouro des villages autour de Hangloa. Et il n'est pas le seul. D'après certains acteurs impliqués dans ce conflit, ce conflit va continuer, car ils n'ont pas obtenu gain de cause.

Même si la création de la chefferie de Massiwol n'est pas la seule cause des conflits fonciers entre le chef de Massiwol et les acteurs du foncier, elle a permis de mettre en évidence le problème de contestations des limites ou l'inexistence des limites matérialisées entre les villages. Tous les acteurs interviewés dans cette enquête ont affirmé que la chefferie de Massiwol a été créée à l'intercession des trois villages. Ainsi, les données de terrain montrent clairement que tous les acteurs s'accordent sur le fait que le village Massiwol n'existe pas dans l'histoire lointaine de la localité. Selon son Djaouro, le but de la création de Massiwol résulte du désir de ce dernier à avoir un village au bord de la route, comme le montre la carte de localisation de Massiwol. La carte illustre également un autre phénomène assez récurrent dans la Vina. Il s'agit de la situation géographique des villages qui peut ne pas s'accorder avec leur situation administrative. Sur cette carte et selon les explications de l'ex-sous-préfet de Martap, appartiendrait normalement à Darang, car lors d'un conflit entre le djaouro de Bèka de l'époque et le djaouoro de Darang, l'autorité administrative a fixé la route nationale numéro seize comme limite entre Béké et Darang. Par ailleurs, Darang étant situé dans l'arrondissement de Ngaoundéré deuxième, il est curieux que le village Massiwol, s'il existait vraiment physiquement, soit administré par l'arrondissement de Martap. Aussi, faut-il le remarquer, le djaouro de Darang est également en conflit avec le djaouro de Massiwol. Il fait d'ailleurs partie du collectif qui a déposé la plainte en deux mille douze à la préfecture de la Vina pour demander l'annulation de l'arrêté du djaouro de Massiwol, car ce dernier n'a pas de village et s'est servi, de l'intersection de leurs trois villages (Hangloa, Darang, et Manwi). À Bèka Hosséré, dont le djaouro est issu, le mètre carré du terrain est quitté de 1000 F avant le bitumage de la route nationale N° 1 qui le traverse à 5000 F après le bitumage. Ainsi, l'on ne peut pas ignorer la valeur marchande potentielle des terres à Massiwol, qui est situé seulement à dix kilomètres de l'artère principale de la capitale régionale de l'Adamaoua et à quelques kilomètres de l'aéroport de la ville. Dans ce sens, le projet du bitumage de la route a été annoncé en 2009, la chefferie de Massiwol a été créée en 2012. La carte ci-après nous montre la localisation de Massiwol. Elle est accompagnée de l'image qui montre la plaque qui annonce la chefferie de Massiwol.

Photographie 1 : image de la plaque indicative du village Massiwol.

Source : Issouhou Mohaman

Après avoir examiné ces deux documents (l'image de la plaque indicative et la carte de localisation géographique mentionnée précédemment), il est apparu que le village Massiwol est l'objet d'une convoitise de deux hommes d'affaires qui se confrontent à travers des djaouro interposés. Son emplacement stratégique sur la route nationale numéro seize attire ces deux acteurs qui élaborent de nombreuses stratégies pour en devenir le propriétaire définitif.

2.2.2 Contestation des limites territoriales de chefferies : symboles des divergences d'intérêts des élites locales

Dans les environs de Massiwol, ce village a été établi à la confluence des trois villages : Hangloa, Darang et Manwi. Seul Hangloa fait partie des trois villages de l'arrondissement de Martap. Une fois que nous avons analysé les informations recueillies lors de nos entretiens avec les acteurs impliqués dans ce conflit, nous avons constaté qu'il oppose principalement deux hommes d'affaires. Ainsi, le fait que les autres villages contestent les limites est un prétexte. Nous avons été informés par tous les djaouro impliqués dans ce conflit que cette affaire est pilotée par un homme d'affaires qui fournit le financement requis pour lui. Les autorités considèrent le conflit sur la localité de Massiwol comme une contestation des limites par les chefs des villages voisins.

2.2.3 Non-respect des textes en vigueur par les autorités : le cas de vente de terrain

Le non-respect des textes par les acteurs impliqués dans les conflits fonciers entre les Djaouro dans l'arrondissement de Martap contribue à la naissance des conflits et à leurs pérennisations. À titre d'illustration, pour certains de ces acteurs, le tout premier sous-préfet de l'arrondissement de Martap, monsieur Ismaïlou Adama, est celui qui a été à l'origine de la création du village Massiwol. Or, en 1995, un décret présidentiel interdisait la création des nouvelles chefferies traditionnelles au Cameroun par les autorités administratives. Selon les acteurs comme le djaouro de Koum-Kilba dans un courrier adressé au gouverneur de la région de l'Adamaoua en 2012 pour dénoncer la partialité du sous-préfet de l'époque dans la gestion du conflit entre lui et Alhadji Saïdou. Toutefois, l'article 6 stipule que : « toute chefferie traditionnelle est placée sous l'autorité d'un chef, assisté d'un conseil de notables, formé selon la tradition locale » (Bios Nelem, 2018). Or, selon les propos de monsieur Abba Dahirou, la chefferie de Massiwol n'a pas des notables réels. Au cours de notre entretien avec le djaouro, il nous a indiqué qu'il y a des personnes originaires de Siér ; précisément, un descendant de la communauté Mboum qui vivait sur place à l'époque coloniale est encore en vie, et qu'il allait le nommer comme un des notables. Ce qui laisse entendre que la notabilité de la chefferie de Massiwol est encore en cours de formation.

3 TYPOLOGIE DES CONFLITS FONCIERS À MASSIWOL ET SES ENVIRONS

Les conflits fonciers dans l'arrondissement de Martap se concentrent principalement sur les revendications foncières et la contestation des limites des villages, conformément au schéma classique.

3.1 Revendications des terres communautaires

Les revendications des terres par les djaouro font partie des types de conflits qui reviennent régulièrement auprès des autorités administratives et judiciaires. Les cas de conflits comme ceux de Massiwol sont nombreux. Il s'agit à chaque fois d'un territoire occupé par la population originaire du village voisin, mais que l'autre village réclame.

Par exemple, Bèka Mangari réclame la localité de Horé-Rep à la population locale. Il craint que cette population, ayant occupé longtemps les terres, décide de créer une chefferie et de s'affranchir de la chefferie à laquelle elles dépendent. En 2013, lors de la tournée de prise de contact du deuxième sous-préfet de l'arrondissement de Martap à Bèka Mangari, le porte-parole du Djaouro dans son mot de bienvenue déclarait : « Monsieur le sous-préfet, nous ne réclamons aucunement le départ des occupants de la localité Horé Rep, mais nous leur demandons de reconnaitre sur cette localité la souveraineté de Bèka Mangari qui a été le tout premier occupant de cette localité depuis plus de deux siècles » (Fadimatou Sadia, 2020). Ce type de conflit est très fréquent dans l'arrondissement de Martap.

3.2 Contestations des limites des villages : formes de spoliation des terres à Massiwol

Les conflits fonciers fondés sur les contestations des limites des villages sont aussi nombreux dans l'arrondissement de Martap. La localité de Sièr par exemple, objet d'un conflit entre Koum-Kilba, Massiwol et Mayo-Daneyel en est un exemple. Sièr est une localité qui est située entre Massiwol et Mayo Daneyė. Le Djaouro de Koum-Kilba a contesté l'occupation de cet espace par le Djaouro de Massiwol. Dans un courrier adressé au gouverneur de la région de l'Adamaoua en juillet 2012, il accuse le djaouro de Massiwol d'occuper illégalement son territoire, sur lequel ce dernier a investi sans son autorisation, et y a posé un container et posté un gardien. Suite à de nombreuses séances de travail par une commission mise sur pied par le préfet de la Vina à cette époque, la localité querellée a été rétrocédée à Mayo-Daneyel par la commission préfectorale d'après le sous-préfet. Ainsi, le djaouro de Koum-Kilba conteste cette décision de la commission et dépose une opposition à la vente de la moindre parcelle de terrain dans cette localité par le Djaouro de Mayo-Daneyel au service des domaines et du cadastre de l'Adamaoua. Cette démarche remet en question à la fois la décision de la commission et l'autonomie du Djaouro de Mayo-Daneyel sur la localité de Siér.

Il est important de souligner que la vente des terres est devenue l'un des secteurs qui génèrent des revenus pour les Djaouro. Il était déjà décrit par le sous-préfet de l'arrondissement de Martap de l'époque, monsieur Rachid Hamoa, comme l'une des principales raisons des conflits entre les Djaouro : « Les Djaouro ont l'habitude de vendre le terrain ». Il est important de souligner que la vente de terres est excessive, car en réalité, les djaouro n'ont pas le droit de les vendre, mais en réalité, nous-mêmes, au niveau des autorités administratives, nous les laissons faire » (Entretien réalisé le 26 septembre 2019, Fadimatou Sadia, 2020). En plus des déclarations de l'ancien sous-préfet de Martap, on peut également citer celles de l'actuel adjoint N° 1 au préfet de la Vina qui affirme également que « les djaouro dans la Vina sont persuadés que la vente de terrains est une activité qui leur permet de générer des revenus ». Ils n'hésitent pas à vendre les terres dans leurs communes ou, pire, ils vont jusqu'à le faire dans les territoires de leurs voisins. Être djaouro permet d'accéder à l'ensemble des ressources liées à la terre. Cette situation pourrait expliquer l'ensemble de la lutte qui se déroule autour de la chefferie de Massiwol.

4 STRATÉGIES D'ACCAPAREMENT DES TERRES À MASSIWOL ET SES ENVIRONS : UNE FORME D'ENCLOSURE SOUS LES TROPIQUES

L'objectif est de mettre en parallèle le fait étudié avec le phénomène des enclosures, afin de démontrer que, étant donné qu'elle a acquis une valeur marchande, elle est de plus en plus convoitée par de nombreux acteurs, au détriment des communautés. K, Marx considère que ce bouleversement économique et juridique est un point de départ du capitalisme. Pour commencer, examinons brièvement le concept de « mouvement des enclosures ».

4.1 Recours aux méthodes du *mouvement des enclosures* en Grande-Bretagne

Comme nous l'avons souligné plus haut, le *mouvement des enclosures* désigne la transformation du système agraire qui s'est produite en Angleterre aux XVIIe et XVIIIe siècles. La propriété privée de la terre, et plus particulièrement la propriété privée absolue, est une idée moderne, à peine quelques centaines d'années. L'idée qu'une personne puisse avoir tous les droits sur un terrain, au détriment des autres, était incompréhensible pour la plupart des peuples tribaux, comme pour les paysans médiévaux. Le roi, ou le seigneur du manoir, pouvait posséder une terre, en un sens, mais le paysan jouissait de toute sorte de droits d'usufruits qui lui permettaient de faire pâturer son bétail, de couper du bois ou de la tourbe, de tirer de l'eau ou de faire pousser des récoltes sur différentes parcelles à des moments spécifiques de l'année. Le système d'exploitation d'*openfield* — littéralement champs ouverts —, surtout répandu dans les comtés du centre de l'Angleterre, plus plats et plus riches, durant toute la fin du Moyen Âge et jusqu'à l'époque moderne, était un système de propriété commune classique qui pouvait être observé en plusieurs endroits du monde. La structure du système d'*openfield* en Grande-Bretagne fut influencée par l'introduction de la caruca, une grande charrue à roue, développée par les Gaulois, qui était bien plus appropriée pour les sols lourds argileux d'Angleterre que le poids plume romain, l'aratrum (l'araire). Il fallait un plus gros attelage de bœufs pour tirer la caruca — jusqu'à huit sur les sols très lourds — et elle était difficile à manœuvrer, des bandes longues étaient donc idéales. La plupart des paysans ne pouvant pas se permettre tout un attelage de bœufs, mais seulement un ou deux, l'entretien d'un attelage complet devait être une entreprise collective (Fairlie, 2018). Au sens métaphorique, les *théoriciens des communs* désignent par enclosure toutes les dynamiques systématiques de privatisation des ressources collectives (Festa et coll., 2018) pour leur soumission à une exploitation économique. L'enclosure peut, dans cette acception, être considérée comme le contraire des *communs.* La privatisation des accès aux rivages lacustres et maritimes, contraire à l'intérêt collectif (en France), en est un exemple (Nikolli, 2022). L'économiste H, Tordjman parle ainsi d'une « enclosure des processus vitaux » pour désigner l'accaparement du vivant par la mise sous brevet de séquences génétiques de la part des grandes multinationales de l'agrochimie (Mahéo, 2023).

4.2 Adoption du jeu capitaliste autour de l'accaparement des terres à Massiwol et ses environs

Le capitalisme est souvent conçu comme un système économique où les acteurs privés possèdent et contrôlent des biens conformément à leurs intérêts, et où l'offre et la demande fixent librement les prix sur les marchés, de la meilleure manière qui soit pour la société. L'essence du capitalisme est la recherche du profit (Sarwat Jahan et Ahmed Saber, 2015). Adam Smith, philosophe du XVIIIe siècle et un des pères de l'économie moderne, l'a dit : « Ce n'est pas de la bienveillance du boucher, du brasseur ou du boulanger que nous attendons notre dîner, mais plutôt du soin qu'ils apportent à la recherche de leur propre intérêt. » Nous ne nous en remettons pas à leur humanité, mais à leur égoïsme. » (Chartoire, 2020)[168]. Le capitalisme repose sur les piliers suivants : *la propriété privée*, qui permet aux individus de posséder des biens matériels (terres, maisons) et immatériels (actions, obligations) ; *l'intérêt personnel*, qui pousse les individus à agir selon leur propre avantage, tout en restant insensibles à la pression sociopolitique ; *la concurrence*, qui, en laissant les entreprises libres de pénétrer et de quitter le marché, maximise la prospérité sociale, c'est-à-dire la prospérité commune des producteurs et des consommateurs ; un mécanisme de marché qui détermine les prix d'une façon décentralisée par les interactions entre acheteurs et vendeurs ; la liberté de choix en matière de consommation, de production et d'investissement ; le rôle limité des pouvoirs publics, qui doivent protéger les droits des citoyens et maintenir un environnement propre à favoriser le bon fonctionnement des marchés. En fonction du degré de force de ces piliers et du respect des normes sociales, des lois, du niveau de corruption, le capitalisme peut prendre plusieurs formes. Le capitalisme rompt donc avec l'idée de *justice distributive,* telle que formulée par Aristote dans *Éthique à Nicomaque*. Aristote écrit que le juste distributif concerne « les biens possédés en commun » (Forsé et Parodi 2006).

---

[168] Soulignons que cette formule, qui résume pour certains l'idée selon laquelle l'égoïsme domine la sphère économique tandis que la vie sociale est conduite par « les sentiments moraux » et qui est la réflexion philosophique qui préfigure l'approche individualiste de l'économie de marché chez Smith, si elle garde sa pertinence, a été atténuée par d'autres critiques de cet auteur qui affirment que le livre central de Smith est *La Théorie des sentiments moraux* (1999) où il démontre que «aussi égoïste que l'homme puisse être supposé, il y a évidemment certains principes dans sa nature qui le conduisent à s'intéresser à la fortune des autres et qui lui rendent nécessaire leur bonheur, quoiqu'il n'en retire rien d'autre que le plaisir de les voir heureux. » Avec la sympathie et la figure du spectateur impartial, on comprend bien que Smith n'a jamais prétendu faire de l'intérêt et de l'égoïsme les fondements de toute la vie en société. L'intérêt personnel peut être légitime, mais seulement dans certains aspects de la vie sociale, ceux dans lesquels ils ne suscitent pas de désapprobation. Personne ne juge immoral ou ne désapprouve le fait que le boucher ou le boulanger ne pensent pas tout de suite aux autres, mais d'abord à leurs intérêts quand ils produisent leurs marchandises. L'intérêt personnel ne suscitera donc pas de désapprobation dans la sphère économique, mais Smith n'a jamais dit, bien au contraire, que la poursuite de l'intérêt personnel était légitime dans toutes les situations. Il cesse de l'être quand il se transforme en pur égoïsme.

Les données collectées sur le terrain permettent d'établir le lien entre les logiques capitalistes et les convoitises et les accaparements des terres à Massiwol. En effet, des témoignages collectés dans cette localité dévoilent certains enjeux autour de ces convoitises et accaparements des terres. Comme nous l'avons souligné plus haut, la localité, comme les autres localités de la commune de Martap, dispose de plusieurs ressources naturelles dont les plus importantes sont la bauxite, les carrières de sable, de latérites, le saphir, l'or, etc. Il s'agit donc pour certains acteurs d'agrandir leurs propriétés foncières ou de chercher à en posséder de nouvelles afin de constituer des domaines fonciers importants et de potentielles mines ou gisements de matières premières. Notons que l'exploitation des matières premières est encadrée au Cameroun par un ensemble de lois qui font de celles-ci une ressource de l'État. La loi n° 2016-17 du 14 décembre 2016 portant Code minier, en son article 5 (1) indique que « les substances minérales contenues dans le sol et le sous-sol du territoire de la République du Cameroun, ses eaux territoriales et son plateau continental sont la propriété de l'État qui y exerce des droits souverains. » Cependant, pour ce qui est de l'exploitation artisanale, qui renvoie à une « opération consistant à extraire et à concentrer les substances minérales affleurant ou sub-affleurant à une profondeur maximale de dix (10) mètres et à disposer des produits marchands en utilisant des méthodes et procédés traditionnels. », il y a plus de flexibilité pour ce qui est de l'exploitation des sols et des sous-sols. Les « propriétaires » de certaines parcelles, qu'ils soient détenteurs d'un titre foncier ou pas, peuvent en tirer de juteux revenus en autorisant l'accès dans leurs domaines et l'exploitation aux exploitants artisanaux.

La région de l'Adamaoua en général (grâce à ses sols fertiles) et le département de la Vina en particulier attirent de plus en plus les hommes d'affaires et les exploitants agricoles personnes physiques et les firmes agro-industries. D'après un article de L'œil du Sahel (Land Portal, 2020), dans l'Adamaoua, la création des réserves foncières, les concessions et les locations sont source de litiges. La Terre est l'objet de toutes les convoitises. Les litiges fonciers ont plus que jamais pignon sur rue. Le Journal cite quelques exemples : les habitants de la petite localité de La Vina, arrondissement de Ngan-ha, revendiquent formellement le départ de la société Spoproicam. De fait, cette dernière a sollicité la concession de

2 000 hectares ; la communauté Mbororo par le canal de leur association Mboscuda qui s'est mobilisée comme un seul homme pour dire non à l'attribution d'une parcelle de 100 000 hectares à un homme d'affaires ; dans la localité de Wassandé, arrondissement de Nyambaka, la population s'était déjà soulevée contre l'attribution d'une parcelle de 5 000 hectares à l'entreprise PaksanTekstil Sanayii, etc. Au total, ce sont un peu plus de 655 000 hectares de terre qui sont sollicités dans l'Adamaoua pour emploi divers.

Selon les propos du sous-préfet de l'arrondissement de Martap, le problème de fond est celui des intérêts individuels qui ont pris le pas sur le bien-être de la communauté. La terre est devenue une véritable source de revenus pour les Djaouro. Ceux-ci effectuent illégalement des ventes des terres. Ensuite, ils les font déclarer comme des donations pour que cela paraisse légal auprès de la commission consultative lors de sa descente sur le terrain. Une « enveloppe » est prévue pour les membres de la commission, indépendamment des frais officiellement exigibles pour la constitution des dossiers du titre foncier. Si un Djaouro n'est pas d'accord avec le déroulement de la procédure, il arrive que le Djaouro du village voisin signe le procès-verbal à la demande du sous-préfet sans consulter le Djaouro concerné. En cas de contestation, les acteurs évoquent le manque de limites précises entre les villages.

Conclusion

Rappelons que cet article se proposait de démontrer comment les velléités d'accès et le contrôle du foncier pour l'investissement agropastoral et l'exploitation du sous-sol font l'objet de convoitise et débouchent sur les conflits ouverts entre les paysans et les opérateurs économiques à Massiwol, dans la région de l'Adamaoua. Les données qui ont été mobilisées sont issues d'un travail de terrain effectué dans le cadre d'une recherche académique (Fadimatou Sadia, 2020). La méthode inductive est celle qui a été privilégiée. Pour ce qui est de l'approche théorique, elle a combiné le *lamidalisme* et les analyses des *théoriciens des communs*. En définitive, il ressort de cette analyse que le phénomène d'accaparement des terres à Massiwol découle de la mutation des sociétés traditionnelles dans la région de l'Adamaoua à des organisations sociales modernes ayant pour modèle économique, le capitalisme. Si l'analyse est une étude de cas et donc, de ce fait, s'appuie sur des données collectées à Massiwol, les conclusions auxquelles nous parvenons sont riches d'enseignement et permettent de comprendre les enjeux autour des accaparements des terres dans les zones rurales au Cameroun de manière globale. Cette situation conflictuelle a été étudiée par K, Marx (2008) qui considère les enclosures comme le début de la prolétarisation qui a permis à la révolution industrielle naissante de trouver sans difficulté la main-d'œuvre bon marché et exploitée dont le capitalisme avait besoin. Allant dans la même lancée, l'Observatoire des acquisitions de terres Land Matrix, en juin 2012, indiquait qu'au moins 71 millions d'hectares de terres avaient été « accaparés » depuis 2000, dans le monde. Il prenait en compte les transactions effectuées et vérifiées dont il a eu connaissance, sur des superficies de 200 ha ou plus, impliquant la conversion de terres utilisées par des communautés locales, ou d'écosystèmes naturels, vers de la production commerciale, agricole ou autre. Les informations de nombreux pays, du Brésil, du Cambodge, du Cameroun, pour n'en citer que quelques-uns, montrent que les surfaces appropriées au bénéfice de seulement quelques-uns aux dépens des terres communautaires et des espaces naturels sont très probablement beaucoup plus importantes. Si de telles appropriations existent depuis très longtemps, leur ampleur, la rapidité de leur développement et la nature des acteurs engagés (des fonds de pension, des multinationales, des États...) en font un processus nouveau où les élites, caciques et entrepreneurs nationaux jouent aussi un rôle important (Merlet, 2013). En Afrique subsaharienne en général et au Cameroun en particulier, les populations rurales installées dans certaines régions avec des terres fertiles et un sous-sol riche ne sont pas à l'abri des dérives qu'ont connues les sociétés occidentales à partir du XVIIe siècle. Quand le sol tombera dans les mains d'un petit nombre de grands acteurs, comme ce fut le cas dans les sociétés occidentales, les paysans qui exploitent de petites surfaces seront transformés en autant de gens forcés de gagner leur subsistance en travaillant pour autrui et d'aller acheter au marché ce qui leur est nécessaire.

Bibliographie

Akam, M, *Le défi paysan en Afrique. Le lamido et le paysan dans le nord du Cameroun*, 1990, Paris, L'Harmattan.

Akam, M, *Le social et le développement en Afrique*, Paris, 2009, L'Harmattan.

Bios Nelem, C., 'Le pouvoir traditionnel en contexte pluraliste au Cameroun : la déconstruction des liens familiaux entre "frères" Bamoun à partir des clivages politiques ', *SociologieS* [Online], Files, Online since 19 June 2018, connection on 26 February 2024. URL: http://journals.openedition.org/sociologies/8023 ; DOI: https://doi.org/10.4000/sociologies.8023.

Chartoire, R, « Adam Smith (1723-1790) : Le père des classiques », Clément Quintard éd., *100 penseurs de l'économie* (pp. 33-40), 2020, Auxerre : Éditions Sciences Humaines. https://doi.org/10.3917/sh.quint.2020.01.0033.

Courtial, M., 'Le land grabbing et le changement d'affectation des terres', in Libourel Éloïse et Gonin Alexis (dir., 2022), *Agriculture et changements globaux*, Neuilly : Atlande, 504 p.p. 207-223.

Fadimatou, S, « Gouvernance foncière en milieu rural au Cameroun », *Mémoire de master*, 2020, option sociologie rurale, Département de sociologie, Laboratoire des Sciences de l'Homme et de la Société, FLSH, Université de Douala, année académique 2019-2020.

Fairlie, S, « Une brève histoire des enclosures », *The Land Magazine,* 2018, (numéro 7 — été 2009), une revue britannique épisodique consacrée aux questions de l'accès à la terre <www.thelandmagazine.org.uk>. Traduction française pour Archipel, paru de juin à octobre 2015, n° 238 à 241.

Festa, D, « Les communs », 2018, *Géoconfluences*, juin 2018.

Forsé, M, & Parodi, M., « Justice distributive : la hiérarchie des principes selon les Européens ». 2006, *Revue de l'OFCE*, no<(sup> 98), 213 244. https://doi.org/10.3917/reof.098.0213.

Gibout, C, Blanc, M, et Foucart, J, « Transactions sociales et sciences de l'homme et de la société », *Pensée plurielle — Parole, pratiques et réflexions du social*, 2009, n° 20 (1), pp.7-11. 10.3917/pp.020.0007. hal-01847991.

Hurault, J, « Une phase de la conquête allemande : l'occupation de Banyo » (1902), *Revue française d'histoire d'outremer*, tome 61, n° 225, 4e trimestre 1974. pp. 579-593 ; doi : https://doi.org/10.3406/outre.1974.1802, https://www.persee.fr/doc/outre_0300-9513_1974_num_61_225_1802.

Josselson, R, « Le récit comme mode de savoir », 1998, *Revue française de psychanalyse, le narratif*, 3 — Tome LXII, juillet-septembre, PUF.

Kenné, Y, « Les questions foncières au cœur d'éternels conflits entre les communautés camerounaises et les agro-industries », 2023, https://fr.mongabay.com/2023/06/les-questions-foncieres-au-coeur-deternels-conflits-entre-les-communautes-camerounaises-et-les-agro-industries/, consulté le 2 janvier 2024.

Lani-Bayle, M. & Tapia, C., 'Secrets de famille et histoires de vie', *Le Journal des psychologues*, 2008, 256, 68–72. https://doi.org/10.3917/jdp.256.0068.

Mahéo, G, « Le commun est-il si commun ? Nature et conflits de classe », *in* Boursier Philippe et Guimont Clémence (dir.), 2023, *Écologies, le vivant et le social*.

Marx, K, *Le Capital*, 2008, Champs classiques.

Merlet, M, « Les accaparements de terres dans le monde : une menace pour tous ». 2013, Pour, 220, 95-104. https://doi.org/10.3917/pour.220.0095.

Nguiffo, S, « La réforme foncière au Cameroun : une vision cohérente proposée par la société civile », 2023, https://www.iied.org/fr/20126iied, consulté le 30 janvier 2024.

Nikolli, A, « Le lac d'Annecy, entre images et réalités : approche géographique d'un espace convoité », 2022, *Géoconfluences*, https://geoconfluences.ens-lyon.fr/informations-scientifiques/dossiersregionaux/la-france-des-territoires-en-mutation/articles-scientifiques/lac-annecy-espace-convoite, consulté le 26 février 2024.

Nkou Mvondo, P, « Le régime foncier camerounais face à l'exigence constitutionnelle de préservation des droits des populations autochtones », 1998, Verfassung und Recht in Ûbersee.

Pareto, V, *Traité de sociologie générale : Œuvres complètes : Tome XII.* 1968, Librairie Droz. https://doi.org/10.3917/droz.paret.1968.01.

PNDP, « Plan communal de développement (PCD) de la commune de martap », PNDP, 2015, chrome-extension://efaidnbmnnnibpcajpcglclefindmkaj/https://www.pndp.org/documents/PCD_Martap.pdf.

PNUD, « Guide pratique pour la prévention et la gestion des conflits liés à la terre et aux ressources naturelles », 2022, chrome-extension://efaidnbmnnnibpcajpcglclefindmkaj/https://www.un.org/fr/land-natural-resources-conflict/pdf/introduction.pdf, consulté le 26 février 2024.

Rapport Land Matrix Initiative, « Bilan de la ruée mondiale sur les terres Rapport analytique III | 2021 », *Centre for Development and Environment (CDE), University of Bern,* chrome-extension://efaidnbmnnnibpcajpcglclefindmkaj/https://landmatrix.org/documents/127/Land_Matrix_ARIII_2021_Exec_Summary_French_Final.pdf.

Sarwat, J, et Ahmed Saber, M, « Qu'est-ce que le capitalisme ? », 2015, Finances & Développement, https://www.imf.org/external/pubs/ft/fandd/fre/2015/06/pdf/basics.pdf, consulté le 10 février 2024.

Tchapmegni, R, « La situation de la propriété foncière au Cameroun : obstacles, conséquences et perspectives », hrome-extension://efaidnbmnnnibpcajpcglclefindmkaj/https://nelga-ca.net/wp-content/uploads/2020/08/La-situation-de-la-propriete-fonciere-au-Cameroun-obstacles-consequences-et-perspectives.pdf.

Conclusion

Aborder les questions foncières en milieu rural d'un point de vue émique

Ferdinand MBEN LISSOUCK

L'ensemble des travaux contenus dans cet ouvrage s'intéresse aux dynamiques foncières émergentes dans les communautés rurales en Afrique noire, dans un contexte particulier où, après l'État postcolonial (Ela, 1990), le capital, et plus précisément le grand capital, pénètre en brousse. L'analyse se subdivise en trois moments : d'abord, elle s'intéresse aux acteurs et aux dynamiques transactionnelles autour de l'accaparement des terres dans les sociétés rurales en Afrique. Ensuite, elle étudie la rente foncière dans cette partie du monde dans un contexte d'expansionnisme du tissu urbain. Enfin, l'analyse met en avant les conflictualités et les tractations de résolution de ces affrontements autour de la dépossession foncière des paysans des campagnes d'Afrique noire. L'analyse des processus transactionnels autour de l'accaparement des terres ne peut se faire sans mettre en avant les acteurs et les processus transactionnels à l'œuvre dans les campagnes africaines dans un contexte de pénétration du grand capital dans les espaces ruraux travaillés par la misère. C'est ainsi que quatre contributions ouvrent les discussions dans cet ouvrage.

Les deux premiers textes s'intéressent aux bouleversements créés par le grand capital dans les communautés rurales et à la manière dont les paysans s'organisent pour survivre à la perte de leurs terres. Ce que montre la première contribution est que le capital pénètre en brousse par le biais des agro-industries. Celles-ci ne sont plus exclusivement, comme par le passé, l'œuvre des multinationales. Ces dernières sont désormais rejointes dans les brousses par l'élite locale camerounaise. En prenant pour sites d'étude les localités de Diang, Bagofit et Nanga-Eboko dans la région de l'Est du Cameroun, le texte a mis en avant le fait que cette pénétration en brousse des multinationales et de l'élite conduit à des bouleversements sociaux dans les campagnes. Premièrement il s'observe un transfert massif des terres rurales qui passent des mains paysannes à celles des détenteurs des grands capitaux. Deuxièmement, les investissements verts effectués par ces agro-entrepreneurs entraînent des migrations de population en quête d'emplois dans les villages où ces agro-industries sont installées, ce qui conduit à la *cosmopolitisation* des espaces concernés et une compétition pour l'accès aux ressources naturelles dans un contexte de raréfaction des terres paysannes désormais la propriété de l'élite et des multinationales. Cette conjoncture de rareté subséquente mène à une compétition accrue pour les ressources naturelles et foncières désormais rares et produit des récriminations post-transaction foncière de ruraux qui s'estiment dupés. Ce qui donne lieu à des conflits mis en avant par le texte. Le deuxième texte a permis d'observer que le capital pénètre aussi en brousse par le biais de l'exploitation minière. Si cette dernière n'est pas un phénomène nouveau en Afrique noire, quelque chose d'inédit semble s'observer dans les zones d'exploitation minière au Cameroun. L'exemple de l'Est du Cameroun montre que les paysans, qui historiquement ont perdu leurs terres au profit des grandes compagnies minières, contestent désormais l'hégémonisme de ces dernières. La contrebande minière comme l'a montré le texte est une forme de riposte autochtone à l'accaparement des terres paysannes par le grand capital.

Les deux derniers textes de la première partie s'intéressent au foncier en tant que capital en soi. Les travaux observent que la ressource foncière en milieu rural ne se transfère pas seulement de l'intérieur (paysans) vers l'extérieur (multinationales et élites) ; elle se transfère aussi en interne (d'une génération à l'autre). Et, si dans les pratiques autochtones en Afrique noire, la gestion foncière est historiquement patriarcale, les travaux dans cette partie de l'ouvrage ont documenté des mutations dans la gestion des terres dans les mondes ruraux de l'Afrique actuelle. Ils ont montré comment les femmes s'organisaient pour jouir de leurs droits fonciers dans des sociétés patriarcales qui voudraient continuer de leur en priver. La première expérience a fait une comparaison entre l'action des femmes du Bénin et celles de Nouvelle-Calédonie. Elle a discuté abondamment des diverses stratégies les femmes des deux pays combinaient pour sortir de leur statut d'oubliées. La deuxième contribution qui a pris pour terrain d'observation le département du Noun, dans la région de l'Ouest du Cameroun, a contribué en mettant en avant la manière dont les femmes en milieu rural s'organisent pour lutter contre la double domination. Celle d'une société patriarcale qui les prive de la jouissance de leurs droits fonciers et celle du grand capital qui lorsqu'il prend possession d'une part importante des terres disponibles aggrave la condition des femmes rurales. La richesse du texte est d'avoir pu en avant le combat des femmes qui, dans le département du Noun ont pu transcender les barrières et se sont formées en association avec l'appui des associations pour la défense de leurs droits fonciers.

La deuxième partie de l'ouvrage met en lumière l'idée que le capital financier pénètre aussi la brousse par le biais des classes moyennes et inférieures par le biais de l'expansionnisme du tissu urbain. Deux textes de cette partie analysent les dynamiques foncières dans les villages situés dans les périphéries des villes. La discussion est ouverte dans cette partie par une étude de l'expansion de la ville de Garoua-Boulaï dans la région de l'Est du Cameroun. La plus-value de ce texte est d'avoir mis en avant la manière dont les espaces se télescopent et comment les terres des ruraux passent aux mains des citadins, toute chose qui entraîne une nouvelle fin du paysannat. Le second texte qui a observé les dynamiques foncières transfrontalières entre les Cameroun et la République Centrafricaine a mis en avant des pratiques d'accaparement des frères par les frères. La discussion a mis en exergue le fait que l'urbanisation de part et d'autre de la frontière et la crise sécuritaire en Centrafrique ont entraîné une demande foncière accrue pour le logement, l'agriculture et l'élevage. Cette ruée a conduit à une appropriation privative des terres, autrefois propriété familiale transfrontalière, par certains individus au détriment des autres membres de leurs familles. Cette spoliation des terres des frères « partis » par les frères « restés » a des conséquences sur la vie quotidienne des populations et même des États. Les liens de sang se brisent lentement, mais sûrement.

Les deux derniers textes de cette partie ont étudié la place du droit coutumier et du droit positif dans la gestion et la (re) distribution des terres dans les campagnes du Cameroun, tantôt sous fond d'urbanisation, tantôt sous fond d'exploitation minière. Le premier qui a partagé l'expérience du Noun dans l'Ouest du Cameroun. La contribution a mis en lumière l'efficacité du droit coutumier dans la gestion des conflits fonciers intercommunautaires entre les Bamoun et les nomades Mbororo, du fait de la sédentarisation de ces derniers. Par le recours au droit coutumier, les chefs dans le Noun apportent des solutions durables aux différents conflits qu'ils soient interindividuels, intercollectifs, teintés de violences physiques ou symboliques. En le faisant, ils travaillent aussi à préserver l'autorité traditionnelle et leurs intérêts culturels des divers groupes. Le texte suivant, qui est le dernier de cette seconde partie, crédite l'importance des structures traditionnelles dans la gestion et la (re) distribution des terres rurales et périurbaines. Ce que donne à voir l'expérience de Bétaré-Oya est que les structures traditionnelles sont exclues de la gestion des terres dans les zones d'exploitation minière à Bétaré-Oya. En effet, ce qui a pu s'observer est que, les mécanismes d'accès aux terres dans les zones d'exploitation minière à Bétaré-Oya sont principalement fondés sur la légalité, au détriment de la légitimité. Cette pratique ne prend pas en en considération les réalités socioculturelles des communautés locales, perturbant ainsi les normes coutumières historiquement partagées, toutes choses qui rendent les zones d'exploitation minière des espaces essentiellement conflictuels.

La dernière partie de l'ouvrage met en exergue les enjeux de la dépossession foncière les conflictualités auxquelles elle donne lieu ainsi que la tractation de résolution qui sont celles des acteurs impliqués. Ici, deux textes analysent les enjeux de la perte des terres rurales sur la vie quotidienne des paysans. Le premier texte analyse un paradoxe. À partir de Kribi au Cameroun, dans le département de l'Océan dans la région du Littoral, la contribution initiale de la partie montre la situation foncière des femmes rurales dans cette partie du pays est, à l'origine, traditionnellement enchâssée dans des coutumes patriarcales discriminatoires à leur endroit. La conjoncture locale, qui est celle des concessions foncières qui privatisent une part des terres communautaires au profit des sociétés agro-industrielles, est porteuse de transformations génératrices de dynamiques foncières qui complexifient les possibilités d'accès des femmes à la terre. Or, il se trouve que, traditionnellement, la survie alimentaire des communautés rurales dépend substantiellement du travail agricole des femmes, l'insécurité foncière à laquelle elles font face demeure ainsi une situation préoccupante et pourrait accentuer la vulnérabilité des communautés rurales qui sont les leurs et impacter significativement la sécurité alimentaire au niveau local et au-delà si rien n'est fait par la puissance publique. Allant dans le même sens, la contribution suivante montre que les femmes ne sont pas les seules que la pénétration des capitaux en brousse fragilise. En effet, l'exemple du village de Massiwol dans le département de la Vina, arrondissement de Martap montre que le phénomène d'accaparement des terres pour l'investissement agropastoral et l'exploitation du sous-sol par les particuliers et les multinationales donnent progressivement lieu à des enclosures. Ce sur quoi le texte insiste est le risque que le sol dans cette zone tombe dans les mains d'un petit nombre de grands acteurs, comme ce fut le cas dans les sociétés occidentales, et que les paysans qui exploitent de petites surfaces soient transformés en autant de gens forcés de gagner leur subsistance en travaillant pour autrui et d'aller acheter au marché ce qui leur est nécessaire.

Les deux derniers textes de l'ouvrage s'intéressent spécifiquement à la manière dont les conflits se traduisent en acte dans les communautés rurales en Afrique noire du fait de la pénétration du capital en milieu rural. L'avant-dernière contribution s'est intéressée aux conflits entre paysans du fait de l'introduction de la caféiculture dans les Bamboutos dans la région de l'Ouest du Cameroun. Le texte qui a adopté une perspective historique a analysé la genèse des crises foncières liées à l'introduction de la caféiculture dans cette partie du Cameroun dans le segment de temps 1930-1974. Ainsi, le capitalisme qui, dans les Bamboutos, a pénétré la brousse par le biais de l'économie de rente (culture du café) a eu comme effet direct l'introduction de la propriété privée, qui a entraîné des frictions entre les populations détentrices des terres et celles qui en étaient dépourvues. Il s'en est suivi des injustices socio-économiques qui ont conduit à des conflits inter et intracommunautaires qui ont occasionné des pertes en vies humaines, la destruction des lieux sacrés et la dislocation des unités familiales. La dernière contribution de l'ouvrage partage l'expérience du Sud-Kivu en République Démocratique du Congo. En effet, alors que la plupart des travaux sur la question invoquent le dualisme foncier dans la gestion des terres en Afrique noire, avec d'un côté le droit positif et de l'autre le droit coutumier, les paysans du Sud-Kivu ont ouvert une troisième voie de régulation foncière : la lutte armée. Le texte montre que la mobilisation de cette troisième voie est due au fait que le contexte local est celui où l'accaparement des terres paysannes par des acteurs économiquement et politiquement puissants bat son plein et où l'État peine et les autorités traditionnelles peinent à sécuriser les terres communautaires contre les logiques prédatrices de ces acteurs nantis. La conclusion à laquelle le texte aboutit est que la violence armée dans la sécurisation foncière au Sud-Kivu est dès lors une pratique régulatrice du foncier et cela d'autant plus qu'un système foncier au niveau local nécessite une approche pragmatique.

Au demeurant, la contribution majeure de cet ouvrage est de faire entrer les paysans africains (à nouveau ?) dans l'histoire. Ainsi, le paysan africain cesse d'être une victime toute désignée d'un système capitaliste souvent articulé comme responsable de tous les maux que connaissent les communautés rurales d'Afrique noire. Le paysan africain, et l'ensemble des contributions de cet ouvrage le montrent, est un acteur-stratège au sens de Crozier et de Friedberg qui, tantôt travaille pour ses propres fins, tantôt résiste à la fois aux grands capitaux et à la domination de l'État postcolonial. Mais, alors que jusqu'ici le recours au droit, qu'il soit positif ou coutumier était la voie royale de résolution des conflits fonciers en milieu rural, le recours aux armes par les paysans, qui s'observe déjà dans certaines parties de l'Afrique noire, risque d'essaimer si les politiques des États ne prennent pas en compte les aspirations des paysans à tirer profit de la (nouvelle ?) économie globalisée, celle-là qui conduit à la pénétration en brousse des grands capitaux financiers.

Structures éditoriales du groupe L'Harmattan

L'Harmattan Italie
Via degli Artisti, 15
10124 Torino
harmattan.italia@gmail.com

L'Harmattan Hongrie
Kossuth l. u. 14-16.
1053 Budapest
harmattan@harmattan.hu

L'Harmattan Sénégal
10 VDN SICAP AMITIE 3
BP 45034 Dakar-Fann
direction@senharmattan.com

L'Harmattan Cameroun
Tsinga/Derrière polyclinique FECAFOOT
BP 11486 Yaoundé
Jacques.koukam@harmattan.fr

L'Harmattan Burkina Faso
Villa 281, secteur 23 623, rue 14.32
Ouagadougou
zagbie@outlook.fr

L'Harmattan Guinée
Almamya, rue KA 028 OKB Agency
BP 3470 Conakry
harmattanguinee@yahoo.fr

L'Harmattan RDC
185, avenue Nyangwe
Commune de Lingwala – Kinshasa
matangilamusadila@yahoo.fr

L'Harmattan Congo
219, avenue Nelson Mandela
BP 2874 Brazzaville
deunovmikhael@gmail.com

L'Harmattan Mali
Immeuble Mgr Jean Marie Cissé
Aci Hamadallaye
BP 145 Bamako
syllaka@yahoo.fr

L'Harmattan Togo
Djidjole – Maison Amela
face EPP BATOME
02 BP 20680 Lomé
didieramela11@gmail.com

L'Harmattan Côte d'Ivoire
Résidence Karl – Cité des Arts
Abidjan-Cocody
03 BP 1588 Abidjan
harmattan.ivoire@gmail.com

L'Harmattan Bénin
Rue 604, (Immeuble à l'entrée
de la rue UCAO- Cite de Saint-Jean)
Cotonou
stepcorpus@gmail.com

Nos librairies en France

Librairie internationale
16, rue des Écoles
75005 Paris
librairie.internationale@harmattan.fr
01 40 46 79 11
www.librairieharmattan.com

Librairie des savoirs
21, rue des Écoles
75005 Paris
librairie.sh@harmattan.fr
01 46 34 13 71
www.librairieharmattansh.com

www.ingramcontent.com/pod-product-compliance
Lightning Source LLC
LaVergne TN
LVHW011432061026
849535LV00004BA/789
* 9 7 8 2 3 3 6 5 4 1 9 5 2 *